Cyber Situational Awareness in Public-Private-Partnerships

Florian Skopik · Tímea Páhi · Maria Leitner
Hrsg.

Cyber Situational Awareness in Public-Private-Partnerships

Organisationsübergreifende Cyber-Sicherheitsvorfälle effektiv bewältigen

Hrsg.
Florian Skopik
Center for Digital Safety & Security
AIT Austrian Institute of Technology
Wien
Österreich

Maria Leitner
Center for Digital Safety & Security
AIT Austrian Institute of Technology
Wien
Österreich

Tímea Páhi
Center for Digital Safety & Security
AIT Austrian Institute of Technology
Wien
Österreich

ISBN 978-3-662-56083-9 ISBN 978-3-662-56084-6 (eBook)
https://doi.org/10.1007/978-3-662-56084-6

Die Deutsche Nationalbibliothek verzeichnet diese Publikation in der Deutschen Nationalbibliografie; detaillierte bibliografische Daten sind im Internet über http://dnb.d-nb.de abrufbar.

Springer Vieweg

Springer Vieweg ist ein Imprint der eingetragenen Gesellschaft Springer-Verlag GmbH, DE und ist ein Teil von Springer Nature.
Die Anschrift der Gesellschaft ist: Heidelberger Platz 3, 14197 Berlin, Germany

Geleitwort des BMI

„One of the main cyber-risks is to think they don't exist." (Stephane Nappo); Die Staaten und die postindustriellen Gesellschaften des 21. Jahrhunderts sind in einem stetig steigenden Ausmaß von den Leistungen und Diensten der modernen Informationstechnik abhängig. Informationstechnik durchdringt zunehmend auch – und vor allem – Bereiche, die für das Funktionieren des Staates und die Sicherstellung der Daseinsvorsorge der Bevölkerung unverzichtbar geworden sind. Erfolgreiche Angriffe auf diesbezügliche Systeme können signifikante Auswirkungen auf Staat, Wirtschaft, Wissenschaft und Gesellschaft haben.

Gleichzeitig sind im Bereich der Netz- und Informationssicherheit besorgniserregende Tendenzen zu beobachten. Hochentwickelte Schadsoftwareprodukte dringen in vermeintlich sichere staatliche Netze ein, Verschlüsselungssoftware legt hunderttausende Systeme, darunter das britische Gesundheitssystem, lahm und Myriaden von billig produzierten, potenziell unsicheren Internet-of-Things-Geräten überschwemmen den Markt. Diese und ähnliche Herausforderungen können nur dann erfolgreich bewältigt werden, wenn Staat und Gesellschaft ein hohes Maß an Resilienz aufbauen und aufrechterhalten können.

Die europäische Union hat diese Herausforderungen erkannt und mit einer Richtlinie zur Erhöhung des Sicherheitsniveaus von Netz- und Informationssystemen in der Union einen ersten wichtigen Schritt gesetzt. Diese Richtlinie wird in der ersten Jahreshälfte 2018 durch das österreichische Netz- und Informationssystemsicherheitsgesetz (NISG) umgesetzt. Dieses sieht Maßnahmen vor, um Cyber-Sicherheit zu gewährleisten und die Resilienz zu steigern. Dazu gehören, neben der Schaffung einer Cyber-Sicherheitsstrategie und der Etablierung einer eigenständigen Behörde für Netz- und Informationssicherheit, auch eine Reihe von Anforderungen an die Betreiber wesentlicher Dienste und die Anbieter digitaler Dienste.

Das Cyber Security Center (CSC) im Bundesministerium für Inneres wird mit dem In-Kraft-Treten des NISG die Aufgaben der operativen NIS-Behörde wahrnehmen. Dies umfasst im Wesentlichen den Betrieb einer Melde-Sammelstelle für sicherheitsrelevante Vorfälle und die Koordination von verpflichtenden Sicherheitsaudits bei betroffenen Unternehmen. Gleichzeitig fungiert das CSC als Schnittstelle zu vergleichbaren Einrichtungen in den europäischen Partnerstaaten. Die operative NIS-Behörde weist in diesem Zusammenhang eine besondere Stellung innerhalb der österreichischen Cyber-Sicherheitsstruktur auf. Während betroffene Unternehmen nur den jeweils eigenen Bereich kennen und sektorspezifische Computer-Notfallteams lediglich den eigenen Sektor überblicken, nimmt das CSC einen österreichweiten, sektorübergreifenden Blickwinkel ein. Dies ermöglicht die Erstellung eines gesamtstaatlichen Lagebildes, das Grundlage für gegebenenfalls zu treffende Maßnahmen ist.

Doch weder die operative NIS-Behörde, noch die anderen staatlichen Gremien im Bereich der Cyber-Sicherheit sind alleine in der Lage, eine hohe Resilienz aufzubauen und aufrecht zu erhalten. Dazu bedarf es einer gemeinsamen Anstrengung aller im Bereich der Cyber-Sicherheit tätigen, staatlichen und privaten Stakeholder. Vertrauen, Kooperation und Informationsaustausch zwischen all diesen Einrichtungen werden der Schlüssel zu einer erfolgreichen Bewältigung dieser Anforderungen sein. Österreich ist auf einem guten Weg.

DI Philipp Blauensteiner
Leiter des Cyber Security Centers
Bundesministerium für Inneres
Österreich

Geleitwort des BMLV

Als „Cyber-Koordinator des Bundesministeriums für Landesverteidigung" und Kommandant des „Kommandos Führungsunterstützung & Cyber Defence (KdoFüU&CD)" bin ich dem Ersuchen, ein Geleitwort zu diesem hochaktuellen und praxisbezogenem Buch zu verfassen, sehr gerne nachgekommen. Dies umso mehr, als zwischen dem Österreichischen Bundesheer (ÖBH) und dem Austrian Institute of Technology (AIT) eine intensive Kooperation im Rahmen der Plattform KSÖ sowie diverser Forschungsprojekte, wie es beispielsweise das im Buch dargestellte Forschungsprojekt **Cyber Incident Situational Awareness (CISA)** ist, besteht.

Die Verfasser sprechen mit ihrem Buch ein hochaktuelles Thema an. Ein Thema, dass wegen seiner Signifikanz nicht nur für Forscher und Wissenschaftler, sondern auch für facheinschlägig interessierte Mitarbeiter von Behörden, Dienststellen im öffentlichen wie auch von Unternehmen des privaten Sektors, von höchstem Interesse sein muss.

Die Cyber-Attacken auf die RUAG 2015 in der Schweiz, oder der Ende 2017 erkannte Angriff einer Hackergruppe auf den Informationsverbund Berlin – Bonn (IVBB), verdeutlichen die Gefahren aus dem Cyberraum, der sich unsere IKT-Infrastruktur trotz großer Sicherheitsanstrengungen ausgesetzt sieht. Es geht in diesem Cyberraum gleichermaßen um innerstaatliche Bedrohungen, wie auch um grenzüberschreitende Cyber-Angriffe aus einem über die virtuellen Staatsgrenzen hinausreichenden Raum. Zur Feststellung und Analyse von Bedrohungen ist ein klares und umfassendes Lagebild eine „conditio sine qua non". Nur so können zeitgerecht klare, nachvollziehbare, lageangepasste und rechtlich haltbare Entscheidungen getroffen werden. Dies gilt für Cyber Security, Cyber Crime wie auch für uns im Cyber Defence-Bereich in gleichem Maße.

Aufgrund dieser Erkenntnis hat Österreich im Rahmen der Umsetzung der Netz- und Informationssicherheitsrichtlinie der EU in Form des NIS-Gesetzes (derzeit im Entwurf vorliegend) sowie der konsequenten Umsetzung der EU Datenschutzgrundverordnung (DSGVO) sowohl für die kritische Infrastruktur als auch die nationalen Behörden die Grundlagen für ein entsprechendes Sicherheitsniveau nach „lege artis" geschaffen. Gleichsam wurde selbige als Teil der gesamtstaatlichen Sensorik verpflichtet.

Das Ziel des Forschungsprojektes CISA war es, aus den durch die Sensorik bereitgestellten Informationen ein Lagebild zu generieren. Dieses soll ebenenadäquat Informationen in Bezug auf Cyber-Angriffe auf überwachte Systeme bereitstellen. Die Bearbeitung des Projektes erfolgte in Kooperation zwischen AIT und einer Vielzahl von Unternehmen aus dem privaten und öffentlichen Bereich, nicht zuletzt unserem Bundeministerium für Landesverteidigung, welches gerade infragen der Lagebildgenerierung und faktenbasierter Entscheidungsfindungsprozesse eine besondere Expertise aufweist.

Es sind Forschungsprojekte wie CISA, die besonders geeignet sind, Cyber Awareness ebenenübergreifend und gesamtstaatlich zu schaffen, um so den Herausforderungen in der Cyber-Domäne in all ihrer Hybridität als ein „Whole of Nation" entgegenzutreten.

Mit dem vorliegenden Buch spannen die Autoren in sehr übersichtlicher Art und Weise den Bogen von der Notwendigkeit eines Situationsbewusstseins und der Erstellung von Cyber-Lagebildern sowie dem organisationsübergreifenden Austausch sicherheitsrelevanter Informationen als Grundlage für Cyber-Lagebilder bis hin zur Thematik von nationalen Strukturen und Prozessen zur Erstellung von Cyber-Lagebildern, den Informations- und Meldepflichten sowie dem Datenschutz in „Public Private Partnerships".

Die bisherigen Maßnahmen sind wichtige und richtige Schritte, um die dringend notwendige nationale Fähigkeitsentwicklung voranzutreiben – sie ein substanzieller Teil eines umfassenden Ansatzes zur Verbesserung der Resilienz unseres Staates gegenüber Cyber-Bedrohungen zu betrachten. Bedrohungen, denen wir uns in bewährter Art und Weise im breiten kooperativen Ansatz stellen: Behörden, Wissenschaft, Industrie und Wirtschaft gemeinsam – für Österreich.

In diesem Sinne wünsche ich allen Leserinnen und Lesern viel Freude und vor allem nachhaltigen Erkenntnisgewinn beim Studium dieses Buchs.

Generalmajor
Ing. Mag. Hermann KAPONIG
Österreichisches Bundesheer
Kommando Führungsunterstützung & Cyber Defence (KdoFüU&CD)

Geleitwort des BKA

Die Gewährleistung eines hohen Maßes an Sicherheit von Netz- und Informationssystemen auf nationaler und internationaler Ebene ist eine der obersten Prioritäten Österreichs und eine gemeinsame Herausforderung für Staat, Wirtschaft und Gesellschaft. So ist das Funktionieren kritischer Infrastrukturen heute in hohem Ausmaß von verschiedenen Technologien und deren Zusammenspiel abhängig. Sie sind zu einer „Hauptschlagader" von Wirtschaft und Gesellschaft geworden, Ausfälle können daher entsprechend schwerwiegende Folgen zeitigen.

Die vielen positiven Ausprägungen und Entwicklungen der Digitalisierung laufen einher mit einer zunehmenden Gefahrenlage, die sich aus dem Cyber Raum ergibt. Diese Schattenseite der fortschreitenden Digitalisierung ist von ständig wandelnden Bedrohungen gekennzeichnet und entwickelt sich in einem hohen Tempo weiter. Eine steigende Komplexität und Interdependenz der eingesetzten Technologien schafft immer wieder neue Angriffspotenziale für Kriminelle, wobei Angreifer nicht aufhören werden, das Internet permanent weiter für kriminellen Zwecke zu missbrauchen.

Der Staat darf in diesem Zusammenhang niemals nachlassen, mit der Wirtschaft und Forschung zusammen die Veränderungsprozesse, die sich aus der zunehmenden Digitalisierung ergeben, im Interesse der Bürgerinnen und Bürger zu bewerten, aktiv zu gestalten und zeitgerechte Rahmenbedingungen zu schaffen. Dabei nimmt die Gewährleitung der Sicherheit eine zentrale Stellung ein. Um der äußerst komplexen Bedrohungslage und den Herausforderungen im Cyber Bereich entgegenzutreten, gibt es eine wachsende Anzahl politischer Programme und Strategien auf europäischer und nationaler Ebene. Wichtige Punkte sind auf europäischer Ebene insbesondere die NIS-Richtlinie und die Datenschutz-Grundverordnung. Auf nationaler Ebene sind die Österreichische Strategie für Cyber Sicherheit (ÖSCS), das Netz- und Informationssystemsicherheitsgesetz und das österreichische Programm zum Schutz kritischer Infrastrukturen (APCIP) essenziell.

Als sehr positive Entwicklung sei zudem die vom Bundeskanzleramt als Public-private-Partnership ins Leben gerufene „Cyber Sicherheit Plattform" (CSP) genannt, die sich als die zentrale Plattform Österreichs für die Kooperation zwischen dem privaten und öffentlichen Sektor in Sachen Cyber Sicherheit und dem Schutz kritischer Infrastrukturen etabliert hat. Sie hat sich durch das Engagement der Teilnehmerinnen und Teilnehmer nicht nur zu der Plattform für den Informationsaustausch zu aktuellen Fragen der Cyber

Sicherheit entwickelt, sondern sogar zu einem Impulsgeber, zu einem Think Tank für künftige Herausforderungen.

Die derzeit wohl wichtigste Aufgabe in Österreich ist die Umsetzung der NIS-Richtlinie durch das Netz- und Informationssystemsicherheitsgesetz. Mit einer von allen Seiten akzeptierten legistischen Grundlage und den Umsetzungen der dafür notwendigen Einrichtungen und Prozesse werden die nächsten Schritte in Richtung eines gesamtstaatlichen Ansatzes für die Cyber Sicherheit in Österreich unternommen. Mit der Umsetzung der NIS-Richtlinie wird in Österreich ein nationaler Rahmen mit entsprechenden Organisations- und Koordinierungsstrukturen für Cyber Sicherheit eingerichtet. Die Erstellung eines gesamtheitlichen Lagebildes für Österreich, welches einen wesentlichen Beitrag für die Cyber Sicherheit leisten wird, soll in diesen Organisations- und Koordinierungsstrukturen stattfinden.

Diesbezüglich ist hervorzuheben, dass der Sicherheitsforschung im Nachgehen der Frage, wie Cyber Sicherheit gesamtstaatlich effizient und wirkungsvoll gestaltet werden kann, hohe Bedeutung zukommt. So stellen insbesondere KIRAS Forschungsprojekte einen wichtigen Teil des Diskurses zu Sicherheit in Österreich dar. Projekte wie CISA sowie weitere aktuelle Forschungsprojekte sind ein Musterbeispiel dafür, wie das Zusammenwirken privater und öffentlicher Stakeholder gesamtstaatliche Ansätze schaffen kann, indem die Inhalte der KIRAS Projekte laufend mit staatlichen Bedarfsträgern diskutiert und abgeglichen werden. So finden die Ergebnisse Einzug in die staatlichen Planungsinstrumente und leisten damit einen unschätzbaren Beitrag in der Gestaltung eines widerstandsfähigen Österreich.

Nach Umsetzung der NIS-Richtlinie wird es um eine schrittweise intelligente Verbesserung der österreichischen Cyber Sicherheitsarchitektur gehen, bei welcher wissenschaftliche Projekte und Beiträge, wie zum Beispiel in Form dieses Buches, weiterhin eine gesamtstaatlich wichtige Rolle einnehmen werden.

DI Franz Vock
Cyber Security Koordinator
Bundeskanzleramt Österreich

Vorwort der Herausgeber

Advanced Persistent Threats und State-sponsored Hacks stellen neue Formen der Bedrohung für Organisationen dar, deren Geschäfte maßgeblich über das Internet abgewickelt werden. Aber auch „low profile“-Angriffe, welche sich vorgefertigter Tools und Schadsoftware bedienen, werden immer ausgefeilter – denn auch die Angriffsflächen moderner hochkomplexer IKT Infrastrukturen wachsen von Jahr zu Jahr. Das Kompromittieren von Webseiten, Attackieren von Diensten oder Ausspionieren vertraulicher Firmeninformationen steht bei diesen Angriffen im Mittelpunkt. Die Motivation dazu ist oft vielfältig geprägt und umspannt von der Erlangung wirtschaftlicher Vorteile bis hin zur Schädigung aus politischen oder religiösen Motiven mannigfaltige Facetten. Je wichtiger das Funktionieren digitaler Dienste für unsere Gesellschaft wird, desto eher gelangen diese Dienste auch ins Visier von Wirtschaftskriminellen, Spionen, Terroristen und staatsfeindlichen Gruppierungen. Um diesen Bedrohungen angemessen zu begegnen, haben viele Staaten umfangreiche nationale Cyber-Sicherheitsstrategien erarbeitet und umgesetzt. Waren bis vor kurzem überwiegend privatrechtlich geführte Computer Emergency Response Teams (CERTs bzw. CSIRTs) alleinige Mittel, um organisationsübergreifend für Sicherheit zu sorgen, haben Staaten nun bereits sehr intensiv damit begonnen, ihre Rolle beim Schutz nationaler kritischer Infrastrukturen und essenzieller Dienste vor Cyber-Bedrohungen einzunehmen. Cyber Security Centers und Cyber Defense Centers werden von staatlichen Institutionen zunehmend genutzt, um anfänglich genannten Bedrohungen angemessen zu begegnen. Eine der Hauptaktivitäten ist dabei die enge Vernetzung aller Beteiligten, v.a. auch bestehender CERTs bzw. CSIRTs, und der rege Informationsaustausch über aktuelle Bedrohungen, sowie der – bis zu einem gewissen Grad verpflichtende – Informationsaustausch über Sicherheitsvorfälle.

Die Europäische Union hat mit der Erlassung der NIS-Richtlinie (Richtlinie über Maßnahmen zur Gewährleistung eines hohen gemeinsamen Sicherheitsniveaus von Netz- und Informationssystemen in der Union) und der daraufhin in den Mitgliedstaaten begonnenen Umsetzung in nationales Recht einen wichtigen Grundstein für die Etablierung der zur Gewährleistung der Cyber-Sicherheit erforderlichen Strukturen geschaffen. Ein wichtiger Meilenstein dabei ist die Einrichtung sog. NIS-Behörden. Gleichzeitig bringt aber dieser wichtige Schritt eine ganze Reihe neuer Herausforderungen mit sich – nicht nur für wenige, sondern für alle Unternehmen, die entweder kritische Infrastrukturen betreiben oder aber digitale Dienste bereitstellen. Naturgemäß gibt es, wie bei allen weitreichenden Veränderungen der Rahmenbedingungen, Unsicherheiten in Bezug auf die Umsetzung der Richtlinie und folglich Realisierung der zuvor genannten NIS-Behörden zum Informationsaustausch. Während ihre Rollen grob in der NIS-Richtlinie umrissen sind, ist noch weitgehend unklar, wie weit die Kompetenzen im Detail gehen sollen und v.a. wie die Ausgestaltung ihrer Arbeit im Alltag aussehen wird. Die Schnittstellen zwischen Organisationen und staatlichen Einrichtungen, die Art der ausgetauschten Informationen, die dafür erforderlichen Prozesse auf Seiten der Organisationen, aber auch des Staates werden derzeit breit diskutiert.

Durch den regen Austausch sicherheitsrelevanter Informationen zwischen Unternehmen und dem Staat sollen dabei Cyber-Lagebilder auf nationaler Ebene entstehen, um die Erkennung, Analyse und Bewältigung von Cyber-Angriffen zu unterstützen. Während die Umsetzung dieser Vision im Großen und Ganzen intuitiv erscheint, ist die konkrete Ausgestaltung dieser Vernetzung noch weitgehend offen. In diesem Kontext ist auch die verschärfte Datenschutzproblematik durch Inkrafttreten der EU-Datenschutzgrundverordnung (DSGVO) zu sehen. Die daraus resultierenden Spannungen aufgrund des für die Gewährleistung der Sicherheit erforderlichen Informationsaustauschs zwischen Organisationen einerseits und des Datenschutzes von potenziell personenbezogenen Daten andererseits sollen im vorliegenden Buch näher beleuchtet werden.

Dieses Buch behandelt den Themenkomplex des Situationsbewusstseins in Public-Private Partnerships (PPP) und richtet sich an eine breite Leserschaft: Personen der öffentlichen Verwaltung und der Industrie, die mit Aufgaben im Sicherheitsmanagement betraut sind, sowie alle Leserinnen und Leser, die generell am Thema Cyber-Situationsbewusstsein interessiert sind. Das Buch kann von Dozentinnen und Dozenten im Bereich Cyber-Sicherheit und Public Administration an Universitäten und Hochschulen, sowie Studentinnen und Studenten genutzt werden.

Das breite Themenfeld, an dem Cyber-Situationsbewusstsein anknüpft, spiegelt sich auch im Inhalt des Buches wider.

- Kap. 1 befasst sich mit dem Aufbau und der Nutzung von Cyber-Situationsbewusstsein und wie dies auf nationaler Ebene mit Cyber-Sicherheitsstrategien umgesetzt werden kann. Ein weiterer Aspekt ist die Umsetzung von Cyber-Situationsbewusstsein in nationalen Cyber-Lagezentren und die Verwendung von Cyber-Lagebildern.
- Kap. 2 beleuchtet den organisationsübergreifenden Informationsaustausch zu Cyber-Sicherheitsvorfällen zwischen Cyber-Lagezentren und Stakeholdern. Es beschreibt wie Erkennung und Abwehr von Angriffen durch Informationsaustausch maßgeblich verbessert werden können.
- Nationale Strukturen und Prozesse zur Erstellung von Cyber-Lagebildern werden in Kap. 3 beschrieben. Dabei werden der Informationsfluss und die Management-Prozesse zwischen Cyber-Lagezentren und anderen Stakeholdern, wie zum Beispiel Meldeprozesse im Rahmen der NIS-Richtlinie, beschrieben.

- Mit rechtlichen Informations- und Meldepflichten in PPPs befasst sich Kap. 4. Insbesondere werden Meldepflichten in Bezug auf die NIS-Richtlinie, Datenschutzrecht und Telekommunikationsrecht analysiert.
- Kap. 5 beleuchtet den Datenschutz in PPPs. Meldepflichten und -prozesse können in den Datenverarbeitungen und Datenübermittlungen auch personenbezogene Daten enthalten und daher ist die Frage des Datenschutzes auch innerhalb von Cyber-Lagezentren zu stellen.
- In Kap. 6 werden mögliche Informations- und Datenquellen für Cyber-Lagebilder beschrieben. Zusätzlich werden Kriterien zur Bewertung von Informations- und Datenquellen definiert, um die Qualität der Informationen in Cyber-Lagebildern beurteilen zu können.
- Kap. 7 beschreibt Informationsanalysekonzepte zur Erstellung von Cyber-Lagebildern in PPPs. Das Konzept beschreibt eine Architektur, die eine Aggregation aus multiplen Datenquellen und die Datenaufbereitung für Lagebilder in Cyber-Lagezentren unterstützt und den gesamten Datenlebenszyklus berücksichtigt.
- Die Evaluierung von Cyber-Situationsbewusstsein im praktischen Einsatz wird in Kap. 8 anhand einer Planspielübung gezeigt. Eine Übung ermöglicht künftigen Operateuren in Lagezentren, in simulierten Situationen Cyber-Situationsbewusstsein zu bilden und eine Lagebeurteilung vorzunehmen.

Diese Übersicht zeigt, dass die Herstellung von Cyber-Situationsbewusstsein viele Aspekte beinhaltet und dieses Buch einen Beitrag zur Forschung und Entwicklung in diesem Bereich leistet.

Wien, April 2018

Florian Skopik
Timea Pahi
Maria Leitner

Inhaltsverzeichnis

Über die Herausgeber

Dr. Dr. Florian Skopik, CISSP, CISM, CCNP-S leitet das Sicherheitsforschungsprogramm am AIT Austrian Institute of Technology, wo er gemeinsam mit seinem 40-köpfigen Team an nationalen und internationalen Forschungsprojekten in den Bereichen Schutz kritischer Infrastrukturen, Anomalieerkennung in Rechnernetzen, Threat Intelligence, Risikomanagement und Kryptographie arbeitet.

Bevor er zu AIT kam, war er von 2007 bis 2011 an der Technischen Universität Wien als wissenschaftlicher Mitarbeiter und Postdoktorand tätig, wo er an einer Reihe internationaler Forschungsprojekte zu Web-basierten Collaboration Systems beteiligt war. In dieser Zeit promovierte er auch in Informatik (Dr. techn.) und Sozial- und Wirtschaftswissenschaften (Dr. rer.soc.oec). Er verbrachte mehrere Monate als Expert Advisor bei IBM Research India in Bangalore. Er veröffentlichte mehr als 100 wissenschaftliche Konferenzbeiträge und Zeitschriftenartikel, sowie mehrere Bücher, und ist Mitglied verschiedener Konferenzprogrammkomitees und Standardisierungsgruppen wie ETSI TC Cyber und OASIS CTI. Er hält außerdem etliche branchenrelevante Sicherheitszertifikate, darunter Certified Information Systems Security Professional (CISSP), Certified Information Security Manager (CISM), CCNP Security und ISO27001 Information Security Manager, und ist registrierter Subject Matter Expert der ENISA für die Themen *„new ICTs and emerging application areas"* und *„Critical Information Infrastructure Protection (CIIP) and CSIRTs cooperation"*.

Florian Skopik ist IEEE Senior Member, Mitglied der Association for Computing Machinery (ACM), Member of the International Information System Security Certification Consortium (ISC)², und Member of the International Society of Automation (ISA).

Timea Pahi, BSc, BA ist Junior Scientist im Sicherheitsforschungsprogramm des Centers for Digital Safety & Security am AIT Austrian Institute of Technology. Timea ist Ingenieurin für IT-Sicherheit und hat ihren zweiten Abschluss in Sicherheits- und Verteidigungsstudien. Sie arbeitet derzeit an mehreren Forschungsprojekten und Publikationen, die sich auf nationale Cybersicherheit, Cyber-Situationsbewusstsein, Cyber-Lagebilderstellung, Analyse von professionellen Cyber-Angriffen und deren Taktiken, Techniken und Verfahren (TTPs) konzentrieren. Ihre aktuellen Forschungsinteressen umfassen Threat Intelligence, Penetration Testing und die die Erstellung von realistischen Angriffssimulationen (sog. Cyber Security Übungen in Cyber Ranges) sowohl auf Organisationsebene als auch auf staatlicher Ebene.

© by Johannes Zinner

Dr. Maria Leitner ist Scientist in der Forschungsgruppe Cyber Security im Center for Digital Safety & Security am AIT Austrian Institute of Technology. Dr. Leitner koordiniert und arbeitet in nationalen und internationalen Forschungsprojekten im Bereich Situationsbewusstsein, Schutz von kritischen Infrastrukturen und Identitätsmanagement. Im Bereich Situationsbewusstsein beschäftigt sie sich mit der Gestaltung von Cyber Lagebildern, Cyber Security Übungen und deren technischer Umsetzung in Cyber Ranges, d. h. in simulierten komplexen IKT-Infrastrukturen. Dr. Leitner ist unter anderem in der Arbeitsgruppe 5 „Education, training, awareness, exercise" in der European Cyber Security Organisation (ECSO) und der Cyber Sicherheit Plattform Austria tätig. Sie ist Mitglied bei ACM sowie IEEE und hat über 25 referierte Journal-, Konferenz- und Workshopartikel veröffentlicht.

Das Konzept von Situationsbewusstsein und Cyber-Lagebildern 1

Maria Leitner, Timea Pahi und Florian Skopik

Zusammenfassung

Situationsbewusstsein beschäftigt sich mit der Wahrnehmung und dem Verstehen einer Situation sowie der Prognose dieser. Dieses Situationsbewusstsein wird auch im Cyber Raum immer wichtiger, um die aktuelle Lage einschätzen und bewerten zu können. Oftmals wird dies als Cyber-Situationsbewusstsein bezeichnet. Dieses Kapitel beschreibt umfassende Aspekte zur Herstellung von Cyber-Situationsbewusstsein und zeigt, dass nicht nur technische Aufgaben, sondern auch organisatorische Voraussetzungen zur Herstellung benötigt werden. Als Grundlage werden wissenschaftliche Modelle zur Herstellung von Cyber-Situationsbewusstsein analysiert und verglichen. Dies zeigt wie erste kognitive Modelle in technische Modelle adaptiert wurden, um Menschen immer mehr bei der Verarbeitung von Informationen zur Erkennung der Lage zu unterstützen. Darauf aufbauend werden Cyber-Sicherheitsstrategien beschrieben, die zur Umsetzung von Situationsbewusstsein auf nationaler Ebene beitragen können. Cyber-Sicherheitsstrategien umfassen häufig die Umsetzung von Cyber-Lagezentren. Dazu werden übliche Aufgaben und Verantwortlichkeiten von Lagezentren sowie der Austausch mit Stakeholdern definiert. Cyber-Lagezentren nutzen diverse Cyber-Lagebilder, um gesammelte Informationen über Situationen über definierte Zeiträume nachvollziehbar darzustellen. Sie sind daher ein wichtiges Hilfsmittel zur Bewertung von Situationen und Herstellung von Cyber-Situationsbewusstsein.

M. Leitner (✉) · T. Pahi · F. Skopik
Center for Digital Safety & Security, AIT Austrian Institute of Technology, Wien, Österreich
e-mail: maria.leitner@ait.ac.at; timea.pahi@ait.ac.at; florian.skopik@ait.ac.at

F. Skopik et al. (Hrsg.), *Cyber Situational Awareness in Public-Private-Partnerships*,
https://doi.org/10.1007/978-3-662-56084-6_1

1.1 Einleitung

Situationsbewusstsein, d. h. sich der aktuellen Lage bewusst zu sein, ist ein immer wichtiger werdendes Instrument in den Informations- und Kommunikationstechnologien (IKT) geworden. Oftmals wird Cyber-Situationsbewusstsein auf das Bewusstsein der Lage in der Cyber-Domäne angewendet. Individuen, nationale und internationale Organisationen sowie Nationen benötigen Cyber-Situationsbewusstsein. Zum Beispiel können Organisationen ein umfangreiches Lagebild über den aktuellen Stand der eigenen IKT Infrastruktur kennen und ob es Cyber-Vorfälle oder -Ereignisse derzeit in der Infrastruktur gibt. Auf staatlicher Ebene geht es bei Cyber-Situationsbewusstsein jedoch eher z. B. um den Ausfall kritischer Services für Bürgerinnen und Bürger und wie Informationsaustausch bei stärkeren Cyber-Vorfällen mit diversen Stakeholdern erleichtert werden kann. Dieses Kapitel zielt darauf ab einen umfassenden Überblick über Situationsbewusstsein zu geben, insbesondere dessen Ursprung und wie Situationsbewusstsein im Bereich der Informationssicherheit und Cyber-Sicherheit angewandt werden kann.

Abschn. 1.2 beschäftigt sich mit dem Hintergrund und der Definition von Situationsbewusstsein. Weiterführend beschreibt Abschn. 1.3 den aktuellen Stand der Technik anhand einer Auflistung relevanter Situationsbewusstseinsmodelle, die kognitive und technische Ansätze verfolgen.

Zur Sicherung der Cyber-Landschaft wird eine internationale Koordination als auch Kooperation insbesondere aufgrund der hohen Vernetzung der Stakeholder, Strukturen und IT-Landschaften immer wichtiger. Konventionelle Strategien benötigen eine globale Sichtweise zur Stabilisierung und Sicherung der Cyber-Landschaft. Dieser Paradigmenwechsel spiegelt sich auch eindeutig in den nationalen und internationalen Cyber-Sicherheitsstrategien der letzten zehn Jahre wider. Das Abschn. 1.4 behandelt daher Beispiele nationaler Cyber Security Strategien in Deutschland, Österreich und der Schweiz.

Ein gemeinsamer Nenner aller Strategien für Cyber-Sicherheit ist die empfohlene Realisierung von Kompetenzzentren, z. B. als Cyber-Lagezentren, Computer Emergency Response Teams (CERT) oder Computer Security Incident Response Teams (CSIRT), auf nationaler Ebene. Ein nationales Cyber-Lagezentrum soll als vertrauenswürdiger Dritter agieren und zum Beispiel den Informationsaustausch zwischen öffentlichen und privaten Organisationen koordinieren. Im Abschn. 1.5 werden Merkmale und mögliche Aufgaben von Cyber-Lagezentren beschrieben und Beispiele von existierenden nationalen Cyber-Lagezentren gebracht.

In Abschn. 1.6 wird der Lagebildbegriff erörtert. Abhängig vom Zweck und der Nutzung eines Lagebildes kann es verschiedene Eigenschaften aufweisen, z. B. Lagebilder der Flugüberwachung, der IKT Infrastruktur oder der Cyber-Vorfälle. Diese verschiedenen Aspekte werden unter dem Begriff der Dimensionen zusammengefasst und analysiert. Zusätzlich werden auch Beispiele für Lagebilder beschrieben. Abschn. 1.7 fasst die wichtigsten Ergebnisse zusammen.

1.2 Situationsbewusstsein

Im Bereich Cyber-Sicherheit spielt Situationsbewusstsein (*situational awareness*[1] in Englisch, abgekürzt SA) eine immer wichtigere Rolle für Organisationen und Staaten. Es existieren bereits viele Definitionen zu Situationsbewusstsein (siehe Tab. 1.1) und bis zum Jahr 1995 sind alle in der Tabelle angeführten Definitionen militärischen Ursprungs.

Tab. 1.1 Definitionen zu Situationsbewusstsein

Jahr	Auszug	Quelle
1987	„*Situation awareness is knowledge of current and near-term disposition of both friendly and enemy forces within a volume of airspace.*"	Hamilton 1987
1988	„*The authors distinguish four SA dimensions from a collection of definitions: where, what, when, and who. Where refers to spatial awareness, what characterizes identity awareness, who is associated with responsibility or automation awareness, and when signifies temporal awareness.*"	Harwood et al. 1988
1991	„*Situational awareness is principally (though not exclusively) cognitive, enriched by experience*"	Hartman und Secrist 1991
1992	„*SA is a pilot's (or aircrew's) continuous perception of self and aircraft in relation to the dynamic environment of flight, threats, and mission, and the ability to forecast, then execute tasks based on that perception. It is problem solving in a three-dimensional spatial relationship complicated by the fourth dimension of time compression, where there are too few givens and too many variables.*"	Carroll 1992
	„*Situation Awareness refers to the ability to rapidly bring to consciousness those characteristics that evolve during a flight.*" „*Notice that the ‚evolve' part of this definition excludes other information, like declarative and procedural knowledge, that may be rapidly brought to mind. Notice too that ‚the ability to bring' allows SA to refer to things that may not at that moment be in consciousness (or working memory, if you choose). But you have to be able to grab them when you need them.*"	Wickens 1992

[1] Die beiden Begriffe „situation awareness" und „situational awareness" werden in diesem Dokument gleichwertig behandelt. Oftmals wird in älteren Publikationen von „situation awareness" gesprochen, jedoch wird in aktuelleren Publikationen oft „situational awareness" referenziert.

Tab. 1.1 (Fortzetzung)

Jahr	Auszug	Quelle
	„Although situation awareness contributes to good performance, it is not synonymous with it. It is possible to have good SA and still not be a good pilot because of poor motor skills, co-ordination or attitude problems. Conversely, under automated flight conditions it is possible to have good performance with minimal SA.“	Tenney et al. 1992
	„One's ability to remain aware of everything that is happening at the same time and to integrate that sense of awareness into what one is doing at the moment.“	Haines und Flateau 1992
1995	*SA is „an abstraction that exists within our minds, describing phenomena* that *we observe in humans performing work in a rich and usually dynamic environment.“*	Billings 1995
	„SA provides ‚the primary basis for subsequent decision making and performance in the operation of complex, dynamic systems …‘ At its lowest level the operator needs *to perceive relevant information (in the environment, system, self, etc.), next integrate the data in conjunction with task goals, and, at its highest level, predict future events and system states based on this understanding.“ „… the perception of the elements in the environment within a volume of time and space, the comprehension of their meaning, and the projection of their status in the near future.“*	Endsley 1995
	„SA requires an operator *to ‚quickly detect, integrate and interpret data gathered from the environment.“*	Green et al. 1995
	„Situation awareness is adaptive, externally-directed consciousness that has as its *products knowledge about a dynamic task environment and directed action within that environment.“*	Smith und Hancock 1995
1997	*„SA means that a human appropriately responds to important informational cues. This definition contains four key elements: (1) humans, (2) important informational cues, (3) behavioral cues, and (4) appropriateness of the responses. Important informational cues refer to environmental stimuli that are mentally processed by the human.“*	Dalrymple und Schiflett 1997
1998	*„SA is ‚the pilot's internal model of the world around him at any point in time.‘ It is derived from the aircraft instrumentation, the out-the-window view, and his or her senses. Individual capabilities, training, experience, objectives, and the ability to respond to task workload moderate the quality of the operator's SA.“*	Endsley 1998

Der Grund dafür war das wachsende Interesse am Verhalten der Piloten während Luftschlachten. Es wurde unter anderem untersucht wie Piloten ihre und die gegnerische Lage erkennen und die Umgebung wahrnehmen. Eine häufig verwendete Definition von

Situationsbewusstsein stammt aus dem Jahre 1995 von Endsley (1995). Nach Endsley wird Situationsbewusstsein folgendermaßen aufgebaut: (1) Die Objekte in der Umgebung werden wahrgenommen. (2) Ihre Bedeutung wird verstanden. (3) Die Veränderungen in der Umgebung und der zukünftige Zustand der Objekte werden zutreffend für eine ausreichende Zeitspanne vorhergesagt. Die detaillierte Beschreibung dieses dreistufigen Prozesses erfolgt in Abschn. 1.3.1. Die folgende Tabelle fasst eine Auswahl an Definitionen zu Situationsbewusstsein von 1987 bis 1998 zusammen.

Die Definitionen in Tab. 1.1 zeigen, dass das Konzept von Situationsbewusstsein sowohl in zivilen als auch in militärischen Bereichen verwendet wird. Die anfänglichen Definitionen fokussieren auf menschlichen Aspekten in verschiedenen Krisensituationen. Sie beschreiben Situationsbewusstsein als kognitive Wahrnehmung und Wissensvermittlung. Definitionen bis zum Jahr 1995 sehen Situationsbewusstsein primär als den aktuellen, kognitiven Kenntnisstand und dem Verstehen der sich ständig verändernden Bedrohungslandschaft. Das Herstellen von Situationsbewusstsein und dessen Bewertung dient als Grundlage zur Entscheidungsfindung. Das bedeutet, dass die Entscheidungsfindung auf Situationsbewusstsein aufbaut (siehe z. B. das Modell von Endsley im Abschn. 1.3.1). In der Literatur versuchen Entscheidungsträger (z. B. Piloten) die Lage/Situation zu verstehen und zu bewerten (d. h. Situationsbewusstsein aufzubauen), um dann zu entscheiden welche Maßnahmen gesetzt werden sollten.

Der Begriff Cyber-Situationsbewusstsein (*cyber situational awareness*, abgekürzt CSA) transportiert diese Grundgedanken in die Cyber-Domäne. Beispielsweise wird nach Bahşi und Maennel (2015) dieser Begriff als Netzwerküberwachung, Informationsaustausch, Korrelation von Sicherheitsevents und high-level Sicherheitsberichte interpretiert.

Basierend auf dieser Begriffsdefinition beschreibt der nächste Abschnitt Modelle, die zum Aufbau von Situationsbewusstsein herangezogen werden können.

1.3 Modelle zur Etablierung von Situationsbewusstsein

Dieser Abschnitt beschreibt die theoretischen Modelle zum Aufbau von Situationsbewusstsein, die in einer Recherche (siehe Pahi et al. 2017a) ermittelt wurden. Viele davon beziehen sich auf das Situation Awareness Model in (Endsley 1995). In weiterer Folge wird jedes Modell kurz beschrieben.

1.3.1 OODA Loop (1976)

Der Observe-Orient-Decide-Act (OODA) Loop ist ein Informationskonzept aus dem militärischen Bereich und wurde vom Air Force Pilot John Boyd (1976) entwickelt (siehe Abb. 1.1). Cyber-Verteidigung wird mit OODA als ein ganzheitlicher Prozess mit verschiedenen Phasen in der Entscheidungsfindung dargestellt (Klein et al. 2011).

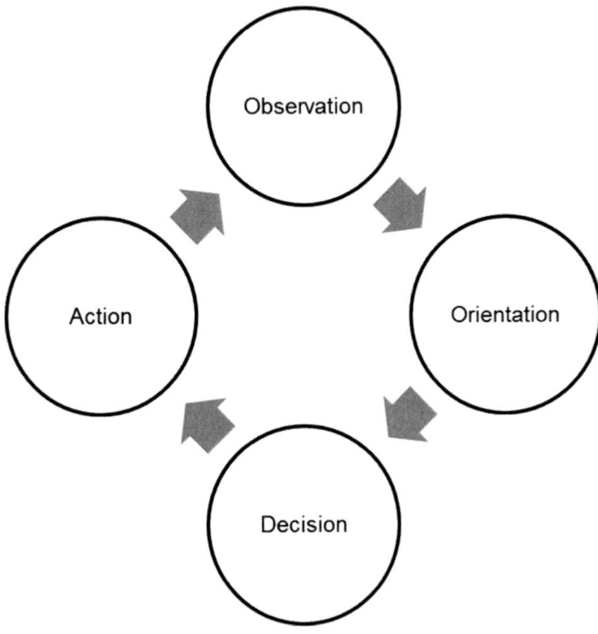

Abb. 1.1 OODA Loop. (Eigene Darstellung durch die Autoren, siehe Leitner et al. (2017) nach Boyd (1976))

Das Modell versucht die Handlungen und Verhaltensweise einer Entität, wie z. B. eines Piloten, einer Truppe, eines Staates oder einer Organisation, in einer fremden Umgebung abstrakt abzubilden.

Boyd zerlegte den ablaufenden Entscheidungsprozess in vier größere Teile:

1. Die Beobachtung (*Observation*) ist eine Art von Informationssammlung. Es umfasst die Sammlung von Informationen über Organisationen und ihrer Umgebung.
2. Die Orientierung (*Orientation*) ist eine Art von Monitoring der Umgebung. Es bezieht sich auf die Berechnung von relevanten Indikatoren, Vorhersagen zu machen und Warnungen an Entscheidungsträger zu geben.
3. Die Entscheidungsfindung (*Decision making)* wird von der Phase der Orientierung unterstützt, um schnellere Reaktionszeiten zu ermöglichen bzw. weniger Ressourcen aufzuwenden.
4. In der Durchführungsphase (*Act*) werden in der vorherigen Phase getroffene Entscheidungen mit Maßnahmen umgesetzt.

Durch das Handeln verändert sich die Situation und der OODA-Loop beginnt von vorne. Jede Entscheidung führt zu neuen Konsequenzen, die wieder als Entscheidungsgrundlage dienen (Althaus 2002). Laut Dierke et al. wiederholt sich der Entscheidungszirkel endlos, d. h. jede Entscheidung beginnt von neuem mit einer intensiven Beobachtungsphase, dem Sammeln von Daten und Fakten (Dierke und Houben 2013). Aktuellere und umfassendere Informationen führen zu einem besseren Situationsbewusstsein und zu einer höheren Erfolgssicherheit. Es gab noch Weiterentwicklungen des OODA-Loops (z. B. Brehmer 2005).

1.3.2 JDL Data Fusion Model (1980)

Das häufig verwendete Joint Directories of Laboratory (JDL) Data Fusion Model unterscheidet mehrere Stufen der Verarbeitung und Verdichtung von Information in unterschiedlich komplexen Räumen (Kokar und Kim 1993). Das JDL-Modell bestand ursprünglich aus 4 Stufen (White 1988): L0 – Source Pre-Processing L1- Object Assessment, L2 – Situation Assessment und L3 – Impact Assessment. Weitere Stufen wurden nachträglich ergänzt (Steinberg et al. 1998), so wie zum Beispiel die Stufe L4 – Fusion Process Refinement.

Ein Beispiel dieser Erweiterung wird in Abb. 1.2 dargestellt, wobei die Reihenfolge der Ebenen den Abstraktionsgrad darstellt und keine zeitliche Abfolge festlegt (Llinas et al. 2004). Nach der Vorverarbeitung der Sensordaten gehört zur Objekterkennung auf Ebene 1 die Registrierung der Daten in einem Koordinatensystem, die Assoziation der Erkennungen, die zeitliche Verfolgung der Objekte und gegebenenfalls ihre Klassifikation. Aus der erhaltenen Umgebungsbeschreibung kann in Ebene 2 die Situation erkannt werden, aus der sich in Ebene 3 Gefahren ableiten lassen. Ebene 4 repräsentiert die übergeordnete Ablaufsteuerung zur Prozessoptimierung. Die letzte Ebene deckt die kognitive Verbesserung ab.

Es gibt weitere Variationen des JDL Modells. Zum Beispiel wird im Modell von Dasarathy (1997) die Fusion hinsichtlich der Verarbeitung auf und zwischen den Abstraktionsebenen der Daten, Merkmale und Entscheidungen beschrieben (Tischler 2014). Ein weiteres Beispiel ist (Giacobe 2010), der das JDL-Modell unter dem Aspekt der Cyber-Sicherheit erweitert. Der Autor beschreibt wie die Techniken der Datenfusion SA innerhalb von Netzwerken schärfen und verbessern können. Sein Modell berücksichtigt die menschlichen und kognitiven Kapazitäten und unterstützt die Cyber Security Analysten. Giacobe (2010) erweitert das ursprüngliche Modell mit einer fünften Ebene, die eine Schnittstelle zwischen einem Analysten und dem Datenfusionssystem bildet.

1.3.3 Situation Awareness Model (1995)

Der Begriff „*Situation Awareness*" aus dem Modell von (Endsley 1995) wird häufig referenziert, die genaue Definition lautet: „*Situational Awareness is the perception of the elements in the environment within a span of time and space, the comprehension of their meaning and the projection of their status in the near future*" (Endsley 1995).

Endsley versteht SA als Teil der Informationsverarbeitung und integriert darin Wahrnehmung, Aufmerksamkeit und Gedächtnis. Der Kerngedanke des Modells ist unter

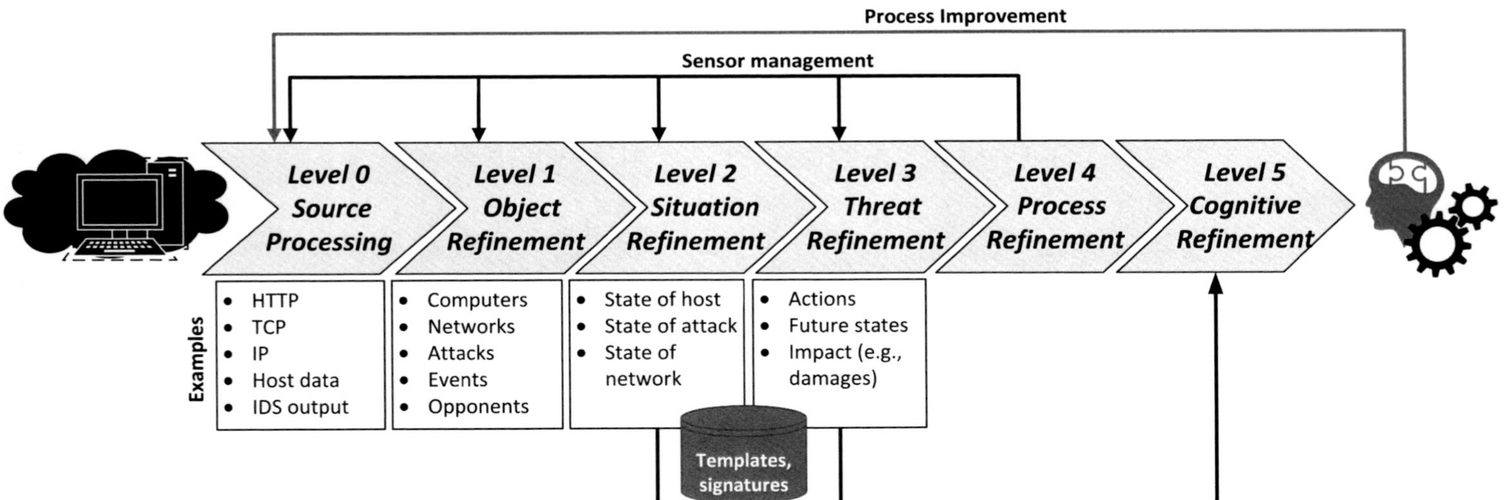

Abb. 1.2 JDL-Model. (Eigene Darstellung durch die Autoren, siehe Leitner et al. (2017) nach Hall and McMullen (2004))

anderem, dass SA eine durch die Kapazität von Aufmerksamkeit und Arbeitsgedächtnis begrenzte Ressource ist. SA unterliegt dem Einfluss von Zielen und Erwartungen der Person, die die Aufmerksamkeit, die Wahrnehmung und Interpretation der Information steuert (Badke-Schaub et al. 2008). Ausgehend von der Definition werden drei Ebenen (siehe Abb. 1.3) im Situational Awareness Model (SAM) unterschieden:

- **Ebene 1 – Wahrnehmung von Elementen einer aktuellen Situation** (*Perception of elements in current situation*): Diese Ebene beinhaltet die Wahrnehmung der Lage, sowie die Merkmale und die Dynamik der relevanten Situationselemente.
- **Ebene 2 – Verstehen der Bedeutung der aktuellen Situation** (*Comprehension of current situation*): Diese Ebene beschreibt das Verstehen der Bedeutung der Situationselemente zu einem ganzheitlichen Bild.
- **Ebene 3 – Prognose der künftigen Lage** (*Projection of future status*): Auf dieser Ebene werden Veränderungen in der Umgebung und die künftigen Lagen (z. B. von Elementen) für eine bestimmte Zeitspanne prognostiziert.

Abb. 1.3 zeigt den Zusammenhang zwischen den drei Ebenen des Situationsbewusstseins und den Zusammenhang zwischen Situationsbewusstsein (*situation awareness*),

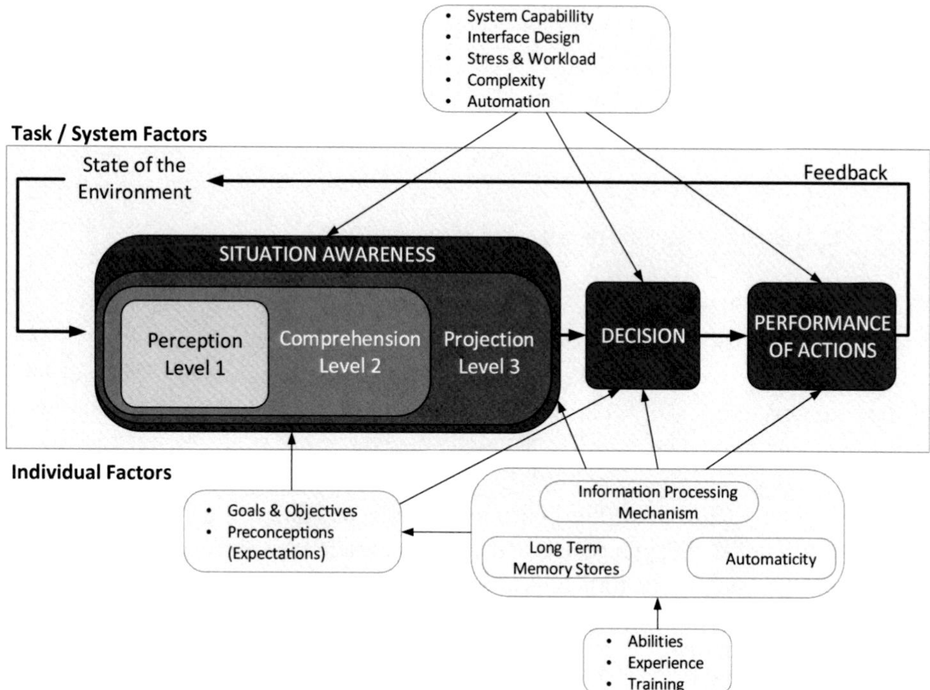

Abb. 1.3 Situation Awareness Model. (Eigene Darstellung durch die Autoren, siehe Leitner et al. (2017) nach Endsley (1995))

Entscheidungen (*decision*) und Handlungen (*performance of actions*). Der Feedbackpfeil von „Handlungen" zum „Status der Umwelt" (*state of the environment*) verdeutlicht, dass bei jeder Entscheidung eine Handlung durchzuführen (oder auch nicht), eine erneute Aktualisierung des Situationsbewusstseins über den (veränderten) Status der Umwelt erfordert. Neben externen Einflussfaktoren, gibt es verschiedene Einflussfaktoren durch das Individuum. Externe Einflussfaktoren sind Systemfähigkeit (*system capability*), Interface design (*interface design*), Systemkomplexität (*complexity*), Grad der Automatisierung (*automation*) sowie der Stress und die Arbeitsbelastung (*stress & workload*).

Im kognitiven SAM wird dargestellt, wie die Entscheidungsträger Informationen sammeln und verarbeiten, um Entscheidungen zu treffen. Viele wissenschaftliche Artikel zum SAM beschäftigen sich aufgrund dieser Begriffsdefinition mit der Frage, ob Situationsbewusstsein ein Prozess oder ein Zustand ist. Salmon et al. (2007) vertreten die Ansicht, dass auf Basis der ursprünglichen Definition Situation Awareness mit den drei Prozessen *perception, comprehension* und *projection* gleichzusetzen ist. Endsley weicht allerdings von dieser Auffassung ab und definiert in (Endsley 2000): „*First, SA as defined here is a state of knowledge about a dynamic environment. This is different than the process used to achieve that knowledge*". Nach dieser Definition ist SA ein Wissensstand, den eine Person innerhalb einer sich stetig verändernden Umgebung zu einem bestimmten Zeitpunkt besitzt.

Das Modell von Endsley wurde mit einer zusätzlichen Ebene, mit der Beschlussfassung (resolution) in McGuiness und Foy (2000) erweitert. Diese Ebene versucht Lösungswege zu finden, um die gewünschte Zustandsänderung zu erreichen. Dies entspricht also einer zusätzlichen 4. Ebene und enthält Handlungsoptionen mit deren Auswirkungen auf die Umgebung.

1.3.4 Cyber Situational Awareness Model (2009)

Okolica et al. (2009) beschreiben ein Cyber Situational Awareness Modell (CSAM) basierend auf dem Situational Awareness Model (Endsley 1995). Das CSAM kann in drei Schritte gegliedert werden: (1) Wahrnehmung (Sense), (2) Evaluierung (Evaluate) und (3) Bewertung (Assess). Diese drei Schritte werden anhand eines Insider Threat Beispiels (siehe Abb. 1.4) dargestellt:

1. Sense: Das System nimmt mit Sensoren individuelle Aktionen der Benutzer wahr, z. B. versandte oder empfangene Emails oder Logdateien von Anwendungen. Das SA System aggregiert diese Informationen zu einem Konzept „Insider Threat".

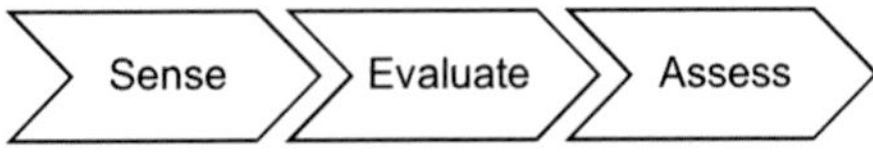

Abb. 1.4 Cyber Situational Awareness Model. (Eigene Darstellung durch die Autoren, siehe Leitner et al. (2017) nach Okolica et al. (2009))

2. Evaluate: Weitere Analysen ergeben, dass die Operation (*Offensive Operation*) „Datenexfiltration“ aufgrund von Schwachstellen (*Vulnerabilities*) durchgeführt wurde.
3. Assess: Die Autoren geben an, dass nur in Kombination mit der Analyse der Auswirkungen auf die Geschäftsprozesse oder der Mission ein vollständiges Verständnis und Wissen hergestellt werden kann.

Dieser ganzheitliche Ansatz bildet so eine vollständige Cyber Situational Awareness ab. Okolica et al. (2009) beschreiben auch, dass CSA und Business Continuity Planning (BCP) sehr eng miteinander verbunden sind.

1.3.5 Effective Cyber Situational Awareness Model (2014)

Evancich et al. (2014) beschreiben ein Modell für Effective Cyber Situational Awareness (ECSA), das Situationsbewusstsein innerhalb von Computernetzwerken schafft. Der Prozess der Schaffung eines netzwerkweiten Bewusstseins umfasst unter anderen die Erkennung und Auflistung von Assets (dh. Bestände, Werte), Verteidigungsfähigkeiten eines Netzes sowie dem Bewusstsein über Gefahren und Bedrohungen.

ECSA unterscheidet sich von CSA indem es auf die Unterstützung der Entscheidungsfindung, die Zusammenarbeit und auf das Ressourcen-Management fokussiert. Die Grundkonzepte von ECSA sind die Folgenden:

1. Erstellen eines zukünftigen Situationsbewusstseins basierend auf möglichen Maßnahmen
2. Einbinden von Sensorrohdaten in das aktuelle Lagebild

ECSA ist daher als Monitoring, Reporting und Visualisierung zu verstehen. Der Mehrwert von ECSA besteht darin, dass der Entscheidungsträger durch das erstellte Lagebild ein spezifischeres Situationsbewusstsein erreichen kann (Evancich et al. 2014). ECSA besteht aus mehreren Phasen:

1. Netzwerkbewusstsein (*Network Awareness*):
   a. Auflistung von Assets (*Asset Enumeration)*
   b. Verteidigungsfähigkeiten *(Defense Capability)*
2. Bedrohungsbewusstsein *(Threat/Attack Awareness)*
   a. Aktuelle Angriffe *(Current Attacks)*
   b. Kürzliche Angriffe *(Recent Attacks)*
   c. Schwachstellen im Netzwerk *(Vulnerabilities in network)*
3. Operationales Bewusstsein *(Operation/Mission Awareness)*
4. Prognose der künftigen Situation *(Projection of current situation in the future)*

Netzwerkbewusstsein beinhaltet die Erkennung von allen relevanten Komponenten mit ihrem potenziellen Zustand im Netzwerk (Phase „Auflistung von Assets“). Mit der

Auflistung der Assets wird ein aktuelles Lagebild über das Netzwerk erstellt. Um ECSA erreichen zu können, wird vom Analyst ein entsprechender Netzwerkkontext gefordert. Kontext über die Zustände kann durch das Hinzufügen von Daten erzeugt werden, wie zum Beispiel über neue Angriffe. Das **Bedrohungsbewusstsein** (*threat* awareness) umfasst das Wissen, welche Angriffsmethoden und Schwachstellen genutzt werden können, um das Netzwerk anzugreifen. Diese Phase hilft bei der Bildung von Verteidigungskapazitäten und der Herstellung von höherer Einsatzbereitschaft und **operationalem Bewusstsein**. Der letzte Teil ist die **Prognose der künftigen Situation**. Diese Vorhersagen unterstützen die Entscheidungsfindung und geben Hinweise über mögliche Angriffe und Gegenmaßnahmen (Evancich et al. 2014). Eine verbesserte Entscheidungsfindung als Ergebnis kann durch die oben beschriebenen CSA-Prozesse erreicht werden. Der CSA-Lebenszyklus beinhaltet Netzwerkbewusstsein (Erkennung und Auflistung von Assets), das Bewusstsein über Gefahren und Bedrohungen und die Vorhersage über den Netzwerkstatus.

Alle vorgestellten Modelle umfassen starke Eigenschaften bei der Herstellung von Situationsbewusstsein (dh. Wahrnehmung, Verstehen und Prognose). Die Anwendung von Situationsbewusstsein, also z. B. die Entscheidungsfindung, die Durchführung von Aktivitäten sowie Feedback werden sehr unterschiedlich mit den Modellen unterstützt (siehe Leitner et al. 2017).

1.4 Cyber-Sicherheitsstrategien

Zur Sicherung der Cyber-Landschaft wird eine internationale Koordination als auch Kooperation insbesondere aufgrund der hohen Vernetzung der Stakeholder, Strukturen und IT-Landschaften immer wichtiger. Konventionelle Strategien benötigen eine globale Sichtweise zur Stabilisierung und Sicherung der Cyber-Landschaft. Dieser Paradigmenwechsel ist eindeutig auffindbar in den nationalen und internationalen Cyber-Sicherheitsstrategien in den letzten zehn Jahren (Franke und Brynielsson 2014).

Luiijf et al. (2013) vergleichen 19 nationale Cyber-Sicherheits-Strategien. Die untersuchten Länder sind Australien, Kanada, Tschechien, Estland, Frankreich, Deutschland, Indien, Japan, Litauen, Luxembourg, Rumänien, Niederlande, Neuseeland, Südafrika, Spanien, Uganda, das Vereinigte Königreich (2009 und 2011), und die USA. Die Autoren verfolgen dabei einen strategischen Ansatz: der Anwendungsbereich ist ein Staat bzw. die Regierung und analysieren öffentlich-private Partnerschaften (*Public-Private Partnerships*). Die Autoren vergleichen die Definitionen von Cyber-Sicherheit in den verschiedenen nationalen Strategien, untersuchen das Verhältnis mit anderen nationalen Strategien, wie zum Beispiel mit der European Critical Infrastructure Protection Directive (Directive 2008), und leiten die strategischen Ziele, Grundprinzipien, Interessensträger und Aktionspläne auf taktischer und operativer Ebene ab.

Die Crisis and Risk Network (CRN) Handbücher von Center for Security Studies Zürich beschäftigen sich unter anderen mit Sicherheitsrisiken, Schwachstellen, Risikoanalyse-und Management, Notfallschutz- und Bekämpfung und Krisenbewältigung.

Die aktuellste International CIIP Handbook 2008/2009 (Brunner und Suter 2008) legt den Schwerpunkt auf die Entwicklung von Maßnahmen zur Verteidigung von kritischen Informationsinfrastrukturen (*Critical Information Infrastructure Protection – CIIP*). Das CIIP Handbuch fokussiert auf nationalen Tätigkeiten im Bereich von Verteidigung kritischen Informationsinfrastrukturen. Das aktuelle Handbuch gibt einen Überblick über kritische Sektoren, die früheren und gegenwärtigen politischen Maßnahmen und die Gesetzgebung im Bereich von Verteidigung kritischer Infrastrukturen in den folgenden Ländern; Australien, Österreich, Brasilien, Kanada, Estland, Finnland, Frankreich, Deutschland, Ungarn, Indien, Italien, Japan, Republik Korea, Malaysia, die Niederlande, Norwegen, Polen, Russland, Singapur, Spanien, Schweden, die Schweiz, UK und USA.

Europaweit gelten für den Bereich der Cyber-Sicherheit die Grundprinzipien von Rechtsstaatlichkeit, Subsidiarität, Selbstregulierung und Verhältnismäßigkeit. Eine Liste aller EU-weiten Cyber-Strategien kann z. B. in der Landkarte der Cyber-Strategien[2] nachgeschlagen oder in (ENISA 2012) werden. Ein Rahmenwerk für Cyber-Strategien ist unter anderem in (ENISA 2014) beschrieben. Aufbauend auf den internationalen Entwicklungen zu Cyber-Sicherheitsstrategien werden Beispiele für nationale Cyber-Sicherheitsstrategien in Deutschland, Schweiz und Österreich beschrieben. Details zu internationalen Cyber-Strategien sind auch in (Leitner et al. 2017) zu finden.

1.4.1 Deutschland

In Februar 2011 wurde vom Bundeskabinett die Cyber-Sicherheitsstrategie für Deutschland beschlossen (Bundesministerium des Innern, Deutschland 2011) und im Jahr 2016 eine neue Strategie veröffentlicht (Bundesministerium des Innern, Deutschland 2016). Ziel ist es Cyber-Sicherheit der vernetzten Informationsstrukturen auf einem angemessenen Niveau zu gewährleisten ohne Chancen und Nutzen des Cyber-Raumes zu verzerren. Das Bundesministerium des Innern (BMI Deutschland) leitet die Umsetzung der Strategie über der/die Bundesbeauftragte für Informationstechnik; und daher auch der Vorsitzende/die Vorsitzende des Cyber-Sicherheitsrates ist.

Während in der Cyber-Sicherheitsstrategie von 2011 (Bundesministerium des Innern, Deutschland 2011) 10 strategischen Ziele und Maßnahmen definert wurden, sind in der Aktualisierung im Jahr 2016 vier Handlungsfelder und deren Stragische Ziele und Maßnahmen für vier weitere Jahre definiert. Diese lauten basierend auf (Bundesministerium des Innern, Deutschland 2016):

- Handlungsfeld 1: Sicheres und selbstbestimmtes Handeln in einer digitalisierten Umgebung
  - Digitale Kompetenz bei allen Anwendern fördern
  - Digitaler Sorglosigkeit entgegenwirken

[2] https://www.enisa.europa.eu/topics/national-cyber-security-strategies/ncss-map (Letzter Zugriff: 04.05.2018)

  - Voraussetzungen für sichere elektronische Kommunikation und sichere Webangebote schaffen
  - Sichere elektronische Identitäten
  - Zertifizierung und Zulassung stärken – Einführung eines Gütesiegels für IT-Sicherheit
  - Digitalisierung sicher gestalten
  - IT-Sicherheitsforschung vorantreiben
- Handlungsfeld 2: Gemeinsamer Auftrag von Staat und Wirtschaft
  - Kritische Infrastrukturen sichern
  - Unternehmen in Deutschland schützen
  - Die deutsche IT-Wirtschaft stärken
  - Mit den Providern zusammenarbeiten
  - IT-Sicherheitsdienstleister einbeziehen
  - Eine Plattform für vertrauensvollen
  - Informationsaustausch schaffen
- Handlungsfeld 3: Leistungsfähige und nachhaltige gesamtstaatliche Cyber-Sicherheitsarchitektur
  - Das Nationale Cyber-Abwehrzentrum weiterentwickeln
  - Die Fähigkeit zur Analyse und Reaktion vor Ort stärken
  - Strafverfolgung im Cyber-Raum intensivieren
  - Cyber-Spionage und Cyber-Sabotage effektiv bekämpfen
  - Ein Frühwarnsystem gegen Cyber-Angriffe aus dem Ausland
  - Gründung der Zentralen Stelle für Informationstechnik im Sicherheitsbereich (ZITiS)
  - Verteidigungsaspekte der Cyber-Sicherheit stärken
  - CERT-Strukturen in Deutschland stärken
  - Die Bundesverwaltung sichern
  - Zwischen Bund und Ländern eng zusammenarbeiten
  - Ressourcen einsetzen, Personal gewinnen und entwickeln
- Handlungsfeld 4: Aktive Positionierung Deutschlands in der europäischen und internationalen Cyber-Sicherheitspolitik
  - Eine wirksame europäische
  - Cyber-Sicherheitspolitik aktiv gestalten
  - Die Cyber-Verteidigungspolitik der NATO weiterentwickeln
  - Cyber-Sicherheit international aktiv mitgestalten
  - Bilaterale und regionale Unterstützung und Kooperation zum Auf- und Ausbau von Cyber-Fähigkeiten (Cyber Capacity Building)
  - Internationale Strafverfolgung stärken

Insbesondere die neue Strategie zeigt die Komplexität und die Vielfalt der Maßnahmen in Bezug auf Cyber-Sicherheit auf. Aufbauend auf der Strategie von 2011 geht es in der von 2016 um die generelle Weiterentwicklung und den Ausbau von Fähigkeiten im Zusammenspiel von Wirtschaft, Gesellschaft und Staat.

1.4.2 Schweiz

Der Bundesrat der Schweiz hat im Jahr 2012 die *Nationale Strategie zum Schutz der Schweiz vor Cyber-Risiken* (NCS)[3] beschlossen. Ein Jahr später erfolgte die Verabschiedung des Umsetzungsplans, der aufzeigt, wie die in der NCS enthaltenen 16 Maßnahmen bis Ende 2017 umgesetzt werden sollen.

Der Bundesrat hat das Eidgenössische Finanzdepartement (EFD) damit beauftragt, die Umsetzung der Strategie in Zusammenarbeit mit der Verwaltung, den Kantonen und der Wirtschaft an die Hand zu nehmen und dazu eine Koordinationsstelle einzurichten[3]. Diese Koordinationsstelle ist bei der Melde- und Analysestelle Informationssicherung (MELANI) im Informatiksteuerungsorgan des Bundes (ISB) angesiedelt.

Die nationale Strategie der Schweiz (Schweizerische Eidgenossenschaft 2012) beschreibt die folgenden strategischen Ziele:

- Frühzeitige Erkennung der Bedrohungen und Gefahren im Cyber-Bereich
- Erhöhung der Widerstandsfähigkeit von kritischen Strukturen
- Die wirksame Reduktion von Cyber-Risiken, insbesondere Cyber-Kriminalität, Cyber-Spionage und Cyber-Sabotage

Im Rahmen der Strategie wurden sieben Handlungsfelder definiert sowie Maßnahmen innerhalb dieser. Die Maßnahmen können in vier Kategorien unterteilt werden[4]:

- Prävention: Risiko- und Verwundbarkeitsanalysen für kritische Infrastrukturbetreiber und Bundesverwaltung
- Reaktion: Bedrohungslage, Vorfalls-Analyse und Identifikation der Täterschaft
- Kontinuität: Kontinuitäts- und Krisenmanagement
- Unterstützende Prozesse: Forschung und Kompetenzbildung, Internationale Zusammenarbeit und Rechtsgrundlagen.

1.4.3 Österreich

Die österreichische Strategie für Cyber-Sicherheit leitet sich aus der Sicherheitsstrategie ab und orientiert sich an den Prinzipien des Programms zum Schutz kritischer Infrastrukturen (Bundeskanzleramt Österreich 2015a).

---

[3] Cyber-Risiken NCS, URL: https://www.isb.admin.ch/isb/de/home/themen/cyber_risiken_ncs.html (Letzter Zugriff: 28.01.2016)

[4] Factsheet NCS 2014, URL: https://www.isb.admin.ch/dam/isb/de/dokumente/themen/NCS/Factsheet%20NCS%202014.pdf.download.pdf/Factsheet_NCS-2014-DE.pdf (Letzter Zugriff: 28.01.2016)

Österreichische Strategie für Cyber-Sicherheit (ÖSCS)

Die ÖSCS ist ein umfassendes und proaktives Konzept zum Schutz des Cyber-Raums und der Menschen im virtuellen Raum unter Gewährleistung ihrer Menschenrechte. Sie soll die Sicherheit und Widerstandskraft der österreichischen Infrastrukturen und Leistungen im Cyber-Raum verbessern, vor allem aber soll sie Bewusstsein und Vertrauen in der österreichischen Gesellschaft schaffen (Bundeskanzleramt Österreich 2013).

In der ÖSCS festgestellte Handlungsfelder sind die folgenden: Strukturen und Prozesse, Governance, Kooperation Staat, Wirtschaft, und Gesellschaft, Schutz kritischer Infrastrukturen, Sensibilisierung und Ausbildung, Forschung und Entwicklung, Internationale Zusammenarbeit. Sieben Handlungsfelder werden in der ÖSCS 2013 zusammengefasst: Strukturen und Prozesse, Governance, Kooperation Staat, Wirtschaft und Gesellschaft, Schutz kritischer Infrastrukturen, Sensibilisierung und Ausbildung, Forschung und Entwicklung und Internationale Zusammenarbeit. Insbesondere relevant ist das erste Handlungsfeld Strukturen und Prozesse der ÖSCS 2013, dies enthält die Einrichtung einer Cyber-Sicherheit Steuerungsgruppe, die Schaffung zur Koordination auf der operativen Ebene, Einrichtung eines Cyber-Krisenmanagements und die Stärkung der bestehenden Cyber-Strukturen.

Laut der Österreichischen Strategie für Cyber-Sicherheit (Bundeskanzleramt Österreich 2013) gehört zu den höchsten Prioritäten für Österreich national und international an der Absicherung des Cyber-Raums zu arbeiten. Die Gewährleistung von Cyber-Sicherheit ist eine zentrale und gemeinsame Herausforderung für Staat, Wirtschaft und Gesellschaft im nationalen und internationalen Kontext.

Österreichisches Programm zum Schutz kritischer Infrastrukturen (APCIP)

Das österreichische Programm zum Schutz kritischer Infrastrukturen (Austrian Program for Critical Infrastructure Protection - APCIP) (Bundeskanzleramt Österreich 2015b) beschreibt den strategischen und konzeptuellen Rahmen, die Prinzipien und strategischen Zielsetzungen und die Handlungsfelder und Maßnahmen zum Schutz kritischer Infrastruktur. Kritische Infrastrukturen sind nach APCIP: *„Kritische Infrastrukturen im Sinne dieses Masterplans sind jene Infrastrukturen (Systeme, Anlagen, Prozesse, Netzwerke oder Teile davon), die eine wesentliche Bedeutung für die Aufrechterhaltung wichtiger gesellschaftlicher Funktionen haben und deren Störung oder Zerstörung schwerwiegende Auswirkungen auf die Gesundheit, Sicherheit oder das wirtschaftliche und soziale Wohl großer Teile der Bevölkerung oder das effektive Funktionieren von staatlichen Einrichtungen haben würde."* (Bundeskanzleramt Österreich 2015b)

Der Masterplan APCIP (Bundeskanzleramt Österreich 2015b) nutzt als Grundlage die Prinzipien Kooperation, Subsidiarität, Komplementarität, Vertraulichkeit und Verhältnismäßigkeit und basiert auf einem All-hazards-Ansatz. Der Fokus des Masterplans ist die Unterstützung von strategischen Unternehmen beim Aufbau einer umfassenden Sicherheitsarchitektur (Risikomanagement, Business Continuity Management und Sicherheitsmanagement). Das Programm soll langfristig zur Steigerung der Resilienz und Sicherheit in Österreich beitragen. Resilienz wird in APCIP beschrieben als: *„die Fähigkeit eines*

Systems, einer Gemeinschaft oder einer Gesellschaft, welche(s) Gefahren ausgesetzt ist, deren Folgen zeitgerecht und wirkungsvoll zu bewältigen, mit ihnen umzugehen, sich ihnen anzupassen und sich von ihnen zu erholen, auch durch Bewahrung und Wiederherstellung seiner bzw. ihrer wesentlichen Grundstrukturen und Funktionen." (Bundeskanzleramt Österreich 2015b).

1.5 Cyber-Lagezentren

Ein Cyber-Lagezentrum ist eine Organisationseinheit, die die Lage des Sicherheitszustands der IKT-gestützten technischen Infrastrukturen einer oder mehrerer Organisationen, sowie die unmittelbaren Auswirkungen auf Wirtschaft und Gesellschaft, zentral wahrnimmt, interpretiert und darauf basierend Prognosen über die künftige Lageentwicklung erstellt. Ergänzend werden Angriffsvektoren analysiert. Das Lagezentrum sammelt, konsolidiert und aggregiert Informationen, bewertet diese, erstellt Empfehlungen und leitet die Informationen an Entscheidungsträger weiter.

Situationsbewusstsein auf nationaler Ebene stützt sich auf dem Ableiten eines nationalen Lagebildes durch das Sammeln von Informationen von Betreibern von Kritischer Infrastrukturen (Skopik et al. 2012). Das Cyber Attack Information System (CAIS) Framework von Skopik et al. schlägt vor, dass das nationale Cyber-Lagezentrum aus den gesammelten Informationen ein landesweites Situationsbewusstsein entwickelt, und Handlungsempfehlungen für die effektive Reaktion auf Sicherheitsvorfälle, sowie langfristige Empfehlungen zur Erhöhung der Widerstandsfähigkeit/Resilienz gibt. Das nationale Cyber-Lagezentrum soll dabei als vertrauenswürdiger Dritter agieren und zum Beispiel zwischen öffentlichen und privaten Organisationen koordinieren. Im Folgenden werden Merkmale von Cyber-Lagezentren beschrieben und Beispiele gebracht.

1.5.1 Aufgaben und Verantwortlichkeiten

Mögliche Aufgaben eines Cyber-Lagezentrums wurden in Rahmen des CAIS Projekts (Skopik et al. 2012) beschrieben:

- Informationssammlung von einzelnen Organisationen
- Entwicklung von landesweitem Situationsbewusstsein
- Handlungsempfehlungen für Reaktion auf Sicherheitsvorfällen geben
- Langfristige Empfehlungen zur Erhöhung der Resilienz geben
- Koordination zwischen öffentlichen und privaten Organisationen
- Kollektives Asset Management
- Zentrale Berichtserhebung- und Auswertung
- Komplexe Angriffssimulationen um die Ursachen und Auswirkungen zu bewerten
- Etablierung eines technischen Lagebildes

- Alarm- und Warnmeldungen
- Koordiniert Planung von Gegenmaßnahmen
- Auf Datenschutz basierende Beratung und Empfehlungen
- Unterstützung bei der Reaktion auf Sicherheitsvorfälle
- Entwicklung von Sicherheitswerkzeugen
- Sicherheitsaudit- oder Analyse

Inwiefern auch weitere Aufgaben wie z. B. unter dem Stichwort „Agent provocateur" (z. B. Einsatz von Honeypots oder Ähnlichem) zu der Erfüllung dieser Aufgaben nutzen dürfen werden in der Literatur nicht geklärt und sind daher in vielerlei Hinsicht eine Grauzone.

Tab. 1.2 enthält Empfehlungen von der Europäische Agentur für Netz- und Informationssicherheit (ENISA) für die möglichen Aufgaben von nationalen CSIRTs. Die Aufgaben sind in vier Kategorien geteilt; in reaktive Dienstleistungen (Reactive Services), proaktive Dienstleistungen (Proactive Services), Artefaktverarbeitung (Artifact Handling) und Sicherheit-Qualitätsmanagement (Security Quality Management).

Tab. 1.2 Mögliche CSIRTs Dienstleistungen. (Basierend auf Bronk et al. (2006) und ENISA, https://www.enisa.europa.eu/topics/csirt-cert-services. (Letzter Zugriff: 20.05.2018))

Reaktive Dienste	Proaktive Dienste	Behandlung von Artefakten	Sicherheitsqualitätsmanagement
• Alarm- und Warnmeldungen • Behandlung von Sicherheitsvorfällen • Analyse von Sicherheitsvorfällen • Unterstützung bei der Reaktion auf Sicherheitsvorfälle • Koordination der Reaktion auf Sicherheitsvorfälle • Reaktion auf Sicherheitsvorfälle vor Ort • Behandlung von Sicherheitslücken • Analyse von Sicherheitslücken • Reaktion auf Sicherheitslücken • Koordination der Reaktion auf Sicherheitslücken	• Bekanntgaben • Technologieüberwachung • Sicherheitsaudits oder -analysen • Konfiguration und Pflege des Sicherheitssystems • Entwicklung von Sicherheitswerkzeugen • Dienste für die Erkennung von Angriffsversuchen • Verteilung von sicherheitsrelevanten Informationen	• Analyse von Artefakten • Reaktion auf Artefakte • Koordination der Reaktion auf Artefakte	• Risikoanalyse • Kontinuität des Geschäftsbetriebs und Wiederherstellung nach Notfällen • Beratung in Sicherheitsfragen • Sensibilisierung des Sicherheitsbewusstseins • Ausbildung/Schulung • Produktevaluierung oder -zertifizierung

1.5.2 Stakeholder

Um den neuen Bedrohungen erfolgreich begegnen zu können, ist eine enge Zusammenarbeit zwischen verschiedenen Akteuren notwendig. Technologiehersteller, Netzwerkbetreiber, Service-Anbieter, Industrie-Vereinigungen und verschiedene Stakeholder der öffentlichen Hand müssen gemeinsam Systeme entwickeln, um Angriffe frühzeitig erkennen, um einen Informationsaustausch sicher zu stellen sowie rasche effektive Gegenmaßnahmen entwickeln zu können. Abb. 1.5 zeigt beispielhaft die Stakeholder eines Cyber-Lagezentrums; das Cyber-Lagezentrum, die Entscheidungsträge und die Domänen der Betreiber kritischen Infrastrukturen.

Wichtige Stakeholder sind **politische Entscheidungsträger**. Die öffentlichen Stakeholder benötigen für die Erstellung der Lagebilder Informationen von den Betreibern kritischer Infrastrukturen, um eine effektive Einschätzung machen zu können.

Stakeholder sind **Organisationen,** die z. B. Betreiber kritischer Infrastrukturen sein können, wie zum Beispiel Unternehmen wie Banken, Energie- und Wasserversorger und Telekommunikations-Netztreiber. Diese Unternehmen können in den folgenden Domänen eingeteilt werden, Energieversorgung, Öl- und Gasversorgung, Transportsysteme, Informations- und Kommunikationstechnologie, Banken- und Finanzsektor, Gesundheitswesen, Rettungswesen, Wasserversorgung, Landwirtschaft und Nahrungsmittelproduktion, Regierungsanlagen und Militäreinrichtungen.

In den letzten Jahren haben sich zwar bereits sehr erfolgreich nationale Computer Emergency Response Teams (**CERTs**) etabliert. Primäre Aufgabe dieser Institutionen ist die Verteilung von Informationen an die Betreiber kritischer Infrastrukturen, um sie über bereits bekannte Schwachstellen zu informieren (Skopik et al. 2012).

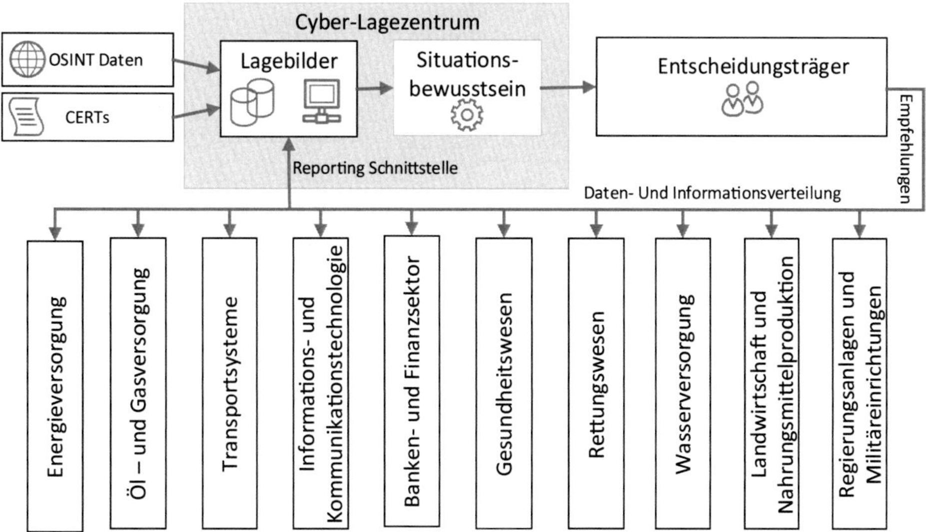

Abb. 1.5 Cyber-Lagezentrum und Stakeholder

1.5.3 Situationsbewusstsein in Cyber-Lagezentren

Basierend auf der Literaturrecherche und den gesammelten Informationen werden in diesem Abschnitt die Begrifflichkeiten definiert. Abb. 1.6 zeigt eine schematische Übersicht der Zusammenhänge der Begriffe (Cyber) Situationsbewusstsein, Lagebilder und Entscheidungen auf verschiedenen organisatorischen Ebenen.

Zur **Herstellung von Situationsbewusstsein** wird ein Prozess angenommen (Pahi et al. 2017a). Innerhalb von Organisationen werden technische Infrastrukturen evaluiert und im Falle von kritischen Vorfällen über entsprechende organisatorische Meldeprozesse verarbeitet und an ein Cyber-Lagezentrum weitergeleitet. Dies findet üblicherweise über eine entsprechende Schnittstelle (z. B. Reporting) statt. Im Rahmen eines Cyber-Lagezentrums fließen die Daten in verschiedene Lagebilderstellungsprozesse ein und werden weiterverarbeitet. Resultat der Lagebildprozesse sind Lagebilder, die in verschiedenen Ausprägungen dargestellt werden können. Anhand dieser Lagebilder kann Situationsbewusstsein hergestellt werden. Im Rahmen des Situationsbewusstseins wird die Situation wahrgenommen, verstanden und Prognosen über die künftige Lage bzw. Empfehlungen

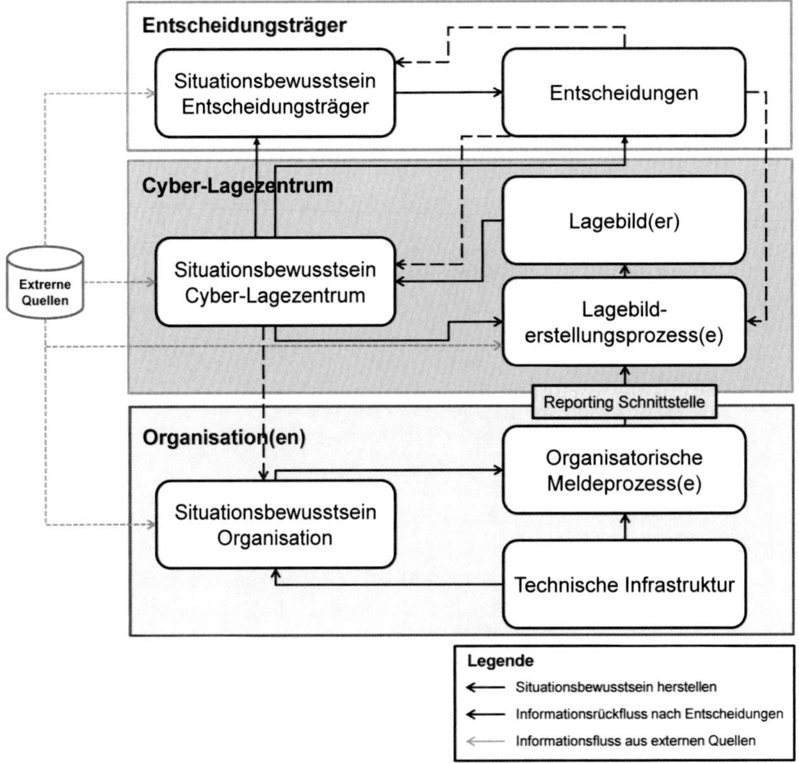

Abb. 1.6 Herstellung von Situationsbewusstsein. (Pahi et al. 2017a)

erstellt. Diese werden an Entscheidungsträger weitergeleitet, um in das Situationsbewusstsein des Entscheidungsträgers und in die Entscheidungen entsprechend einzufließen.

Nach der Entscheidungsfindung (siehe Abb. 1.6) kann es situationsabhängig einen Rückfluss in die Lagebilderstellung bzw. das Situationsbewusstsein auf der Ebene des Cyber-Lagezentrums geben. Situationsabhängig kann es noch weitere Rückflüsse von Informationen von einem Cyber-Lagezentrum zu Organisationen geben.

Die Zusammenhänge und Schnittstellen von einem Cyber-Lagezentrum zu Entscheidungsträgern und zu Organisationen wird in Abb. 1.7 dargestellt. Die Darstellung zeigt, dass aufgrund von Entscheidungen auch Informationsrückflüsse zu verschiedenen Domänen möglich sind und die Cyber-Lagezentren eine zentrale Rolle bei der Aufbereitung und Analyse von Informationen im Rahmen dieses Systems haben.

1.5.4 Beispiele für Lagezentren

In diesem Kapitel werden Beispiele für nationale Lagezentren in Deutschland, Österreich und der Schweiz beschrieben.

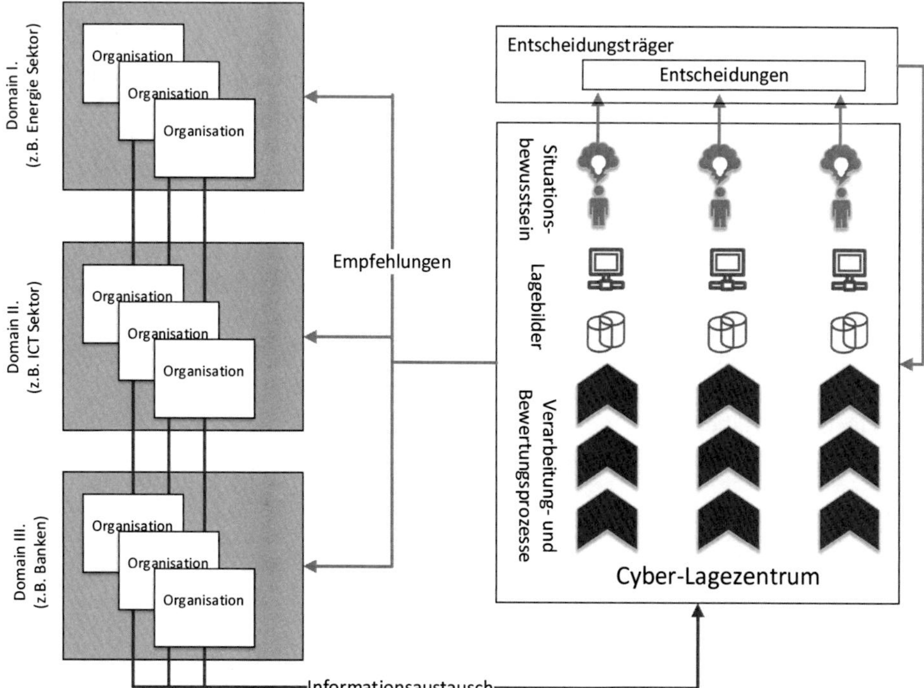

Abb. 1.7 Cyber-Lagezentrum und Domänen

1.5.4.1 Deutschland

In Deutschland gibt es mehrere Zentren für den Bereich Cyber-Sicherheit, die beim Bundesamt für Sicherheit in der Informationstechnik (BSI) angesiedelt sind. Im Folgenden werden die Aufgaben und Leistung der Zentren zusammengefasst.

Gemeinsames Melde- und Lagezentrum

Das Gemeinsame Melde- und Lagezentrum (GMLZ)[5] wurde von Bund und Ländern nach Vorfällen wie 9/11 und dem Elbehochwasser 2002 initiiert, um ein stärkeres Hilfeleistungssystem zu ermöglichen. Das GMLZ zielt darauf ab in großflächigen Krisensituationen (von nationaler Bedeutung) ein effizientes Krisenmanagement sicherzustellen. Das Bundesamt für Bevölkerungsschutz und Katastrophenhilfe[6] (BBK) (Abteilung I – Krisenmanagement) betreibt seit dem 1. Oktober 2002 das GMLZ von Bund und Ländern. Neben den fest angestellten Mitarbeitern des BBK gibt es jeweils eine Verbindungsperson zu Rettungs- und Hilfsorganisationen sowie eine der Länder in den 24 Stunden Betrieb eingebunden.

Das GMLZ stellt bei großflächigen Schadensereignissen oder Ereignissen von nationaler Bedeutung das länder- und organisationsübergreifende Informations- und Ressourcenmanagement sicher. Dazu werden verschiedenste Gefahrenerfassungsquellen laufend beobachtet und interpretiert. Es ist daher die Aufgabe des GMLZ die Entgegennahme, Beschaffung, Analyse, Verarbeitung, Koordinierung, Weitergabe und der Austausch von Meldungen und Informationen. Ziel ist das frühzeitige Erkennen von komplexen Szenarien sowie die Prognose der Schadensentwicklung im Ereignisfall. Das GMLZ beteiligt sich auch an der Koordination und Förderung der Zusammenarbeit mit z. B. Nachbarstaaten Deutschlands oder innerhalb der EU.

BSI IT-Lage- und Analysezentrum

2005 hat die Bundesregierung von Deutschland eine übergreifende Dachstrategie zur IT-Sicherheit verabschiedet, die den Aufbau des IT-Lagezentrums als eine Maßnahme des Nationalen Plans der Informationsinfrastrukturen (NPSI) enthielt. Im Rahmen der Prävention, Reaktion und Nachhaltigkeit definiert der NPSI unter dem Teilziel „wirkungsvoll bei IT-Sicherheitsvorfällen handeln“ die Aufgaben: (1) Erkennen, Erfassen und Bewerten von Vorfällen, (2) Informieren, Alarmieren und Warnen und (3) Reagieren bei IT-Sicherheitsvorfällen.[7]

[5] BBK, Gemeinsames Melde- und Lagezentrum, URL: http://www.bbk.bund.de/DE/AufgabenundAusstattung/Krisenmanagement/GMLZ/GMLZ_einstieg.html (Letzter Zugriff: 22.12.2017)

[6] BBK, Das Gemeinsame Melde- und Lagezentrum von Bund und Ländern (GMLZ), Flyer, URL: http://www.bbk.bund.de/SharedDocs/Downloads/BBK/DE/Publikationen/Broschueren_Flyer/Flyer_GMLZ.pdf?__blob=publicationFile (Letzter Zugriff: 22.12.2017)

[7] BSI, IT-Lagezentrum, URL: https://www.bsi.bund.de/DE/Themen/Cyber-Sicherheit/Aktivitaeten/IT-Lagezentrum/itlagezentrum (Letzter Zugriff: 09.05.2018)

Die Ziele sollen mit den folgenden Maßnahmen erreicht werden[7]: *Das IT-Lagezentrum ist für Bundesbehörden, Kritische Infrastrukturen und Partner täglich 24 Stunden mit einer Fachkraft in Bereitschaft erreichbar. Das IT-Lagezentrum selbst wird täglich zu den Bürozeiten besetzt. Für die Nacht ist eine Grundüberwachung durch das Gemeinsame Lagezentrum Bund Länder (GMLZ) des Bundesamtes für Bevölkerungsschutz und Katastrophenhilfe sichergestellt. Zur Analyse der aktuellen IT-Lage werden täglich über 80 offene und vertrauliche Quellen ausgewertet. Hinzu kommt die Beobachtung der Regierungsnetze und von Partnernetzen mit technischen Sensoren zur Frühwarnung sowie die Erreichbarkeitsüberwachung der für die Bundesverwaltung relevanten „Top 100"-Webadressen. Diese Informationen und ihre Bewertung fließen in monatliche Lageberichte ein. Das IT-Lagezentrum hält vorrangig über die Beziehungen von CERT-Bund enge Kontakte zu nationalen und internationalen Partnern.*

Das IT-Lagezentrum ist zudem organisatorisch und technisch darauf vorbereitet, zum IT-Krisenreaktionszentrum aufzuwachsen.

BSI IT-Krisenreaktionszentrum

Im Zuge des NPSI wurde auch das IT-Krisenreaktionszentrum eingerichtet. Primäre Aufgaben des Zentrums ist die schnelle Reaktion auf schwerwiegende Vorfälle sicherzustellen und rechtzeitige Gegenmaßnahmen zu ermöglichen sowie Schäden größeren Ausmaßes zu vermeiden.[8] In dem IT-Krisenreaktionszentrum werden IT-Sicherheitsvorfälle analysiert, bewertet und an entsprechende Stellen weitergeleitet. Die Zusammenarbeit von lokalen und brancheninternen Krisenmanagementorganisationen wird vom Krisenreaktionszentrum koordiniert. Dies gilt auch bei Krisen mit größeren Auswirkungen z. B. auf größere Teile der Bundesverwaltung. Pläne und Prozesse für das Notfallmanagement werden in (BSI 2008) zusammengefasst.

Nationales Cyber-Abwehrzentrum

Das nationale Cyber-Abwehrzentrum (Cyber-AZ) hat das Ziel die operative Zusammenarbeit der relevanten staatlichen Stellen zu optimieren und die Schutz- und Abwehrmaßnahmen gegen IT-Vorfälle besser zu koordinieren.[9] Unter der Leitung des BSI besteht das Cyber-AZ aus dem Bundesamt für Verfassungsschutz (BfV), dem Bundesamt für Bevölkerungsschutz und Katastrophenhilfe (BBK), dem Bundeskriminalamt, der Bundespolizei, dem Zollkriminalamt (ZKA), dem Bundesnachrichtendienst und der Bundeswehr.

Alle Informationen zu Cyber-Angriffen werden im Cyber-AZ erschlossen und evaluiert. Nach dem Bundesministerium des Innern[9] wird folgendermaßen vorgegangen: Das

[8] BSI, IT-Krisenreaktionszentrum, URL: https://www.bsi.bund.de/DE/Themen/Cyber-Sicherheit/Aktivitaeten/IT-Krisenreaktionszentrum/itkrisenreaktionszentrum_node (Letzter Zugriff: 09.05.2018)

[9] Bundesministerium des Innern, Deutschland (2016) Cyber-Sicherheitsstrategie für Deutschland, 2016, Deutschland, URL: https://www.bmi.bund.de/cybersicherheitsstrategie/BMI_CyberSicherheitsStrategie.pdf (Letzter Zugriff: 26.03.2018)

BSI einen Cyber-Angriff aus technischer Sicht, das BfV befasst sich mit der Frage, ob der Angriff möglicherweise von einem ausländischen Nachrichtendienst ausgegangen ist und das BBK bewertet die Auswirkungen von möglichen Angriffen auf Infrastrukturen. Die darüber hinaus mitwirkenden Behörden fügen ihre Erkenntnisse über neue Angriffswege und Angriffswerkzeuge ein, dadurch liegt innerhalb kürzester Zeit ein aktuelles, umfassendes Lagebild vor.

1.5.4.2 Schweiz

Die Melde- und Analysestelle Informationssicherung (MELANI)[10] ist ein permanentes Organ, dass Aufgaben in Bereichen der vier Säulen des Gesamtsystems der Informationssicherung, und zwar (1) Prävention, (2) Früherkennung, (3) Verminderung der Auswirkungen von Krisen und (4) Bekämpfung der Krisenursachen, übernimmt. Für Details zu den vier Säulen wird auf die folgenden Quellen (Informatikstrategieorgan Bund ISB 2002) und (Cavelty 2014) verwiesen.

Die Aufgaben von MELANI sind nach (Rytz und Römer 2003):

1. *Meldestelle für technische Ereignisse* in der Schweiz, insbesondere im Bereich des Internets sowie der Computer-Betriebssysteme. Für solche Aufgaben sind in der Regel Computer Emergency Response Teams CERTs zuständig. Daher wird im Rahmen von MELANI ein CERT von nationaler Bedeutung (CERT-CH) betrieben werden müssen.
2. *Meldestelle für die Auswirkungen betrieblicher Störungen* in der Informations-und Kommunikationsinfrastruktur. Beispiele sind etwa der Ausfall eines Verkehrsleitsystems oder eines Mobiltelefonnetzes, also Vorfälle in der Informations- und Kommunikationsinfrastruktur, die typischerweise nicht von CERTs abgedeckt werden.
3. *Lagezentrum*: Hier werden die aus dem CERT-CH sowie an der Meldestelle eingehenden Informationen zu einer Lagedarstellung aufbereitet.
4. *Benachrichtigung*: Stellt die dauernde Erreichbarkeit des Chefs SONIA sicher und wird gegebenenfalls die Mitglieder von SONIA aufbieten.
5. *Information*: Die Information aus dem Lagezentrum muss für die verschiedenen Kundenkreise (SONIA, Behörden, Wirtschaft, Bevölkerung) aufbereitet und verteilt werden.
6. *Prävention*: Die aus dem Betrieb von MELANI gewonnenen Erkenntnisse sollen in Berichte, Empfehlungen und Strategien mit präventivem Charakter einfließen. Diese richten sich an die Wirtschaft, Verwaltung und Bevölkerung.

Die MELANI erstellt auch Halbjahresberichte (MELANI 2015) in denen die Lage der Schweiz und international zur Informationssicherung analysiert wird.[11]

[10] MELANI, URL: https://www.melani.admin.ch/melani/de/home.html (Letzter Zugriff: 15.12.2017)

[11] MELANI, Halbjahresbericht, URL: https://www.melani.admin.ch/melani/de/home/dokumentation/berichte/lageberichte/halbjahresbericht-2015-1.html (Letzter Zugriff: 29.01.2018)

1.5.4.3 Österreich

In diesem Kapitel werden aktuelle Entwicklungen zum Thema Cyber-Lagezentrum kurz beschrieben. Details zur Cyber Security Strategie wurden bereits in Abschn. 1.4.3 zusammengefasst. Die nationale IKT-Sicherheitsstrategie Österreich enthält die folgenden strategischen Zielsetzungen (Bundeskanzleramt Österreich 2012):

- Ein Lagezentrum einrichten, dass das Zusammenarbeiten der einzelnen Sektoren optimiert.
- Ein dazugehöriges Meldemanagement nimmt Vorfälle auf und gibt die gewonnenen Informationen an Unternehmen der kritischen Infrastruktur weiter.
- Das Lagezentrum mit wechselseitiger Kommunikation garantiert, dass Informationen rechtzeitig, umfassend und zielgerichtet bereitgestellt werden.
- Erfahrungen sollen in langfristige Awareness-Maßnahmen fließen.
- Schaffung eines Cyber-Lagezentrums mit geeigneten Möglichkeiten für Lage-Monitoring mit den dazugehörigen notwendigen Prozessen wie Meldeverpflichtung oder Informationsverpflichtung für die einzelnen Stakeholder.

In weiterer Folge soll basierend auf Abschn. 1.4.3 das Cyber Security Center, Cyber Defence Center und das staatliche Krisen- und Katastrophenmanagement beschrieben werden. *„Das Cyber-Security-Center (CSC) ist eine Maßnahme der Österreichischen Strategie für Cyber-Sicherheit und wird im Bundesamt für Verfassungsschutz und Terrorismusbekämpfung (BVT) eingerichtet. Ziel ist die laufende Erstellung von Cyber-Lagebildern sowie die Analyse von Trends. Zusätzlich kommt dem CSC die Koordination aller betroffenen Stellen bei Cyber-Vorfällen zu."* (Hahofer 2015). Das Cyber Defence Center des Bundesministeriums für Landesverteidigung (BMLV) hat für seine Aufgaben im Bereich der Cyber Defence drei operative Einheiten mit jeweils unterschiedlichen Aufgaben. Sowohl CDC (Cyber Defense Center) als auch CSC befinden sich derzeit noch im Aufbau, sodass sich die konkreten Aufgaben und Möglichkeiten beider Center noch ändern können (siehe auch Kap. 3).

Staatliches Krisen- und Katastrophenmanagement

Die Bundesländer in Österreich spielen eine wichtige Rolle bei der Abwehr und Linderung der Auswirkungen von Katastrophen.[12] Laut dem BMI, „die rechtliche Basis bilden die Katastrophenhilfegesetze der Länder, die vor allem die Feststellung der Katastrophe und die behördliche Einsatzleitung in den Gemeinden, Bezirken und Ländern festlegen. Anlassfall dient die Bundeswarnzentrale (BWZ), seit Jänner 2006 organisatorischer Bestandteil des Einsatz- und Koordinationscenters (EKC), als Informationsdrehscheibe und permanent besetzte nationale Kontaktstelle" (Bundesministerium für Inneres 2013b).

[12] Ereignis, bei dem Leben oder Gesundheit einer Vielzahl von Menschen, die Umwelt oder bedeutende Sachwerte in außergewöhnlichem Ausmaß gefährdet oder geschädigt werden und die Abwehr oder Bekämpfung der Gefahr oder des Schadens einen durch eine Behörde koordinierten Einsatz der dafür notwendigen Kräfte und Mittel erfordert. (BMI, 2013a)

Die BWZ ist nach (Bundesministerium für Inneres 2013a) eine Informationsdrehscheibe des Bundes zur Koordination von Hilfsmaßnahmen bei Großschadensereignissen und ist seit Anfang 2006 in das EKC des BMI eingebunden. Die BWZ ist im Anlassfall auch die Informationsdrehscheibe für das Staatliche Krisen- und Katastrophenschutzmanagement (SKKM) sowie für den überregionalen und internationalen Zivil- und Katastrophenschutz. Folgendermaßen beschreibt (Bundesministerium für Inneres 2013a) die Vorgänge im Katastrophenfall: *„Ereignet sich im In- oder Ausland eine Naturkatastrophe oder eine technische Katastrophe, laufen alle Informationen in der Bundeswarnzentrale ein. Diese gewährleistet im Anlassfall die Sicherstellung einer möglichst verzugslosen Alarmierung involvierter Stellen und unterstützt als Informationsplattform die Abstimmung aller erforderlichen Maßnahmen für eine effektive Krisen- oder Katastrophenbewältigung. Die BWZ ist die Zentralstelle für das gemeinsame Warn- und Alarmsystem des Bundes und der Länder und permanente Beobachtungsstelle des Strahlenfrühwarnsystems. Sie steht mit den Landeswarnzentralen (LWZ) in Verbindung, mit den zuständigen Stellen auf Bundes- und Landesebene, den Hilfs- und Rettungsorganisationen wie Feuerwehr, Rotes Kreuz, Bergrettung sowie mit den Kontaktstellen der Nachbarstaaten, der Europäischen Union, der NATO-Partnerschaft für den Frieden und der Vereinten Nationen.“*

Die Landeswarnzentralen sind permanent besetzte Katastrophenschutzzentralen auf Landesebene. Ihre Aufgabe ist die Warnung und Alarmierung der Bevölkerung im Katastrophenfall sowie die Koordination der Einsatzkräfte bei Großkatastrophen im jeweiligen Bundesland. Die LWZ stehen in Verbindung mit den regionalen Zentralen der Hilfs- und Rettungsorganisationen sowie mit den regionalen Kontaktstellen der jeweils angrenzenden Nachbarstaaten (Bundesministerium für Inneres 2013c).

1.6 Lagebildbegriff und Eigenschaften

In diesem Kapitel werden Lagebilder allgemein beschrieben und Beispiele für Lagebilder dargestellt. Heimann (Heimann 2009) bezeichnet beispielsweise das Lagebild als *„die Gesamtheit aller relevanten internen und externen Informationen“*. Carr & Wright[13] definieren das Lagebild (engl. *Common Operating Picture*) als: *„An overview of a situation that is created by assessing and fusing information from multiple sensors or sources to support timely and effective decision-making. (a product of technology)“*.

Ein Lagebild fasst also Informationen zur Lage zusammen und stellt diese nachvollziehbar dar. Polizeiliche Lagen entstehen dadurch, dass sie formuliert werden d. h. schriftlich oder mündlich in Lagebildern, Lagebeurteilungen oder Lageberichten dargestellt werden (Jacobsen 2001) und die Autorin beschreibt zwei Definitionen der Polizeidienstvorschrift (PDV):

[13] Situational Awareness and the Common Operating Picture (2014). URL: http://www.aema.alberta.ca/documents/ema/C5_Developing_Situational_Awareness_Portraying_a_Common_Operating_Picture.pdf (Letzter Zugriff: 19.02.2017)

- **Lage**: Gesamtheit aller Umstände, Gegebenheiten und Entwicklungen, die das polizeiliche Handeln bestimmen und beeinflussen. (Handbuch zur PDV 100: 1.2.11: 1)
- **Lagebild**: Erfasste, polizeiliche bedeutsame Fakten und Daten verschiedener Lagefelder zu einem bestimmten Zeitpunkt und einer bestimmten Region, welche die Grundlage für die Beurteilung der Lage bilden. (ebenda)

Das Lagebild ist ein wichtigstes Hilfsmittel für die Bewältigung von Krisensituationen oder zur Bewertung von Situationen. Grundlegende Aufgaben eines Lagebildes sind:

- Darstellung vergangener Ereignisse, des aktuellen Standes und einer möglichen, zukünftigen Entwicklung als Vorbereitung auf überraschende Ereignisse bzw. Entwicklungen
- Ermöglicht das
  - **Erkennen** was vor sich geht und welche Akteure involviert/betroffen sind
  - **Bewerten** der erkannten Gefährdungspotenziale und Betroffenheit
  - **Entscheiden** über mögliche Maßnahmen
  - **Handeln und Koordinieren** des Handelns verschiedener Akteure

Lagebilder können verschiedene Anwendungsmöglichkeiten erfüllen: Führungsinstrument, Informationsmanagement, Risikobezogene Lagedarstellung, Analyse von Abhängigkeiten, Bewertung von Kaskadeneffekten, Rollenorientierte Information - getrennt nach Einsatzebene, Aufgabe und Funktion.

Diese Definitionen zeigen, dass das Lagebild je nach Anwendungsfeld also eine andere Gestaltung und Ausprägung haben kann. Auf die Möglichkeiten wird insbesondere im nächsten Kapitel näher eingegangen.

1.6.1 Dimensionen

Lagebilder können auf verschiedene Art und Weise gestaltet werden. Abhängig vom Anwendungsfeld können beispielsweise polizeiliche Lagebilder andere Eigenschaften und Informationen aufweisen als z. B. Lagebilder im Cyber-Raum oder der Flugüberwachung. Diese verschiedenen Aspekte werden unter dem Begriff der „Dimensionen" zusammengefasst und in Folgendem analysiert.

1.6.1.1 Organisationsebene

Lagebilder können auf verschiedenen Ebenen erstellt werden und können aggregiert auf höheren Ebenen zu neuen Lagebildern verarbeitet werden. Abhängig von der Ebene kann ein Lagebild innerhalb einer Organisation nur ein lokales, eingegrenztes Bild (z. B. durch Informationssammlung und Monitoring in Security Information and Event Management (SIEM) Software) ermöglichen. Ein allgemeineres (z. B. nationales) Lagebild könnte durch Informationssammlung eine aggregierte Sicht von Organisationslagebildern bieten (z. B. die Summe der angegriffenen Betreiber kritischer Infrastrukturen). Diese Lagebilder könnten z. B. von Cyber-Lagezentren (z. B. auf nationaler Ebene) oder CERTs (z. B. Lagebilder für eine Domäne wie beispielsweise dem Energiesektor) erstellt werden. Auf internationaler Ebene können diese Lagebilder weiter aggregiert (z. B. auf EU oder NATO Ebene) werden. Dies erfordert Zusammenarbeit und Koordination zwischen den Partnern sowie die Abstimmung welche Informationen geteilt werden sollten.

1.6.1.2 Zielgruppe

Abhängig von der Organisationsebene können Lagebilder auch für verschieden Zielgruppen erstellt werden. Diese können z. B. politische Entscheidungsträger von Nationalstaaten, CISOs, First Responder (FR, z. B. CERTs oder CSIRTs), Entscheidungsträger in Organisationen, Betreiber kritischer Infrastrukturen, oder operatives Personal sein.

Ausgehend von der Zielgruppe sollte eine entsprechende Visualisierung bzw. Dokumentation des Lagebildes gewählt werden. Zum Beispiel zeigt das Sicherheitsbarometer[14] aktuelle Risiken im Internet für Privatanwender und kleine Unternehmen an. Dabei wird die Gefahrenlage anhand einer Ampelkennzeichnung dargestellt. Ein weiteres Beispiel unter Nutzung der Ampelkennzeichnung ist die Schwachstellenampel.[15] Weitere Forschungsprojekte beschäftigen sich mit Kennzahlen für das Internet (Feld et al. 2011), Risikolagebildern[16] und Cyber-Security-Lagebildern.[17] Visualisierungen in SIEM Software können beispielsweise technische Lagebilder für operatives Personal von Organisationen darstellen.

1.6.1.3 Zeit

Die Dimension Zeit ist ein wichtiger Faktor bei Lagebildern. Lagebilder können interaktiv und in Echtzeit oder über eine Zeitperiode erstellt werden. Lagebilder in Echtzeit werden beispielsweise im Flugraum oder zur See eingesetzt. Oftmals wird der Begriff Lagebild in der Literatur auch für die Erstellung von jährlichen oder halbjährlichen Berichten verwendet. Diese Berichte enthalten häufig eine Zusammenfassung über die verschiedenen Cyber-Aktivitäten und Cyber-Vorfälle innerhalb eines Zeitraumes.

1.6.1.4 Planungsebenen

Lagebilder können spezifisch für verschiedenen Planungs- und Ausführungsebenen erstellt werden. Die strategische, taktische und operative Planung stehen in einer streng hierarchischen Ordnung, bei der die strategische Planung die oberste, die taktische Planung die mittlere und die operative Planung die unterste Planungsebene bildet (siehe Tab. 1.3).

---

[14] Sicherheitsbarometer, URL: https://www.sicher-im-netz.de/siba (Letzter Zugriff: 29.01.2016)

[15] CERT Bund, Schwachstellenampel, URL: https://www.cert-bund.de/schwachstellenampel (Letzter Zugriff: 29.01.2016)

[16] RiskViz, Risikolagebild der industriellen IT-Sicherheit in Deutschland, http://www.riskviz.de/ (Letzter Zugriff: 29.01.2016)

[17] Universität der Bundeswehr, Laufend aktuelles Cybersecurity-Lagebild, URL: https://www.unibw.de/wirtschaftsinformatik/laufend-aktuelles-cybersecurity-lagebild (Letzter Zugriff: 29.01.2018)

Tab. 1.3 Planungsebenen. (Horváth 1989)

Planungs-und Ausführungsebene	Strategisch	Taktisch	Operativ
Fokus	Systemgestaltung- und Steuerung	Ressourcenplanung	Bestimmung konkreten Aktivitäten
Zeithorizont	Langfristig	Mittelfristig	Kurzfristig
Entscheidungsebene	Oberstes Management	Mittleres Management	Ausführungsebene

Die Ebenen unterscheiden sich nach (Horváth 1989) bezüglich:

- **Fokus:** Die strategische Planung bezieht sich auf die **Systemgestaltung und -steuerung** der Organisationen. Die taktische Planung konkretisiert die strategische Planung in Form der **Ressourcenplanung** während die operative Planung die laufenden **konkreten Aktivitäten** bestimmt (Horváth 1989).
- **Zeithorizont:** In Vergleich zur operativen Ebene, die sich mit der Gegenwart beschäftigt, sind die strategischen und taktischen Ebenen eher zukunftsorientiert. Unter der strategischen Planung versteht man langfristige Pläne und Maßnahmen. Zur taktischen Ebene gehören mittelfristige Pläne und Maßnahmen. Die operative Ebene beschäftigt sich mit der kurzfristigen Planung. Die konkrete Definition von lang-, mittel- und kurzfristig wird jedoch in jeder Domäne und Organisation separat durchgeführt.
- **Entscheidungsebene:** Auf strategischer Ebene trifft oftmals das oberste Management die Entscheidungen (z. B. der Vorstand oder politische Entscheidungsträger). Auf der taktischen Ebene ist das mittlere Management häufig für die Entscheidungen und Planung verantwortlich. Das mittlere Management wird je nach Organisationsstruktur verschieden spezifiziert. Die operative Ebene umfasst die Ausführungsebene.

1.6.1.5 Inhalte

Abhängig vom Zweck des Lagebildes können verschiedene Informationen in einem Lagebild eingebunden und dargestellt werden. Mögliche Inhalte eines Cyber-Lagebildes könnten sein:

- *Domäne*: Analyse der Cyber-Lage für verschiedene Bereiche wie z. B. KMUs, Privatpersonen oder Betreiber kritischer Infrastrukturen.
- *Angriffsarten*: Analyse der genutzten Technologien (z. B. Distributed Denial of Service (DDoS) (Mirkovic und Reiher 2004), Ransomware) von aktuellen Cyber-Angriffen sowie der weiteren Trends.
- *Vorfälle*: Analyse der Incidents innerhalb eines Zeitraumes.
- *Auswirkungen*: Analyse der Auswirkungen auf Basis gesellschaftlicher, technischer oder ökonomischer Aspekte.

- *Initiativen für Cyber-Sicherheit*: Berichte und Analysen von aktuellen Entwicklungen in Forschungsprojekten, Startups, Unternehmen und Behörden.
- *Rechtliche Aspekte*: Analysen aktueller Entwicklungen auf nationaler und internationaler Ebene (z. B. NIS-Richtlinie siehe Kap. 4)
- *Technische Daten und Indikatoren*: Kennzahlen, Loganalysen oder Statistiken im Bereich Cyber-Sicherheit.

1.6.2 Lagebilderstellung

Zur Erstellung eines Lagebildes werden Daten aus den verschiedenen Quellen extrahiert, analysiert, korreliert, interpretiert und in einem technischen Lagebild für eine Zielgruppe (z. B. politische Entscheidungsträger, Bedarfsträger, etc.) aufbereitet. Ein Beispiel für einen Informationsanalyseprozess wird in Kap. 7 genauer dargestellt. Abhängig von der Art der Inputdaten durchlaufen diese dabei mehrere, oder alle Bearbeitungsschritte (siehe Kap. 7). Zum Einsatz kommen dabei Tool-unterstützte Analyseverfahren sowie manuelle, durch Experten durchgeführte, Analysen.

Neben der Darstellung aktueller „Einzelgeschehnisse" (z. B. relevante Incidents (betroffene Systeme, Angreifer, Schaden, etc.)) wird der sicherheitstechnische Status (wenn sinnvoll) in zeitlichem Zusammenhang dargestellt und interpretiert (z. B. als Trendanalyse: „Entwicklung der Phishingkampagnen im letzten Quartal").

Herausfordernde Faktoren der Lagebilderstellung von Cyber-Lagebildern können sein:

- **Große Datenmengen** können für die Verarbeitung und Speicherung von Daten nötig sein.
- **Hohe Veränderungsgeschwindigkeiten** erfordern auch raschere Interpretationen und Prognosen.
- Die **komplexe Identifikation der Angreifer** ist aufgrund der räumlichen Trennung schwer möglich und daher eher in den Hintergrund geraten.
- **Trennung von normalem und bösartigem Verhalten** spielt eine immer wichtigere Rolle, da bösartiges Verhalten sich oftmals als „normales Verhalten" tarnt (z. B. durch Verschleierung).

1.6.3 Visualisierung von Cyber-Lagebildern

In einem Lagebild werden gesammelte Informationen über eine aktuelle Situation nachvollziehbar dargestellt. Ein Lagebild ist ein wichtiges Hilfsmittel zur Bewertung von Situationen und letztendlich zur Bewältigung von Krisensituationen, da es die Informationen zur Lage zusammenfasst und nachvollziehbar darstellt. Das Lagebild kann je nach Anwendungsfeld eine andere Gestaltung und Ausprägung haben.

Wenn nun mögliche Lagebilddarstellungen und ihre Eigenschaften nach der Dimension Planungsebene zu Stakeholdern zuordnet werden, könnte folgende Struktur entstehen (siehe Abb. 1.8). Diese Struktur gliedert sich in eine strategische, taktische und operative Ebene. Diese Ebenen sind als Entwurf zu bewerten und können je nach Staat oder Organisation noch um weitere Ebenen ergänzt oder reduziert werden.

Lagebilder können sowohl auf interaktiven Dashboards veranschaulicht als auch in regelmäßigen Intervallen erstellten Berichten (z. B. monatlich, vierteljährlich, jährlich) verschriftlicht werden (siehe Abschn. 1.6.1.3). Abhängig davon wird auch die Visualisierung gestaltet.

- Periodisch Lagebilder sind üblicherweise Berichte über längere Zeitperioden, etwa Monate, Vierteljahre oder Jahre. Sie fokussieren auf Trends und Tendenzen im Sicherheitsbereich.
- Interaktive Lagebilder werden häufig als dynamische Dashboards dargestellt und veranschaulichen die aktuelle (oder tägliche) Situation im Bereich Cyber-Sicherheit. Dashboards können für unterschiedliche Zielgruppen und Zwecke konfiguriert werden. Zum Beispiel auf einer taktischen Ebene als Hilfeleistung für First Responder und auf einer strategischen Ebene für die strategisch-politische Führungsebene.

Entscheidungsebene (strategisch)
• **Scope**:Landesweit
• **Zeithorizont**: Langfristig (Vierteljahr, Jahre)
• **Akteur**: Strategisch-politsche Entscheidungsträger
• **Lagebildfokus**: Trend, Tendenzen auf nationaler Ebene
• **Kontextdaten**: z. B. staatliche Threat Intelligence, staatliche Schwachstellendatenbanken, vertrauliche Datenbanken, Open Source Intelligence (OSINT)
First Responder Ebene (taktisch)
• **Scope:** Sektor, landesweit
• **Zeithorizont**: Mittelfristig (Wochen, Monate)
• **Akteur:** First Responder (z. B. NIS-Behörde, CERTs, CSIRTs)
• **Lagebildfokus**: Bereits existierende und potentielle Tactics, Techniques, and Procedures (TTPs)
• **Kontextdaten:** z. B. externe Threat Intelligence und Schwachstellendatenbanken, Information von internationalen FRs, sektor-spezifisches Know-How, Vendor-Kontakte
Organisationsebene (operativ)
• **Scope:** Organisationsweit, systemweit
• **Zeithorizont**: Kurzfristig (Stunden, Tage)
• **Akteur**: Kritische Infrastruktur (KI)
• **Lagebildfokus**: Konkrete Eregnisse und Maßnahmen
• **Kontextdaten:** z. B. Eigenes Asset Management, Log Management, Konfigurationsdatenbank (CMDB), Schwachstellenmanagement, Monitoring

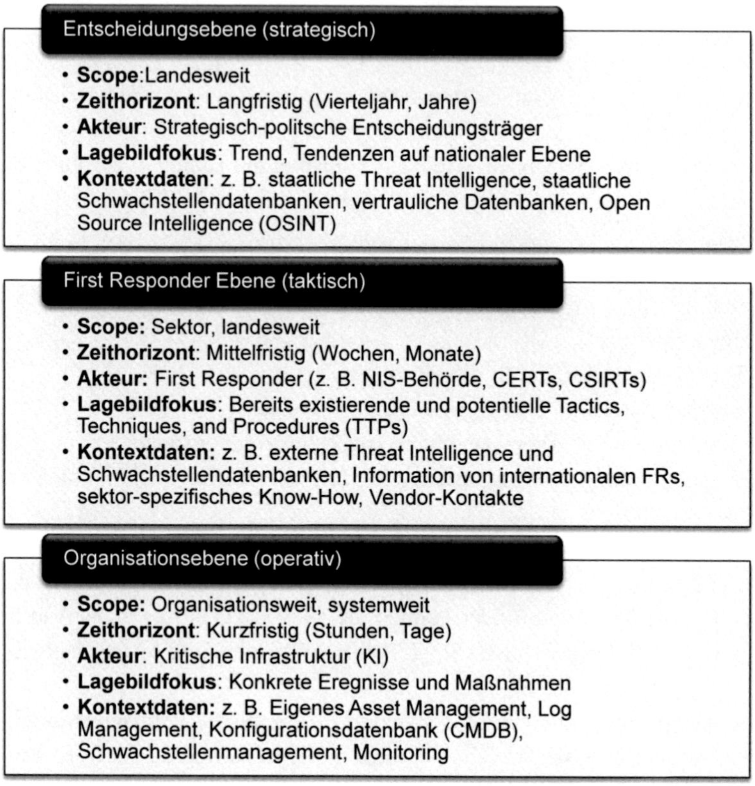

Abb. 1.8 Ebenen für Lagebilder

Mögliche Inhalte für Lagebilder:

- **Übersicht über Sicherheitsstatus**
  - Kritikalität je Sektor, z. B. *wie viele Unternehmen sind aktuell betroffen.*
  - Kritikalität mit Schwellwerten und IST-Zustand veranschaulichen.
- **Meldungen**
  - Liste von den aktuellen Meldungen, Meldungen sortierbar und bewertbar, z. B. *freiwillige Meldungen oder Pflichtmeldungen, nach Sektor, nach Qualität.*
  - Anzahl der Meldungen pro Sektor, z. B. *mit einem Balkendiagramm.*
  - Ergänzungen von CERTs, z. B. *Entwarnungen aufgrund eines Vorfalls wegen Fehlkonfigurationen.*
  - Aggregation von Meldungen zum gleichen Thema bzw. Extraktion von Themen (z. B. Angriffsvektoren, Verwundbarkeiten, Kampagnen).
- **Vorfälle**
  - Auswirkungen der Vorfälle.
  - Anzahl der betroffenen KI bzw. Clustering nach Sektoren und/oder geografischen Regionen.
  - Dringlichkeit abhängig von potenziellen Auswirkungen.
  - Trends, z. B. *Hochrechnungen basierend auf Daten vergangener Vorfälle.*
- **Angriffsarten**
  - Statistiken über verschiedene Angriffsarten in den einzelnen Branchen, zum Beispiel, *Tortendiagramm über die Anzahl von DDoS-Angriffen nach Branchen geordnet.*
  - Statistiken über verschiedene Angriffsarten, zum Beispiel mit Linien, um Trends zu erkennen, z. B. *72 % Ransomware, 66 % Backdoors in den letzten 7 Tagen.*
- **Top 10 oder Top 5 der**
  - Opfer-Sektoren oder Opferorganisationen.
  - Angriffsvektoren.
  - Neuesten Schwachstellen.
  - IT-Security Fertigkeiten oder Trainingsbedürfnisse.
  - Verteidigungsstrategien.
- **News Feeds**, Einbinden von externen Datenbanken und Informationsquellen.
- **Newsmaps**, Pressemitteilungen von relevanten internationalen und nationalen Cyber-Angriffen.
- Statistiken über **Cyber-Sicherheitsreifegrad der einzelnen KI** (Preparedness), z. B. Verfügt eine Organisation über Information Security, Business Continuity, Change Management Policy and Prozeduren oder können die Security Controls eines Audits mit Standards (z. B. NIST Frameworks, ISO 27000 Familie oder IEC 62443 abgeglichen werden).
- **Preparedness (Bereitschaft) nach Sektoren** geordnet, damit die politisch-strategische Entscheidungsträger erfassen, welche Sektoren welchen Reifegrad der Vorbereitung haben.

- **Zusammenhänge** darstellen (z. B. zwischen Angriffsvektoren und potenziell angegriffenen Sektoren).
- Statistik resultierend aus **Umfragen**, um CSA der KI wahrzunehmen, zum Beispiel *50 % der KI hatten einen schwerwiegenden Vorfall im letzten Jahr* oder *75 % der KI sieht Ransomware als potenzielle Bedrohung auf die eigene Organisation.*
- **Statistiken oder Trends über die IT Security Fertigkeiten** und Bedürfnisse für Kooperation mit Weiterbildungszentren.
- **Statistiken oder Trends über eingesetzte Mitigationsmaßnahmen** und Risikominderungsmaßnahmen, z. B. *31 % der KI haben ein Information Security Management System (ISMS) nach Standard ISO 27000 eingeführt.*
- Interaktive **Cyber Attack Maps**.

Im Rahmen des CISA Projekts (siehe Kap. 1) wurden unter anderem Mockups für Cyber-Lagebilder erstellt. Ein Mockup ist ein Entwurf eines Prototypes und dient dazu mögliche, potenzielle Inhalte von z. B. Software, vorab darzustellen. Abb. 1.9 zeigt ein Beispiel für ein Cyber-Lagebild und welche Inhalte in diesem vorkommen können. Dabei werden vielfältige Visualisierungen für die oben angeführten möglichen Inhalte eingesetzt. In diesem Beispiel werden unter anderem Meldungen, Nachrichten, Meldungsaktivitäten je Sektor, Trends, Kritikalitäten, Angriffsarten und -aktivitäten dargestellt. Es ist jedoch darauf hinzuweisen, dass Visualisierungen immer inviduell dem Zweck und der Zielgruppe gestaltet werden sollten. Das angezeigte Mockup dient daher als ein mögliches Beispiel für Cyber-Lagebild. Weitere Datenquellen und Informationen können in anderen Cyber-Lagebildern ergänzt oder entfernt werden.

1.6.4 Beispiele von Cyber-Lagebildern

Im Folgenden werden einige Beispiele für Lagebilder aus verschiedenen Bereichen zusammengefasst.

Lagebilder im Bereich Cybercrime

Nach einer Definition des Bundeskriminalamts Deutschland (2014) umfasst Cybercrime die Straftaten, die sich gegen das Internet, Datennetze, informationstechnische Systeme oder deren Daten richten oder mittels dieser Informationstechnik begangen werden. In einem jährlichen Lagebericht wird ein Cybercrime Lagebild veröffentlicht. Zur Darstellung und Bewertung der Kriminalitätslage zählen unter anderem (1) Polizeiliche Kriminalstatistik, wie Fallzahlen (Anzahl der Straftaten durch z. B. Computerbetrug, Computersabotage, Betrug mit Zugangsberechtigungen zu Kommunikationsdiensten) und Schäden, Dunkelfeld. (2) Aktuelle Phänomene, wie die Beschreibung aktueller Trends und Vorgehen (z. B. Ransomware, Malware, Phishing), Täterstrukturen, Bedrohungs- und Gefährdungspotenziale sowie die Gesamtbewertung und der Ausblick. In Österreich

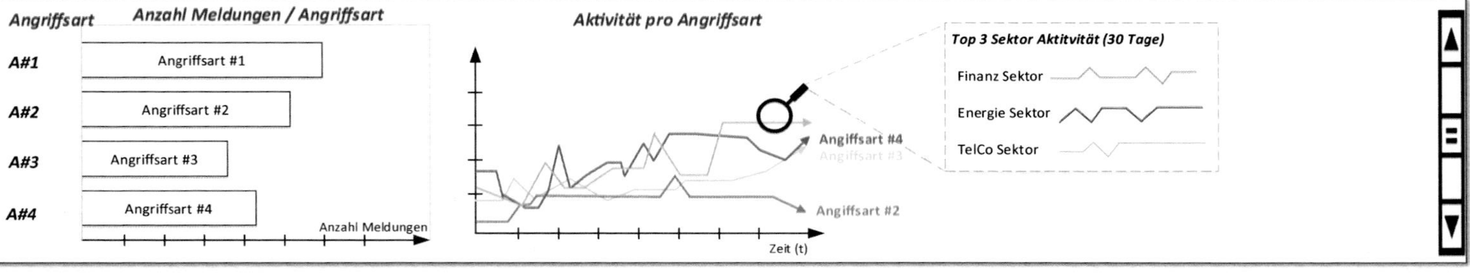

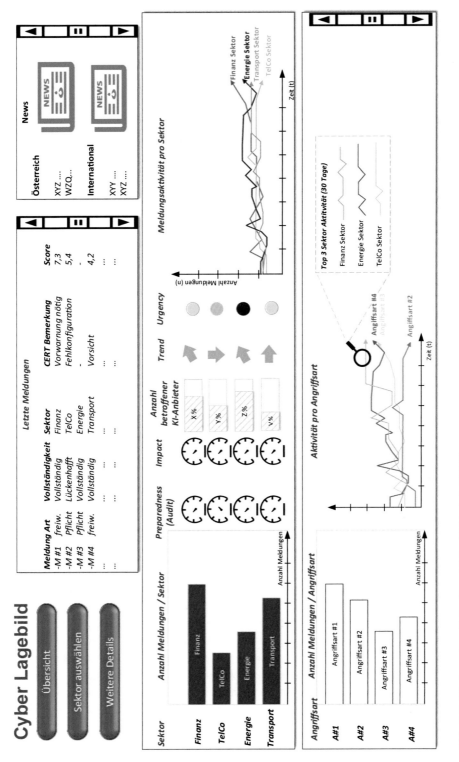

Abb. 1.9 Mockup eines Cyber-Lagebildes (Pahi et al. 2017b)

wurde auch vom Bundeskriminalamt ein Cybercrime Bericht[18] herausgegeben. In diesem werden unter anderem die häufigsten Cyber-Angriffsformen in Österreich analysiert und die Cyber-Kriminalitätsbekämpfung erörtert.

Lagebilder im Bereich Schutz kritischer Infrastruktur

Nach Borchert und Brem (2012) können Lagebilder für kritische Infrastruktur darauf abzielen Risiken und Verwundbarkeiten der kritischen Infrastrukturen zu kennen, um darauf mit geeigneten Schutzmöglichkeiten zu reagieren. Ein Beispiel ist die Schweizer Strategie zum Schutz kritischer Infrastruktur bei der nach (Borchert und Brem 2012) vier Schwerpunkte für die Lagedarstellung definiert wurden:

- **Gefährdungs- und Bedrohungsentwicklungen:** Gefährdungs- und Bedrohungsanalysen identifizieren Ereignisse oder Lagen, die den Schutz kritischer Infrastruktur gefährden könnten. Dies können sektorspezifische als auch –übergreifende Szenarien sein.
- **Technologieentwicklungen**: Welche Technologietrends und -entwicklungen können den Schutz von kritischer Infrastruktur verbessern bzw. können diese gefährden.
- **Infrastrukturentwicklungen**: Analyse der zukünftigen Infrastrukturentwicklungen und deren Pläne unter Einbezug der Aspekte der Vernetzung, der Risiken und der Sicherheitsanforderungen.
- **Regulatorische Entwicklungen**: Diese Entwicklungen analysieren Versorgungsziele (Grundschutzniveau), Schutz- und Sicherheitsstandards, Anforderungen an Sicherheitsmaßnahmen für Unternehmen und Überwachungs- und Verifikationsregimes.

Lagebilder im Bereich des Militärs

Die Militärdoktrin von Staaten beschränkt sich heute nicht mehr nur auf Land, Wasser, Luft und Weltraum, sondern umfasst mit der Informationstechnologie und dem Internet auch eine fünfte Dimension und agiert immer mehr als Querschnittsdomäne. Der virtuelle Raum als fünfte Dimension rückt für die Militärs immer stärker in den Fokus. Einerseits als Bedrohung: Schließlich nutzen Staaten, deren Geheimdienste und nichtstaatliche Akteure wie Terroristen das Netz für Cyberangriffe, etwa durch die Infiltration militärischer und ziviler Netze oder durch den Missbrauch sozialer Netzwerke für Propagandazwecke.

In (Conti et al. 2013) wird ein **Cyber Common Operating Picture (CCOP**) Framework entwickelt, um ein Cyber-Lagebild erstellen zu können. Das CCOP soll nach den Autoren ein umfassendes Situationsbewusstsein und Command and Control von Cyber-Einsätzen (auch in Kombination mit kinetischen Einsätzen) ermöglichen. Aufgaben für ein CCOP nach (Conti et al. 2013) sind Forensik, Interoperabilität, Training,

[18] Bundeskriminalamt Österreich, Cybercrime 2016, URL: http://www.bundeskriminalamt.at/306/files/Web_Cybercrime_2016.pdf (Letzter Zugriff: 09.05.2018)

Operational Execution, Electronic Warefare, Decision Support, Targeting, Mission Analysis, Netzwerkanalyse, Mission Rehearsal sowie Resilienz. Für eine detailliertere Ausführung wird auf (Conti et al. 2013) verwiesen.

1.7 Zusammenfassung

Dieses Kapitel zeigte, wie umfassend der Begriff Situationsbewusstsein sein kann und welche Aspekte wichtig sind für eine Umsetzung auf nationaler Ebene. Erste Definitionen von Situationsbewusstsein befassten sich vor allem mit kognitiven Modellen, die in aktuelleren Modellen in Algorithmen und Datenstrukturen übersetzt werden, um Menschen noch schneller und einfacher einen Überblick über eine Situation zu verschaffen. Daher wurden in dem Kapitel verschiedene Modelle zusammengefasst, um die Vielfalt und unterschiedlichen Prozesse zur Herstellung von Cyber-Situationsbewusstsein aufzuzeigen. Eines der meistreferenzierten Modelle ist das Situational Awareness Model von Endsley (1995) mit drei Phasen, der Wahrnehmung, dem Verstehen und der Prognose einer Situation.

Als Basis für die Umsetzung von Cyber-Situationsbewusstsein werden oftmals Cyber Security Strategien auf nationaler und internationaler Ebene entwickelt. Teil dieser Strategien sind häufig Handlungsempfehlungen für die Einrichtung von nationalen Cyber-Lagezentren. Ein wichtiger Faktor bei nationalen Cyber-Lagezentren ist die Informationssammlung und die Zusammenarbeit mit verschiedenen Stakeholdern aus der öffentlichen Verwaltung und den kritischen Infrastrukturen, um effektive nationale Cyber-Lagebilder erstellen zu können. Dazu sind Richtlinien und Strategien nötig, wie gemeinsam Information ausgetauscht werden kann. Ein Beispiel wie Kommunikationsprozesse mit verschiedenen Stakeholdern aussehen können ist unter anderem in Kap. 3 dargestellt. Ein weiterer Aspekt ist die Visualisierung von Lagebildern und ob diese nachvollziehbar und einfach interpretiert und verstanden werden können, um auf deren Basis Entscheidungen treffen zu können. Dazu können periodische oder interaktive Lagebilder genutzt werden. Lagebilder können mit verschiedenen Informationen angereichert werden. Beispiele für Informationsquellen werden in Kap. 6 beschrieben. Die Umsetzung von Cyber-Situationsbewusstsein auf nationaler Ebene benötigt daher Strategien, Lagezentren und Lagebilder, die spezifisch dafür erstellt werden.

Abkürzungsverzeichnis

APCIP	Austrian Program for Critical Infrastructure Protection
BBK	Bevölkerungsschutz und Katastrophenhilfe
BCP	Business Continuity Planning
BMI	Bundesministerium des Innern (Deutschland)
BMI	Bundesministerium für Inneres (Österreich)

BMLV	Bundesministerium für Landesverteidigung
BSI	Bundesamt für Sicherheit in der Informationstechnik
BVT	Bundesamt für Verfassungsschutz und Terrorismusbekämpfung
BWZ	Bundeswarnzentrale
CCOP	Cyber Common Operating Picture
CDC	Cyber Defense Center
CERT	Computer Emergency Response Team
CIIP	Critical Information Infrastructure Protection
CISA	Cyber Incident Situational Awareness
CMDB	Configuration Management Database
CRN	Crisis and Risk Network
CSA	Cyber Situational Awareness
CSC	Cyber Security Center
CSIRT	Computer Security Incident Response Team
DDoS	Distributed Denial of Service
ECSA	Effective Cyber Siutational Awareness
EFD	Eidgenössische Finanzdepartement
EKC	Einsatz- und Koordinationscenter
ENISA	Europäische Agentur für Netz- und Informationssicherheit
EU	Europäische Union
GMLZ	Gemeinsame Melde- und Lagezentrum
IKT	Informations- und Kommunikationstechnologie
ISMS	Information Security Management System
JDL	Joint Directories of Laboratory
KI	Kritische Infrastruktur
KMU	Kleine und Mittlere Unternehmen
LWZ	Landeswarnzentrale
MELANI	Melde- und Analysestelle Informationssicherung
NCS	Nationale Strategie zum Schutz der Schweiz vor Cyber-Risiken
NIS	Netz- und Informationssicherheit
NPSI	Nationaler Plan zum Schutz der Informationsinfrastrukturen
OODA	Observe, Orient, Decide, and Act
ÖSCS	Österreichische Strategie für Cyber-Sicherheit
OSINT	Open Source Intelligence
SA	Situational Awareness
SAM	Situational Awareness Model
SIEM	Security Information and Event Management
SKKM	Staatliches Krisen- und Katastrophenschutzmanagement
TTP	Tactics, Techniques, and Procedures
URL	Unified Resource Locator
ZKA	Zollkriminalamt

Literatur

Althaus, M. (Ed.). (2002). Kampagne! 2: Neue Strategien für Wahlkampf, PR und Lobbying (Vol. 2). LIT Verlag Münster.

Badke-Schaub, P., Hofinger, G., & Lauche, K. (2008). Human factors (pp. 3–18). Springer Berlin Heidelberg.

Bahşi, H., & Maennel, O. M. (2015). A Conceptual Nationwide Cyber Situational Awareness Framework for Critical Infrastructures. In S. Buchegger & M. Dam (Hrsg.), Secure IT Systems (S. 3–10). Springer International Publishing.

Billings, C. E. (1995). Situation awareness measurement and analysis: A commentary. Proceedings of the International Conference on Experimental Analysis and Measurement of Situation Awareness, Embry-Riddle Aeronautical University Press, FL.

Borchert, H., & Brem, S. (2012). Lagebild für Kritische Infrastrukturen. digma - Zeitschrift für Datenrecht und Informationssicherheit, 12(1),6–9.

Boyd, John R. 1976. "The Essence of Winning and Losing." Unpublished Lecture Notes.

Brehmer, B. (2005, June). The dynamic OODA loop: Amalgamating Boyd's OODA loop and the cybernetic approach to command and control. In Proceedings of the 10th international command and control research technology symposium (pp. 365–368).

Bronk H, Thorbruegge M, Hakkaja M (2006) Einrichtung eines CSIRT Schritt für Schritt. ENISA, https://www.enisa.europa.eu/publications/csirt-setting-up-guide-in-german, Letzter Zugriff: 01.03.2018

Brunner, E. M., & Suter, M. (2008). International CIIP handbook 2008/2009. Center for Security Studies, ETH Zurich.

BSI (2008) BSI-Standard 100–4, Notfallmanagement, Version 1.0, URL: https://www.bsi.bund.de/DE/Themen/ITGrundschutz/ITGrundschutzStandards/Standard04/ITGStandard04_node.html, Letzter Zugriff: 26.03.2018

Bundeskanzleramt Österreich (2012). Nationale IKT-Sicherheitsstrategie Österreich, Wien 2012

Bundeskanzleramt Österreich (2013), Österreichische Strategie für Cyber Sicherheit, https://www.digitales.oesterreich.gv.at/documents/22124/30428/OesterreichischeStrategieCyber-Sicherheit.pdf/fd94cf23-719b-4ef1-bf75-385080ab2440, Letzter Zugriff: 26.03.2018

Bundeskanzleramt Österreich (2015a). Bericht Cyber-Sicherheit 2015, Druck: BMI Druckerei, Wien, März 2015

Bundeskanzleramt Österreich (2015b). Österreichisches Programm zum Schutz kritischer Infrastrukturen (APCIP), Masterplan 2014, Jänner 2015; URL: https://www.bundeskanzleramt.gv.at/schutz-kritischer-infrastrukturen, Letzter Zugriff: 26.03.2018

Bundeskriminalamt Deutschland (2014). Cybercrime: Bundeslagebild 2014, URL: https://www.bka.de/SharedDocs/Downloads/DE/Publikationen/JahresberichteUndLagebilder/Cybercrime/cybercrimeBundeslagebild2014.html, Letzter Zugriff: 26.03.2018

Bundesministerium des Innern, Deutschland (2011) Cyber-Sicherheitsstrategie für Deutschland, Februar 2011, Deutschland, URL: https://www.it-planungsrat.de/SharedDocs/Downloads/DE/Pressemitteilung/Cyber%20Sicherheitsstrategie%202011.pdf;jsessionid=FC327A0F5298D5F329D7A27896946BB5.1_cid332?__blob=publicationFile&v=2, Letzter Zugriff: 26.03.2018

Bundesministerium des Innern, Deutschland (2016) Cyber-Sicherheitsstrategie für Deutschland, 2016, Deutschland, URL: https://www.bmi.bund.de/cybersicherheitsstrategie/BMI_CyberSicherheitsStrategie.pdf, Letzter Zugriff: 26.03.2018

Bundesministerium für Inneres (2013a). Staatliches Krisen- und Katastrophenschutz-Management, https://www.bmi.gv.at/204/Katastrophenmanagement/files/005_org_Grundlagen.pdf, (abgerufen am 31.07.2018)

Bundesministerium für Inneres (2013b). Zivilschutz in Österreich, https://www.bmi.gv.at/204/skkm/start.aspx, (abgerufen am 31.07.2018)

Bundesministerium für Inneres (2013c). Abteilung II/13: Zivilschutz in Österreich – Bundeswarnzentrale, https://www.bmi.gv.at/204/skkm/Bundeswarnzentrale.aspx, Letzter Zugriff: 26.03.2018

Carroll, L. (1992). Desperately seeking SA. Air force research lab mesa az warfighter readiness research division, No. AFRL-RH-AZ-JA-1992-0009, 1992.

Cavelty, M. D. (2014). Reporting and Analysis Center for Information Assurance (MELANI) (Phase 2: 2004–2010). In Cybersecurity in Switzerland (S. 39–55). Springer

Conti, G., Nelson, J., & Raymond, D. (2013). Towards a cyber common operating picture. In 2013 5th International Conference on Cyber Conflict (CyCon) (S. 1–17).

Dalrymple, M. A., and Schiflett. S. G. (1997). Measuring situational awareness of AWACS weapons directors. Situational Awareness in the Tactical Air Environment: Augmented Proceedings of the Naval Air Warfare Center's First Annual Symposium, CSERIAC SOAR Report# 97–01, WP-AFB: Ohio.

Dasarathy, B.V. (1997). Sensor fusion potential exploitation-innovative architectures and illustrative applications. Proceedings of the IEEE, 85 (1):24–38, 1997

Dierke, K. W., & Houben, A. (2013). Gemeinsame Spitze: Wie Führung im Top-Team gelingt. Campus Verlag.

Directive, C. (2008). 114/EC on the Identification and Designation of European Critical Infrastructure (ECI) and the assessment of the need to improve their protection. Official Journal of the European Union.

Endsley, M. R. (1998). Situation awareness global assessment technique (SAGAT). Paper presented at the National Aerospace and Electronic Conference (NAECON), Dayton, OH

Endsley M. R. (1995): Toward a Theory of Situation Awareness in Dynamic Systems, Human Factors and Ergonomics Society, 1995, 37(1). 36

Endsley, M.R. (2000). Theoretical Underpinnings of Situation Awareness: A Critical Review. In Endsley, M.R., Garland, D.J. (2000) (Hrsg.), Situation Awareness Analysis and Measurement (S.3–32). Mahwah, NJ: Lawrence Erlbaum Associates

ENISA (2012) National Cyber Security Strategies. ENISA, Heraklion, Greece

ENISA (2014), An evaluation framework for Cyber Security Strategies, https://www.enisa.europa.eu/activities/Resilience-and-CIIP/national-cyber-security-strategies-ncsss/an-evaluation-framework-for-cyber-security-strategies-1, Letzter Zugriff: 26.03.2018

Evancich, N., Lu, Z., Li, J., Cheng, Y., Tuttle, J., & Xie, P. (2014). Network-Wide Awareness. In Cyber Defense and Situational Awareness (pp. 63–91). Springer International Publishing. DB: Springer Link

Feld, S., Perrei, T., Pohlmann, N., & Schupp, M. (2011). Ein Internet-Kennzahlensystem für Deutschland: Anforderungen und technische Maßnahmen. DA-CH Security.

Franke, U., & Brynielsson, J. (2014). Cyber situational awareness–a systematic review of the literature. Computers & Security, 46, 18–31.

Giacobe, N. A. (2010, April). Application of the JDL data fusion process model for cyber security. In SPIE Defense, Security, and Sensing (pp. 77100R-77100R). International Society for Optics and Photonics.

Green, M., Odom, J. V., and Yates, J. T. (1995). Measuring situational awareness with the "Ideal Observer". Proceedings of the International Conference on Experimental Analysis and Measurement of Situation Awareness, Embry-Riddle Aeronautical University Press, FL.

Hahofer, J. (2015). Digitales Österreich im Parlament. Öffentliche Sicherheit 1-2/15, URL: http://www.bmi.gv.at/magazinfiles/2015/01_02/files/e_goverment.pdf, Letzter Zugriff: 26.03.2018

Haines, R. F., and Flateau, C. (1992). Night Flying. Blue Ridge Summit, PA: TAB Books

Hall, D. L., & McMullen, S. A. (2004). Mathematical techniques in multisensor data fusion. Artech House.

Hamilton, W. L. (1987). Situation Awareness Metrics Program (SAE Technical Paper Series No. 871767) Warrendale, PA: Society of Automotive Engineers

Hartman, B. O., and Secrist, G. E. (1991). Situational awareness is more than exceptional vision. Aviation, Space, and Environmental Medicine, 62, 1084–1089.

Harwood, K., Barnett, B., and Wickens, C. (1988). Situational awareness: A conceptual and methodological framework. In Proceedings of the Psychology in the Department of Defense Eleventh Symposium (Tech. Report No. USAFA-TR-88-1, pp. 316–320). Colorado Springs, CO:US Air Force Academy (AD-A198723).

Heimann, R. (2009). Entscheidungsfindung in polizeilichen Einsatzlagen-Softwareunterstütztes Informations-und Kommunikationsmanagement. In *GI Jahrestagung* (pp. 1378–1392).

Horváth, P. (1989). Hierarchiedynamik, in: Handwörterbuch der Planung, hrsg. v. Szyperski, Norbert/Winand, Udo, Stuttgart 1989, Sp. 640 – 648

Informatikstrategieorgan Bund ISB (2002). Verletzliche Informationsgesellschaft – Herausforderung Informationssicherung, Oktober 2002, URL: https://www.isss.ch/events/ft2003.03/pia_d.pdf, Letzter Zugriff: 26.03.2018

Jacobsen, A. (2001). *Die gesellschaftliche Wirklichkeit der Polizei: eine empirische Untersuchung zur Rationalität polizeilichen Handelns*. Bielefeld (Germany): Bielefeld University. URL: https://pub.uni-bielefeld.de/publication/2304180, Letzter Zugriff: 26.03.2018

Klein, G., Tolle, J., & Martini, P. (2011). From detection to reaction-A holistic approach to cyber defense. In Defense Science Research Conference and Expo (DSR), 2011 (pp. 1–4). IEEE.

Kokar, M. And Kim, K. (1993) Review of multisensor data fusion architecture and techniques. In Proceedings of the IEEE Conference of Intelligent Control, pages 261–266, 1993.

Leitner M, Pahi T, Skopik F (2017) Situational Awareness for Strategic Decision Making on a National Level. In: Skopik F (ed) Collaborative Cyber Threat Intelligence. CRC Press, pp 225–276

Llinas J., Bowman C.L., Rogova G. L., Steinberg A.N., Waltz E.L., White F.E.: Revisiting the JDL data fusion model II. In Proceedings of the Seventh International Conference on Information Fusion, volume 2, pages 1218–1230. International Society of Information Fusion, 2004

Luiijf, E., Besseling, K., & De Graaf, P. (2013). Nineteen national cyber security strategies. International Journal of Critical Infrastructures 6, 9(1–2), 3–31.

McGuinness B., Foy J.L. (2000). A subjective measure of SA: The crew awareness rating scale. In Proceedings of the first human performance, situation awareness, and automation conference, Savannah, Georgia, USA, October 2000.

MELANI (2015). Halbjahresbericht 2015/1. 25.10.2015URL: https://www.melani.admin.ch/dam/melani/de/dokumente/2015/10/halbjahresbericht-2015-1.pdf.download.pdf/MELANI_Halbjahresbericht_2015_1.pdf, Letzter Zugriff: 26.03.2018

Mirkovic, J., & Reiher, P. (2004). A Taxonomy of DDoS Attack and DDoS Defense Mechanisms. SIGCOMM Comput. Commun. Rev., 34(2), 39–53.

Okolica, J., McDonald, J. T., Peterson, G. L., Mills, R. F., & Haas, M. W. (2009). Developing systems for cyber situational awareness. In *2nd Cyberspace Research Workshop* (p. 46).

Pahi T, Leitner M, Skopik F (2017a) Analysis and Assessment of Situational Awareness Models for National Cyber Security Centers. pp 334–345

Pahi T, Leitner M, Skopik F (2017b) Data Exploitation at Large: Your Way to Adequate Cyber Common Operating Pictures. In: Proceedings of the 16th European Conference on Cyber Warfare and Security. Academic Conferences and Publishing International Limited, Reading, UK, pp 307–315

Rytz, R., Römer, J. (2003). MELANI-ein Lagezentrum zum Schutz kritischer Infrastrukturen im Informationszeitalter. In *GI Jahrestagung* (pp. 57–65).

Salmon, P.M. et al. (2007). What Really Is Going on? Review, Critique and Extension of Situation Awareness Theory. In LNCS Engeneering Psychology and Cognitive Ergonomics, S. 407–416. Berlin/Heidelberg: Springer

Schweizerische Eidgenossenschaft (2012). Nationale Strategie zum Schutz der Schweiz vor Cyber-Risiken. Eidgenössisches Departement für Verteidigung, Bevölkerungsschutz und Sport. 19. 06.2012(rev 27. 06.2012).URL: https://www.isb.admin.ch/dam/isb/de/dokumente/ikt-vorgaben/strategien/ncs/Strategie%20zum%20Schutz%20der%20Schweiz%20vor%20Cyber-Risiken.pdf.download.pdf/Strategie_zum_Schutz_der_Schweiz_vor_Cyber-Risiken_k-DE.pdf, Letzter Zugriff: 26.03.2018

Skopik F., Ma Z., Smith P., Bleier T. (2012): Designing a Cyber Attack Information System for National Situational Awareness.7th Security Research Conference, September 4–6, 2012, Bonn, Germany. Springer.

Smith, K., & Hancock, P. A. (1995). Situation awareness is adaptive, externally directed consciousness. Human Factors: The Journal of the Human Factors and Ergonomics Society, 37(1), 137–148.

Steinberg, A.N., Bowman, C.L., and White, F.E. (1998). Revisions to the JDL Model, Joint NATO/IRIS Conference Proceedings, Quebec, October, 1998

Tenney, Y. J., Adams, M. J., Pew, R. W., Huggins, A. W. F., & Rogers, W. H. (1992). A principled approach to the measurement of situation awareness in commercial aviation.

Tischler, K. (2014). Informationsfusion für die kooperative Umfeldwahrnehmung vernetzter Fahrzeuge (Vol. 29). KIT Scientific Publishing. und Präzisierung, URL: https://www.tu-berlin.de/fileadmin/f25/dokumente/8BWMMS/15.5-Wittbrodt.pdf, Letzter Zugriff: 26.03.2018

White, F.E. (1988). A Model for Data Fusion", Proc. 1st National Symposium on Sensor Fusion, 1988

Wickens, C. D. (1992). Workload and situation awareness: An analogy of history and implications. Insight: The Visual Performance Technical group Newsletter, 14(4), 1–3.

Organisationsübergreifender Austausch sicherheitsrelevanter Informationen als Grundlage für Cyber-Lagebilder

2

Florian Skopik und Roman Fiedler

Zusammenfassung

Grundlage für präzise und nutzbringende sektorspezifische und nationale Cyber-Lagebilder ist der Austausch sicherheitsrelevanter Informationen zwischen Organisationen. Nur durch die Zusammenführung reichhaltiger Informationen über Angriffe und Verwundbarkeiten kann ein Abbild der aktuellen Lage ohne blinde Flecken sinnvoll erstellt werden. Dieses Kapitel motiviert daher die grundlegende Idee des Informationsaustauschs über aktuelle Bedrohungen und Vorfälle und die Sammlung dieser Informationen in einem Cyber-Lagezentrum, welches als Informationsdrehscheibe im Bedarfsfall agiert und bedrohte sowie angegriffene Organisationen mit Warnungen und Hilfestellungen versorgt. Anhand eines detaillierten Angriffsfalles wird schrittweise geschildert, welche Aktionen Angreifer und Verteidiger setzen und wie die Erkennung und Abwehr eines gezielten mehrstufigen Angriffs mithilfe des Informationsaustauschs über ein Lagezentrum maßgeblich verbessert werden können. Im Anschluss werden die relevanten Fragestellungen zur Abwehr des Cyber Angriffs aus Sicht der betroffenen Organisation, als auch des Lagezentrums systematisch aufgearbeitet. Während diese in den nachfolgenden Kapiteln nach und nach beantwortet werden, legt dieses Kapitel den Grundstein für das Verständnis und ermöglicht dem Leser so den Einstieg in die komplexe Materie.

F. Skopik (✉) · R. Fiedler
Center for Digital Safety & Security, AIT Austrian Institute of Technology, Wien, Österreich
e-mail: florian.skopik@ait.ac.at; roman.fiedler@ait.ac.at

F. Skopik et al. (Hrsg.), *Cyber Situational Awareness in Public-Private-Partnerships*,
https://doi.org/10.1007/978-3-662-56084-6_2

2.1 Einleitung

Der reibungslose Betrieb kritischer Infrastrukturen, wie z. B. von Telekommunikationsdiensten oder der Stromversorgung, ist für die Sicherheit unserer Gesellschaft unerlässlich. In den letzten Jahren jedoch, haben Betreiber kritischer Infrastrukturen zunehmend mit Cyber-Security-Problemen zu kämpfen (Langner 2011). Durch die Verwendung von Standard-Software-Produkten und Kommunikationstechnologien und zunehmender Vernetzung (Rinaldi et al. 2001), haben sich die Angriffsflächen maßgeblich vergrößert und die Anzahl möglicher Angriffsvektoren deutlich zugenommen.

Um dieser ernsten Sicherheitslage angemessen zu begegnen, sind neue Sicherheitsansätze erforderlich. Ein vielversprechender Ansatz ist der Austausch von Informationen über Sicherheitsvorfälle, neue Bedrohungen und Statusinformationen zu kritischen Diensten (Gordon et al. 2003; Skopik et al. 2016) über Organisationsgrenzen hinweg mit strategische Partnern und nationalen Behörden. Das Ziel dieser Bestrebungen ist ein umfassendes Situationsbewusstsein (situational awareness) über Bedrohungen und laufende Vorfälle zu erlangen, welches Voraussetzung für eine effektive Vorbereitung und Unterstützung von staatlicher Seite bei groß angelegten Cyber Angriffen ist. Die Zusammenarbeit basiert auf der Übermittlung von Bedrohungs- und Vorfallsinformationen in einer Vielzahl von Cyber-Sicherheitsszenarien einschließlich finanziell motivierte Cyber-Kriminalität, Cyber-Krieg, Hacktivismus und Cyber-Terrorismus.

Die Angriffsmethodik kann von Fall zu Fall ganz unterschiedlich sein, z. B. bemühen sich Cyberkriminelle üblicherweise lange unentdeckt zu bleiben und entwenden im Zuge von Industriespionage oft unbemerkt geistiges Eigentum (Tankard 2011); hingegen werden im Zuge von Cyberkrieg oder Cyber-Terrorismus gerne Distributed Denial of Service (DDoS) Angriffe (Mirkovic und Reiher 2004) mittels Botnetzen eingesetzt um die Erreichbarkeit kritischer Dienste einzuschränken.

Die schnell wachsende Komplexität der heutigen Netze, das Aufkommen von Märkten zum Handel von Zero Day Exploits (Miller 2007), und oft unterschätzte Schwachstellen, z. B. aufgrund veralteter technischer Lösungen führen zu neuartigen Angriffsformen. Gängige technische Schutzmaßnahmen wie Virenscanner und Firewalls sind alleine nicht mehr in der Lage, ausreichend gegen ausgeklügelte und v. a. zielgerichtete Angriffe (sog. Advanced Persistent Threats) zu schützen (Tankard 2011). Der rege und strukturierte Informationsaustausch ermöglicht es den Opfern jedoch koordinierte und wirksame Gegenmaßnahmen zu ergreifen und unterstützt potenziell zukünftig Betroffene dabei präventive Maßnahmen zu ergreifen (Skopik et al. 2016).

So sind im Internet zahlreiche Informationssicherheitsplattformen und Wissensbasen entstanden. Von dort aus können die Benutzer wertvolle Informationen über identifizierte Bedrohungen, neue Malware und sich ausbreitende Viren sowie Informationen zum Schutz ihrer Infrastrukturen abrufen (siehe z. B. nationale Computer Emergency Response Teams).

Diese Informationen sind jedoch in der Regel ziemlich allgemein gehalten, nicht auf bestimmte Branchen zugeschnitten und verfügen oft über wenig fundiertes Wissen. Um solche Plattformen effektiver zu machen, sind Sektor-spezifische Sichten zusammen mit umfangreichen Informationen und Erfahrungsberichten erforderlich, um professionellen Anwendern einen Mehrwert zu bieten. Viele Normungsgremien, darunter NIST, ITU-T und ISO, haben daher die Einrichtung von zentral koordinierten nationalen Cyber-Sicherheitszentren vorgeschlagen, die derzeit auf der ganzen Welt entstehen.

Dieses Kapitel beschreibt einen komplexen Angriff auf eine kritische Infrastruktur aus dem Energiesektor. Es wird gezeigt wie vielschichtig solch ein Angriff ablaufen kann, wie die einzelnen Stufen aussehen können, welcher Techniken sich Angreifer bedienen können, aber auch wo wirksame Gegenmaßnahmen möglich sind. Im Zuge dieses Beispiels wird angenommen, dass bereits nationale Meldestellen und zentral koordinierende Cyber-Sicherheitszentren existieren. Es wird daher exemplarisch beschrieben, welche Aktionen Organisationen und Behörden setzen um gemeinsam ein Bild der Lage zu kreieren und darauf aufbauend effektive Entscheidungen zur Linderung des Sicherheitsvorfalls treffen.

2.2 Illustratives Beispiel eines mehrstufigen Cyberangriffs mit potenziell weitreichenden Auswirkungen

2.2.1 Zweck des illustrativen Beispiels

Zweck dieser beispielhaften Beschreibung eines Angriffsfalls und dessen Behandlung ist es, die Anforderungen an einen organisationsübergreifenden Informationsaustausch („Cyber-Incident-Information-Sharing“ (CIIS)) zu illustrieren, um darauf aufbauend ein nachhaltiges und erfolgreiches Prozessmodell (siehe Kap. 3) zu etablieren, das zu jedem Zeitpunkt beschreibt, welche Schritte die jeweiligen Akteure setzen müssen und welche Informationen dabei ausgetauscht werden. Daraus können dann Anforderungen an die benötigten Werkzeuge abgeleitet werden und so eine fundierte Auswahl heute verfügbarer Standards, Protokolle und Technologien, die dieses Prozessmodell unterstützen, getroffen werden, beziehungsweise deren gezielte Entwicklung durchgeführt werden.

Das geschilderte Szenario soll klar und verständlich die einzelnen Schritte der Angreifer, sowie auch der Verteidiger darlegen. Der Detailgrad wurde dabei so gewählt, dass der interessierte Leser die entsprechenden Prozessschritte so genau nachvollziehen kann, um daraus auch eine reale Arbeitsanweisung ableiten zu können, bzw. in der Lage ist, gleichartige Prozesse für ähnliche Angriffsfälle zu erarbeiten.

Folgende grundlegende Fragestellungen; müssen bei der Ableitung von Organisationsübergreifenden Informationsaustausch-Prozessen berücksichtigt werden:

- Welche Art von Information und Unterstützung würden sich Organisationen von einem nationalen *CIIS-Lagezentrum* erwarten?
- Welche Art von Information müssten Organisationen melden, damit das *CIIS Lagezentrum* die zuvor genannte Unterstützung auch anbieten kann?

- Wenn Organisationen im Austausch gewünschte Information bekommen ...
  - Welche Informationen wären sie dann bereit selbst auch zu melden?
  - Welchen Aufwand würden sie zum Erarbeiten dieser Informationen für andere *CIIS-Teilnehmer* akzeptieren?

Die umfangreiche Bearbeitung dieser Fragestellungen ist Teil dieses Kapitels.

2.2.2 Akteure, Rollen und Interaktionen

Das Konzept des Informationsaustausches (engl: Cyber Incident Information Sharing (CIIS)) sieht vor, dass Organisationen als Teilnehmer, mit dem Lagezentrum Informationen zu einem Incident austauschen. Dies geschieht entsprechend vordefinierter Richtlinien (RL), welche sowohl das Verhalten der Teilnehmer, als auch zulässige Inhalte der Nachrichten regeln. Darüber hinaus können auch Hilfsanfragen zwischen Organisationen getätigt werden. Abb. 2.1 stellt die wesentlichen Strukturelemente und ihre Beziehungen zueinander in einem solchen CIIS-Netzwerk übersichtlich dar.

Im Speziellen sind die hier eingeführten Strukturelemente wie folgt definiert:

CIIS-Hilfsanfrage: Anfrage eines Akteurs im *CIIS-Netzwerk* an einen anderen. Die CIIS-Richtlinien regeln dabei z. B. dass die Anfrage kryptographisch gesichert (verschlüsselt,

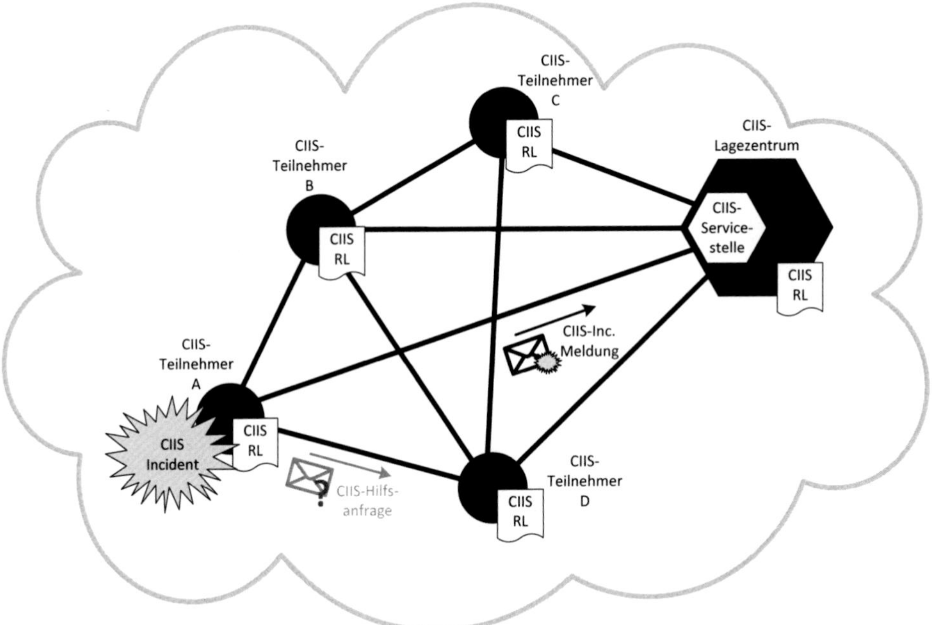

Abb. 2.1 Die Struktur des CIIS-Netzwerks

signiert) erfolgen muss und dass z. B. der Empfänger innerhalb von einer gewissen Zeit mitteilen muss, ob er technisch und organisatorisch in der Lage ist, die Anfrage zu erfüllen.

CIIS-Incident: Ein im *CIIS-Netzwerk* beobachtetes oder wahrgenommenes relevantes Sicherheitsereignis. Es muss sich dabei nicht per se um einen erfolgreichen Angriff auf einen der *CIIS-Teilnehmer* handeln, es kann sich auch um Angriffsversuche, zur Kenntnis gelangte Angriffe bzw. Angriffsmuster auf andere Systeme weltweit oder auch um eine signifikante Veränderung der Angriffsfläche – z. B. durch das Vorhandensein eines neuen Exploits – handeln. Wichtig ist in dem Fall, dass nur relevante Vorkommnisse auch *CIIS-Incidents* sein können. Das ist der Fall, wenn der Beobachter entweder selber starke Auswirkungen beobachtet oder solche Wirkungen auf einen der *CIIS-Teilnehmer* vermutet.

CIIS-Incidentmeldung: Meldung eines *CIIS-Incidents* durch einen *CIIS-Teilnehmer* an das *CIIS-Lagezentrum.* Die Meldung muss entsprechend den *CIIS-Richtlinien* gewisse Minimalinformationen enthalten.

CIIS-Lagezentrum: Der im *CIIS-Netzwerk* für die *CIIS-Teilnehmer* sichtbare zentrale Partner auf staatlicher Ebene, unabhängig von dessen interner Organisationsstruktur. Die Interna des Lagezentrums sind hier, um den Anwendungsfall einfach zu halten, explizit nicht ausspezifiziert. Das Lagezentrum könnte also organisatorisch z. B. über verschiedene Ministerien aufgespalten sein, wobei diese Teile untereinander kooperieren und für den *CIIS-Teilnehmer* einheitlich auftreten.

CIIS-Netzwerk: Gesamtheit der teilnehmenden Organisationen und Lagezentrum, die entsprechend den *CIIS-Richtlinien* vertrauensvoll und sicher miteinander kommunizieren können.

CIIS-Richtlinien: Sammlung verbindlicher Richtlinien, zu deren Einhaltung sich alle Akteure im *CIIS-Netzwerk* beim Betritt verpflichten. Zum Beispiel kann enthalten sein, dass Information, die als „nicht weitergeben" klassifiziert wurde, auch wirklich nicht ohne Rücksprache weitergegeben werden darf.

CIIS-Servicestelle: Das *CIIS-Lagezentrum* ist aus einer oder mehreren *CIIS-Servicestellen* aufgebaut, wobei jede Servicestelle zumindest rudimentär alle notwendigen Prozesse des Lagezentrums abwickeln kann, also Meldungsentgegennahme, Behandlung, Lagebilderprozesse. Dies kann beispielsweise für unterschiedliche Industriesektoren[1] getrennt erfolgen.

CIIS-Teilnehmer: Eine am *CIIS-Netzwerk* teilnehmende Organisation/Unternehmen, aber nicht das *CIIS-Lagezentrum*

[1] In den weiteren Kapiteln werden Sektor-spezifische CERTs eingeführt bzw. sog. First Responder beschrieben. Auf diese lässt sich die Rolle der CIIS-Servicestelle anwenden.

2.2.3 Beschreibung des Vorfalls aus Angreifersicht

Dieser Abschnitt stellt dar, wie verschiedene Prozesse nach der CIIS-Richtlinie in einem konkreten Anlassfall angewendet werden. Damit die Sinnhaftigkeit der einzelnen Schritte der Verteidiger auch bewertet werden kann, werden im Folgenden kurz die Sicht des Angreifers und die von ihm vor der ersten Entdeckung gesetzten Handlungen geschildert. Abb. 2.2 stellt die Schritte des Angreifers überblicksmäßig dar.

Ein Angreifer bekommt von einem Finanzdienstleister über einen Mittelsmann den Auftrag, bei einem börsennotierten Energieunternehmen (Verteilernetzbetreiber, Kleinkraftwerke, Fernwärme) Finanzkalkulationen, Projektrisikoschätzungen, Subauftragsvolumina bezüglich der geplanten schrittweisen Netzerneuerung (Smart-Grid) (Skopik und Smith 2015) zu entwenden, damit sich so der Auftraggeber selbst einen besseren Überblick über Kosten, Risiken und die zu erwartenden Renditen der Netzerneuerung machen kann. Um die Erfolgsaussichten eines Einbruchs zu erhöhen, beschließt der Angreifer das gut gesicherte Firmennetz nicht direkt anzugreifen. Stattdessen sucht er sich aus Sozialen Netzwerken (LinkedIn, Facebook) einige private E-Mail-Adressen von Mitarbeitern heraus und sendet ihnen einen Link auf die mit Schadsoftware versehene Kopie einer Pressemeldung, die die Firma vor zwei Tagen herausgegeben hat. Bei einer Person gelingt es ihm so durch Anwendung eines Keystrokeloggers (Ladakis et al. 2013) an die Anmeldedaten des Firmenwebmailzuganges zu kommen. Da verschiedene Firmensysteme über LDAP/Kerberos (Howes et al. 2003; Neuman und Ts'o 1994) auf dieselbe Logindatenbank zugreifen, ist damit nicht nur der Zugriff auf das Webmailsystem möglich, es würde auch die Anmeldung an zahlreichen firmeninternen Systemen gelingen, wenn der Angreifer aus dem internen Netz auf diese zugreifen könnte.

Vorerst werden aber mit diesen Daten nur der Postfachinhalt und der Kalender des betroffenen Mitarbeiters durchsucht. Besondere Beachtung findet ein drei Jahre altes E-Mail mit einer Kurzanleitung zur Verwendung des neuen VPN-Systems (Scott et al. 1999) mit SMS-Zweifaktorenauthentifizierung (Stanislav 2015). Die zwei Faktoren sind die dem Angreifer bereits in die Hände gefallenen Anmeldedaten und eine an sein Firmentelefon zugestellte PIN-SMS. In genanntem E-Mail wird darauf hingewiesen, dass jeder Mitarbeiter dafür verantwortlich ist, seine Mobiltelefonnummer im Profil aktuell zu halten

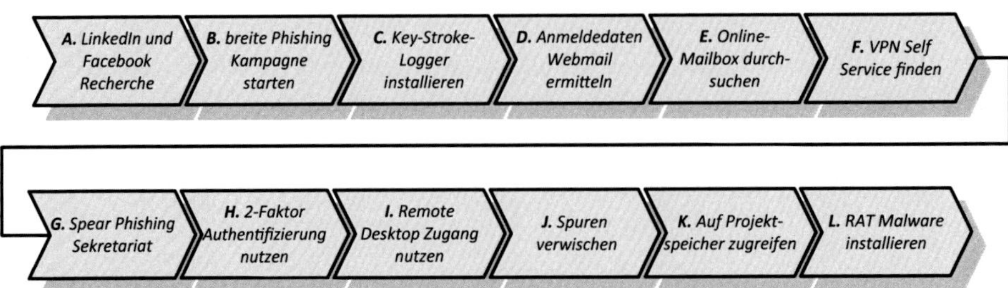

Abb. 2.2 Die wichtigsten Schritte aus Angreifersicht

um die PIN-SMS auch zu empfangen. Zusätzlich ist über den Kalender erkennbar, dass der Mitarbeiter die ganze nächste Woche auf Auslandsdienstreise sein wird.

Durch Social-Engineering (Granger 2001) gelingt es dem Angreifer sich drei Tage später via E-Mail unter Verwendung des Webmailzuganges gegenüber der Sekretärin als genau dieser Kollege auszugeben. Er gibt an am Flughafen sein Firmentelefon verloren zu haben. Da er dringende Anrufe erwartete, bittet er sie aufgrund des extremen Zeitdrucks unter Verwendung seiner im E-Mail mitgesendeten Logindaten seine Telefonnummer im nur firmenintern zugänglichen Mitarbeiterportal zu ändern, damit die Rufweiterleitung der Firmenfestnetznummer stattdessen an sein Privattelefon erfolgen würde. Da der Sekretärin die Geschichte stimmig scheint, sie hatte ja an der Organisation der Reise mitgewirkt, und ihr der Kollege durch das Zusenden seiner Logindaten einen Vertrauensvorschuss gegeben hatte, führt sie die Aktion wie vorgeschlagen aus. Damit hat sie unwissentlich aber auch die Mobilnummer für den VPN-PIN-Versand mit abgeändert. Damit nicht so schnell Verdacht aufkommt schreibt ihr der Angreifer kurz danach noch eine weitere E-Mail, dass sein Telefon glücklicherweise am Flughafenfundbüro abgegeben wurde und keine weitere Maßnahme ihrerseits notwendig ist. Durch Löschung der E-Mails über Webmail verwischt er danach die Spuren für den Mitarbeiter, dessen Identität er übernommen hatte.

Nach diesem Schritt ist der VPN-Zugriff ins Netz möglich und eine Maschine im internen Netz erlaubt auch die Anmeldung via Remote-Desktop, wodurch sich der Angreifer erfolgreich im Firmennetz verankern kann. Von dieser Maschine aus setzt er im nur intern zugänglichen Mitarbeiterportal die Telefonnummer wieder zurück und greift dann auf den Projektdateispeicher zu, um Daten über VPN außer Haus zu schaffen. Damit er bei Bedarf ohne VPN zur Abwicklung von Folgeaufträgen Netzzugriff behält, installiert er auf mehreren Maschinen extra für diesen Angriff kompilierte Schadsoftware (Remote Access Trojan (RAT)) (Choo 2011).

Leider spricht die Sekretärin den Mitarbeiter nach Rückkehr von seiner Dienstreise eine Woche später nicht mehr auf den Vorfall an, wodurch der Social-Engineering-Angriff unentdeckt bleibt.

In den folgenden Abschnitten werden die Teile des Gesamtprozessablaufs grob gruppiert, dabei die miteinander wechselwirkenden Prozesse auf Seite der Organisation, d. h. CIIS Teilnehmer, und des CIIS Lagezentrums aber bewusst nicht strikt getrennt um eine zeitlich kontinuierliche Schilderung zu ermöglichen.

2.2.4 Behandlung des sicherheitsrelevanten Vorfalls im Unternehmen

Die Behandlung im Unternehmen erfolgt in den nachfolgend dargestellten Phasen.

2.2.4.1 Erkennen eines Vorfalls auf Unternehmensseite

Monate nach dem Angriff meldet der Virenscanner nach einem Routine-Update auf einer der Maschinen mit Schadsoftware einen Verdachtsfall. Die Überprüfung der gemeldeten Dateien liefert keine Indizien dafür, dass es sich um Standard-Schadsoftware handeln könnte, ihre Herkunft und ihr Zweck kann aber auch nicht erklärt werden, die Möglichkeit einer Fehlerkennung des Scanners kann nicht ausgeschlossen werden. Der IT-Sicherheitsverantwortliche des betroffenen Energieunternehmens nimmt sich des Falles an, stellt dabei fest, dass diese Maschine sich mehrfach über SSL zu ihm nicht bekannten Endpunkten im Internet verbunden hatte, was aufgrund ihrer Zweckwidmung nicht zu erwarten wäre. Da das unbekannte Programm mit User-Rechten läuft, wird der entsprechende Mitarbeiter kontaktiert. Der bestreitet jedoch, auf diesem Rechner jemals angemeldet gewesen zu sein.

Alle bis hier genannten Schritte führen die Firmenmitarbeiter aufgrund ihrer firmeninternen Richtlinien durch. Das *CIIS-Netzwerk* könnte höchstens zum Informations- oder Erfahrungsaustausch zur Etablierung oder Verbesserung der Richtlinien im Vorfeld des Angriffes genutzt worden sein.

Zu diesem Zeitpunkt ist sich der IT-Sicherheitsverantwortliche noch nicht darüber im Klaren, ob es sich in diesem Fall um eine lästige aber aus Unternehmenssicht irrelevante Infektion von unspezifischer Schadsoftware handelt, oder ob möglicherweise ein schwerwiegender Vorfall entdeckt wurde, der eben auch für andere Akteure im *CIIS-Netzwerk* relevant sein könnte. Deshalb wird von nun an jede bei der Analyse gefundene Information nicht mehr ausschließlich im Kontext des eigenen Unternehmens evaluiert, sondern es wird bei Bewertung und Dokumentation auch zumindest in geringem Umfang der Blickpunkt der anderen *CIIS-Teilnehmer* oder des *CIIS-Lagezentrums* eingenommen. Dadurch können z. B. während der Analyse aufgefundene Indikatoren einer Infektion (indicator of compromise (IoC)) (Rid und Buchanan 2015) sofort und auf kurzem Wege bezüglich ihrer Eignung für den Austausch bewertet werden, also ob diese Informationen auch im Kontext eines anderen Unternehmens bei der effektiven Erkennung oder Abwehr eines Angriffes nützlich sein könnten. So wird zum Beispiel begonnen in einem eigenen Ordner nur jene Daten in Kopie abzulegen, die möglicherweise teilenswert sind. Darunter ist auch die Liste der IP-Adressen die von der Schadsoftware kontaktiert wurden.

Weitere Untersuchungen ergeben, dass noch mindestens zwei andere Maschinen ähnliche Dateien und Prozesse enthielten und dass deren erstmaliges Auftauchen der Netzwerkaktivität in Firewalllogs realtiv genau auf ein Datum eingegrenzt werden konnte. Interessanter Weise war der Mitarbeiter unter dessen Namen die Programme gestartet wurden zu diesem Zeitpunkt dienstlich unterwegs, hatte aber keine Gelegenheit sich ins Unternehmensnetz einzuwählen. Allerdings genauso ein erfolgreicher Verbindungsaufbau konnte in den Log-Daten des VPN-Servers nachgewiesen werden. Aufgrund dieser Erkenntnis scheidet für den Sicherheitsexperten die Möglichkeit einer zufälligen Infektion aus, er nimmt an, dass gezielt Zugangsdaten gestohlen wurden um damit in das Firmennetz einzudringen. An dieser Stelle wird jetzt eine erste Bewertung des Vorfalls nach den *CIIS-Richtlinien* durchgeführt. Da bis jetzt nur Zugriffe auf niederpriore Maschinen im Office-LAN nachgewiesen wurden, wird der Vorfall als irrelevant für das *CIIS-Lagezentrum* erachtet und daher vorerst keine Meldung erstattet (Abb. 2.3).

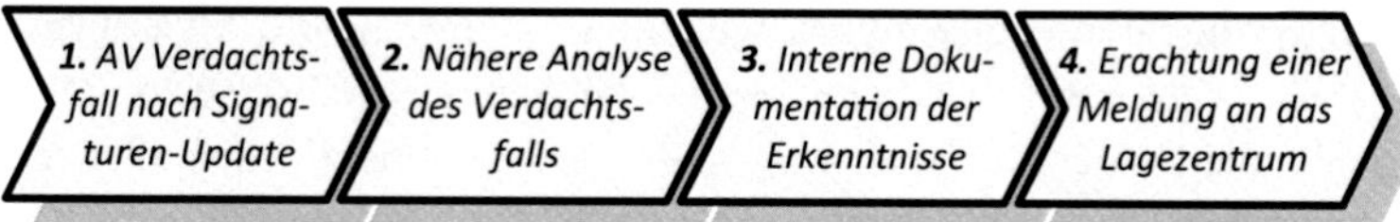

Abb. 2.3 Erkennen eines Incidents

2.2.4.2 Hilfsanfrage an Telekommunikationsdienstleister in der Erkennungsphase

Im Energieunternehmen geht daher die Aufklärung weiter. Nächster Ansatzpunkt ist zu untersuchen, wie es dem Angreifer möglich war die 2-Faktorenauthentifizierung (Passwort + PIN-SMS) zu brechen. Ungewöhnlich ist nämlich, dass der entsprechende Mitarbeiter behauptet, noch nie ein unerwartetes PIN-SMS erhalten zu haben. Daher soll festgestellt werden, ob solch ein SMS tatsächlich nicht versandt wurde. Da der Telekommunikationsdienstleister des betroffenen Energieunternehmens ebenfalls Teil des *CIIS-Netzwerks* ist, wird dieser Kanal für eine *CIIS-Hilfsanfrage* gewählt. Ziel ist dabei Auszüge aller durch die 2-Faktorenauthentifizierung versandten SMS zu erhalten um diese mit den Erkenntnissen aus den internen Untersuchungen abzugleichen. Damit landet die Anfrage auch direkt bei den entsprechenden Sicherheitsverantwortlichen des Dienstleisters und muss nicht den für Kundenanfragen üblichen 1st/2nd-Level-Support-Weg beschreiten.

Auf der Seite des Telekommunikationsdienstleisters wird die *CIIS-Hilfsanfrage* bezüglich Logdatenauszüge für den Zeitraum der Anmeldung zeitnah behandelt, da aufgrund der Einhaltung der *CIIS-Richtlinien* auf beiden Seiten und Vertrauensstellung im *CIIS-Netzwerk* die Wahrscheinlichkeit für eine versehentliche, irrelevante oder gefälschte Anfrage hinreichend gering ist. Es wird daher ein Logdatenauszug für die angefragte Telefonnummer erstellt und über den sicheren Kanal an das Energieunternehmen weitergeleitet (Abb. 2.4).

2.2.4.3 Erste CIIS-Incidentmeldung

Im Energieunternehmen werden die SMS-Empfängernummern untersucht, dabei fällt auf, dass eine SMS nicht an eine Firmentelefonnummer versandt wurde, sondern an eine (unbekannte) Inlandsnummer. Da völlig unklar ist, wie es dem Angreifer gelungen sein könnte den Versand der SMS umzuleiten, wird im Unternehmen beschlossen, den VPN-Zugang vorerst für alle Mitarbeiter zu deaktivieren. Damit wird aber auch für mobile Techniker des Energieunternehmens der Datenzugriff, z. B. auf Baustellen oder für die Störungsbehebung, unmöglich gemacht. Zwar sollten diese alle notwendigen Unterlagen zusätzlich auch auf ihren Geräten mitführen, allerdings verlassen sich inzwischen die

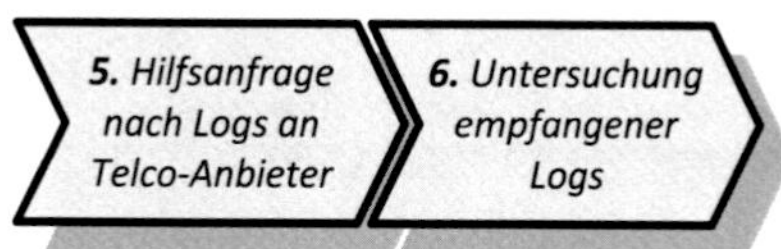

Abb. 2.4 Hilfsanfrage an andere CIIS-Teilnehmer

meisten auf dauerhaft verfügbaren Onlinezugriff, weshalb es trotzdem zu Schwierigkeiten kommt, Aufträge nur langsamer abgearbeitet werden können oder teilweise komplett verschoben werden müssen. Da damit jetzt auch Kernprozesse des Energieunternehmens bereits indirekt beeinträchtigt sind, wird eine kurze erste *CIIS-Incidentmeldung* an das *CIIS-Lagezentrum* abgesetzt. Es wird dabei nur mitgeteilt, dass auf unbekannte Weise ein Angreifer vor Monaten das VPN-System der Firma manipuliert hat und sich so Zugang zum Firmennetz verschaffte, sich auch auf Maschinen gezielt verankerte. Da der VPN-Dienst abgeschaltet wurde kann es zu Problemen bei der Entstörung kommen. Wegen der unklaren Situation und der Vermutung, dass die Verteilung dieser Information für andere nicht unmittelbar nützlich ist, wird das *CIIS-Lagezentrum* angewiesen, diese Daten zum momentanen Zeitpunkt nicht weiterzugeben.

Um mehr Informationen über die beim Einbruch verwendete Inlandstelefonnummer zu erhalten, wird an dieser Stelle eine Anzeige gegen Unbekannt erstattet. Dadurch ist die Polizei berechtigt, die Daten zu dieser Nummer auszuheben, da es sich bei dem Angriff um einen gerichtlich strafbaren Tatbestand handelt (vgl. auch Kap. 4). Allerdings stellt sich dabei heraus, dass es sich um eine Prepaid-Nummer handelt. Es wird daher von der Polizei vermutet, dass schneller Erkenntnisgewinn aus dieser Richtung nicht zu erwarten ist.

Da das Energieunternehmen VPN-Zugriffe möglichst bald wieder ermöglichen will, wird an dieser Stelle mit der Untersuchung fortgefahren. Dabei zeigt sich, dass das VPN-System die Zieltelefonnummer aus dem LDAP-Mitarbeiterprofil entnimmt und dass diese über das interne Mitarbeiterportal geändert werden kann. Anhand der Log-Daten des Portals ist auch nachweisbar, dass die Änderung von der Sekretärin durchgeführt wurde. Diese liefert auf Anfrage auch die noch archivierte E-Mail-Kommunikation – die Social-Engineering-Attacke (Hadnagy 2010) ist dadurch aufgedeckt worden. Es wird daher unternehmensweit zur Steigerung der Awareness ausgesendet, dass solch ein Angriff versucht wurde, der Erfolg wird aber nicht bestätigt. Danach können VPN-Zugriffe wieder in der üblichen Art und Weise erlaubt werden (Abb. 2.5).

2.2.4.4 Weitere Untersuchungen und Folgemeldung

Die weitere Untersuchung dessen worauf zugegriffen worden sein könnte verläuft dagegen aus Sicht des Unternehmens weniger vorteilhaft. Es konnte nachgewiesen werden, dass von einer der gekaperten Maschinen auf den Dateiserver mit wichtigen Smart Grid Projektdaten zugegriffen wurde und dass wahrscheinlich in größerem Umfang Dokumente kopiert und außer Haus geschafft wurden. In der Menge der gestohlenen Daten könnten auch brisante Informationen gewesen sein, z. B. die komplette Planung des laufenden

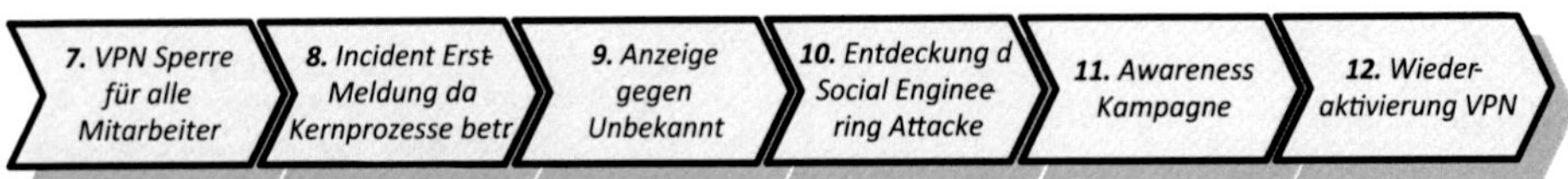

Abb. 2.5 erste Incident-Meldung an das CIIS-Lagezentrum

Smart-Grid-Rolloutprojekts oder auch umfangreiche technische Dokumentation der aktuellen Infrastruktur. Da bei einigen Infrastrukturkomponenten auf Standardpasswörter zurückgegriffen wurde beziehungsweise aus abgelegten Gerätekonfigurationen private Zugriffsschlüssel extrahierbar wären, wäre es möglich und bei der Fülle an Dokumentation auch wahrscheinlich, dass dort solche Informationen versehentlich mitdokumentiert wurden und, dass diese damit ebenso dem Angreifer in die Hände gefallen sind. Deshalb muss die Situation auch in Hinblick auf die *CIIS-Richtlinien* neu bewertet werden. Besonders die Bewertung folgender Fragen der Richtlinien ist besonders wichtig zur angemessenen Behandlung des Vorfalls auf Seite des Lagezentrums:

- Frage 1: Ist der Angriff geeignet einen kritischen Kernprozess schwer zu stören?
  - Antwort: Ja, denn der Angreifer war im internen Netz, hatte Monate Zeit die technische Dokumentation der Systeme zu studieren, möglicherweise sogar Gelegenheit Systeme zu manipulieren.
- Frage 2: Im schlimmsten Fall, zu welchem Anteil und wie lange könnte der Kernprozess ausfallen?
  - Antwort: Bei Manipulation der Steueranlagen wäre eine Ausfallsquote von 80–100 % der Anlagen möglich, diese müssten dann ausnahmslos vor Ort manuell über die nächsten 1–3 Tage wieder in Betrieb genommen und auch gehalten werden. Falls es dem Angreifer gelingen würde, Anlagenteile physisch zu beschädigen, so wäre mit noch längeren Ausfällen zu rechnen.
- Frage 3: Kann aus dieser Situation ein existenzbedrohender finanzieller Schaden resultieren?
  - Antwort: Nein, Finanzpolster vorhanden; Schäden sind darüber hinaus auch teilweise durch Versicherungen gedeckt.
- Frage 4: Wie hoch schätzen Sie die Wahrscheinlichkeit, dass weitere für den Angreifer relevante und angreifbare Ziele existiert?
  - Antwort: Ein allgemein gegen den Energiesektor gerichteter Angriff ist nicht auszuschließen.
- Frage 5: Wie hoch schätzen Sie die Wahrscheinlichkeit, dass der Angreifer nach selbiger Methode anderswo nennenswerten Schaden verursachen kann?
  - Antwort: Die technische Ausführung des Angriffs, insbesondere der verwendete RAT, war auf die Infrastruktur zugeschnitten. Es ist daher unwahrscheinlich, dass identische Verhältnisse in anderen Unternehmen vorliegen. Allerdings könnte die Verwundbarkeit gegen idente Social Engineering Attacken und suboptimales Passwortmanagement in Projektdokumentation von großen, verteilten Energiesystemen auch andere Anbieter betreffen und dem Angreifer zu selber Vorgangsweise motivieren.

Aufgrund dieser Einschätzung wird einen Tag nach der ersten Meldung ein neuer Report an das *CIIS-Lagezentrum* kommuniziert. Die angewandte Methode kann inzwischen präzisiert werden, nämlich dass der erste nachweisbare Angriff eine Social-Engineering-Attacke war mit dem Ziel sich über VPN Zugriff ins Firmennetz gewähren zu lassen. Die dafür notwendigen Informationen, unter anderem auch Benutzerkennung und Passwort, wurden offensichtlich im Vorfeld unbemerkt ausgekundschaftet. Ob dazu getrennte Angriffe notwendig waren oder es sich um Datenlecks handelte ist unbekannt. Sobald Netzwerkzugriff gewährleistet war konnte der Angreifer nach zugänglichen internen Maschinen suchen, sich dort mit den gleichen Zugangsdaten einfach anmelden und Schadsoftware installieren.

Die Teile über das Vorgehen des Angreifers, die Schwere des Angriffs und die Prognose werden dabei als „nicht zur weiteren Verteilung bestimmt" markiert, die zuvor gesammelten IP-Adressen der Kommunikationsserver des Angreifers werden als im *CIIS-Netzwerk* verteilbar eingestuft. Außerdem wird dem *CIIS-Lagezentrum* eine Kopie der vorgefundenen Schadsoftware übermittelt, die durch das Lagezentrum beziehungsweise Partner-CSIRTs (West-Brown et al. 2003) analysiert werden darf.

Im Unternehmen geht die Aufklärung und Behebung des Vorfalls indes weiter. Es wird versucht den Hersteller der AV-Software dazu zu bringen, die Signatur der vorgefundenen Schadsoftware in sein Produkt zu integrieren, damit über die automatischen Aktualisierungen die große Zahl der internen Maschinen überprüft werden kann. Allerdings behandelt der Hersteller diese Anfrage nicht prioritär, da das österreichische Unternehmen für internationale Verhältnisse ein recht kleiner Kunde ist und die Erstellung eine Signatur aus einem einzigen, möglicherweise polymorphen Malwaresample (Szor 2005), nicht trivial und risikobehaftet ist.

Da von der vom Angreifer übernommenen Maschine außer auf den Dateiserver keine weiteren Verbindungen im internen Netz nachgewiesen werden konnten und auch kein weiteres problematisches Gerät aufgefunden werden konnte, kommt die Recherche aus Eigenmitteln hier zum Erliegen (Abb. 2.6).

2.2.4.5 Unterstützung durch Lagezentrum

Zu diesem Zeitpunkt bekommt das Energieunternehmen vom *CIIS-Lagezentrum* eine Benachrichtigung, dass es gelungen sei, den verschlüsselten Netzwerkverkehr der Schadsoftware von Standard-SSL/TLS-Verkehr (Rescorla 2001), z. B. von Webbrowsern, zu unterscheiden. Dies kann durch eine SNORT-Regel (Roesch 1999) geschehen, die dem Unternehmen für diesen Vorfall zur internen Verwendung zur Verfügung stellt. Allerdings darf die Regel selbst beziehungsweise auch die Information, an welcher Schwäche der Schadsoftware sie den Hebel ansetzt, keinesfalls an andere Organisationen oder öffentlich verteilt werden. Durch die Anwendung der Regel gelingt es der Firma, drei weitere kompromittierte Maschinen zu identifizieren, zu untersuchen und zur sicheren Entfernung der Schadsoftware neu aufzusetzen.

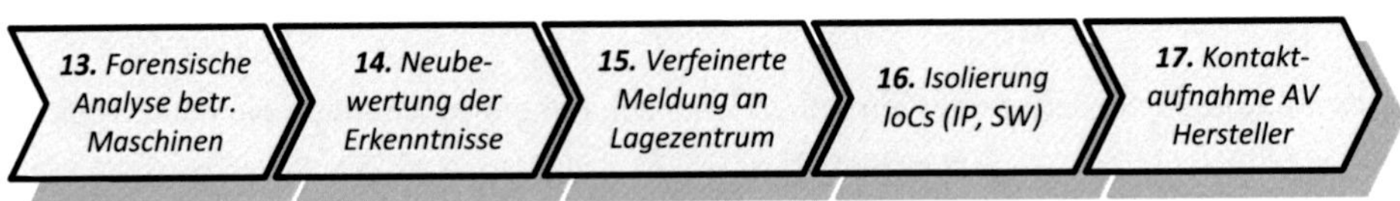

Abb. 2.6 Weitere Untersuchungen zum Incident

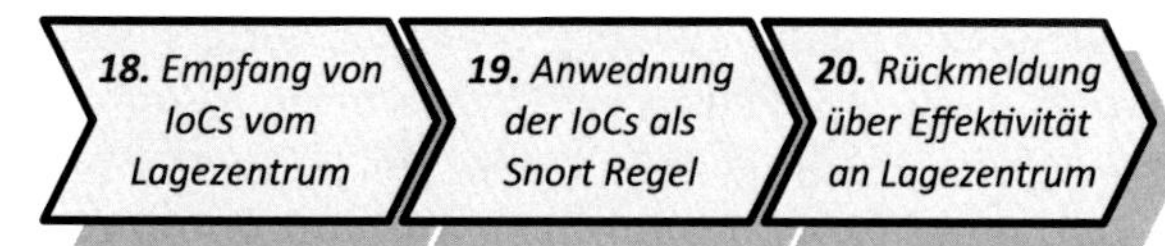
18. Empfang von IoCs vom Lagezentrum
19. Anwednung der IoCs als Snort Regel
20. Rückmeldung über Effektivität an Lagezentrum

Abb. 2.7 Anwendung der Lagezentrums-Antwort

Da die *CIIS-Richtlinien* alle Hilfeleistungsempfänger generell auffordert, wenn möglich eine kurze Rückmeldung über die Effektivität der Hilfeleistung zu geben, und die Mitarbeiter der Firma nach Entfernung der Schadsoftware auch die Zeit dazu haben, führen diese eine kurze Bewertung der Maßnahme durch und melden diese dem Lagezentrum zurück: Die empfohlene Maßnahme konnte rasch (in 30min) umgesetzt werden und lieferte in kurzer Zeit (wenige Minuten) Hinweise auf drei weitere kompromittierte Maschinen. Bei allen dreien konnte dann auch eine Infektion nachgewiesen werden. Es wurden keine falschpositiven Meldungen verzeichnet und auch innerhalb des nächsten Tages keine weiteren Infekte entdeckt. Demnach scheint die Maßnahme Schadsoftware dieses Typs recht rasch und zuverlässig zu identifizieren (Abb. 2.7).

2.2.4.6 Abschluss und Entwarnung

Nachdem mit dem Entfernen der Schadsoftware scheinbar der Angreifer aus dem System ausgeschlossen wurde, geht die Organisation davon aus, dass damit der Vorfall auf ihrer Seite abgeschlossen ist. Sie teilen dies dem *CIIS-Lagezentrum* durch eine finale Aktualisierung der initialen Incident-Meldung mit (Abb. 2.8).

2.2.5 Entgegennahme einer Meldung und Verarbeitung im Lagezentrum

In einer Phase ohne wesentliche Vorkommnisse trifft beim *CIIS-Lagezentrum* die erste *CIIS-Incidentmeldung* über den Zugriff in das Firmennetz eines Energieunternehmens über ein 2-Faktoren-gesichertes VPN-Netzwerk ein. Da keine für andere *CIIS-Teilnehmer* relevanten technischen Details in der Meldung vorhanden sind und außerdem die Weitergabe nach *CIIS-Richtlinien* aufgrund des Geheimhaltungswunsches der meldenden Organisation nicht erlaubt ist, werden nur einige interne Prozesse angestoßen. Zuerst wird der Incident in einem Hilfssystem erfasst. Damit ist auch sichergestellt, dass nach einiger Zeit nach Statusinformationen rückgefragt wird, falls von der meldenden Organisation keine weiteren Meldungen oder Entwarnungen eingehen. Darüber hinaus wird die Meldung nach den *CIIS-Richtlinien* des Lagezentrums klassifiziert.

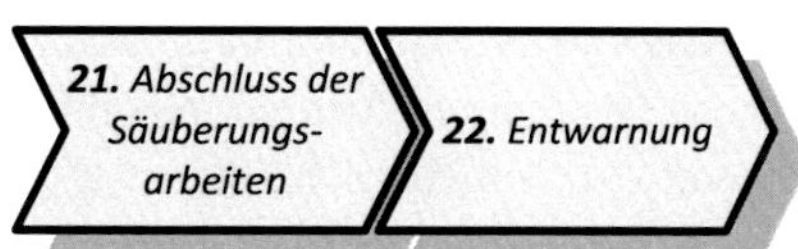
21. Abschluss der Säuberungs-arbeiten
22. Entwarnung

Abb. 2.8 Abschluss und Entwarnung

Einerseits wird die Meldung bezüglich der Schwere des Vorfalls aus nationaler Sicht bewertet. In diesem Fall ist ein Unternehmen betroffen, das in seinem Segment nur rund 10 % des nationalen Dienstvolumens abwickelt. Des Weiteren wird die zu erwartende Verfügbarkeit der Unternehmensdienste über die nächsten 24h gemittelt abgeschätzt. Da kein Ausfall gemeldet wurde und da auch der Angriff nicht direkt auf die kritischen Systeme des Unternehmens gerichtet war, wird mit einer Ausfallswahrscheinlichkeit kleiner 1:1000 gerechnet, zusammen mit dem Gewicht des Vorfalls also als ein insignifikantes Ereignis betrachtet. Andererseits führt das Lagezentrum der Meldung eine gewichtete Kategorisierung durch, um so den momentanen unsicheren Wissensstand für die weitere taktische und strategische Auswertung abzubilden. Die vergebenen Kategorien sind z. B. Energiesektor (1.0), Targeted Attack (1.0), APT (0.5 weil mehrere verschiedene Systeme manipuliert wurden; teilweise längerfristige Verankerung, allerdings keine Durchdringung unterschiedlicher Unternehmensbereiche oder Verwendung sehr ausgefeilter Werkzeuge nachweisbar), VPN-Schwachstelle (0.1 weil nicht gesichert ist, dass wirklich eine Lücke ausgenutzt wurde). Da aus dem taktischen Lagebild weder bezüglich Sektor, Art des Angriffs, Klassen noch der verwendeten Methoden ein klarer Schwerpunkt ablesbar ist, können zum momentanen Zeitpunkt keine spezifischen Maßnahmen abgeleitet werden. Daher führt das Lagezentrum seine üblichen Tagestätigkeiten einfach fort.

Am selben Tag erhält das *CIIS-Lagezentrum* noch eine zweite Meldung eines Netzbetreibers. Dieser meldet Teilausfälle seiner Steuersysteme und in diesem Zusammenhang auf einigen Maschinen nachgewiesene Schadsoftware in einem eigentlich streng abgeschotteten Wartungsnetz. Erst zwei Tage später wird sich herausstellen, dass es sich um den Ausbruch eines auf Consumer-PCs ausgerichteten Wurms (Zou et al. 2002; Moore et al. 2003) gehandelt hat, den ein Techniker versehentlich eingeschleppt hatte: er hatte das laut Firmenvorschrift zu verwendende dedizierte USB-Medium verlegt und deshalb einen privaten USB-Stick verwendet.

Da zu diesem Zeitpunkt dem Lagezentrum die eigentliche Ursache des zweiten Vorfalls unbekannt ist und so bereits 2 Unternehmen mit zusammen mehr als 25 % Marktanteil in einem Sektor Vorfälle gemeldet haben, muss laut *CIIS-Richtlinien* eine kurze 4-Augenbewertung des taktischen Lagebildes durchgeführt werden. Da in keinem der beiden Fälle von einer kurz bevorstehenden gezielten und signifikanten Störung der kritischen Dienste auszugehen ist, wird auf eine Eskalation verzichtet. Die möglichen Integritäts- und Vertraulichkeits-Probleme (Bishop 2002) scheinen weder akute Konsequenzen zu haben noch kann sofort eine Maßnahme gesetzt werden. Dies wäre z. B. der Fall gewesen, wenn anzunehmen ist, dass im momentanen Zustand laufend neue Daten dem Angreifer in die Hände fallen oder durch ihn manipuliert werden. Daher soll in diesem Fall gewartet werden, ob die Unternehmen einen Verdacht in diese Richtung erhärten können.

Als am nächsten Tag eine aktualisierte Meldung des zuerst betroffenen Energieunternehmens eingeht, wird im *CIIS-Lagezentrum* die erneute Bewertung des Vorfalls durchgeführt. Die Schwere des Vorfalls muss hochgestuft werden, da der Angreifer bereits seit längerer Zeit umfangreiche Informationen zur Infrastruktur des Unternehmens besitzt und ihm dadurch auch Zugriff auf die Infrastruktur zur Abwicklung der Unternehmenskernprozesse signifikant erleichtert wurde. Falls sein Ziel in der Störung des Systems lag, so wird er mit dieser möglicherweise in Kürze beginnen, da ihm seine Entdeckung unter Umständen nicht verborgen bleibt. Es wird daher die Ausfallswahrscheinlichkeit auf 1:100 erhöht. Zusätzlich wird die vorherige Klassifizierung abgeändert. So wird „VPN-Schwachstelle" gestrichen und stattdessen kommt „Data-Exfiltration" (1.0) (Giani et al. 2006) hinzu.

Aufgrund der neuen Sachlage setzt das Lagezentrum folgende Maßnahmen: (1) Die Schadsoftware-Samples aus beiden Unternehmen werden im *CIIS-Lagezentrum* verglichen. (2) Die Liste der Command&Control (CC)-Server-IPs (Gu et al. 2008) wird überprüft und an andere Unternehmen im Energiesektor kommuniziert. (3) Die Liste der CC-Server-IPs und die gefundenen Schadsoftware-Samples werden anderen nationalen Lagezentren zur Verfügung gestellt mit der Bitte um sachdienliche Hinweise.

Wenige Stunden später erhält das Lagezentrum eine Rückmeldung von einem der europäischen Partnerlagezentren. Dieses konnte zu den CC-Server-IPs zwar keine Information in ihren Beständen finden, vermutlich deshalb, weil der Angreifer seine Infrastruktur ausschließlich für die beobachtete und lokal beschränkte Aktion errichtet hatte, allerdings hat die vorgefundene Schadsoftware gewisse Ähnlichkeiten zu Samples, die mit einem vor kurzen erschienenen Malware-Baukasten erstellt wurden. Aufgrund eigener Analysen hatten sie herausgefunden, dass die Signatur des SSL-Handshakes verhältnismäßig ungewöhnliche Verschlüsselungsverfahren bevorzugt, weshalb eine Snort-Regel solche Verbindungen trotz Verschlüsselung mit akzeptabler Falschpositivrate erkennen kann. Da diese Information aber auch für den Hersteller des Malware-Baukastens äußerst nützlich wäre, sollte diese Regel nicht generell verteilt werden sondern nur in kritischen Spezialfällen eingesetzt werden.

Das *CIIS-Lagezentrum* sieht im momentanen Anlassfall, nämlich getätigter Incident-Meldungen von einem signifikanten Anteil der Energie-Netzbetreiber, das Risiko als vertretbar an, diesen beiden die Snort-Signatur zur hausinternen Überwachung ihres Netzwerkverkehrs zur Verfügung zu stellen. Es wird dabei ganz klar auf die *CIIS-Richtlinien* hingewiesen, nach denen es nicht erlaubt ist, solche Informationen für andere Zwecke zu nutzen oder auch über das *CIIS-Netzwerk* mit Partnerorganisationen zu teilen.

Nach einem Tag erhält das Lagezentrum eine positive Rückmeldung zur Verwendung der Snort-Signatur von einem der beiden Energieunternehmen, welches die Entdeckung weiterer betroffener Maschinen mithilfe der Signatur meldet und dabei eine gute Erkennungsrate vermutet (Abb. 2.9).

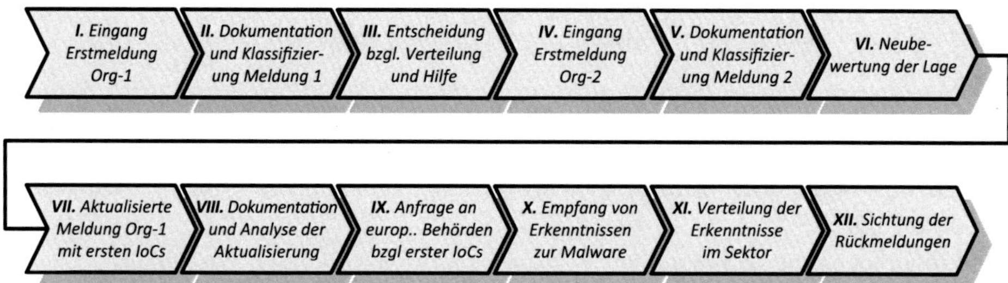

Abb. 2.9 Bearbeitung der Meldungen im CIIS-Lagezentrum

2.2.6 Lagebilderstellung und Verteilung

Unter Zuhilfenahme der zum jeweiligen Zeitpunkt bekannten Informationen werden auf den unterschiedlichen Ebenen für spezifische Zwecke Lagebilder erstellt (vgl. Kap. 1)

2.2.6.1 Operativ/taktisches Lagebild

Die wesentlichen Schritte zur Datensammlung für ein taktisches Lagebild werden im Zuge der Prozesse der Meldungsbehandlung durchgeführt. Es werden eintreffende Meldungen manuell oder (semi-)automatisch klassifiziert, also z. B. mit gewichteten Schlagworten versehen, damit Informationen bei der Auswertung aufgrund dieser Klassifikation gruppiert und auch visualisiert werden können. Es werden dabei die Elemente zu jenem Grad hervorgehoben, je stärker folgenden Eigenschaften zutreffen:

- Schwere des Vorfalls
- Zahl der ähnlichen Vorfälle
- Größe des Zeitfensters, in dem ähnlichen Vorfälle auftraten (je kürzer desto stärker ist die Auswirkung)
- Alter der Vorfälle (Aufmerksamkeit im taktischen Lagebild eher auf aktuelle Probleme lenken anstatt auf retrospektive Analysen)

Zur Erleichterung der Arbeit werden einige Standardanalysen vom Lagezentrumssystem automatisch erstellt (vgl. Kap. 7) und dem Analysten vorgelegt, z. B.:

1) Sektorenspezifische Angriffssituation: Aufzeigen von Angriffshäufungen in einem Sektor
2) Angriffsmethodenanalyse: Aufzeigen von methodischen Ähnlichkeiten verschiedener aktueller Angriffe

In diesem Beispiel wurde deshalb die Aufmerksamkeit des *CIIS-Lagezentrums* auf die genannten Unternehmen im Energiesektor gelenkt, da zeitnah zwei ähnliche, schwere Vorfälle gemeldet wurden und im Handlungszeitraum keine anderen gewichtigeren Meldungen eintrafen.

Das taktische Lagebild, wie hier als auswertbare Datenmasse angedeutet, ist nicht zur automatisierten Verteilung an *CIIS-Teilnehmer* oder andere nationale CSIRTs geeignet, da es nicht oder nur geringfügig überprüfte bzw. datenschutzrechtlich problematische Informationen enthalten kann. Allerdings wird das Lagebild im *CIIS-Lagezentrum* dazu genutzt um:

- Intern Schwerpunkte bei der Bearbeitung der Vorfälle zu setzen,
- *CIIS-Teilnehmer* oder nationale CSIRTs über relevante kurzfristige Entwicklungen zu informieren,
- Informationen für die Erstellung des strategischen Lagebildes zu extrahieren.

2.2.6.2 Strategisches Lagebild

Die Erstellung des strategischen Lagebildes ist ein viel langwierigerer Prozess, bei dem retrospektiv die Daten der taktischen *CIIS-Lagebilder* ausgewertet werden aber auch Erkenntnisse anderer nationaler CSIRTs, Analysen internationaler Experten und Stand der Forschung und Technik mit einfließen. Diesen Prozess auf nationaler Ebene durchzuführen ist nur dann sinnvoll, wenn dabei gezielt anhand der national gesammelten Daten überprüft wird, inwiefern sich internationale Trends auch national manifestieren und inwiefern dabei nationale Besonderheiten einen Einfluss auf die Bedrohungssituation haben könnten.

In diesem Fallbeispiel verdichten sich in letzter Zeit international Hinweise, basierend auf von anderen CSIRTs und internationalen Experten erstellte Meldungen, dass immer öfter Unternehmen selbst Angriffe auf Konkurrenten in Auftrag geben. Allerdings ist die Datenlage dürftig, da oft nicht klar festgestellt werden kann, wer Nutznießer oder Auftraggeber war. Bei der Erstellung des strategischen Lagebildes wird daher analysiert, ob sich diese verallgemeinerte Aussage, die aufgrund von Beobachtungen in anderen Staaten getroffen wurde, auch auf die nationalen Daten passen könnte. Aufgrund der Informationen der Meldungen und der taktischen Lagebilder werden folgende Schlüsse gezogen:

- Es gab sowohl eine Häufung der versuchten aber auch bestätigten Diebstähle von Firmendaten.
- Es wurden dabei immer seltener der Diebstahl von leicht verwertbaren Informationen z. B. Kreditkartendaten, Adressen, Zugangsdaten, beobachtet. Stattdessen wurden Projekt-, Finanz- und geistiges Eigentum (IP) entwendet. Diese Daten sind ohne tief gehende Kenntnis der Marktteilnehmer in dem speziellen Segment für den Angreifer fast unverkäuflich, da er die wenigen Interessenten nicht selbst auffinden kann.
- Es tauchten die gestohlenen Daten weder auf Auktionsplattformen auf noch wurde versucht zur Verhinderung der Offenlegung Geld zu erpressen.
- Demnach ist es durchaus möglich, dass diese Angriffe von jemandem beauftragt wurden, der die Möglichkeit zur Nutzung dieser ganz speziellen Daten hat, z. B. die entsprechenden Produktionsmöglichkeiten, Geschäftsmodelle und Zugang zum Markt.

Da die nationalen Beobachtungen die international geäußerten Hypothesen sehr gut stützen wird im nächsten nationalen strategischen Lagebild auf diese Situation speziell eingegangen:

Im letzten Quartal war eine weitere Intensivierung von Angriffen zu verzeichnen, die vermutlich durch Marktkonkurrenten mit dem Ziel Unternehmensgeheimnisse zu entwenden oder Imageschäden durch Ausfälle und Offenlegung der Daten zu verursachen, beauftragt wurden. Im selben Zeitraum waren die Zuwächse bei den von professionellen Hackergruppen in Eigenregie durchgeführten Aktivitäten, z. B. Warenkreditbetrug, Bezahlsystemmanipulationen, Erpressung, weit geringer als im Vergleichszeitraum des Vorjahres. Der Anstieg im Bereich der unternehmensgetriebenen Angriffe geht vermutlich auf eine sich durch die Globalisierung verschärfende Konkurrenzsituation zurück, bei denen vor allem Firmen in aufstrebenden Industrienationen immer öfter auch zu entsprechenden Maßnahmen greifen, um so noch schneller in den Markt vorzudringen und so die meist internationalen Investoren zufriedenzustellen. Allerdings wurden auch Angriffe von etablierten Unternehmen beauftragt, die sich dadurch in einem bereits klar aufgeteilten und kaum wachsenden Marktsegment Vorteile verschafften. Durchgeführt werden die Angriffe von den bereits etablierten Akteuren, die in dieses sich rapide vergrößernde Anwendungsfeld mit bereits sehr ausgereiften Methoden und Technologien vordringen. Aus diesem Grund sind Unternehmen außerhalb des klassischen IT-Sektors besonders anfällig, da sie mit der sehr raschen Verschärfung der Situation im IT-Bereich oft nur unzureichend mithalten können.

Aufgrund der sich verändernden Lage leitet das *CIIS-Lagezentrum* folgende Handlungsempfehlungen für nationalen Entscheidungsträger aber auch Unternehmen ab:

- Empfehlungen an die Politik: … (out of scope)
- Empfehlungen an Unternehmen: … . (out of scope)

2.2.7 Zusatzinformationen zum illustrativen Beispiel

Bereits im Vorfeld einer möglichen Realisierung können basierend auf dem soeben beleuchteten illustrativen Beispiel eines mehrstufigen Cyber Angriffs einige Design-Überlegungen eines unterstützenden Systems angedacht werden.

2.2.7.1 Ausgetauschte und generierte Informationen

2.2.7.1.1 Incident-Meldung

Diese Meldung beschreibt einen aufgetretenen Zwischenfall, also einen mehr oder weniger erfolgreichen Angriff oder eine weitreichende Störung von Komponenten und die daraus resultierenden Effekte. Neben tatsächlichen Sicherheitsverletzungen sollten auch Angriffsversuche gemeldet werden, welche keine unmittelbar schwerwiegende Auswirkungen hatten, wo aber nähere Informationen über deren Verlauf womöglich für andere Organisationen oder dem Staat von Interesse sein könnten, z. B. ein Angriff konnte rechtzeitig abgewehrt werden, weil ein spezielles IDS-Produkt angeschlagen hat, ein bestimmter IoC

(Rid und Buchanan 2015) die Erkennung ermöglichte oder auch eine bestimmte Systemkonfiguration nicht empfindlich auf diesen Angriff war. Ohne diese Informationen ist es für andere Organisationen viel schwerer passende Maßnahmen zu setzen und sie hätten daher möglicherweise die vollen Auswirkungen eines erfolgreichen Angriffs zu tragen.

Die im *CIIS-Lagezentrum* angestrebte Zahl der Meldungen könnte nach zwei gegensätzlichen Paradigmen gesteuert werden:

- **Qualitativer Ansatz:** Es soll die Zahl der Meldungen so gelenkt werden, dass alles Gemeldete auch behandelt werden kann, Es sollte daher z. B. anhand eines vordefinierten Kataloges, festgelegt werden, welche Incidents mit ganz spezifischen Eigenschaften gemeldet werden sollten. Das Lagezentrum setzt sich dann zum Ziel, alle diese Meldungen auch vollständig zu bearbeiten. Falls die Zahl der Meldungen zu groß oder klein wird, so sollte dieser Kriterienkatalog angepasst werden.
- **Quantitativer Ansatz:** Es soll die Zahl der Meldungen über das Maß des menschlich vollständig behandelbaren gesteigert werden, und zwar bis zu einem Punkt optimaler Effektivität des Gesamtsystems. Es könnte dann z. B. nach folgenden Methoden vorgegangen werden:
  - „Cherry Picking“: schnelle menschliche Vorklassifikation (Triage; (Ben-Asher und Gonzalez 2015)), Behandlung nur der relevantesten Vorfälle oder
  - Automatische Meldungskorrelation: durch Werkzeuge unterstützt, automatisierte Triage.

Bei allen Ansätzen sollte die Incident-Behandlung in einer Art Regelkreis stattfinden, damit alle Teilnehmer ihr Handeln an die momentanen Bedingungen anpassen. Es wäre daher z. B. möglich den Ressourceneinsatz im *CIIS-Lagezentrum* zu optimieren, indem man die *CIIS-Teilnehmer* um Rückmeldungen bezüglich der durch die vom *CIIS-Lagezentrum* erbrachten Leistungen verursachte Zeit- oder Kostenersparnis bittet.

2.2.7.1.2 Meldungsklassifikation im Lagezentrum

Um verschiedene ähnliche Meldungen automatisiert zusammenzuführen und daraus systematische Entwicklungen zu erkennen, müssen diese Ähnlichkeiten in irgendeiner Art qualitativ oder quantitativ beschrieben werden. Es könnte zwar diese Beschreibung durch ein striktes Meldungsformat von den Organisationen eingefordert werden, das hätte allerdings den Nachteil, dass 1) Organisationen, die nicht regelmäßig mit CIIS-relevanten Vorfällen konfrontiert sind, diese nichttriviale Aufgabe der Bewertung durchzuführen haben und 2) sich das *CIIS-Lagezentrum* auf diese Bewertung verlassen müsste. Alternativ könnte auch eine automatisierte Analyse des Meldungsinhalts durchgeführt werden, was jedoch zu vielen Fehlzuordnungen führen könnte, wenn z. B. aufgrund des Detaillierungsgrades, des Schreibstils oder der Verwendung von Synonymen an sich gleichartige Meldungen verschiedener Quellen stark abweichen.

Stattdessen könnte auch eine manuelle/semi-automatische Klassifikation der Meldungen (vgl. Kap. 7) im *CIIS-Lagezentrum* durchgeführt werden. Die Liste der Klassen sollte dabei im Betrieb iterativ entwickelt werden bzw. in Anlehnung an geeignete Studien übernommen werden. Die Klassen sollten jedenfalls eine hierarchische Anordnung erlauben, dadurch braucht z. B. eine Erstannahmestelle der Meldung diese nur entsprechend der Oberklassen zuordnen, die weitere Lenkung der Meldung zu einer spezialisierten Behandlungsstelle wird dann anhand dieser Zuordnung durchgeführt. Dort wird dann auch die Erstklassifikation verfeinert.

Folgende Klassen könnten bei der Bewertung der Meldungen des Fallbeispiels verwendet worden sein:

- Sektor:
  - Energiesektor
    - Industrieversorger
    - Privatversorger
    - Strom
  - Öffentliche Sicherheit
- Angriffsart:
  - Targeted Attack
  - APT
    - Data Exfiltration
  - VPN
- Angriffswerkzeuge:
  - Schadsoftware:
    - APT-Artig
    - Keystrokelogger
  - Bruteforcer
  - Exploit:
    - Webservice (z. B. SQL-i)
    - Betriebssystem
    - Netzwerksoftware
    - Office-Software

2.2.7.1.3 Informationsverteilung durch CIIS-Lagezentrum

Das *CIIS-Lagezentrum* kann die technische Infrastruktur des *CIIS-Netzwerkes* zur Verteilung von Meldungen verwenden. Die Verteilung von für alle *CIIS-Teilnehmer* freigegebenen Informationen ist daher technisch und organisatorisch leicht möglich (vgl. Kap. 3).

Hingegen besonders kritisch ist das Vorgehen beim Verteilen von Informationen an nur eine Auswahl von *CIIS-Teilnehmern*, dabei kann Vertrauen aufgebaut werden aber auch sehr leicht zerstört werden. Um nicht völlig in Subjektivität zu verfallen und gewisse Informationen nur den als besonders vertrauenswürdig empfundenen *CIIS-Teilnehmer* zukommen zu lassen – was dem *CIIS-Lagezentrum* durch nicht Informierte recht leicht zum Nachteil ausgelegt werden könnte – sollte die Verteilungsentscheidung hauptsächlich durch Überlegungen des Risikomanagements geprägt sein. Hierzu einige Fallbeispiele:

- **Sektor-spezifische Informationen:** Wenn das Lagezentrum Informationen über Angriffsvektoren auf Industriesteueranlagen, die hauptsächlich in der chemischen Industrie oder Wasserversorgung verwendet werden, besitzt, so erhöht die Verteilung dieser Information z. B. an Organisationen aus dem Finanzsektor, nur unnötig das Risiko von Datenlecks – und kann damit dem Angreifer vorwarnen – während die Angriffsresistenz der nationalen Infrastruktur im Gesamten nur unwesentlich erhöht wird.
- **Bedrohungsabhängige Modifikationen**: Wenn das Lagezentrum von einem Lösungsanbieter einen inoffiziellen Notfallpatch erhalten hat, also ein Stück Software, das nicht die üblichen Qualitätskontrollen bei Entwicklung und Testen durchlaufen hat, so kann in Unternehmen, deren Prozesse diese Schwäche der Software nicht passend berücksichtigen können, nicht abgeschätzt werden, ob die Verwendung des Patches auch

sinnvoll ist. Dadurch können unnötig Personalressourcen beim Einspielen gebunden werden und das Risiko, durch Verwendung des Notfall-Patches einen Ausfall zu erleiden übersteigt möglicherweise den Nutzen um das Vielfache.

Zur Abschätzung, welcher *CIIS-Teilnehmer* zum Empfang solcher eingeschränkt verteilten Informationen geeignet sein könnte, könnten z. B. folgende Parameter herangezogen werden:

- Erfolgreiche Zertifizierungen/Audits des Unternehmens und damit Nachweis des Reifegrads der Unternehmens-internen Prozesse bzw. Wissensstand der handelenden Personen,
- Weitreichendere Information des Unternehmens über die eigene Infrastruktur (Asset Daten (Stone et al. 2015)), um Verwendbarkeit kommunizierter Informationen bereits im Vorfeld besser abschätzen zu können.

2.2.7.1.4 Operatives/taktisches Lagebild

Das taktische Lagebild (vgl. Kap. 1) wird durch die *CIIS-Servicestellen*[2] gemeinschaftlich entwickelt. Es enthält sowohl Sektor-spezifische Informationen, als auch allgemeine. Es muss erst festgelegt werden, ob die Erstellung des taktischen Lagebildes ein rein technischer Ablauf sein soll, d. h. ein Algorithmus ermittelt aus den gemeldeten Informationen ein Zustandsbild und hebt dabei die besonders problematischen Aspekte hervor, oder ob dieser Prozess bereits eine menschliche wertende Komponente enthalten soll. Der wesentliche Unterschied wäre, dass im ersten Fall alle Koordinationszentren dieselbe Information erhalten und diese dann für ihre Handlungen interpretieren, im zweiten Fall verlassen sich alle Zentren auf die verzögerte humane Bewertung einer Stelle und leiten davon ihre Maßnahmen ab.

Zur Verteilung der Lagebildinformationen, also z. B. der eingegangenen, klassifizierten Meldungen, könnten verschiedene Ansätze gewählt werden:

- Die Lagebilddatensätze enthalten nur zwischen *CIIS-Servicestellen* uneingeschränkt teilbare Datensätze
- Jede *CIIS-Servicestelle* besitzt seine eigenen Lagebilddatenbestände, wobei mehrere Ansichten desselben Datensatzes existieren können, z. B. eine interne Version und eine mit anderen *CIIS-Servicestellen* teilbare. Letztere kann automatisch und uneingeschränkt geteilt werden.

2.2.7.1.5 Strategisches Lagebild

Das Strategische Lagebild enthält von durch Beobachtung und Analyse des taktischen Lagebildes abgeleitete Informationen, z. B. Wissen über die Widerstandskraft hinsichtlich spezifischer Angriffsvektoren, und kann daher zur Erstellung von langfristigen

[2] In den nachfolgenden Kapiteln auch „First Responder (FR) genannt.

Handlungsempfehlungen an Organisationen und Politik verwendet werden. Die Analyse könnte folgende Ergebnisse liefern:

- Feststellung langfristiger Tendenzen, z. B. durch Vergleich der letzten Quartale
- „Vorhersagen" und zukünftige Projektionen
- Unterstützung von Organisationen bei strategischen Investitionsentscheidungen

Der Begriff des Lagebildes wurde im Zuge dieses Buches bereits eingehend in Kap. 1 behandelt.

2.2.7.2 Überlegungen zu möglichen Interaktionsstrukturen

Dieser Abschnitt behandelt die möglichen Varianten der Interaktionen im *CIIS-Netzwerk*, also zwischen *CIIS-Lagezentrum* und *CIIS-Teilnehmern* bzw. den Teilnehmern untereinander.

2.2.7.2.1 Hierarchische Kommunikation

Bei dieser Variante wird nur Kommunikation zwischen Einzelorganisationen und den Meldestellen des *CIIS-Lagezentrums* unterstützt. Es ist daher zwischen den Kommunikationspartnern unter Umständen eine einfache Geheimhaltungsvereinbarung ausreichend, da die *CIIS-Teilnehmer* in ihren Meldungen festlegen, wie das *CIIS-Lagezentrum* mit gemeldeten Informationen umzugehen hat und diese sich daran vertraglich auch halten muss und umgekehrt.

Auch der technische Aufbau bei dieser Variante sollte einfacher sein. So könnte z. B. das Lagezentrum die Kommunikationsschlüssel aller *CIIS-Teilnehmer* mit dem Beitrittsantrag erfassen und dann zur Verschlüsselung von Nachrichten verwenden. Gleichzeitig braucht der *CIIS-Teilnehmer* nur einen oder wenige Schlüssel verwalten, die zu der/den Meldestellen gehören.

Da in diesem Modell die direkte Kommunikation der *CIIS-Teilnehmer* untereinander nicht unterstützt wird, würde Information vermutlich entweder über das Lagezentrum laufen oder alternativ, aber ohne irgendwelche zentral steuerbare Regelungen oder verbindliche Sicherheits-Policies, in Sektor-spezifischen oder regionalen Zirkeln.

2.2.7.2.2 Peer-2-Peer-Kommunikation

Dieses Modell erlaubt nicht nur die direkte Kommunikation des *CIIS-Lagezentrums* mit den *CIIS-Teilnehmern* sondern auch deren Kommunikation untereinander. Das würde nur dann Sinn machen, wenn durch die P2P-Kommunikation gewisse Anwendungen effektiver oder auch rechtlich problemloser abgedeckt werden könnten. So kann z. B. bei Verwendung dieses Kanals in den *CIIS-Richtlinien* festgeschrieben werden, wie Empfänger mit gewissen Meldungen umzugehen haben, also z. B. wie sie auf eine Hilfsanfrage aus dem Netzwerk zu reagieren haben (vgl. Abschn. 2.2.4.2).

Da es in diesem Modell technisch viel aufwendiger ist für jeden *CIIS-Teilnehmer* die Verwaltung der Kontaktdaten und Kommunikationsschlüssel zu möglichen anderen relevanten Teilnehmern selbst zu übernehmen, wäre es sinnvoll, gerade diese Aktivitäten automatisiert durchzuführen. Dazu kann z. B. das *CIIS-Lagezentrum* regelmäßig unter Verwendung der eigenen Signaturen die aktualisierten Signaturen der Teilnehmer bzw. deren Kontaktinformationen (Realadressen oder auch nur Adressen im *CIIS-Netzwerk*) verteilen. Dabei ist zu klären, ob es problematisch sein kann, wenn jeder *CIIS-Teilnehmer* auch von allen anderen weiß oder ob bereits diese Information als sensibel zu betrachten ist.

2.2.7.3 Strukturierungsvarianten des CIIS-Lagezentrums

Im vorhergehenden Beispiel wurde bewusst auf die Beschreibung der internen Struktur des *CIIS-Lagezentrums* verzichtet, um die Interaktion mit den *CIIS-Teilnehmern* klarer herauszustreichen. Allerdings würde diese Abstraktion auch in der Realität gewisse Vorteile bringen, da so die *CIIS-Teilnehmer* einfache und klare Anweisungen zur Meldung anwenden können, unabhängig davon, wie die interne Struktur des *CIIS-Lagezentrums* momentan gerade aufgebaut ist. So müssten die Organisationen nur einen Erstkontaktpunkt kennen, die Behandlung der gemeldeten Probleme soll dann qualitativ gleichwertig sein, unabhängig davon, wie der Erstkontakt zustande kam.

Im Folgenden werden Varianten zum Aufbau eines *CIIS-Lagezentrums* genannt und deren Vor- und Nachteile herausgearbeitet.

2.2.7.3.1 Dezentrale Struktur

Bei dieser Variante setzt sich das *CIIS-Lagezentrum* aus parallelen und relativ unabhängigen *CIIS-Servicestellen* zusammen. Diese Servicestellen können auch in Abhängigkeit von ihrem Träger intern unterschiedlich strukturiert sein, damit z. B. die Prozesse der *CIIS-Servicestelle* sich leichter mit den Prozessen des Trägers vereinbaren lassen. Die Klammer um diese Konstruktion bildet ein Regelwerk, das beschreibt, welche Informationen zwischen den einzelnen Servicestellen ausgetauscht werden. So könnte es z. B. sinnvoll sein, dass all diese Stellen nach denselben Richtlinien Meldungen in ein gemeinsames taktisches Lagebild einpflegen. Hingegen die Bildung des strategischen Lagebildes aus dem taktischen könnte mehrfach parallel, allerdings nach unterschiedlichen Kriterien geschehen, z. B. für den militärischen Sektor, öffentliche Ordnung oder auch Finanzsektor.

Eine *CIIS-Servicestelle* könnte dann folgende interne Struktur besitzen:

Meldestelle: Diese betreut Sektor-spezifisch eine überschaubare Anzahl an Einzelorganisationen, ähnlich einem Hausarzt. Diese Meldestellen sind auf das Entgegennehmen sowohl allgemeiner Meldungen als auch spezialisierter Sektor-spezifischer Meldungen, z. B. Meldungen über Spezialsysteme im Automatisierungsbereich, vorbereitet. Durch das Betreuen einer begrenzten Anzahl an Organisationen sollen diese Meldestellen bzw. deren Betreiber mit für das Melden von Incidents verantwortlichen Personen, z. B. CISOs, persönliche Beziehungen aufbauen können und dadurch einen vertrauenswürdigen Status erlangen können.[3]

[3] In Österreich ist ein Beispiel einer solchen speziellen Meldestelle das Austrian Energy CERT, welches nur für den Energiesektor zuständig ist und dafür auch (Pflicht-)Meldungen (vgl. Kap. 4) von Vorfällen als NIS Meldestelle entgegennimmt.

Die Meldestelle selbst stellt damit nur die Erstanlaufstelle zur Informationsleitung und Behandlung von in diesem Sektor allgemein üblichen Problemen dar. Bei Problemen, die außerhalb dieses Bereiches liegen, werden die Fälle dann an eine entsprechende Behandlungsstelle inner- oder außerhalb der *CIIS-Servicestelle* weitergegeben. So sollten z. B. Angriffsfälle auf Unternehmen im Rüstungsbereich, unabhängig bei welcher *CIIS-Servicestelle* sich die Firma erstmals gemeldet hat, auch z. B. von der entsprechenden militärischen Servicestelle begutachtet werden. Auf diese Weise kann bei effizienter Abwicklung trotzdem eine qualitativ ähnlich gute Problembehandlung garantiert werden, selbst wenn ein *CIIS-Teilnehmer* nicht mit der ideal geeigneten Meldestelle Kontakt aufnimmt.

Koordinationszentrum: Dieses koordiniert die Behandlung der eingegangenen Meldungen und aktualisiert aufgrund neuer Erkenntnisse den im taktischen Lagebild vorgeschriebenen Minimaldatensatz. Dabei wird strikt darauf geachtet, dass keinerlei kritische organisations- oder personenbezogene Informationen ins Lagebild einfließen, weshalb das Lagebild auch automatisiert mit anderen *CIIS-Servicestellen* synchronisiert werden kann.

Weitere Aufgabe des Koordinationszentrums ist die Betreuung der momentan mit dieser CIIS-Servicestelle verbundenen CIIS-Teilnehmer. Im Zuge dessen kann das Koordinationszentrum z. B. Sektor-spezifische Handlungsempfehlungen erstellen, diese kommunizieren oder auch bei der Umsetzung unterstützen, sowie bei der Behandlung gemeldeter Vorfällen helfen.

2.2.7.3.2 Teilzentrale oder zentrale Struktur

Bei dieser Variante ist eine ähnliche Aufgabenaufteilung wie im dezentralen Fall durchaus sinnvoll, nur dass es keine parallelen Servicestellen gibt, sondern die gesamte Struktur nur einmal ausgebildet wird, d. h. mit denselben Werkzeugen und nach denselben Prozessen intern handelt. Das muss aber nicht prinzipiell bedeuten, dass auch die Struktur bei nur einem Träger verankert ist, es könnten sich die Gremien z. B. aus Experten verschiedener Träger zusammensetzen.

2.3 Fragestellungen zu Information Sharing in PPPs

Um nun eine beim Schutz kritischer Infrastrukturen erfolgreiche Public-Private-Partnership (PPP) bestehend aus privaten und staatlichen Organisationen zu etablieren, müssen eine ganze Reihe essenzieller Fragen rund um den Themenkomplex „Austausch sicherheitsrelevanter Informationen“ beantwortet werden. Jeder der folgenden Abschnitte beschäftigt sich daher mit einem speziellen Anwendungsszenario des Organisations-übergreifenden Informationsaustausches (Luiijf et al. 2013). Ziel ist die strukturierte Erarbeitung der zahlreichen Fragestellungen beim Informationsaustausch zwischen privaten und öffentlichen Einrichtungen als erster Schritt einer Etablierung einer PPP. Jedes Szenario besteht aus einem kurzen Abriss und einigen allgemeinen Fragestellungen, welche bearbeitet werden müssen, wenn das entsprechende Szenario in einem unterstützenden System implementiert werden soll. Während einige Fragen zu einer technischen Debatte führen können, bedingen andere Entscheidungen zwischen möglichen Realisierungsvarianten. Jedoch benötigen auch letztere einen tief gehenden Diskurs um die Entstehung von Prozess- und Werkzeuganforderungen zu ermöglichen.

Jedes Szenario beschäftigt sich mit zumindest einem Teil der in Tab. 2.1 aufgeführten Fragestellungen (Kulikova et al. 2012). Vor allem die typischen Fragen betreffend: mit **wem** sollten Informationen geteilt werden, **wann** soll dies geschehen, **was** für Information soll zur Verfügung gestellt werden und **wie** das ermöglicht werden soll, sind zu beantworten.

Für jedes der folgenden Szenarios kann es drei verschiedene Anwendungsbereiche geben;

a) Übermittlung von Informationen von den CIIS-Teilnehmern zum CIIS-Lagezentren,
b) Verteilung der Informationen vom CIIS-Lagezentrum zu den CIIS-Teilnehmern,
c) Teilen der Information zwischen den CIIS-Teilnehmern

2.3.1 Informationsaustausch über aktuelle/vergangene Incidents

Abriss: Dieser Abschnitt beschreibt das Teilen von Informationen über aktuelle Vorfälle. Dies inkludiert nicht nur den Zustand eines Services, z. B. dessen Verfügbarkeit, Vertraulichkeit und Integrität, sondern auch den Grad (wenn bekannt) seiner Fehlfunktion zusammen mit einer Schätzung der Wiederherstellungszeit. Diese Information wird als

Tab. 2.1 Szenario Fragestellungen bzgl Informationsaustausch. (Kulikova et al. 2012)

	„To Whom“	**„When“**	**„What“**	**„How“**
Harm mitigation and prevention	Identifying the right stakeholders to be informed for effective incident response and harm mitigation	Identifying when to release notifications to facilitate the incident response process	Creating a proper notice to each stakeholder group, so they can evaluate risks and take the right course of actions	Identifying the notification methods that assure speed and correctness of the disclosed information
Regulatory compliance	Identifying who must be notified due to legal requirements, if any	Identifying the specific timings of stakeholders notification required by law, if any	Identifying what information must be in the notice due to legal requirements, if any	Identifying what notification methods to use due to legal requirements, if any
Cost-efficiency	Assuring that the scope of notified audiences reflects the severity of the incident	Assuring that the disclosure times do not further aggravate a company's situation	Assuring that information disclosed does not create further financial losses	Identifying cost-efficient notification methods

sehr sensibel angesehen und könnte möglicherweise dazu genutzt werden, den Ruf einer Organisation zu schädigen, nichts desto trotz ist diese eine essenzielle Voraussetzung um gezielte Hilfe zu leisten.

2.3.1.1 Übermittlung von Informationen von den CIIS-Teilnehmern zum CIIS-Lagezentrum

Kernfragen	Antworten
Was ist ein Vorfall eigentlich in einer Organisation?	Vorfall[a]: Ein Ereignis, welches die Erwartung an ein internes System in ungünstiger Art und Weise beeinflusst, z. B. SLA-Verletzung, Datenmissbrauch, Datenverlust.
Während der Behandlung eines Vorfalls, welche Informationen würde ein CIIS-Teilnehmer mit dem CIIS-Lagezentrum austauschen? (Granularität)?	Übermittlung von Informationen zum Lagezentrum: • Datum/Zeit des Auffindens des Vorfalles • Dauer des Vorfalles • Stelle/Seite(n) involviert • Vorfallbeschreibung • Auswirkung (und IoC?): – Verlust/Kompromittierung von Daten – Systemausfall – Schaden für das System – Schätzung finanzieller Verlust (€)
Wie entscheidet ein CIIS-Teilnehmer, ob ein beobachteter (interner) Vorfall es wert ist gemeldet zu werden?	Eine Information soll geteilt werden, wenn der Vorfall möglicherweise in Bezug auf C-I-A CIIS-Teilnehmer, d. h. Organisationen, oder ähnliche Services in anderen Organisationen mit einer Wahrscheinlichkeit von über 5 % gefährdet. Dies würde auch nicht erfolgreiche Attacken miteinschließen. *Alternativ*: Definieren eines unteren Levels, oberhalb welchen Informationen geteilt werden sollten. Der Level muss jedoch so gesetzt werden, dass die Meldestelle nicht überlastet wird. Die Regeln, die das bestimmen, sollten schnell und einfach anzuwenden sein, um Verzögerungen bei der Verteilung von Informationen zu vermeiden.
Was ist der typische Zeitrahmen des Sicherheitspersonals oder externen Sicherheitspartners für die Erstellung dieser Information?	Begrenzte Informationen ist bereits nach wenigen Stunden verfügbar (z. B. hatte jemand Unbefugter Zugriff auf internen Datenbankserver), IoCs/technische Beschreibung der Modifizierungen des Services nach ein paar Tagen, Verständnis der gesamten Attacke nach Wochen oder Monaten.
Wie ist die zeitliche Balance zwischen dem ersten Bericht des Vorfalles und der angenommenen Schwere des Problems zu beurteilen?	Wenn es erkennbar wird, dass ein Vorfall potenziell schwerwiegende und/oder breite Auswirkungen haben kann, sollte sofort berichtet werden.

Kernfragen	Antworten
Welche Werkzeuge sollten für den Informationsaustausch benutzt werden?	Grundsätzlich existieren hier drei Alternativen mit ihren individuellen Vor- und Nachteilen: a) Die Benutzung eines generischen Tools, z. B. verschlüsselte E-Mails, weil dies günstiger zu warten ist und üblicherweise kein spezielles Training des Personals erfordert. b) Benutzung von spezifischen Tools, z. B. CIIS-Client über VPNs, MISP (Wagner et al. 2016), um die Nachteile von Standardwerkzeugen zu vermeiden, z. B. keine Liefergarantie für E-Mail oder unspezifisches Verhalten während Notfällen. c) Vertraulichkeit/Integrität ist wichtig, aber eine spezielle Tool-Chain zu unterstützen ist nicht notwendig um die Einstiegshürde für Teilnehmer gering zu halten. Fokussierung zuerst auf den Prozess bzw. Benutzung generischer Tools. Später können menschliche Prozesse/generische Tools durch spezifischere Tools ersetzt werden um die Effizienz/ Qualität zu erhöhen sobald die Prozesse etabliert sind.
Gibt es Präferenzen betreffend der Austauschformate?	Solange Prozesse nach der CIIS-Richtlinie im Test sind, ist die Benutzung von schwach definierten Formaten (lesbar durch den Menschen) vorzuziehen; die automatisierte Verarbeitung kann bei Bedarf in einer späteren Phase erfolgen.
Ohne die Vorfallsbeschreibung selbst zu verteilen, was könnte sinnvoll für das Lagezentrum sein zu wissen, z. B. für den Aufbau von Situationsbewusstsein? Welche Datengranularität würde nötig sein um diesem Zweck zu dienen?	Das Wissen allein, dass sich ein CIIS-Teilnehmer mit einem meldenswerten Vorfall beschäftigen, könnte schon hilfreich sein: Organisationen können oft nicht mit einer Vielzahl von Vorfällen zur gleichen Zeit umgehen, Das Lagezentrum könnte gezielt zu aktuellen Maßnahmen beraten. Alles, darüber hinaus könnte nützlich sein, um ähnliche Angriffsarten oder ähnliche Ziele zu korrelieren, um Muster zu erkennen und die möglichen Ziele zu ermitteln, die mit einem Risiko in der Zukunft behaftet sein könnten.
Gibt es Einschränkungen, wann das CIIS-Lagezentrum Informationen mit verschiedenen nationalen CSIRTs teilen sollte?	Die Quelle einer Meldung, d. h. die Identität eines CIIS-Teilnehmers, sollte grundsätzlich geheim gehalten werden; ebenso möglicherweise Personen-identifizierbare Daten; aber andernfalls ist das unlimitierte Teilen erlaubt, wobei das Lagezentrum die beste Übersicht darüber hat, was am effektivsten ist.

[a] CSIRT Definition: Ein Vorfall ist ein Ereignis, welches den Sicherheitsstatus einer Organisation ändert oder Sicherheitsregeln, die vor finanziellen Verlust und/oder vor Zerstörung, Diebstahl oder dem Kompromittieren von proprietären Informationen schützen sollen, umgeht. Aber auch ein Ereignis, dass von einer Organisation wegen unüblichen Verhaltens untersucht wurde, welches nicht als ein Verhalten während des normalen Betriebes beschrieben werden kann.

2.3.1.2 Verteilung der Informationen vom CIIS-Lagezentrum zu den CIIS-Teilnehmern im CIIS-Netzwerk

Kernfragen	Antworten
Soll das Lagezentrum komplette Vorfallsinformationen teilen oder sollen nur Auszüge verteilt werden, z. B. betroffene Systemtypen oder empfohlene Gegenmaßnahmen?	Es sollen alle Informationen geteilt werden, außer der Identität der Quelle des Vorfalls (Organisation), wenn das Lagezentrum dies von einem nationalen Standpunkt aus für angebracht hält (insbesondere wenn die Geheimhaltung nicht explizit vom meldenden CIIS-Teilnehmer gewünscht ist). Es sollte weniger Details teilen, wenn die Verbreitung einen signifikanten Vorteil für den Angreifer brächte (z. B. zugespielte Informationen; oder Möglichkeiten der Detektion einer neuartigen Malware).
Wie entscheidet das CIIS-Lagezentrum, mit wem und wann kritische Informationen geteilt werden sollen?	Die Weiterleitung sollte mehr oder weniger unmittelbar nach Erlangung der Kenntnis über eine relevante Information erfolgen um vorteilhafter auf nationaler Ebene zu sein. Allen Organisationen sollte bekannt sein, dass früh geteilte Informationen unvollständig oder falsch sein könnten. Organisationen haben die Verantwortung ihr Risiko zu prüfen und Informationen auf eigene Gefahr zu verwenden, z. B. um Gegenmaßnahmen zu setzen.
Welche Informationen wären für die CIIS-Teilnehmer wünschenswert und sinnvoll (Granularität, Timing)?	Frühe Berichte von Vorfällen in anderen Organisationen würde es ermöglichen, Ressourcen zu sammeln und Tools einsatzbereit zu machen, auch wenn die berichteten Angriffe noch nicht völlig aufgeklärt sind. Jede Information sollte auch eine Abschätzung enthalten, wie akkurat diese ist, z. B. wie wahrscheinlich dieses Muster zu einem Angriff gehört, wie anspruchsvoll eine Attacke eingeschätzt wurde, und wie die Sensitivität zu bewerten ist (IoCs).
Würde der Austausch von Informationen den Ruf der involvierten CIIS-Teilnehmer erhöhen oder senken?	Der Informationsaustausch sollte den Ruf einer Organisation stärken: Organisationen können für sich beanspruchen, dass mit Prozessen nach der CIIS-Richtlinie ihre Infrastruktur wesentlich besser geschützt wird. Sollten hingegen Kunden eines, z. B. IKT Dienstleisters berichten, dass zugekaufte Dienste nicht mehr ordnungsgemäß funktionieren, der Anbieter jener Dienste jedoch keine Ausfalls-Meldung an das CIIS-Lagezentrum erstattet haben, würde dies den Ruf des Anbieters verringern -- zumindest aus der Sicht des CIIS-Lagezentrums.
Welche Einflüsse auf die Sicherheit könnten Informationslecks von aktuellen technischen Verwundbarkeiten auf kurze und lange Sicht auf eine Organisation haben?	a) Minimaler Effekt auf kurze Sicht, unter der Annahme dass einige Angreifer über eine Verwundbarkeit auch auf anderen Wege Bescheid wissen würden, andere werden Zeit benötigen um eine Information über eine Verwundbarkeit für ihren Vorteil nutzen zu können (vielleicht 4h für ein einfaches Angriffsmuster, 1 Woche für komplexere). b) Auf mittlerer Sicht gesehen wird der Angriffsvektor aufgrund der größer werdenden Bekanntheit (Wochen/Monate) u. U. populärer. c) Auf lange Sicht wird der Effekt wieder kleiner, weil der Vorfall publik wird, mehr Nicht-CIIS-Organisationen werden Patches anwenden und verwundbare/ausgenutzte Systeme nachbessern bzw. entfernen.

2.3.1.3 Teilen der Information zwischen Organisationen

Kernfragen	Antworten
Was könnten sinnvolle P2P Anwendungsfälle für den Informationsaustausch sein, in denen CIIS-Teilnehmer bereit wären Informationen zur Verfügung zu stellen?	a) Optimierung des Austauschs möglich, da CIIS-Teilnehmer dank des tief gehenden Wissens um Infrastrukturen und die potenziellen Effekte auf andere (Partner-)Organisationen im gleichen Sektor, wesentlich schneller die Relevanz von Informationen abschätzen können. b) Optimierung möglich aufgrund der ansonsten höheren Schwierigkeit für ein zentrales CIIS-Lagezentrum zu wissen, welche Organisationen durch einen bestimmten Vorfall betroffen sein könnten, daraus folgend könnte ansonsten die Information zu falschen Adressaten weitergeleitet werden. Organisationen des gleichen Sektors kennen jedoch die Struktur des gesamten Sektors meist besser. c) In allen Fällen sollten P2P-Informationen aber auch immer mit dem CIIS-Lagezentrum geteilt werden.
Welche Granularität/Welches Timing einer Vorfallsinformation ist typischerweise für die internen Prozesse einer Organisation erforderlich?	Kein Unterschied zum zentralen Austausch (siehe Abschn. 2.3.1.1).
Sollte es erzwungen werden, initiale Vorfallsberichte auch mit dem CIIS-Lagezentrum zu teilen, auch wenn Organisationen die nationale Tragweite des Incidents falsch einschätzen könnten?	Ja. Anschließender Austausch oder Austausch von detaillierteren Informationen tritt nur zwischen Organisationen auf.
In welchem Sinne könnte P2P Austausch ein Risiko darstellen?	Akzeptables Risiko im Falle der Verteilung von Warnungen innerhalb eines Sektors. Dabei sollen folgende Paradigmen zur Anwendung kommen: a) Informiere/sei informiert über andere Organisationen um präventive Maßnahmen zu setzen; b) Gib/erhalte detaillierte Informationen, wo der Fokus der Bemühungen liegt; c) Gib/erhalte Informationen über „nicht geglückte“ Attacken, wenn sie relevant für andere sind.

2.3.2 Verteilen von zusätzlichen Informationen und Stammdaten

Neben dem Übermitteln konkreter Vorfallsmeldungen hilft die Verteilung von Stammdaten und weiteren Informationen dabei Vorfälle besser zu beurteilen.

2.3.2.1 Austausch von Informationen über statische Service-Abhängigkeiten

Abriss: Dieses Szenario ermöglicht den Austausch von statischen Service-Abhängigkeiten für eine bessere Vorhersagbarkeit der Auswirkungen eines gemeldeten Vorfalles, insbesondere auf die Schwächung eines Services oder dessen Ausfall. Dies hat besondere Relevanz für Dienste von verschiedenen Organisationen, die voneinander abhängig sind, z. B. der Ausfall eines Cloud Betreibers hat negativen Auswirkung auf Dienste anderer Organisationen, die die Cloud als Speicher nutzen. In diesem Szenario berichtet der Kunde des Dienstes über die Abhängigkeiten.

2.3.2.1.1 Berichterstattung an das CIIS-Lagezentrum über Service-Abhängigkeiten der CIIS-Teilnehmer

Kernfragen	Antworten
Welche Informationen sind für die Außenwelt notwendig? (Achtung, einige Informationen könnten für Partner nutzlos sein, wenn diese nicht die interne Servicestruktur kennen)	a) Von welchen externen Services/Organisationen ist meine Organisation abhängig b) Wie sehr hängt meine Organisation von dem zur Verfügung gestellten Dienst der anderen Organisationen ab (Anzahl abhängige Services/ Anzahl aller zur Verfügung gestellter Services) c) Wie sehr würden meine Services unter der Schwächung von diesen externen Services leiden (würden diese auch geschwächt werden oder nicht, wenn ja, wie viel und wie lange?) d) Wie würden meine Dienste im Falle eines Ausfalls von diesen externen Services leiden (würden sie auch ausfallen oder geschwächt werden, wenn geschwächt, wie viel?)
Welche Details sollten im Bericht über Service-Abhängigkeiten inkludiert sein?	a) Welches externe Service wird genutzt (von welchem Betreiber und wo), b) Welche Services werden nach außen zur Verfügung gestellt (Typ und wo), c) Eine Anmerkung pro Service, inwiefern die eigenen Dienste abhängig von den genutzten externen Services (braucht es einen, braucht es alle) sind.
In welcher Granularität sollen Service-Abhängigkeiten einer Organisation erfasst werden (z. B. im Asset-Management)?	a) **Hohe Abhängigkeit**: das Service ist unbedingt notwendig für die Organisation für die Durchführung der täglichen Aktivitäten; b) **Ziemliche Abhängigkeit:** das Service ist notwendig, aber die Organisation gründet ihre Aktivitäten nicht darauf, ein alternatives Service wird im Falle eines Ausfalles benutzt; c) **Niedrige Abhängigkeit:** das Service ist nicht wesentlich für die Aktivitäten der Organisation.

2.3.2.1.2 Verteilung der Information über Abhängigkeiten der CIIS-Teilnehmer via CIIS-Lagezentrum im CIIS-Netzwerk

Kernfragen	Antworten
Welche Bedenken, beim Bereitstellen statischer Service-Abhängigkeiten für andere CIIS-Teilnehmer gibt es?	Das bloße Auflisten aller extern zur Verfügung gestellter Services (Nationaler Service-Katalog) sollte unproblematisch sein. Diese Information kann nicht genutzt werden um der Infrastruktur anderer CIIS-Teilnehmer bzw. dritter Organisationen oder der Infrastruktur eines der abhängigen Nutzer/Anbieter zu schaden.
Ist das Wissen über die Geschäftsbeziehung mit anderen Organisationen schädlich für einen CIIS-Teilnehmer?	Dies könnte in folgenden Fällen schädlich sein: a) Zu viele geschäftssensible Details über eine Beziehung werden offengelegt; b) Die Existenz einer Geschäftsbeziehung zwischen zwei Organisationen muss für zukünftige Vorteile am Markt geheim gehalten werden. c) Angreifer kommen in den Besitz dieser Information und nutzen diese um einem CIIS-Teilnehmer durch die Attacke einer abhängigen Organisation zu schaden.
Was sind typische Beispiel einer Service-Abhängigkeit, die transparent verbreitet werden können?	Beispiele: a) Internet Service Provider X ist abhängig von Elektrizitätsanbieter Y; b) Cloud Service Provider Z ist abhängig von ISP X.
Wie könnten Informationen über Service-Abhängigkeiten anderer Organisationen einem CIIS-Teilnehmer nutzen?	Die Anwendung dieses Wissens ist überwiegend sinnvoll im: a) Risikomanagement; b) Vorfallmanagement (Incident Response), c) Notfall- und Wiederherstellungs-Management
Welche Granularität der Information über die Service-Abhängigkeiten würde für die internen Prozesse eines CIIS-Teilnehmers erforderlich sein?	Primär müsste der Grad der Abhängigkeit einer Organisation von einem angebotenen Dienst einer anderen Organisation bestimmt werden. Hierbei sind verschiedene Ebenen der Abhängigkeit zu betrachten. a) **Hohe Abhängigkeit**: Organisation X braucht das Service S der von Organisation Y zur Verfügung gestellt wird, um korrekt zu arbeiten; b) **Ziemliche Abhängigkeit:** Organisation X basiert ihre Tätigkeiten nicht alleine auf dem zur Verfügung gestellten Service S von Organisation Y, sondern auch ein alternatives Service S2 einer Organisation Z kann bei Ausfall von S1 genutzt; c) **Niedrige Abhängigkeit:** das Service von Organisation X ist nicht kritisch für die Aktivitäten von Organisation Y.

2.3.2.1.3 Austausch der Information über Service Abhängigkeiten direkt zwischen CIIS-Teilnehmern:

Kernfragen	Antworten
Was könnte ein sinnvoll realisierbarer Anwendungsfall des direkten Informationsaustausches (P2P) zwischen CIIS Teilnehmern sein?	a) Optimierter Austausch dank des Wissens der Infrastruktur und der potenziellen Effekte der anderen (Partner-)Organisationen im gleichen Sektor. b) Optimierung möglich aufgrund der ansonsten höheren Schwierigkeit für ein zentrales CIIS-Lagezentrum zu wissen, welche Organisationen durch einen bestimmten Vorfall beeinträchtigt werden könnten. Mit dem Wissen um Service-Abhängigkeiten ist somit das gezielte Weiterleiten relevanter Information an bestimmte Adressaten möglich. c) In allen Fällen sollten P2P-Information immer auch mit dem CIIS-Lagezentrum ausgetauscht werden.
Welche Granularität der Information über Abhängigkeiten ist erforderlich um für die internen Prozesse eines CIIS-Teilnehmers nützlich zu sein?	Siehe Antworten in Abschn. 2.3.2.1.2

2.3.2.2 Austausch von Informationen über den Servicestatus

Abriss: Dieser Abschnitt diskutiert den grundsätzlichen Austausch von dynamischen Informationen über den Zustand eines Services, z. B. dessen Verfügbarkeit, Vertraulichkeit und Integrität – selbst dann wenn kein Incident vorliegt. Im Falle einer Beeinträchtigung sollten Vorhersagen über die Dauer der Wiederherstellung bereitgestellt werden. Diese Information kann für die Modellierung verwendet werden oder um die abhängigen Organisationen über den Servicestatus zu informieren.

2.3.2.2.1 Berichterstattung von CIIS-Teilnehmern zum CIIS Lagezentrum:

Kernfragen	Antworten
In welcher Granularität könnte der Servicestatus zur Verfügung gestellt werden?	Verschiedenen Optionen sind vorstellbar, je nachdem ob die CIIS-Teilnehmer gewillt sind mehr als die minimal geforderten Informationen zu liefern: a) **Basisinformation**: z. B., „*Service X läuft*" b) **Erweiterte Information**: z. B., „*Service X Durchsatz xyz von abc. Durchschnittliche Verwendung. Keine Anomalien*".
Wie oft sollen mögliche Änderungen im Servicestatus dem CIIS-Lagezentrum gemeldet werden?	Änderungen sollten sofort nach ihrer Entdeckung im Zuge einer Aktualisierung der Statusinformation an das CIIS Lagezentrum gesendet werden.

Kernfragen	Antworten
Wie wird sichergestellt, dass CIIS-Teilnehmer bzw. das CIIS-Lagezentrum die übermittelte Information richtig interpretiert?	SLA Parameter (oder ähnliches) sollten definiert werden, um ein gemeinsames Verständnis über die Größe der Statusschwächung zu entwickeln. Wenn eine Organisation das zugesagte Servicelevel nicht einhält, ist es verpflichtet das CIIS-Lagezentrum sofort über diese Änderungen zu informieren.

2.3.2.2.2 Verteilung der Information über den Servicestatus anderer CIIS-Teilnehmer durch das CIIS-Lagezentrum im CIIS-Netzwerk

Kernfragen	Antworten
Welcher Level der Information könnte vorteilhaft für den Servicenutzer sein, um angemessene Gegenmaßnahmen im Falle eines Problems zu treffen?	Informationen über nicht verfügbare Services oder Kürzung von Ressourcen.
Welche Informationen könnten geteilt werden und wie würden diese Informationen von Servicenutzern verwendet werden?	Servicenutzer können Situationsbewusstsein aufbauen dank des Wissens über die Verfügbarkeit der Infrastrukturen und Services von denen sie abhängig sind. Im Falle eines Ausfalles oder einer Schwächung von diesen können sie zeitnahe reagieren.
Welche Information (Granularität, Timing) wäre wünschenswert zu erhalten und wie sinnvoll wäre diese Information für die Empfänger?	Informationen über den Ausfall eines Service und eine erwartete Wiederherstellungszeit kann über das CIIS-Lagezentrum an CIIS-Teilnehmer verteilt werden, sodass diese Organisationen, die sich darauf verlassen, ihre Abhängigkeiten zu anderen Anbietern verschieben oder ihre eigenen Systeme entkoppeln können und abwarten, bis der Ausfall behoben ist.
Wie würde regelmäßiger Informationsaustausch das Vertrauen in den Servicebetreiber beeinflussen?	Regelmäßiger Austausch von Informationen würde im Durchschnitt den Ruf eines Servicebetreibers aufgrund der Transparenz erhöhen. Betreiber, die gewillt sind Informationen über den Servicestatus mit ihren Kunden zu teilen, erlauben es den Kunden immer über den Status des Service, von dem sie abhängig sind, Bescheid zu wissen.
Sollte die Verteilung von Statusinformationen vom CIIS-Lagezentrum „automatisiert" oder mit einer menschlichen Bewertung dazwischen erfolgen?	Mittels Automatisierung können u. U. rechtliche Probleme vermieden werden, z. B. im Vertrag für die Teilnahme an CIIS würde stehen, dass die Information automatisiert verteilt wird und dass die Informationen möglicherweise nicht voll vertrauenswürdig sind. Im Falle einer manuellen Informationsverteilung könnte sich umfassende rechtliche Probleme, z. B. aufgrund der Ungleichbehandlung von Organisationen und dem Bewussten vorenthalten von Informationen ergeben (z. B. aufgrund eines erhöhten Risikos Informationen zu leaken).

2.3.2.2.3 Direkter Austausch zwischen den CIIS-Teilnehmern

Kernfragen	Antworten
Was könnten sinnvolle P2P Anwendungsfälle für den direkten Austausch von Service-Informationen zwischen CIIS-Teilnehmern sein?	Optimierter Austausch dank des Wissen über die Verfügbarkeit der Infrastrukturen und Services. Optimierung möglich dank der schnelleren direkten Kommunikation zwischen Organisationen. Kein Warten auf eine Nachricht vom CIIS-Lagezentrum über den Servicestatus, der von Sektor-verwandten Organisationen kommt. Innerhalb des Sektors werden regelmäßig Informationen über den Servicestatus ausgetauscht. Im Falle einer drastischen Schwächung eines Service, sollte sinnvollerweise das CIIS-Lagezentrum jedoch auch informiert werden.
Welche Granularität/Frequenz von Statusinformationen werden benötigen um für die internen Prozesse einer Organisation nützlich zu sein?	Periodische (stündliche) Statusmitteilungen sollten implemenitert werden. Im Falle einer raschen Änderung in der Verfügbarkeit eines Systems, muss eine unmittelbare Mitteilung einerseits für Betreiber ähnlicher Services (z. B. aufgrund möglicher Ausnutzung eines Zero Day Exploits), andererseits für abhängige Organisationen herausgegeben werden. Im Falle eines erheblichen Risikos eines Ausfalles, muss auch das CIIS-Lagezentrum informiert werden.
Wäre P2P Sharing geeignet um rechtlichen Problemen angemessen zu begegnen?	Vorteilhafterweise besteht beim direkten Informationsaustausch keine Notwendigkeit der Zustimmung für den Austausch an das CIIS-Lagezentrum, sofern es nicht ohnehin direkt an der Kommunikation beteiligt ist.

2.3.2.3 Anfordern von Unterstützung von anderen CIIS-Teilnehmern

Abriss: Dieses Szenario beschäftigt sich mit den Fragestellungen, die die Anfrage um Unterstützung von anderen CIIS-Teilnehmern betrifft. Unterstützung kann entweder von Organisationen oder vom CIIS-Lagezentrum angefordert werden.

Kernfragen	Antworten
Wer kann Unterstützung anfordern?	a) CIIS-Teilnehmer können andere CIIS-Teilnehmer bitten, ggf. im gleichem Sektor, ihnen Assistenz zu geben; b) Das CIIS-Lagezentrum fordert Unterstützung von CIIS-Teilnehmern explizit an.
Welche Art der Unterstützung kann angefragt werden?	a) Ein CIIS-Teilnehmer könnte einen anderen CIIS-Teilnehmer bitten Erkenntnisse zu validieren, z. B. das Auftreten verdächtiger DNS Anfragen zu bestätigen um C&C Kommunikation (Botnets) zu identifizieren, sogar wenn noch kein Vorfall entdeckt wurde. b) Ein CIIS-Teilnehmer kann einen anderen CIIS-Teilnehmer um eine Risikoanalyse von bestimmten Vorfällen bitten, um eine einheitliche Sicht in einem Sektor auf ein bestimmtes Problem zu erzielen.

Kernfragen	Antworten
Sollte es einen formalen Prozess zur Einhaltung eines Zeitplans hinsichtlich der Unterstützungsanforderung und die Verantwortlichkeiten geben?	Die angefragte Organisation muss innerhalb einer vereinbarten Frist bestätigen, dass sie die Anfrage erhalten hat und ob sie bereit ist, auf diese zu antworten. Wenn Unterstützung gegeben wird, müssen Organisationen innerhalb eines bestimmten Zeitintervalls den Status der Unterstützungleistung bekannt geben, z. B. „Arbeit erledigt".

2.3.2.4 Unterstützung von einem Security Operation Center (SOC) anfordern

Abriss: Dieses Szenario beschreibt relevante Fragestellungen, wenn Organisationen Unterstützung von einem Security Operations Center (SOC) (Kelley und Moritz 2006) (welches potenziell Teil des CIIS-Lagezentrums sein kann) erhalten.

Kernfragen	Antworten
Welche Art von Hilfe im Falle eines Vorfalles würde eine Organisation von einem SOC anfragen?	Eine Vielzahl technischer Unterstützungsaktivitäten sind denkbar: a) Frage nach möglichen bekannten Gegenmaßnahmen um ein spezielles (technisches) Problem zu lösen, b) DNS Requests Blacklists zur Erkennung von Botnet C&C Verkehr, c) Analyse des Netzwerkverkehrs, welcher während einer Attacke aufgezeichnet wurde.
Welche Information würde ein CIIS-Teilnehmer einem externen SOC geben (müssen), damit die Unterstützung effektiv ist?	Informationen über Artefakte des Vorfalls: a) Indicators of Compromise (IoCs), b) Vom Vorfall betroffene Infrastrukturen und Systeme, c) Netzwerkverkehr (traces), die während des Vorfalles gesammelt wurden.

2.4 Zusammenfassung und Ausblick

Dieses Kapitel stellte ein konkretes Fallbeispiel eines komplexen mehrstufigen Angriffs dar. Ziel war es die Komplexität bei der Behandlung eines solchen Vorfalls zu veranschaulichen. Das Zusammenbringen einer Vielzahl involvierten Akteure und v. a. die komplexen Interaktionsmuster zwischen ihnen, stellen besonders große Herausforderungen bei der Behandlung Organisations-übergreifenden Vorfälle dar.

Dieses komplexe Fallbeispiel sollte auch vermitteln, in welchen Phasen ein Angriff zu erkennen wäre, wer unter welchen Umständen ein Eindringen bzw. Manipulation erkennen können würde und dann darauf aufbauend die Ableitung, welche Informationen dazu zwischen Organisationen geteilt werden müssten. Diese Fragestellungen wurden in Folge aufbauend auf das Fallbeispiel extensiv behandelt.

Während das Ziel dieses Kapitels war nur einen groben Überblick über die Komplexität der Thematik des Informationsaustausches und des Erlangens von Cyber Situational Awareness zu geben, behandeln Kap. 3 die Prozesse im Detail, sowie Kap. 7 die Datenhandhabung näher.

Abkürzungsverzeichnis

APT	Advanced Persistent Threat
CC	Command & Control (Server)
CIIS	Cyber Incident Information Sharing
CISO	Chief Information Security Officer
CSIRT	Computer Security Incident Response Team
DDoS	Distributed Denial of Service
DNS	Domain Name System
IDS	Intrusion Detection System
IKT	Informations- und Kommunikationstechnologie
IoC	Indicator of Compromise
IP	Internet Protocol
ISO	International Organization for Standardization
ISP	Internet Service Provider
ITU-T	International Telecommunication Union
LAN	Local Area Network
LDAP	Lightweight Directory Access Protocol
MISP	Malware Information Sharing Program
NIST	National Institute for Standards and Technology
PIN	Personal Identification Number
RAT	Remote Access Trojan/Tool
SLA	Service Level Agreement
SMS	Short Message Service
SOC	Security Operations Center
SQL	Structured Query Language
SSL	Secure Socket Layer
TLS	Transport Layer Security
USB	Universal Serial Bus
VPN	Virtual Private Network

Literatur

Skopik F., Smith P. (2015): Smart Grid Security - Innovative Solutions for a Modernized Grid. 324p., 1st edition, ISBN-10: 0128021225, ISBN-13: 978-0128021224, Elsevier Science Publishing.

Ladakis, E., Koromilas, L., Vasiliadis, G., Polychronakis, M., & Ioannidis, S. (2013, April). You can type, but you can't hide: A stealthy GPU-based keylogger. In Proceedings of the 6th European Workshop on System Security (EuroSec).

Howes, T. A., Smith, M. C., & Good, G. S. (2003). Understanding and deploying LDAP directory services. Addison-Wesley Longman Publishing Co., Inc.

Neuman, B. C., & Ts'o, T. (1994). Kerberos: An authentication service for computer networks. IEEE Communications magazine, 32(9), 33–38.

Scott, C., Wolfe, P., & Erwin, M. (1999). Virtual private networks. „O'Reilly Media, Inc."

Stanislav, M. (2015). Two-factor authentication (Vol. 4). IT Governance Ltd.

Granger, S. (2001). Social engineering fundamentals, part I: hacker tactics. Security Focus, December, 18.

Choo, K. K. R. (2011). Cyber threat landscape faced by financial and insurance industry. Trends and Issues in Crime and Criminal Justice, (408), 1.

Rid, T., & Buchanan, B. (2015). Attributing cyber attacks. Journal of Strategic Studies, 38(1–2), 4–37.

Hadnagy, C. (2010). Social engineering: The art of human hacking. John Wiley & Sons.

West-Brown, M. J., Stikvoort, D., Kossakowski, K. P., Killcrece, G., & Ruefle, R. (2003). Handbook for computer security incident response teams (csirts) (No. CMU/SEI-2003-HB-002). Carnegie-mellon univ pittsburgh pa software engineering inst.

Szor, P. (2005). The art of computer virus research and defense. Pearson Education.

Roesch, M. (1999, November). Snort: Lightweight intrusion detection for networks. In Lisa (Vol. 99, No. 1, pp. 229–238).

Rescorla, E. (2001). SSL and TLS: designing and building secure systems (Vol. 1). Reading: Addison-Wesley.

Zou, C. C., Gong, W., & Towsley, D. (2002, November). Code red worm propagation modeling and analysis. In Proceedings of the 9th ACM conference on Computer and communications security (pp. 138–147). ACM.

Moore, D., Paxson, V., Savage, S., Shannon, C., Staniford, S., & Weaver, N. (2003). Inside the slammer worm. IEEE Security & Privacy, 99(4), 33–39.

Bishop, M. A. (2002). The art and science of computer security. Addison-Wesley Longman Publishing Co., Inc.

Giani, A., Berk, V. H., & Cybenko, G. V. (2006, May). Data exfiltration and covert channels. In Defense and Security Symposium (pp. 620103–620103). International Society for Optics and Photonics.

Gu, G., Zhang, J., & Lee, W. (2008, February). BotSniffer: Detecting Botnet Command and Control Channels in Network Traffic. In NDSS (Vol. 8, pp. 1–18).

Ben-Asher, N., & Gonzalez, C. (2015). Effects of cyber security knowledge on attack detection. Computers in Human Behavior, 48, 51–61.

Michael Stone, Harry Perper, Leah Kauffman, Chinedum Irrechukwu, and Devin Wynne. 2015. "NIST SP 1800-5 - IT Asset Management." Special Publication 1800–5. NIST National Institute of Standards and Technology. https://nccoe.nist.gov/publication/draft/1800-5c/#t=ITAMHow-To%2FCover%2FCover.htm (Letzter Zugriff: 21. 05.2018).

Luiijf, E., Besseling, K., & De Graaf, P. (2013). Nineteen national cyber security strategies. International Journal of Critical Infrastructures 6, 9(1–2), 3–31.

Kulikova, O., Heil, R., van den Berg, J., & Pieters, W. (2012, December). Cyber Crisis Management: A decision-support framework for disclosing security incident information. In Cyber Security (CyberSecurity), 2012 International Conference on (pp. 103–112). IEEE.

Wagner, C., Dulaunoy, A., Wagener, G., & Iklody, A. (2016, October). MISP: The Design and Implementation of a Collaborative Threat Intelligence Sharing Platform. In Proceedings of the 2016 ACM on Workshop on Information Sharing and Collaborative Security (pp. 49–56). ACM.

Kelley, D., & Moritz, R. (2006). Best practices for building a security operations center. Information Systems Security, 14(6), 27–32.

Gordon, L. A., Loeb, M. P., & Lucyshyn, W. (2003). Sharing information on computer systems security: An economic analysis. *Journal of Accounting and Public Policy, 22*(6), 461–485.

Skopik, F., Settanni, G., & Fiedler, R. (2016). A problem shared is a problem halved: A survey on the dimensions of collective cyber defense through security information sharing. *Computers & Security, 60*, 154–176.

Langner, R. (2011). Stuxnet: Dissecting a cyberwarfare weapon. IEEE Security & Privacy, 9(3), 49–51.

Rinaldi, S. M., Peerenboom, J. P., & Kelly, T. K. (2001). Identifying, understanding, and analyzing critical infrastructure interdependencies. IEEE Control Systems, 21(6), 11–25.

Tankard, C. (2011). Advanced persistent threats and how to monitor and deter them. Network security, 2011(8), 16–19.

Mirkovic, J., & Reiher, P. (2004). A taxonomy of DDoS attack and DDoS defense mechanisms. ACM SIGCOMM Computer Communication Review, 34(2), 39–53.

Miller, C. (2007). The legitimate vulnerability market: Inside the secretive world of 0-day exploit sales. In Sixth Workshop on the Economics of Information Security.

3 Nationale Strukturen und Prozesse zur Erstellung von Cyber-Lagebildern in PPPs

Wolfgang Rosenkranz, Timea Pahi und Florian Skopik

Zusammenfassung

Spätestens durch die NIS-Richtlinie werden die EU-Mitgliedsstaaten gezwungen, nationale Strukturen, Strategien und Prozesse einzurichten, mit deren Hilfe die Richtlinie angepasst, umgesetzt und auditiert werden soll. Die dabei zu schaffenden Behörden, CERTs, Schnittstellen und Meldestrukturen stellen sowohl für den „Public" als auch für den „Private"-Teil der Public-Private-Partnerships (PPP) rechtliche, organisatorische, technische und finanzielle Herausforderungen dar. So sehr diese Maßnahmen als notwendig anerkannt sind, um nicht nur die Ziele der NIS-Richtlinie sondern auch jene von nationalen Strategien und Programmen umzusetzen, so sehr besteht aber auch die Gefahr, dass durch eine mangelhafte Umsetzung das bisher aufgebaute Vertrauen zwischen Staat und Wirtschaft nachhaltig gestört bzw. zerstört wird.

Es ist daher von essenzieller Bedeutung, dass von Beginn an transparent kommuniziert wird, wie neue und vorhandene Behörden, Wirtschaftspartner, CERTs und andere Stakeholder zusammenarbeiten sollen, welche Aufgaben sie haben, welche Leistungen sie erbringen können und welche nicht. Das stellt Behörden (insbesondere jene aus dem nachrichtendienstlichen Bereich) vor eine großteils unbekannte Herausforderung,

W. Rosenkranz (✉)
Repuco Unternehmensberatung GmbH, Wien, Österreich
e-mail: wolfgang.rosenkranz@repuco.at

T. Pahi · F. Skopik
Center for Digital Safety & Security, AIT Austrian Institute of Technology, Wien, Österreich
e-mail: timea.pahi@ait.ac.at; florian.skopik@ait.ac.at

F. Skopik et al. (Hrsg.), *Cyber Situational Awareness in Public-Private-Partnerships*,
https://doi.org/10.1007/978-3-662-56084-6_3

denn Transparenz ist in diesem Bereich nicht erwünscht bzw. nicht praktiziert. Die zentrale Aufgabe der nächsten Monate und Jahre wird daher die Schaffung eines neuen Verständnisses von Zusammenarbeit sein, das die Partner unterstützt, sie schützt und gleichzeitig nicht isoliert.

Eine wesentliche Rolle kommt dabei den Schnittstellenorganisationen zu. Das sind vor allem die (Branchen-)CERTs, die eine verbindende und eine trennende Rolle einnehmen. Zum einen sollen sie beraten, vermitteln und Informationen weitergeben, zum anderen sind sie Wächter über die Einhaltung der vom Informationsgeber gewünschten Vertraulichkeit, insbesondere wenn ein Unternehmen Informationen nicht mit staatlichen Stellen teilen möchte. Um in dieser Rolle nicht mit der Vielzahl an rechtlichen Vorgaben (NIS-Gesetz, Datenschutzgrundverordnung, etc.) und den Erwartungen der anderen PPP-Partner in Konflikt zu geraten, sind klare Verantwortlichkeiten, eindeutige rechtliche Rahmenbedingungen und transparente Aufgabenbeschreibungen notwendig.

Sind diese Rahmenbedingungen gegeben, können einerseits die gesetzlich vorgegebenen Informations- und Meldepflichten eingefordert und erfüllt werden und andererseits ein gesamtstaatliches Bild der Cyber-Lage, eine Cyber-Security Situational Awareness geschaffen werden. Diese Situational Awareness ist der Indikator dafür, ob die Strukturen und Prozesse funktionieren, denn nur bei einer reibungslos funktionierenden Zusammenarbeit aller Akteure (staatlich und privatwirtschaftlich) entsteht ein Informationsfluss, der die Erstellung eines Lagebildes erlaubt. Die Situational Awareness wird damit zum Indikator für das Erreichen einer effektiven Arbeitsstruktur auf allen Seiten.

Abgeleitet von einem idealtypischen Verlauf einer Kommunikation zwischen staatlichen und privaten Partnern und einer geführten Anwendung im Rahmen von Szenarien beschreibt daher dieses Kapitel die Herausforderungen, notwendigen Strukturen und Prozesse sowie die Maßnahmenempfehlungen der Autoren anhand der in Österreich umgesetzten und noch umzusetzenden Schritte zur Etablierung einer Situational Awareness bei Cyber-Security Bedrohungen.

3.1 Einleitung

Die Qualität von Cyber-Lagebildern steigt mit der Anzahl der qualitativ hochwertigen und relevanten Daten. Diese Daten können aus unterschiedlichen Quellen stammen, idealweise aber aus dem Umfeld oder direkt von den von Cyber-Angriffen bedrohten Stellen. Damit sind vor allem kritische Infrastrukturen aus dem staatlichen und dem privatwirtschaftlichen Umfeld eine wesentliche Quelle zur Erstellung von Lagebildern.

Übergreifende, nationale Lagebilder zu erstellen fällt vor allem in das Aufgabengebiet des Staates, da Unternehmen in der Regel dafür keine Möglichkeiten haben. Ausnahmen bilden Security-Anbieter (z. B. Antivirensoftwarehersteller oder Produzenten von Sicherheitshardware wie Firewalls und Gateways) bzw. große Softwareunternehmen (z. B. Microsoft, Kaspersky oder Fortinet), die durch Statusmeldungen ihrer Produkte zum Teil weltweite Lagebilder generieren können (z. B. Microsoft Security Intelligence Report,[1] Kaspersky APT Intelligence Report,[2] Fortinet Threat Landscape Report[3]).

Für ein aktuelles Lagebild, insbesondere für eine Darstellung der in diesem aktuellen Moment von einer Cyber-Attacke betroffenen Organisationen und Infrastrukturen, müssen diese Daten aber direkt von den betroffenen Stellen erhalten werden. Dazu ist eine rasche und möglichst vollständige Information über den Angriff, seine möglichen Folgen und die Gegenmaßnahmen sowie die daraus folgende voraussichtliche Dauer der Bewältigung notwendig.

Die kann nur gelingen, wenn alle dazu notwendigen Stellen zusammenarbeiten. Staatlich-private Kooperationsmodelle sind als „Public-Private-Partnerships" bei wirtschaftlichen Themen bereits etabliert. Im Cyber-Securitybereich und zur Erzeugung von Lagebildern ist dies noch nicht der Fall und es ist auch nicht trivial, dies zu ändern. Zum einen ist eine transparente Kommunikation der Rollen und Fähigkeiten zwischen den Partnern notwendig. Dies ist auf staatlicher Seite oft ein Hindernis, da vor allem Nachrichtendienste über ihr Fähigkeitsprofil ungern Auskunft geben.

Aber auch andere Behörden sehen ihre Rolle nicht vor allem in der offenen Kommunikation mit Unternehmen sondern eher als Empfänger von Informationen. Dies liegt vor allem daran, dass Behörden eine gesetzliche Legitimation für die Datenweitergabe an Unternehmen benötigen, zu Teil aber auch an der Frage, welche Art von Haftung mit der Weitergabe von Informationen einhergeht (vgl. Kap. 4). Wenn aufgrund behördlicher Informationen ein Unternehmen Maßnahmen vornimmt, die dem Unternehmen schaden und die Informationen falsch waren, wird das Unternehmen versuchen, sich an der Behörde schadlos zu halten. Sofern eine Behörde also nicht verpflichtet ist, mit gleichwertigen Informationen zu antworten, wird sie das nur nach gründlicher Überlegung tun.

Dies reduziert aber wiederum die Bereitschaft der Unternehmen, Zeit und Ressourcen für die Informationsbereitstellung aufzubringen, sodass von staatlicher Seite oft nur die gesetzliche Verpflichtung zur Meldung als Mittel übrig bleibt (NIS-Richtline und ÖSCS (Bundeskanzleramt Österreich 2013), Handlungsfeld 4). Um die Wirtschaft nicht zu sehr mit verpflichtenden Meldungen zu beschäftigen, wird der Schwellenwert für solche Meldungen hoch angesetzt und die Unternehmen werden aufgefordert, zusätzlich nach eigenem Ermessen freiwillige Meldungen zu erstatten.

Um in dieser Situation einen Informationsfluss sicherstellen zu können, kommt Schnittstellenorganisationen eine hohe Bedeutung zu. Das sind im technischen Bereich vor allem die CERTs bzw. CSIRTs[4] und ihre vertraulichen Austauschplattformen (z. B. der Austrian

[1] https://www.microsoft.com/sir (Letzter Zugriff: 10.03.2018)

[2] https://www.kaspersky.com/enterprise-security/apt-intelligence-reporting (Letzter Zugriff: 10.03.2018)

[3] https://www.fortinet.com/demand/gated/CTAP-Threat-Landscape-Report.html (Letzter Zugriff: 10.03.2018)

[4] In weiterer Folge werden die Begriffe CERT und CSIRT gleichwertig verwendet.

Trust Circle [ATC[5]]), im strategischen Bereich Interessensgemeinschaften und Vereine wie das „Kuratorium Sicheres Österreich" (KSÖ[6]) und die österreichische „Cyber Sicherheit Plattform" des Bundes (CSP[7]). Diese Schnittstellenorganisationen versuchen durch Erzeugung von gegenseitigem Vertrauen ein Umfeld zu generieren, in dem auch vertrauliche Informationen ausgetauscht werden können (z. B. durch Vereinbarung eines Traffic Light Protokolls [TLP] oder eines Code of Conduct [CoC]).

Damit ist der Staat aber in den Informationsfluss nicht eingebunden und die Erzeugung eines nationalen Lagebildes weiterhin nicht sinnvoll möglich. Deshalb bedarf es gesamtstaatlicher Strukturen, in die alle Stellen eingebunden sind, Behörden, Wirtschaft und Schnittstellenorganisationen). Innerhalb dieser Strukturen sind Regeln vorzugeben, die allen Beteiligten ihre Rollen darstellen, für Sicherheit im Informationsaustausch sorgen und den Nutzen der Struktur erklären.

Die NIS-Richtlinie hat einige Teile dieser Struktur bereits für alle EU-Mitgliedstaaten verpflichtend vorgegeben. Die Details sind auf nationaler Ebene zu lösen. Die folgenden Kapitel sollen darstellen, wie eine solche nationale idealtypische Struktur aussehen könnte und wo die möglichen Hindernisse bei ihrer Umsetzung liegen.

3.2 Nationale Strukturen in Österreich

Um eine gesamtstaatliche Struktur definieren zu können, müssen zunächst die Akteure, die diese Struktur nutzen sollen, festgelegt werden. Die NIS-Richtlinie legt dazu folgende Rollen fest:

- Computer Security Incident Response Teams (CSIRT)
- Ein CSIRT-Netzwerk mit Vertretern der nationalen CERTs und des CERT-EU
- Eine oder mehrere „zuständige Behörde(n)", die die Anwendung der Richtlinie auf nationaler Ebene überwacht
- Eine „zentrale Anlaufstelle" als Verbindungsstelle zur grenzüberschreitenden Zusammenarbeit und zum CSIRT-Netzwerk (Single Point of Contact, SPOC)
- Betreiber wesentlicher Dienste
- Anbieter digitaler Dienste

Die österreichische Umsetzung dieser Vorgaben wird vor allem im Bereich der „zuständigen Behörden" einige neue Rollen definieren (vgl. Abb. 3.1). In Österreich sind vor allem drei Ministerien (Ressorts) für die Bearbeitung der Cyber-Securitythemen zuständig: das

[5] https://www.cert.at/about/atc/content.html (Letzter Zugriff: 25.02.2018)

[6] https://kuratorium-sicheres-oesterreich.at/ (Letzter Zugriff: 25.02.2018)

[7] https://www.digitales.oesterreich.gv.at/cyber-sicherheit-plattform (Letzter Zugriff: 25.02.2018)

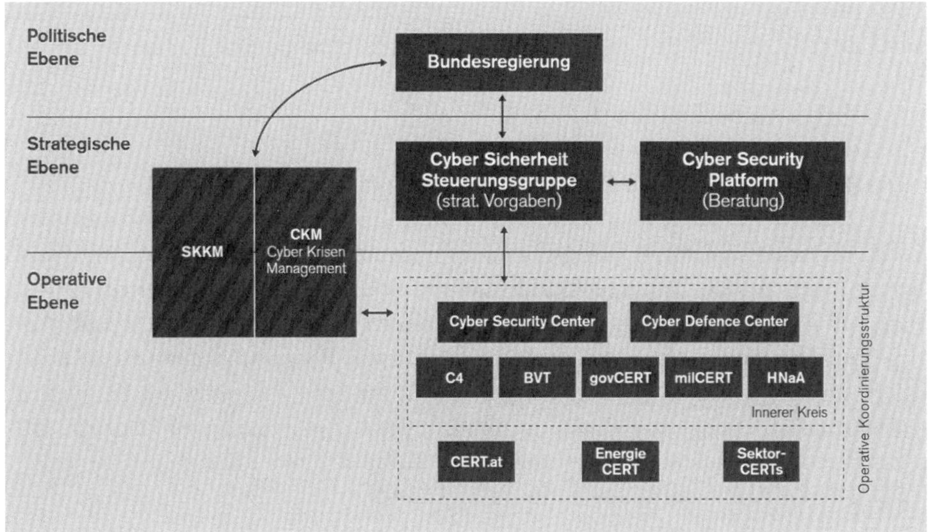

Abb. 3.1 Einordnung der operativen Koordinierungsstruktur. (Bundeskanzleramt Österreich 2017)

Bundesministerium für Inneres (BMI), das Bundeskanzleramt (BKA) und das Bundesministerium für Landesverteidigung (BMLV). Diese 3 bilden die „Sicherheitsressorts".

In Vorbereitung zur Umsetzung der NIS-Richtlinie wurden bereits folgende Teilorganisationen geschaffen:

- Das Cyber Security Center des BMI (CSC)
- Das Cyber Defence Center des BMLV (CDC bzw. CVZ)

Das CSC ist innerhalb des Innenministeriums im „Bundesamt für Verfassungsschutz und Terrorismusbekämpfung" (BVT) und das CDC im Heeres-Abwehramt (AbwA) angesiedelt. Sowohl BVT als auch AbwA sind mit der Verteidigung gegen und Bekämpfung von terroristischen Bedrohungen befasst und damit vor allem mit kritischen Infrastrukturen beschäftigt.

Aus Sicht eines nationalen Lagebildes sind aber nicht nur die von der NIS-Richtlinie definierten Rollen relevant, sondern es ergibt sich eine detaillierte Sicht.

Auf Seite der CSIRTs bzw. CERTs gibt es im Behördenbereich folgende weitere Stellen:

- Das Government CERT (GovCERT)
- Das militärische CERT (milCERT)

Das GovCERT setzt sich aus Vertretern des Bundeskanzleramtes und des nationalen CERTs „CERT.at" zusammen und ist der CERT-Ansprechpartner für österreichische Behörden. Das milCERT ist vor allem für die eigenen militärischen Netzwerke zuständig.

Zur Erstellung eines nationalen Lagebildes gibt es aber außerhalb der durch die NIS-Richtlinie definierten Stellen auch noch weitere Behördenfunktionen und Ämter:

- Das Heeres-Nachrichtenamt (HNaA)
- Das Cybercrime Competence Center (C4)
- Das Bundesministerium für Europa, Integration und Äußeres (BMEIA)

Das Heeresnachrichtenamt (HNaA) ist für die Erarbeitung des strategischen Lagebildes vor allem in Bezug auf internationale Akteure und Entwicklungen zuständig. Der Beitrag des HNaA soll in ein gesamtstaatliches Lagebild einfließen und dient als mögliche Entscheidungsgrundlage für die oberste politische und militärische Führung. Weiters ist das HNaA für die frühzeitige Erkennung von potenziellen Cyber-Bedrohungen aus dem Ausland zuständig und unterstützt im Fall eines großangelegten Cyber-Angriffes auf nationale Infrastrukturen mit den zur Verfügung stehenden Methoden eine Identifikation der Angreifer.[8]

Das C4 ist die nationale Koordinierungs- und Meldestelle zur Bekämpfung der Cyber-Kriminalität und ist im Bundeskriminalamt (.BK) angesiedelt, welches wiederum ein Teil des BMI ist.

Das BMEIA ist insbesondere in Bezug auf Fragen des Völkerrechtes bei Cyber-Vorfällen der zuständige Ansprechpartner.

Auf privatwirtschaftlicher Seite sind vor allem im Bereich der CERTs in der letzten Zeit neue Akteure hinzugekommen. Neben den vorhandenen privaten CERTs, insbesondere jenen, die sich im sogenannten „CERT-Verbund“[9] zusammengeschlossen haben, ist auch ein „Austrian Energy CERT“ (AEC[10]) entstanden, das vom Energiesektor privat finanziert wird und primär der österreichischen Elektrizitäts- und Erdgaswirtschaft dient. Es wurde dabei so gestaltet, dass es die Vorgaben der NIS-Richtlinie für ein Branchen-CERT erfüllt.

Diese Stellen bilden zusammen zwei neue nationale Strukturen. Das einerseits der die „Struktur zur Koordination auf der operativen Ebene“ (OpKoord) und innerhalb dieser der „Innere Kreis der operativen Koordinierung“ (IKDOK). Teilnehmer an der IKDOK sind:

- das Cyber Security Center (CSC) im BMI,
- das Cyber Defense (CDC) Center im BMLV,
- das Bundeskriminalamt (.BK) mit dem Cyber Crime Competence Center (C4) im BMI,
- das Bundesamt für Verfassungsschutz und Terrorismusbekämpfung (BVT),
- das GovCERT,
- das milCERT im BMLV,
- das Heeresnachrichtenamt (HNaA) im BMLV.

[8] https://www.cert.at/reports/report_2016_chap05/content.html (Letzter Zugriff: 25.02.2018)

[9] https://www.onlinesicherheit.gv.at/erste_hilfe/certs/cert-verbund_oesterreich/249450.html (Letzter Zugriff: 25.02.2018)

[10] https://cert.at/about/aec/content.html (Letzter Zugriff: 25.02.2018)

In der OpKoord sind alle diese Stellen ebenfalls vertreten und werden ergänzt um:

- das CERT.at
- das Austrian Energy CERT
- weitere Sektoren-CERTs
- das BMEIA
- Wirtschaftsvertreter und andere Behörden, wenn die von einem Sicherheitsvorfall betroffen sind

Zum Zeitpunkt der Erstellung dieses Textes gibt es neben CERT.at und AEC noch keine weiteren privatwirtschaftlichen Sektoren-CERTs, es finden aber Gespräche zu deren Aufbau statt.

Auf staatlicher Seite sind weiters noch die Regulatoren wichtige Ansprechpartner bei Cyber-Vorfällen. In Österreich gibt es dazu drei wesentliche Sektor-Regulatoren:

- Die Finanzmarktaufsicht (FMA)
- Die Rundfunk und Telekom Regulierung (RTR)
- Die Energie-Control Austria (ECA)

Und als Ansprechpartner bei Datenschutzverletzungen sowie zur Durchsetzung der Datenschutzgrundverordnung:

- Die Datenschutzbehörde (DSB)

Die genaue Rolle der Regulatoren bzw. der Datenschutzbehörde zur Erstellung von Lagebildern ist noch nicht definiert, sie verfügen aber als Ansprechpartner der Wirtschaft in jedem Fall über Informationen, die für ein Lagebild relevant sein können.

Neben den Betreibern wesentlicher Dienste und den Anbietern digitaler Dienste gemäß NIS-Richtlinie gibt es eine Gruppe an Betreibern kritischer Infrastrukturen gemäß der Definition des „Programms zum Schutz kritischer Infrastrukturen (APCIP[11]). Im Rahmen dieses Programmes wurden Unternehmen, Behörden und Organisationen benannt, die aus Sicht des Staates eine kritische Infrastruktur betreiben. Voraussichtlich werden viele der noch zu benennenden „Betreiber wesentlicher Dienste" ebenfalls in der APCIP-Liste stehen, die APCIP-Liste wird aber ebenso voraussichtlich größer sein, als die Liste der „Betreiber wesentlicher Dienste".

Um ein nationales Lagebild erstellen zu können, das nicht nur auf verpflichtenden und freiwilligen Meldungen der „Betreiber wesentlicher Dienste" aufbaut, ist es sinnvoll, auch alle anderen Betreiber kritischer Infrastrukturen zur Mitarbeit in Form von freiwilligen Meldungen einzuladen.

[11] https://www.bundeskanzleramt.gv.at/schutz-kritischer-infrastrukturen (Letzter Zugriff: 25.02.2018)

Neben diesen für die Funktion des Staates wesentlichen Organisationen sind noch weitere Akteure für die Erstellung eines Lagebildes nützlich. Das sind in erster Linie alle anderen Unternehmen, sowohl große Betriebe die nicht unter die Kategorie „Betreiber kritischer Infrastrukturen" oder „Betreiber wesentlicher Dienste" fallen, als auch die kleinen und mittleren Unternehmen (KMU). Die KMU bilden in Österreich 99,7 Prozent der Unternehmen,[12] das sind in Österreich ca. 330.000 Betriebe. Diese Unternehmen sind ebenfalls von Cyber-Angriffen betroffen und könnten daher einen wesentlichen Beitrag zur Schaffung eines Lagebildes beitragen, sofern es gelingt, ihre Meldungen über einen dedizierten Kanal zu bündeln und zu filtern (z. B. durch Schaffung eines KMU-CERT).

Eine weitere Gruppe, die von der NIS-Richtlinie nicht angesprochen wird, die aber einen Beitrag zu einem gesamtstaatlichen Lagebild beitragen kann, sind die Hersteller von Sicherheitsprodukten sowie die Sicherheitsdienstleister. Hardwarehersteller von Firewalls, Gateways, etc. und Softwarehersteller von Antivirensoftware, Betriebssystemen, Intrusion Detection Systemen, etc. haben oft Kanäle eingerichtet, über die sie Meldungen ihrer Systeme erhalten, wenn diese einen Cyber-Angriff feststellen. Daraus ergeben sich je nach Herstellermarkt nationale bis weltweite Statistiken über Angriffe auf ihre Systeme und damit Informationen, die für ein Lagebild wesentlich sein können.

Eine wichtige Rolle bei der Kooperation von Staat, Wirtschaft und Gesellschaft kommt Organisationen zu, die sich der Bündelung und Information von Stakeholdern aus allen Bereichen verschrieben haben. Das sind vor allem das Kuratorium Sicheres Österreich (KSÖ), die Austrian Trust Circles (ATC), das Zentrum für sichere Informationstechnologie-Austria (A-SIT), der Verein Cyber Security Austria (CSA) und die Dachorganisation Cyber Sicherheit Plattform (CSP).

Die CSP ist dabei die staatliche Organisation, die sicherstellen soll, dass der Informationsaustausch zwischen den einzelnen Organisationen, Vereinen und Plattformen sichergestellt und die Erkenntnisse gebündelt werden, um sie in weiterer Folge an die staatliche Cyber Sicherheit Steuerungsgruppe (CSS) weitergeben zu können.

3.3 Informationsfluss

Der Informationsfluss von Behörden zu Unternehmen erfordert eine gesetzliche Legitimationsgrundlage – ohne gesetzliche Verpflichtung sind Behörden nicht in der Lage Informationen auszutauschen. Da wo es gesetzlich möglich ist, sind sie oft durch die damit verbundene Frage nach der Haftung zumindest vorsichtig, was eine Informationsweitergabe betrifft.

Im Rahmen der Umsetzung der NIS-Richtlinie wurde durch das Kuratorium Sicheres Österreich (KSÖ) ein „*Rechts- und Technologiedialog*" durchgeführt, der unter anderem die rechtlichen Fragen dieses Informationsaustausches behandelt hat. Die Ergebnisse dieses

[12] https://www.bmdw.gv.at/Unternehmen/UnternehmensUndKMU-Politik/Seiten/KleineundmittlereUnternehmeninOesterreich_FactsandFeatures.aspx (Letzter Zugriff: 25.02.2018)

Dialogs sind in einem *Whitepaper* des KSÖ (Borchert und Rosenkranz 2016) zusammengefasst. Dabei wurde deutlich, dass ein Informationsfluss in Richtung der Unternehmen nur in Teilbereichen realistisch darstellbar ist. Gleichzeitig war dieser Informationsfluss eine Bedingung der Unternehmen, um ihrerseits freiwillige Meldungen an die Behörden weitergeben zu können. Die Bereitschaft, zu einem Cyber-Lagebild beizutragen ist gering, wenn dieses Lagebild dann nicht mit den Unternehmen geteilt wird.

Hinzu kommt auch, dass Unternehmen die Veröffentlichung von gemeldeten Vorfällen mit Skepsis sehen, da sich dies negativ auf das Unternehmen auswirken kann. Auch die NIS-Richtlinie schreibt dazu in Richtung der Behörden:

> Die zuständigen Behörden sollten dafür Sorge tragen, dass informelle, vertrauenswürdige Kanäle für den Informationsaustausch erhalten bleiben. Bei der Bekanntmachung von Sicherheitsvorfällen, die den zuständigen Behörden gemeldet werden, sollte das Interesse der Öffentlichkeit, über Bedrohungen informiert zu werden, sorgfältig gegen einen möglichen wirtschaftlichen Schaden bzw. einen Imageschaden abgewogen werden, der den Betreibern wesentlicher Dienste oder den Anbietern digitaler Dienste, die solche Vorfälle melden, entstehen kann. Bei der Erfüllung der Meldepflichten sollten die zuständigen Behörden und die CSIRTs besonders darauf achten, dass Informationen über die Anfälligkeit von Produkten bis zur Veröffentlichung der entsprechenden Sicherheitsfixes streng vertraulich bleiben.[13]

Lagebilder sollten dementsprechend nicht aus einer Sammlung von eingegangene Meldungen bestehen, sondern aufbereitet werden. Deshalb kommt den Schnittstellenorganisationen hier eine wesentliche Rolle zu, insbesondere den CERTs. Eine Stärkung dieser bestehenden Strukturen ist daher ein zentrales Anliegen der Österreichischen Strategie für Cyber Sicherheit (ÖSCS).

Die grundlegende Definition eines CSIRT ist in der RFC 2350 (Brownlee und Guttman 1998) geregelt. In Appendix A des RFC 2350 sind die Aufgaben eines Computer Security Incident Response Teams (CSIRT) beschrieben. Ein CSIRT ist demnach ein Team zur Koordination und Behandlung von Sicherheitsvorfällen, die eine bestimmte Zielgruppe betreffen. Essenzieller Teil ist dabei, nach der RFC 2350, die Bereitstellung eines sicheren Kanals zum Empfang von Berichten über Sicherheitsvorfälle.

Ein CERT hat, wenn es Teil der OpKoord ist, Zugang zu vertraulichen Informationen und könnte diese, nach entsprechender Aufbereitung in anonymisierter Form, mit seiner Zielgruppe (der „Constituency“) teilen. Die CERTs haben mit ihrer Zielgruppe in der Regel bereits eine Kommunikation aufgebaut. Im Fall von CERT.at ist diese Kommunikation relativ offen, da die Zielgruppe sehr breit ist. Das Austrian Energy CERT kann, da seine Zielgruppe auf die Energiebranche reduziert ist, mit vertraulichen Informationen arbeiten und hat diese Kommunikation über einen Code of Conduct geregelt.

Eine wesentliche Aufgabe kommt dabei dem Traffic Light Protocol (TLP) zu. Dies ist eine Vereinbarung über den Grad der Vertraulichkeit einer Information, die auf 4 Stufen (White, Green, Amber, Red – siehe Abb. 3.2) aufbaut. Durch die simple Definition ist

[13] https://eur-lex.europa.eu/legal-content/DE/TXT/?uri=CELEX%3A32016L1148 (Letzter Zugriff: 10.03.2018)

Color	When should it be used?	How may it be shared?
TLP:RED Not for disclosure, restricted to participants only.	Sources may use TLP:RED when information cannot be effectively acted upon by additional parties, and could lead to impacts on a party's privacy, reputation, or operations if misused.	Recipients may not share TLP:RED information with any parties outside of the specific exchange, meeting, or conversation in which it was originally disclosed. In the context of a meeting, for example, TLP:RED information is limited to those present at the meeting. In most circumstances, TLP:RED should be exchanged verbally or in person.
TLP:AMBER Limited disclosure, restricted to participants' organizations.	Sources may use TLP:AMBER when information requires support to be effectively acted upon, yet carries risks to privacy, reputation, or operations if shared outside of the organizations involved.	Recipients may only share TLP:AMBER information with members of their own organization, and with clients or customers who need to know the information to protect themselves or prevent further harm. **Sources are at liberty to specify additional intended limits of the sharing: these must be adhered to.**
TLP:GREEN Limited disclosure, restricted to the community.	Sources may use TLP:GREEN when information is useful for the awareness of all participating organizations as well as with peers within the broader community or sector.	Recipients may share TLP:GREEN information with peers and partner organizations within their sector or community, but not via publicly accessible channels. Information in this category can be circulated widely within a particular community. TLP:GREEN information may not be released outside of the community.
TLP:WHITE Disclosure is not limited.	Sources may use TLP:WHITE when information carries minimal or no foreseeable risk of misuse, in accordance with applicable rules and procedures for public release.	Subject to standard copyright rules, TLP:WHITE information may be distributed without restriction.

Abb. 3.2 TLP nach Definition des US-CERT. (https://www.us-cert.gov/tlp (Letzter Zugriff: 25.02.2018)

das TLP sehr einfach zu nutzen und hebt sich damit von vertraglich festgesetzten „Non-disclosure agreements“ ab, die nur nach Abstimmung der jeweiligen Rechtsabteilungen abgeschlossen werden können und teils sehr hohe Strafen bei Nichtbeachtung mit sich bringen. Ein TLP hat in der Regel nur die Folge, dass die Partei, die das TLP verletzt, aus der Community ausgeschlossen wird. Da der Nutzen, in der Community zu bleiben, aber sehr hoch sein kann, ist dies in den meisten Fällen eine ausreichend strenge Drohung.

Mit der Umsetzung der NIS-Richtlinie wird in Österreich festgelegt werden, dass die verpflichtenden Meldungen von den Unternehmen an ihr zuständiges Branchen-CERT übermittelt werden müssen (siehe dazu auch Kap. 4). Das Branchen-CERT ist dann dafür zuständig, diese Meldungen an die zuständige Behörde (dies wird in Österreich das BMI sein) weiterzuleiten. Freiwillige Meldungen gehen ebenfalls diesen Weg, allerdings besteht hier die Möglichkeit der Anonymisierung der Daten. Damit kommt den CERTs als Schnittstellenorganisation eine weitere wesentliche Rolle zu. Je nach Meldungsintensität kann dies zu einem erheblichen Mehraufwand führen, insbesondere da es zu Zeitpunkt der Erstellung dieses Textes nur zwei Branchen-CERTs gibt – das AEC für den Energiesektor und das GovCERT für die Behörden. Alle anderen Unternehmen haben das nationale CERT.at als Ansprechpartner.

Verpflichtende Meldungen werden über die CERTs an das BMI (innerhalb des BMI an das CSC) unverzüglich weitergeleitet, das diese Informationen ebenso unverzüglich an das BMLV weitergibt, wenn der meldende Betreiber vom BMLV zertifiziert wurde (dies wird beispielsweise Unternehmen betreffen, die für das BMLV als Betreiber wesentlicher Dienste für die Landesverteidigung gelten). Alle anderen IKDOK-Mitglieder erhalten die Daten ebenfalls so rasch als möglich. Das CSC hat in weiterer Folge die Möglichkeit, bei einer durch Cyber-Probleme ausgelösten Krise mit dem bestehenden staatlichen Krisen- und Katastrophenmanagement zusammenzuarbeiten.

Für die Meldung selbst wird ein Formular erstellt werden, das zum Zeitpunkt der Erstellung dieses Textes noch definiert wurde. Es wird aber voraussichtlich folgende Informationen enthalten:

- Angaben zum Sicherheitsvorfall
- Technische Rahmenbedingungen, insb. vermutete oder tatsächliche Ursache
- Betroffene Informationstechnik
- Art der betroffenen Einrichtung oder Anlage

Später bekannt gewordene Informationen können und müssen nachgereicht werden und als Kommunikationsmittel wird ein elektronisches Formular genutzt werden. Der Kommunikationskanal ist noch offen und wird, wie auch die anderen Details noch über eine Verordnung festgelegt werden.

Digitale Diensteanbieter haben eine erleichterte Meldepflicht. Sie müssen nur melden, wenn der Diensteanbieter ausreichende Informationen zum Sicherheitsvorfall hat.

Auf Seite der Behörden wird der Bund sich selbst verpflichten, ebenfalls zu melden – in diesem Fall an das GovCERT als zuständige Meldestelle.

Die datenschutzrechtlichen Aspekte der Meldungen werden in Kap. 5 behandelt.

3.4 Prozesse

Die Erstellung von Cyber-Lagebildern folgt vereinfacht dem Prozess „Input" – „Aktion/Reaktion" – Output. Dies gilt für jede Teilorganisation, wobei die Inputs und Outputs der einen Organisation wiederum die entsprechenden Inputs bzw. Outputs der anderen Organisation sein können.

- „Input" stellt dabei jene Aufgaben und Handlungen dar, die von den Entitäten aktiv durchgeführt werden, um Informationen zu sammeln, zu bewerten und um diese aktiv verwenden zu können
- „Aktion/Reaktion" stellt dabei jene Aufgaben und Handlungen dar, bei denen die Informationen aus „Input" zu Maßnahmen umgewandelt werden.
- „Output" sind jene Aufgaben und Handlungen, die von den Entitäten ausgeführt werden, um Informationen mit den anderen Teilnehmern zu teilen.

Sowohl „Input“ als auch „Output“ wurden in die folgenden **drei Phasen** aufgeteilt:

- Normalzustand: Die Phase des Normalzustandes dient der Vorbereitung und Beobachtung. In dieser Phase werden freiwillig oder verpflichtend Informationen zwischen den Akteuren ausgetauscht, bewertet und dokumentiert. In dieser Phase finden sicherheitsrelevante Ereignisse wie das Austesten von Schwachstellen, Portscans, kleinere DDoS Angriffe, Phishingversuche, etc. statt. Diese sind aber noch nicht erfolgreich.
- Ereignisphase: Die Ereignisphase besteht aus Störungen, Notfälle und Krisen, wobei diese in den Unternehmen und Organisation unterschiedlich definiert sein können. In dieser Phase sind/waren Angreifer erfolgreich mit einem Einbruch, es findet eine großangelegte DDoS-Attacke statt oder ein wesentlicher Dienst eines Betreibers wesentlicher Dienste ist ausgefallen.
- Lessons learned: Die Lessons learned Phase dient der Reflexion und Vorbereitung auf kommende Ereignisse (und entspricht damit der „Assess“-Phase des Cyber Situational Awareness Modells von Okolica et al. (2009), vgl. Kap. 1) sowie der Dokumentation.

Für die weitere Beschreibung teilen wir die Akteure in 5 Gruppen:

- Betroffene Organisationen: Betroffene Organisationen sind jene Entitäten, die von einem Cyber-Vorfall betroffen sind.
- Branchen-CERTs: Branchen-CERTs sind die für diese betroffenen Organisationen zuständigen CERTs entsprechend der Umsetzung der NIS-Richtlinie.
- Sicherheitsdienstleister: Sicherheitsdienstleister sind jene Dienstleister, die für die betroffene Organisation Hilfestellung bei Cyber-Vorfällen leisten.
- NIS-Behörden: NIS-Behörden sind die die entsprechend der NIS-Richtlinie strategischen (BKA) und operativen Behörden (BMI und BMLV) sowie der SPOC.
- Mitglieder der IKDOK: Mitglieder der IKDOK sind CSC, CDC, C4, BVT, GovCERT, milCERT und HNaA. Dabei sind je nach Anlassfall alle oder nur einzelne Organisationen gemeint.

Die folgenden Prozessbeschreibungen stellen idealtypische Abläufe anhand der oben beschriebenen Akteure dar.

3.4.1 Phase Normalzustand

In der Phase **Normalzustand** ergeben sich folgende generische Abläufe:

- **Betroffene Organisation**
  - **Input**
    - Bewertung der CERT- und Behörden-Informationen

- **Aktion/Reaktion**
  - Umsetzung von Behördenempfehlungen
  - Option: Erstellen eines Scores zur Aussage über den eigenen Zustand (ohne dabei Details zu nennen, z. B. Ampelsystem)
- **Output**
  - Meldung an CERT
  - Bei meldepflichtigen Vorgängen Information an CERT, dass sie die Freigabe zur Weiterleitung an die NIS-Behörden erhalten
  - Option: Score an CERT übermitteln

- **Branchen-CERT**
  - **Input**
    - Sammeln, auswerten und bewerten
    - Aggregieren externen/interner (Branchen)Quellen
    - Entgegennahme von meldepflichtigen Meldungen
  - **Aktion/Reaktion**
    - Erstellen von Empfehlungen für Maßnahmen
    - Einschätzung der Dringlichkeit
  - **Output**
    - Zielgerichtete Information an betroffene Organisationen
    - Trends, Entwicklungen und Status der Branche an NIS-Behörden – nicht nur Weiterleitung sondern Aggregation und Branchenlagebild
    - Weiterleitung von meldepflichtigen Meldungen an die Meldebehörde(n)
- **Sicherheitsdienstleister**
  - **Input**
    - Meldungen von Kunden, CERTs, Verbund der Sicherheitsdienstleister sammeln und bewerten
  - **Aktion/Reaktion**
    - Interne Ressourcen und Know-how hinterfragen (ist ausreichend bzw. verfügbares und entsprechend ausgebildetes Personal vorhanden)
    - Bewertung und Erarbeitung von Empfehlungen für Kunden
    - Entwicklung von Trendabschätzungen
  - **Output**
    - Trendabschätzungen an Cyberbehörden und Kunden senden
    - Information der Kunden über Empfehlungen
- **NIS-Behörde**
  - **Input**
    - Entgegennahme von meldepflichtigen Meldungen
  - **Aktion/Reaktion**
    - Sicherstellung der Einhaltung von Mindeststandards
  - **Output**
    - Trendabschätzungen an NIS-Behörden und Kunden senden
    - Information der Empfehlungen an Kunden

- **IKDOK**
  - **Input**
    - Aggregation eingehender Meldungen von internen und externen Quellen, betroffenen und involvierten Unternehmen, Akteuren und Gruppierungen
    - Sammeln und bewerten
  - **Aktion/Reaktion**
    - Verifikation von Quellen und Quelleninformationen, Frühwarnungen erarbeiten, anpassen und überarbeiten der Scores (optional)
    - Koordination und Absprache innerhalb der IKDOK
  - **Output**
    - Information der Frühwarnungen an eigene Führung und nach Freigabe an Betroffene

Die Phase Normalzustand bedeutet nicht, dass keine Vorfälle stattfinden. Die Vorfälle sind aber alle in einem Rahmen, in dem die betroffenen Organisationen selbst mit den Auswirkungen umgehen können. Die stattfindenden Vorfälle werden gemeldet und von den CERTs und NIS-Behörden ausgewertet. Empfehlungen und Informationen der CERTs und Behörden werden ausgewertet und nach eigenem Ermessen umgesetzt.

Die CERTs sammeln Informationen aus unterschiedlichen Quellen (vgl. Kap. 6) und erstellen Maßnahmenempfehlungen – dies entspricht bereits jetzt der Kernaufgabe der CERTs. In einem idealtypischen Ablauf erstellt das CERT aber zusätzlich ein Branchenlagebild, das den Behörden zu Verfügung gestellt wird. Das CERT hat in der Regel zusätzlich zu den offiziellen freiwilligen und verpflichtenden Meldungen auch noch weitere Informationen aus den Branchen zu Verfügung, die es befähigen, ein solches Lagebild zu erstellen.

Die Sicherheitsdienstleister sammeln Informationen aus unterschiedlichen Quellen und beteiligen sich – idealtypisch – aktiv am Informationsaustausch. Dazu erstellen sie Empfehlungen und Trendabschätzungen, die Kunden und Behörden zu Verfügung gestellt werden. Sie erweitern damit den Kreis der Experten. Weiters prüfen die Sicherheitsdienstleister bereits in dieser Phase regelmäßig, ob sie im Falle einer Eskalation ausreichend Ressourcen für weitere Hilfestellungen haben.

Die NIS-Behörden sind in dieser Phase insbesondere mit der Entgegennahme von Meldungen befasst. Die Prüfaufgabe zu den Meldungen besteht insbesondere in der Sicherstellung, dass die Meldungen keine Verletzung der Einhaltung von Mindeststandards anzeigen.

Die IKDOK sammelt und prüft die Meldungen, verifiziert die Quellen und erarbeitet Frühwarnungen, falls sie dies für angebracht hält. Der IKDOK kommt hier die wesentliche Rolle der Erstellung eines Gesamtlagebildes zu, das aus den Einzellagebildern der Branchen-CERTs besteht. An dieser Stelle ist zu entscheiden, ob dieses Gesamtlagebild oder Auszüge daraus an die betroffenen Organisationen gesendet werden darf – im Sinne der Frühwarnung wäre dies – idealtypisch – jedenfalls sinnvoll.

Abseits des idealtypischen Prozesses liegen in der Praxis die Schwierigkeiten meist bei der notwendigen Zeit um vollständige Meldungen zu erstatten. Die CERTs berichten in der Regel, dass die Unternehmen ihre Meldungen immer noch vor allem per Email als Fließtext oder telefonisch übermitteln, da dies die zeitsparendsten Varianten auf Seite der Absender (nicht jedoch auf Seite der empfangenden und verarbeitenden CERTs) sind. Auch im Rahmen von Cybersecurity Planspielen (zuletzt im KSÖ Cybersecurity Planspiel 2017[14]) zeigte sich, dass sogar bei Vorhandensein eines entsprechenden Meldeformulars nicht alle Teilnehmer dieses genutzt haben, sondern direkt Texte per Email versendet haben.

Trotzdem kann weiterhin davon ausgegangen werden, dass zumindest jene Unternehmen, die schon früher mit den CERTs Kontakt hatten, auch weiterhin ihre Vorfälle an das CERT berichten werden. Wie viele davon damit einverstanden sind, dass diese Informationen an die Behörden weitergeleitet werden, wird sich zeigen und ist nach den Ergebnissen der Arbeiten zum NIS-Gesetz (z. B. KSÖ Rechts- und Technologiedialog) abhängig davon, ob daraus auch wieder nützliche Informationen für das Unternehmen generiert und zurückgemeldet werden.

3.4.2 Phase Ereignis

In der Phase **Ereignis** ergeben sich folgende generische Abläufe:

- **Betroffene Organisation**
  - **Input**
    - Bewertung der CERT Meldungen
    - Entgegennahme von IKDOK Informationen
    - Entgegennahme von Sicherheitsdienstleisterempfehlungen
  - **Aktion/Reaktion**
    - Umsetzung von CERT/Behörden/Sicherheitsdienstleister-Empfehlungen
  - **Output**
    - Beschreibung der Auswirkungen (zeitlich, organisatorisch, Ressourcen, medial) an CERT bzw. operative NIS-Behörden
- **Branchen-CERTs**
  - **Input**
    - Sammeln, auswerten und bewerten
    - Aggregieren externer/internen (Branchen-)Quellen
    - Entgegennahme von IKDOK Informationen

[14] https://kuratorium-sicheres-oesterreich.at/allgemein/ksoe-cybersecurity-planspiel-praxistest-fuer-eu-richtlinie/ (Letzter Zugriff: 10.03.2018)

- **Aktion/Reaktion**
  - Erarbeitung von Empfehlungen an die betroffenen Organisationen
  - Aktive Hilfe und Koordination von Ressourcen auf Anfrage
- **Output**
  - Zielgerichtete Information an betroffene Organisationen und an noch nicht Betroffene, CERT-Netzwerk, Friends&Family
  - Information an NIS-Behörde, wenn die betroffene Organisation meldepflichtig ist
  - Information an IKDOK

- **Sicherheitsdienstleister**
  - **Input**
    - Meldungen von Kunden, CERTs, IKDOK, Verbund der Sicherheitsdienstleister sammeln und bewerten
  - **Aktion/Reaktion**
    - Interne Ressourcen und KnowHow hinterfragen (ist ausreichend bzw. verfügbares und entsprechend ausgebildetes Personal vorhanden)
    - Anfragen zur Bereitstellung von Ressourcen (Technikern) bearbeiten
    - Bewertung und Erarbeitung von Empfehlungen für die Kunden
    - Priorisierung von internen Ressourcen gemäß vertraglicher Vereinbarungen[15]
    - Aktive Hilfeleistungen
    - Forensische Analysen
  - **Output**
    - Mitteilung von relevanten Ergebnissen
    - Bei länger andauernden Vorfällen die Erstellung von Zwischenberichten
- **NIS-Behörde**
  - **Input**
    - Aggregierte Meldungen seitens CERT aufnehmen und archivieren
    - Entgegennahme von meldepflichtigen Ereignissen
    - Entgegennahme von internationalen Meldungen der SPOCs
  - **Aktion/Reaktion**
    - Prüfen, ob grenzüberschreitende Auswirkungen vorliegen
  - **Output**
    - Weitergabe von grenzüberschreitenden meldepflichtigen Ereignissen an den SPOC
    - Weitergabe von internationalen Meldungen an Branchen-CERTs, wenn relevant
- **IKDOK**
  - **Input**
    - Aggregation eingehender Meldungen von internen und externen Quellen, betroffenen und involvierten Unternehmen, Akteuren und Gruppierungen
    - Sammeln und Bewerten

[15] Dies ist insbesondere für die staatlichen Stellen relevant. Falls beabsichtigt ist, dass auf Experten zugegriffen werden kann, auch wenn diese für vertraglich vereinbarte Hilfestellungen bei ihren Kunden gebunden sind, müsste dies gesetzlich geregelt werden.

- **Aktion/Reaktion**
  - Bewertung der (möglichen) Auswirkungsbeschreibungen von/bei kritischen Infrastrukturen
  - Erarbeiten von Behördenempfehlungen
  - Überblick über kritikale Ressourcen
  - Erarbeitung von Eskalationsvorschlägen zur Auswirkungsminimierung (Vorschlag des Stellens der Krisenfrage und Aktivierung des Cyber-Krisenmanagements)
  - Erarbeitung von Täterprofilen und Modus Operandi
  - Unterstützung bei/von Strafverfolgungsmaßnahmen
  - Anbietern aktiver Hilfeleistungen bzw. Koordination derselben
- **Output**
  - Lagebild mit Handlungsoptionen für eigene Führung
  - Weitergabe von Situationsüberblick/Behördenempfehlungen an Branchen-CERTs und Betroffene
  - Weitergabe von Täterprofilen und deren Vorgangsweisen
  - Rückfragen bei Betroffenen

Die Phase Ereignis tritt in Kraft, wenn größere oder übergreifende Vorfälle stattfinden. Die betroffenen Organisationen sind mit der Bewältigung der Vorfälle beschäftigt, setzen Empfehlungen der CERTs, der Behörden und der Sicherheitsdienstleister um und beschreiben die Auswirkungen den CERTs bzw. den NIS-Behörden.

Die Branchen-CERTs leisten zusätzlich zu ihren Aufgaben im Normalzustand auf Anfrage auch aktive Hilfestellung und informieren einen breiteren Kreis an Empfängern (Netzwerk, Friends&Family) über die aktuellen Vorfälle und ihre Empfehlungen zur Bewältigung.

Die Sicherheitsdienstleister sind in dieser Phase intensiver mit ihren Kunden beschäftigt, werden aber eventuell auch von Seite der Behörden um Unterstützung bei anderen Fällen aufgefordert. Hier ist für die Zukunft zu klären, ob der Staat die Option einrichten will, Sicherheitsdienstleister auch zu solchen Hilfestellungen zu verpflichten, auch wenn diese damit Verträge mit ihren Kunden verletzen würden (dies bedingt die Klärung der Finanzierung und der Haftung).

Die NIS-Behörden nehmen weiterhin Meldungen entgegen und informieren bei grenzüberschreitenden Fällen andere Länder über die jeweiligen SPOCs.

Die IKDOK hat in dieser Phase eine sehr aktive Rolle. Sie sollte einerseits die möglichen Auswirkungen aller bekannten Vorfälle beurteilen und Empfehlungen erarbeiten. Sie soll aber auch über eine allfällige Eskalation in Richtung des Cyber-Krisenmanagements entscheiden und leitet damit die Entscheidung zur Stellung einer gesamtstaatlichen Cyber-Krisenfrage ein. Sie erstellt für die jeweilige Führung ein Lagebild mit Handlungsoptionen und informiert Branchen-CERTs und betroffene Organisationen (wiederum abhängig davon, ob die Informationen geteilt werden dürfen).

Wie auch in der Phase Normalzustand ist das größte Hindernis bei der Umsetzung dieses Prozesses die Bereitschaft der Unternehmen, freiwillige Meldungen abzusetzen. Aus staatlicher Sicht ist es verständlich, dass möglichst viele Informationen erwartet werden, um ein aussagekräftiges Lagebild generieren zu können. Das stellt die Unternehmen aber vor die Aufgabe, neben der Ereignisbewältigung zusätzlich Ressourcen für die Meldung aufzubringen.

Hier soll die Meldeverpflichtung eingreifen und sicherstellen, dass zumindest von den Betreibern wesentlicher Dienste Meldungen erhalten werden. Das ist aber voraussichtlich (hier sind sich alle Akteure einig) nicht genug, um ein belastbares Lagebild erzeugen zu können. Wenn sich in der Zukunft zeigt, dass nicht ausreichend freiwillige Meldungen eintreffen, wird der Fokus der Behörden einerseits in Richtung einer Ausweitung der Liste der Betreiber wesentlicher Dienste gehen bzw. die Suche nach technischen Lösungen (z. B. Cyber Security Sensornetzwerke[16]) intensiviert werden (vgl. Kap. 6).

Wie schon mehrfach erwähnt, steht und fällt die Partnerschaft zwischen Public und Private in diesem Fall mit der Frage, ob von Seite der Behörden auch Informationen an die meldenden Stellen zurückgehen können und dürfen. Das Whitepaper des KSÖ Rechts- und Technologiedialogs (Borchert und Rosenkranz 2016) hat hier gezeigt, dass die Bereitschaft an einem Lagebild mitzuarbeiten nur in ausreichendem Maße gegeben ist, wenn dieses Lagebild auch wieder mit den meldenden Stellen geteilt wird.

Eine weitere Herausforderung bei der Umsetzung sind die Ressourcen auf staatlicher Seite. Hier ist es erforderlich, dass Personal vorhanden ist, das die Informationen verstehen, interpretieren und auswerten kann und daraus mehr erstellen kann als eine Zusammenfassung für die nächsthöhere Ebene. Der Handlungsspielraum der Behörden ist damit von der budgetären Situation und der damit erreichbaren Personalstärke abhängig. In der aktuellen Situation sind insbesondere IT-Security Spezialisten sehr gefragt und diese erwarten überdurchschnittliche Gehälter. Im staatlichen Bereich sind die Löhne aber in der Regel gesetzlich vorgegeben und damit nicht flexibel genug, um auf eine Spezialistenknappheit reagieren zu können.

Die nächste Herausforderung liegt in der Abstimmung der Behörden untereinander. Wenn innerhalb der Behördenstrukturen unklare Zuständigkeiten, Mehrfachzuständigkeiten oder Kommunikationsschwierigkeiten bestehen, verzögert sich die Erstellung der Lagebilder entsprechend. Die IKDOK hat hier bisher eine beispielhafte Rolle eingenommen, in dem sie gezeigt hat, dass solche Abstimmungsprozesse rasch und effizient ablaufen können. Dies ist aber abhängig von den jeweiligen politischen Vorgaben betreffend der Aufgaben der Ressorts und ihrer Fachbereiche. Hier wird die Zukunft zeigen, ob es gelingt, die Abstimmungsprozesse eng, effektiv und effizient zu gestalten.

[16] http://www.flosko.at/ait/2017_BMLVS_Konf_SKOPIK_2017_v7_web.pdf (Letzter Zugriff: 10.03.2018)

3.4.3 Phase Lessons Learned

In der Phase **Lessons Learned** ergeben sich folgende generische Abläufe:

- **Betroffene Organisation**
  - **Input**
    - Sammeln der Lessons Learned seitens CERT und Behörden
  - **Aktion/Reaktion**
    - Beschreibung der Vorgangsweise und Workarounds
    - Umsetzung der Lessons Learned
  - **Output**
    - Information an CERT und operative NIS-Behörden
- **Branchen-CERT**
  - **Input**
    - Sammeln, auswerten und bewerten
    - Aggregieren externer/interner (Branchen)Quellen
  - **Aktion/Reaktion**
    - Beschreibung der Vorgehensweise und Workarounds
    - Erfassung für Statistik
  - **Output**
    - Zielgerichtete Information an betroffene Organisationen und noch nicht Betroffene, Netzwerk, Friends&Family
- **Sicherheitsdienstleister**
  - **Input**
    - Umsetzung der Lessons Learned seitens CERT und Behörden
  - **Aktion/Reaktion**
    - Beschreibung der Vorgehensweise und Workarounds
    - Erfassung für Statistik, Beteiligtenaussagen
  - **Output**
    - Information an Kunden und IKDOK
- **NIS-Behörde**
  - **Input**
    - Kein Input
  - **Aktion/Reaktion**
    - Auswertung und Strukturierung der eingegangenen Meldungen für die Statistik
    - Prüfung der Aufnahme von Vulnerabilitäten in die Überprüfung von Mindestsicherheitsstandards
    - Prüfung der Aufnahme in den Auditkatalog
  - **Output**
    - Bei grenzüberschreitenden Vorfällen Meldung des Abschlusses

- **IKDOK**
  - **Input**
    - Entgegennahme der Berichte von Branchen-CERTs und Sicherheitsdienstleistern
  - **Aktion/Reaktion**
    - Auswertung und Strukturierung der eingegangenen Meldungen für Statistik
    - Vorschlag zur Überarbeitung von gesamtstaatlichen Kommunikationsprozessen und Anpassung der Legislative
    - Statistische Nachpflege der Vorfälle
    - Prognosen über die Sicherheitsentwicklung
    - Prüfung der Anpassungen von Maßnahmenkatalogen und Handlungsrichtlinien
  - **Output**
    - Information der anderen Ressorts

Die Phase Lessons Learned beschreibt die Nutzung der gesammelten Erkenntnisse zur Verbesserung der Prozesse für den nächsten Einsatz. Relevant ist hier vor allem die Rolle der IKDOK, die überprüfen muss, ob die gewonnenen Daten zur Anpassung von gesetzlichen Vorgaben bzw. Sicherheitshandbüchern genutzt werden sollten. Weiters ist zu prüfen, ob die Kommunikation während der Ereignisbewältigung so funktioniert hat, wie dies geplant war oder ob Optimierungen vorgenommen werden sollten.

In dieser Phase ist nicht mit wesentlichen Hindernissen zu rechnen. Hier ist vor allem die Frage der Wissensweitergabe, des Knowledge-Managements, und Anpassungsfähigkeit der Organisationen die entscheidende Fähigkeit, um für die Zukunft zu lernen. Wichtiger Bestandteil dieser Phase ist jedoch, ob es den Behörden gelingt, die gewonnenen Erkenntnisse in Prognosen für die weitere Entwicklung und in angepasste Best-Practice-Empfehlungen, legistische Anpassung und/oder optimierte Sicherheitshandbücher einfließen zu lassen.

Eine wesentliche Optimierungsaufgabe betrifft die Kommunikation, insbesondere auf staatlicher Seite. Der Staat sollte mit steigender Erfahrung die Rolle des gesamtstaatlichen Notfall- und Krisenkommunikators bzw. -managers übernehmen können. Es ist absehbar, dass Cyber-Vorfälle in Zukunft an Intensität und Schadenswirkungen zunehmen werden. Da es unwahrscheinlich ist, dass eine übergreifende Koordinierungsrolle aus der Wirtschaft kommen kann (die CERTs leisten hier aktuell einen sehr wesentlichen Beitrag, der aber nicht den gesamten Staat abdecken kann), ist der Staat gefragt.

3.5 Beispielanwendungsfall

3.5.1 Annahme

Für den folgenden Use Case wird von einer Umsetzung der NIS-Richtlinie in österreichisches Recht (NIS-Gesetz) ausgegangen. Teile der österreichischen Unternehmen (Betreiber wesentlicher Dienste) unterliegen daher einer Meldepflicht bei Vorfällen die eine staatlich definierte Schwelle überschreiten.

Die Unternehmen haben keine staatlichen Sensoren in Betrieb, die den staatlichen Stellen automatisiert Netzwerkdaten melden würden. (Hinweis: Kap. 8 beschreibt ein darauf aufbauendes wesentlich komplexeres Szenario im Zuge einer Übung.)

3.5.2 Ausgangslage

Ein Hersteller/Sicherheitsdienstleister teilt dem CERT eine bereits bewertete Information über eine Vulnerabilität in einer weit verbreiteten Cybersicherheitskomponente mit. Die Information ist öffentlich und darf somit durch das CERT verteilt werden. Der Hersteller/Sicherheitsdienstleister geht davon aus, dass innerhalb von 48 Stunden eine Lösung von ihm zu Verfügung gestellt werden kann.

Das Szenario ist in der Phase „Normalzustand"

3.5.3 Ablauf

Das CERT gibt die erhaltene Information an alle Unternehmen und Organisationen im CERT-Verteiler weiter und ergänzt ggf. um Empfehlungen für die weitere Vorgangsweise. Das CERT empfiehlt den Unternehmen ihre Betroffenheit durch die Vulnerabilität freiwillig an das CERT zu melden, damit ein Lagebild erstellt werden kann. Das CERT informiert neben den Unternehmen auch die IKDOK-Mitglieder.

Die Unternehmen führen daraufhin eine interne Bewertung ihrer Betroffenheit und der empfohlenen Maßnahmen durch und beurteilen, ob sie die Maßnahmen umsetzen können und wollen. Je nachdem, ob der Empfehlung des CERT nachgekommen wird, ergeben sich zwei Szenarien für den Use Case. In Szenario 1 wird die Betroffenheit des Unternehmens dem CERT gemeldet, in Szenario 2 wird der weitere Vorgang nur intern behandelt. Für den Use Case ist nur Szenario 1 relevant, da bei Szenario 2 keine Kommunikation nach außen stattfindet.

Die Entscheidung, ob der Empfehlung des CERT nachgekommen wird und die Betroffenheit dem CERT gemeldet wird, liegt bei den jeweils betroffenen Unternehmen.[17] Bei der Beurteilung berücksichtigen die Unternehmen die Auswirkung der Schwachstelle und die Möglichkeit der Isolierung der betroffenen Systeme. Sind z. B. Kundenschnittstellen (z. B. Websites) betroffen, so muss entschieden werden, ob der Schaden durch eine für 48 Stunden nicht vorhandene Kundenschnittstelle größer ist als die Möglichkeit, dass in dieser Zeit ein Angreifer Zugriff auf die Unternehmenssysteme erlangt.[18]

---

[17] Da es sich noch nicht um einen Vorfall handelt, kann auch keine Meldepflicht wirksam werden.

[18] Diese Frage sollte durch vorangegangene Risikoanalysen beantwortet werden damit im Anlassfall klare Vorgaben existieren.

3.5.4 Szenario: Die Unternehmen melden an das Branchen-CERT

Unternehmen A beschließt, seine Betroffenheit an das Branchen-CERT zu melden. Als Meldeschnittstelle wird ein STIX-Formular genutzt[19] (vgl. Kap. 6). Aus den möglichen Datenfeldern sind dabei folgende Datenfelder für eine Betroffenheitsinformation sinnvoll:

Minimales STIX-Datenset

- Absenderinformation
- Meldungstyp (Vertraulichkeitsstufe, Weitergabe an Behörde)
- Angriffsinformation (Betroffene Komponenten, Beschreibung der Vulnerabilität)
- Magnitude of Impact (Business, Technical)
- Zusätzliche Informationen

Sofern das Unternehmen einen internen Score nutzt (Ampelsystem, CVSS[20]), kann auch dieser Score weitergegeben werden[21].

Das CERT sammelt die eingehenden Meldungen, wertet sie aus und erstellt eine Einschätzung des Status der Unternehmen getrennt nach Branchen. Das CERT informiert die IKDOK-Gruppe und die betroffenen Organisationen über diesen Status sowie über Trends und weitere Entwicklungen und liefert damit ein Branchenlagebild.

CERT/CSIRT-Lagebild im Normalzustand

- Welche Bedrohungen liegen vor (Schwachstellen, etc.)
- Wie viele Unternehmen sind von dem Vorfall betroffen?
- Welche Branchen sind von dem Vorfall betroffen und wie viele Unternehmen in den Branchen?
- Gegebenenfalls: Wie viele Unternehmen sind Betreiber wesentlicher Dienste?

Anmerkung: Zumindest bezüglich der Betroffenheit von Betreibern wesentlicher Dienste sollte das CERT eine vollständige Information erhalten und weitergeben können, damit von einem Lagebild gesprochen werden kann. Die CERTs müssen dazu vorab informiert sein, welche der Organisationen, für die sie als Branchen-CERT tätig sind, als Betreiber wesentlicher Dienste gelten. Zusätzlich sollten sie diese Betreiber wesentlicher Dienste

[19] Die Verwendung von STIX zur Übermittlung von Daten an das CERT ist ein zukünftiges Szenario. Alle bisherigen Erfahrungen deuten darauf hin, dass auch in Zukunft sehr viele Meldungen per E-Mail oder telefonisch übermittelt werden.

[20] https://www.first.org/cvss/ (Letzter Zugriff: 10.03.2018)

[21] Die Verwendung von Scores würde die Einordnung der Meldungen erleichtern, insbesondere weil durch einen Score keine vertraulichen Informationen übermittelt werden und dieser daher im Idealfall keiner Vertraulichkeit unterliegt.

aktiv kontaktieren und nicht auf freiwillige Meldungen warten, was bei der Arbeitsaufwandsschätzung zu berücksichtigen ist.

Nach eigener Einschätzung informieren Unternehmen (betroffene und solche, die über das CERT über die Betroffenheit anderer Unternehmen informiert wurden) ihre Sicherheitsdienstleister. Die Sicherheitsdienstleister (externe Spezialisten bzw. Outsourcing-Partner der Unternehmen) prüfen die Verfügbarkeit von Personal und weiteren Ressourcen, um sich auf einen allfälligen Ressourcenengpass vorzubereiten (falls bei mehreren Kunden Handlungsbedarf besteht bzw. staatliche Stellen Unterstützung anfordern). Sie erstellen Empfehlungen für ihre Kunden und geben diese sowie Trendabschätzungen an ihre Kunden und das CERT weiter.

Sicherheitsdienstleister Empfehlungen und Trendabschätzungen

- Folgenabschätzungen
- Anleitungen zur Behebung des Problems
- Internationale Trends und Empfehlungen

Die IKDOK-Gruppe aggregiert die Meldungen der CERTs und weiterer Quellen (z. B. Unternehmen, die sich direkt an ein IKDOK-Mitglied gewendet haben (z. B. an das CSC), Partnerunternehmen, internationale Quellen/Nachrichtendienste) und stimmt diese innerhalb der IKDOK-Gruppe ab.

Nach eigener Abschätzung informiert jedes IKDOK-Mitglied seine eigene Führungsebene.

Entscheidungsgrundlagen für die Information der Führungsebene

- Sind Betreiber wesentlicher Dienste betroffen? (Die CERTs haben in dieser Phase nur die Anzahl der ihnen bekannten Betreiber wesentlicher Dienste gemeldet, nicht die Namen).
- Deuten die Trends (Veränderung der Lage, zusätzliche Informationen weiterer Quellen) auf eine Verschärfung der Problemlage hin?
- Existieren Informationen, dass die Unternehmen auch bei Vorhandensein eines Patches nicht patchen werden/können und die Schwachstelle nicht isolieren können?

Informationen für die Führungsebene

- Art und Folgenabschätzung der Schwachstelle
- Bekannte Anzahl der betroffenen Unternehmen
- Anzahl der Betreiber wesentlicher Dienste
- Trendabschätzung der Vorgehensweise der Unternehmen (Werden sie patchen? Können sie ihre Systeme isolieren?)

Sofern die IKDOK-Mitglieder zu dem Schluss kommen, dass die Trendabschätzungen in eine kritische Richtung deuten (zu viele Betreiber wesentlicher Dienste betroffen), informieren sie die CERTs, dass sie:

- die Namen der Unternehmen erfahren möchten
- die Unternehmen kontaktieren sollen, damit diese sich bei der Behörde melden

Das Szenario ist in der Phase „Ereignis"
Ein oder mehrere der von der Schwachstelle betroffenen Unternehmen registriert/registrieren eine oder mehrere der folgenden Auswirkungen:

1. Interne Systeme (z. B. SIEM, IDS, etc.) zeigen einen Einbruch/eine Systemkompromittierung an
2. Dritte informieren das Unternehmen, dass Daten des Unternehmens im Internet verfügbar sind (z. B. zum Kauf angeboten werden)
3. Das Unternehmen verliert die Kontrolle über seine Systeme bzw. einen Teil der Systeme, kann die Ursache aber nicht feststellen

In **Fall 1** (das Unternehmen stellt einen Einbruch fest) muss das Unternehmen, damit es meldepflichtig wird:

- ein Betreiber wesentlicher Dienste oder ein digitaler Diensteanbieter sein
- das Ausmaß der Auswirkungen des Sicherheitsvorfalls insbesondere in Bezug auf die folgenden Kriterien beurteilen[22]:
  - kann eine Unterbrechung der „Erbringung des wesentlichen Dienstes" eintreten?
  - für wie viele Nutzer?
  - für wie lange?
  - in welcher geografischen Ausbreitung?
  - gibt es Auswirkungen auf wirtschaftliche und gesellschaftliche Tätigkeiten?

In **Fall 2** (Datenverlust) muss das Unternehmen wie in Fall 1 beurteilen, ob es meldepflichtig ist – durch einen Datenverlust alleine ergibt sich aber keine Meldepflicht entsprechend der NIS-Richtlinie, sondern entsprechend der Datenschutzgrundverordnung (die hier nicht behandelt wird; vgl. Kap. 4 und 5).

In **Fall 3** wird das Unternehmen automatisch meldepflichtig entsprechend der NIS-Richtlinie.

Sofern eine Meldepflicht vorliegt oder das Unternehmen eine freiwillige Meldung absetzen will, erstellt das Unternehmen eine Meldung und beschreibt darin unter anderem die eingetretenen und/oder erwarteten zeitlichen, organisatorischen, ressourcentechnischen und

[22] Diese Vorgaben ergeben sich aus der NIS-Richtlinie und könnten durch das nationale NIS-Gesetz noch präzisiert und/oder ergänzt werden.

medialen Auswirkungen. Das Unternehmen sendet diese Meldung an das zuständige Branchen-CERT und beauftragt das CERT mit der Weiterleitung der Meldung an die NIS-Behörde.

Als Meldeschnittstelle wird ein STIX-Formular genutzt.[23] Aus den möglichen Datenfeldern sind dabei folgende Datenfelder für eine Meldung notwendig:

Inhalt einer Meldung per STIX-Schnittstelle

- Absender und POCs
- Sektor (eine kritische Infrastruktur könnte sektorübergreifend tätig sein)
- Zeitinformation
  - Timestamp der Nachrichtenerstellung (Meldezeitpunkt)
  - Zeitpunkt des ersten Auftretens, des ersten Bemerkens des Angriffs
- Vertraulichkeit
- Angriffsinformation
  - Systemlevel: System-OS/Datenbank/Hardware/Netzwerk
  - Gerichtet/ungerichtet
  - Beschreibung/Vulnerability
  - CVE-Link
- Höhe des Schadens (Numerischer Wert)
  - Economic
  - Technical
- Fortschritt + Dauer
- Freitext
- Betroffene Bereiche
- Similar Targets
- Verknüpfung zu eventuell vorangegangenen Meldungen (message-link)

Das Branchen-CERT sammelt die eingehenden Meldungen und aggregiert sie gemeinsam mit anderen Quellen zu einer Gesamtübersicht. Es leitet die Unternehmensmeldungen, die von den Unternehmen als meldepflichtig bezeichnet wurden, an die operative NIS-Behörde (BMI) weiter. Die operative NIS-Behörde (BMI) gibt die Meldungen an die anderen NIS-Behörden/an die IKDOK Mitglieder weiter.[24]

Sofern eine Information eines Unternehmens aus Sicht des CERT meldepflichtig ist, das Unternehmen dies aber anders interpretiert, informiert das CERT das Unternehmen über seine Einschätzung, leitet die Information aber nicht eigenständig als Meldung an die NIS-Behörde weiter, sondern als anonyme Information.

---

[23] Im Rahmen der Umsetzung der NIS Richtlinie soll ein Meldeformular entwickelt werden, dass sich von dem hier vorgeschlagenen unterscheiden kann.

[24] Ob die Weiterleitung an die NIS Behörden und/oder an die IKDOK erfolgt, ist noch über das Cyber-Sicherheitsgesetz festzulegen.

Das CERT wertet die Meldungen aus und erstellt eine Einschätzung des Status der Unternehmen getrennt nach Branchen. Das CERT informiert die zuständige operative NIS Behörde (z. B. BMI) und die betroffenen Organisationen über diesen Status sowie über Trends und weitere Entwicklungen und liefert damit ein Branchenlagebild.

Für das betroffene Unternehmen erstellt das CERT nach Möglichkeit eine Empfehlung für die weitere Vorgangsweise und bietet nach Verfügbarkeit und auf Anfrage Unterstützung bei der Ressourcenkoordination an.

Das betroffene Unternehmen kontaktiert seinen Sicherheitsdienstleister und fordert Unterstützung an.[25] Der Sicherheitsdienstleister prüft seine Ressourcenverfügbarkeit und seine Verpflichtung dem Kunden gegenüber entsprechend den vertraglichen SLAs und leistet aktive Hilfeleistung.[26]

Die NIS-Behörde prüft, ob die gemeldete Ursache grenzüberschreitende Auswirkungen haben könnte.

Möglichkeiten der Beurteilung grenzüberschreitender Betroffenheit:

- Vergleich der Meldung mit Meldungen anderer Unternehmen aus dem aktuellen Zeitraum
- Feld „Betroffene Bereiche" aus der Meldung des Unternehmens
- Bewertung durch Experten (z. B. IKDOK)

Bei Beurteilung, dass eine grenzüberschreitende Auswirkung vorliegen könnte, informiert die NIS-Behörde den SPOC der betroffenen Länder.

Einzelne oder alle Mitglieder der IKDOK sammeln die verfügbaren Informationen und bewerten diese. Die IKDOK-Mitglieder müssen beurteilen, in welcher Form sie die Führungsebene informieren. Eine Information muss in jedem Fall erfolgen, da es sich um einen Betreiber wesentlicher Dienste handelt.

Dabei wird getrennt eine Information über die einzelnen betroffenen Unternehmen und über die Gesamtlage erstellt. Die Information über die betroffenen Unternehmen setzt sich aus den gemeldeten Informationen und vorab erstellten Risikobewertungen zusammen:

Informationen für die Führungsebene

Gemeldete Informationen der Unternehmen:

[25] Alternative: das Unternehmen hat keinen eigenen Sicherheitsdienstleister sondern meldet sich spontan bei einem Dienstleister. Der Unterschied ist, dass der Dienstleister ohne SLA eine Auftragsannahme verweigern kann und dass ein eigenes NDA unterzeichnet werden muss. Dabei kann auch das Branchen-CERT als externer Dienstleister eingesetzt werden.

[26] Insbesondere bei Betroffenheit von personenbezogenen Daten (auch in Logfiles) muss aktuell noch geprüft werden, ob bei einer Hilfestellung Daten elektronisch ausgetauscht werden dürfen. Durch die Datenschutz-Grundverordnung wird dieser Prozess voraussichtlich vereinfacht, da dann zumindest in Bezug auf CERTs der Datenaustausch erleichtert werden soll.

- Informationen zum Unternehmen (entsprechend einer vorab erfassten Liste der Betreiber wesentlicher Dienste, insbesondere Sektor und Standort)
- Chronologie der Ereignisse (abgeleitet und zusammengefasst aus den STIX-Formularmeldungen „Freitext", „Fortschritt" und „Dauer"
- Angriffsinformation
  - Systemlevel: System-OS/Datenbank/Hardware/Netzwerk
  - Gerichtet/ungerichtet
  - Beschreibung/Vulnerability
- Magnitude of Impact (Numerischer Wert)
  - Economic
  - Technical
- Betroffene Bereiche
- Mögliche weitere Ziele (u.a. abgeleitet aus den STIX-Formularmeldungen „Similar Targets")
- Risikobewertung des Ausfalls des Unternehmens (vorab erstellt durch gesamtstaatliches Risikomanagement)
- Einschätzung der Behörde über einen möglichen weiteren Verlauf

Die Darstellung der Gesamtlage erfordert eine „Situational Awareness" (SA) (vgl. Kap. 1). Bei der Auswahl der Methoden besteht grundsätzlich die Möglichkeit zwischen Methoden zur Gewinnung von SA (SA Gaining) und zur Anwendung von SA (SA Application) zu unterscheiden. Übergreifend über beide Bereiche sind dabei insbesondere das „Effective Cyber Situational Awareness"-Modell (Evancich et al. 2014) und (in schwächerer Ausprägung im Bereich der SA Application) das „Cyber Situational Awareness Model" (Okolica et al. 2009).

Die Anwendung des Effective Cyber Situational Awareness Modells beinhaltet die Erkennung und Auflistung von Assets (Bestände, Werte) und Verteidigungsfähigkeiten (Network Awareness) eines Netzes sowie das Bewusstsein über Gefahren und Bedrohungen (Threat/Attack Awareness), die Prognose der künftigen Situation (Prediction & Data Fusion) sowie das operationelle Bewusstsein (Operational Awareness).

Im aktuellen Use Case ist die Network Awareness beschränkt, da dazu die Unternehmen vorab und laufend aktualisiert ihre Assets an Branchen-CERTs bzw. die NIS-Behörden melden müssten. Die NIS Behörde wird grundsätzlich die Möglichkeit haben, Einsicht in die Systeme der Betreiber wesentlicher Dienste zu erhalten. Es ist jedoch unwahrscheinlich, dass sich daraus eine tatsächlich laufend aktualisierte Komponentenmeldung ergeben wird.

Für die Erstellung der Threat/Attack Awareness ist eine Übersicht über (a) aktuelle Angriffe, (b) kürzliche Angriffe und (c) Schwachstellen im Netzwerk notwendig. Diese Informationen sind über die Meldungen der Unternehmen darstellbar.

Operational Awareness und insbesondere Prediction ergeben sich aus vorab erstellten Risikoanalysen der Unternehmen (insbesondere der Abschätzung von Auswirkungen auf andere Unternehmen, Sektoren und Länder bei einem Ausfall), staatlichen Risikoanalysen, der aus dem CERT-Lagebild gemeldeten voraussichtlichen Vorgangsweise der Unternehmen (können/werden sie bei Vorhandensein eines Patches diesen auch einspielen, werden sie Systemteile isolieren) und aus vorhandenen Behördenempfehlungen über Best Practice Vorgangsweisen.

Aus diesen Informationen wird die allgemeine Lageinformation erstellt.

Informationen für die Führungsebene

Allgemeine Lageinformationen (abgeleitet aus den CERT/CSIRT-Lagebildern)

- Anzahl der betroffenen Unternehmen
- Anzahl der Betreiber wesentlicher Dienste
- Angriffsübersicht (Angriffsart, erwartete Wirkung)
- Trendabschätzung der Vorgehensweise der Unternehmen (Werden sie patchen? Können sie ihre Systeme isolieren?)
- Behördenempfehlungen
- Vorschlag des Stellens der Krisenfrage/Aktivieren des CKM

Der Hersteller der betroffenen Komponente liefert einen Patch für die Vulnerabilität. Die Branchen-CERTs bzw. die Sicherheitsdienstleister informieren die betroffenen Unternehmen.

Unternehmen, die den Patch einspielen können, führen dies durch und beauftragen einen Sicherheitsdienstleister ihr System auf Einbrüche zu überprüfen bzw. den erkannten Einbruch zu bekämpfen. Sofern daraus eine Meldepflicht entsteht (weil ein Einbruch festgestellt und ein Schwellenwert überschritten wurde) bzw. wenn bereits eine Meldung erfolgt war, werden Meldungen an das Branchen-CERT übermittelt und laufende Aktualisierungen gesendet.

Wenn Unternehmen den Patch nicht unmittelbar einspielen können und Betreiber wesentlicher Dienste sind, informieren sie die für sie zuständige NIS-Behörde über die Zeitspanne, in der sie verwundbar sind und die Gegenmaßnahmen (Isolierung der betroffenen Teile, Monitoring, etc.), die sie umsetzen werden.

Das Szenario ist in der Phase „Lessons Learned"

Die betroffenen Unternehmen haben den Cyber-Vorfall, bewältigt.

In weiterer Folge werden Empfehlungen der CERTs und der Behörden zur Vorbereitung auf Abwehr von weiteren Angriffen umgesetzt sowie eigene Erkenntnisse zur Vorgangsweise (Problemlösung, Workarounds) ausgewertet und dokumentiert und die CERTs und Behörden darüber informiert.

Die Branchen-CERTs sammeln die Informationen und aggregieren sie zusammen mit Informationen anderer Quellen (andere Branchen-CERTs, etc.) in einer Lessons Learned/ Best Practice Datenbank sowie in einer Statistik von Cyber-Vorfällen. Empfehlungen werden sowohl an betroffene als auch an nicht betroffene Organisationen ausgesandt.

Die Sicherheitsdienstleister gehen entsprechend der CERT-Vorgangsweise vor und erstellen eigene Empfehlungen, die sie an ihre Kunden und an die IKDOK-Behörden verteilen.

Die NIS-Behörden werden die in der Ereignisphase eingegangenen Meldungen aus und Strukturieren diese für ihre eigene Statistik. Sie prüfen, ob die in dem Vorfall ausgenutzten Vulnerabilitäten in eine zukünftige Überprüfung von Mindestsicherheitsstandards bzw. in einen Auditkatalog aufgenommen werden sollen. Sollte der Vorfall grenzüberschreitend wirksam gewesen sein, werden die entsprechenden SPOCs über den Abschluss des Vorfalls informiert.

Die IKDOK-Mitglieder nehmen die Berichte der CERTs, der Sicherheitsdienstleister sowie allfällig der betroffenen Unternehmen auf und werten diese für ihre eigene Statistik aus. Sie prüfen, ob der Vorfall optimal behandelt wurde oder ob Anpassungen insbesondere der Kommunikation zwischen Behörden und Unternehmen notwendig sind. Die Erkenntnisse aus dem Vorfall werden in die Risikobewertungen aufgenommen um daraus eine Prognose über weitere Vorfälle erstellen zu können. Wie auch die NIS-Behörden prüfen die IKDOK Mitglieder, welche Vorgaben angepasst werden sollten (Maßnahmenkataloge, IKT-Sicherheitshandbuch, etc.). Die Ergebnisse werden als Lessons-Learned Dokumentation für die eigene Führung aufbereitet.

Die IKDOK-Mitglieder informieren die Beteiligten über das Ende des Vorfalls und verteilen ihre Auswertungen und Aufbereitungen nach Verfügbarkeit.[27]

3.6 Ableitung eines generischen Ablaufes

Die vorangegangenen Kapitel haben spezifisch die österreichischen Akteure und die österreichischen Prozesse zur Ereignisbewältigung und Erzeugung von Situational Awareness bei Cyber-Vorfällen dargestellt. Um aus diesem spezifischen Fall einen generischen Ablauf ableiten zu können, ist es zunächst notwendig, die Akteure in Gruppen einzuteilen. Aus den Rollen der österreichischen handelnden Organisationen ergeben sich 4 Grundgruppen (siehe Abb. 3.3):

- Organisation
- First Responder
- Lagezentrum
- und politische Entscheidungsebene.

Die *Organisationen* umfassen alle strategisch wichtigen Unternehmen (insb. kritische Infrastrukturen) entsprechend der NIS Richtlinie und eventuell zusätzlich relevante Unternehmen, die nicht unbedingt in den Zuständigkeitsbereich der NIS-Richtlinie fallen.

First Responder (FR), ähnlich wie im Rettungsdienst, sind Ersthelfer im Fall eines Cyber Sicherheitsvorfalls. First Responder sind Sicherheitsexperten mit entsprechender

[27] Diese Auswertungsphase kann sich über die folgenden Wochen und Monate erstrecken und beinhaltet neben schriftlicher Dokumentation z. B. auch Präsentationen.

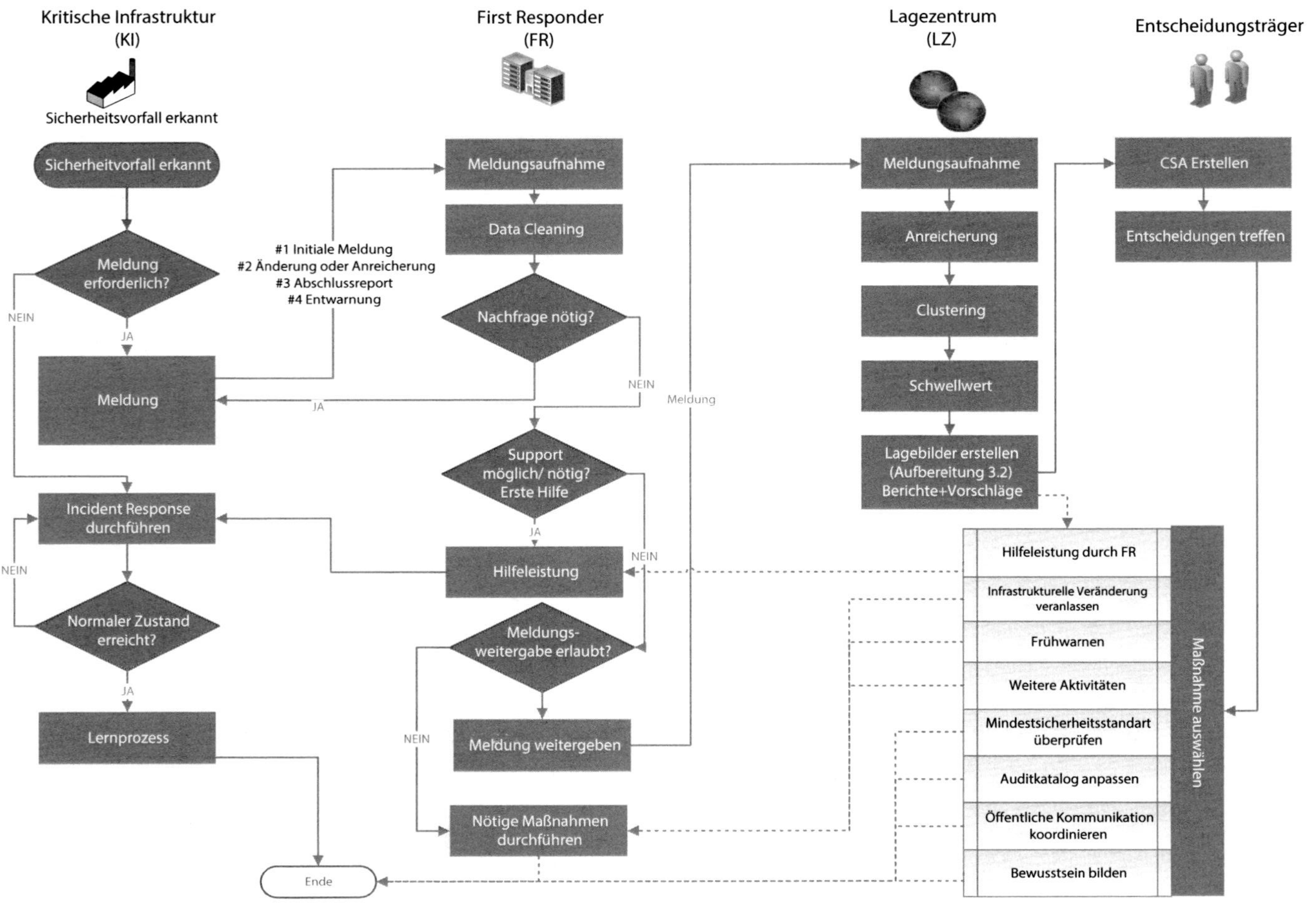

Abb. 3.3 Akteure und Arbeitsabläufe

Erfahrung. Die wesentlichen Aufgaben bestehen hauptsächlich aus schneller Meldungsaufnahme, Cyber Lageerkennung, Dokumentation, Frühwarnung und qualifizierter Sofort-Hilfeleistung. Der First Responder ist für die Erstprüfung von Pflichtmeldungen und für die freiwilligen Vorfalls-Meldungen zuständig. Das First Response System kann von bereits existierenden CERTs (Branchen-CERTs, CERT.at) implementiert werden.

Das nationale *Lagezentrum* ist zuständig für die Verarbeitung, Auswertung und Interpretation der Informationen der First Responder sowie für die Erstellung von Berichten und Lagebildern. Das Lagezentrum (oder eventuell Lagezentren) bekommt sowohl verpflichtende Meldungen von First Respondern weitergeleitet, als auch nicht meldepflichtige Meldungen, wenn der Melder die Weiterleitung erlaubt hat.

Die genaue Beschreibung der *politischen Entscheidungsträger* ist bei der Definition von Arbeitsabläufen nicht nötig, da die Aktivitäten unabhängig von den realen Akteuren ähnlich sind. Die politischen Entscheidungsträger erhalten die Outputs des Lagezentrums (oder -zentren) – Berichte und Lagebilder – und bilden ihr eigenes Cyber Situationsbewusstsein. Dieses dient dann als Grundlage und Unterstützung bei der Entscheidungsfindung auf nationaler Ebene.

3.6.1 Arbeitsabläufe allgemein

Abb. 3.3 zeigt die grundlegenden Arbeitsabläufe, bestehend aus den nötigen Aktivitäten im Fall eines Cyber Sicherheitsvorfalls. Die optionalen Aktivitäten sind in weißer Farbe dargestellt.

Die **Kritischen Infrastrukturen** (KI) kommunizieren hauptsächlich mit dem First Responder, wenn sie einen Vorfall erkennen. Die Organisationen schätzen selbst ein, ob der Vorfall zu den Pflichtmeldungen gehört oder nicht. Aber in beiden Fällen erfolgt die Kommunikation zum Lagezentrum über den First Responder, wobei nachfolgend eine direkte Kommunikation mit dem Lagezentrum möglich ist, wenn die Situation dies erfordert. Im Fall einer Pflichtmeldung wird die Meldung (eventuell nach Nachfrage und Aktualisierung) an das Lagezentrum weitergeleitet. Im Fall einer freiwilligen Meldung kann die meldende Organisation entscheiden, ob der First Responder die Meldung an das Lagezentrum weiterleiten darf oder nicht. Zu den Meldungen gehören noch weitere Teilprozesse, wie Meldung initialisieren, vervollständigen, ändern oder abschließen. Die Organisation kann selbst oder mit der Hilfe des First Responders Incident Response durchführen. Incident Response bedeutet das Reagieren auf einen Angriff oder die Wiederherstellung nach einem Vorfall. Danach kommt der Lernprozess, er beinhaltet die Vervollständigung der Vorfallsdokumentation und Analyse, was das Unternehmen aus dem Vorfall lernen kann. Auf diese Weise lassen sich künftige Reaktionen der Organisationen unter Umständen verbessern.

Der **First Responder** (FR) ist der unmittelbare Kontakt für Unternehmen, die einen Vorfall entdeckt haben. Der FR nimmt erst die Meldungen entgegen. Dieser Meldeaufnahme-Prozess umfasst die Nachfrage bei Unklarheiten und die ständige Aktualisierung der

Meldungen. Danach leitet der First Responder alle Pflicht-Meldungen und von den Unternehmen freigegebene freiwillige Meldungen an das Lagezentrum weiter – auf Wunsch der meldenden Unternehmen in anonymisierter Form. Der First Responder leistet *operative* zeitnahe Hilfe, wenn es möglich ist. In diesem Fall wird die Incident Response zusammen mit dem Unternehmen durchgeführt. Der FR kann vom Lagezentrum und/oder von den Entscheidungsträgern zusätzliche Aufträge in Form von zu treffenden Maßnahmen erhalten. Beispiele für Maßnahmen sind beim Lagezentrum und Entscheidungsträger unter der Aktivität „Maßnahmen auswählen" (Abb. 3.3) aufgelistet (ohne Anspruch auf Vollständigkeit). Optional können die FR eigene Datenbanken haben, eigenes Ticketing betreiben und ihre eigenen Lagebilder für interne Benutzung erstellen (vgl. Kap. 7).

Das **Lagezentrum** hat eine Übersetzerrolle zwischen der technischen und der politischen Entscheidungsebene. Eine wesentliche Aufgabe des Lagezentrums ist die Erstellung der Lagebilder basierend auf den erhaltenen Meldungen. Die Klassifizierung, Anreicherung der Meldungen und die Feststellung der Schwellwerte erfolgt im Lagezentrum, da es Informationen von mehreren First Responder erhält und verarbeitet. Die Behörde erstellt Cyber Lagebilder und Berichte und ergänzt sie mit zusätzlichen Informationen (Meta- und Kontextdaten) aus den eigenen Datenbanken (vgl. Kap. 6 und 7). Das Lagezentrum kann Maßnahmenempfehlungen aussprechen (zum Beispiel in seinen Berichten), die Entscheidungsfindung erfolgt aber eine Ebene höher. Beispiele für Maßnahmen, deren Ausführung das Lagezentrum konkret unterstützen kann, sind Koordination der Hilfeleistung, öffentliche Kommunikation im Falle eines schwerwiegenden Sicherheitsvorfalls oder die Überprüfung von Mindestsicherheitsstandard usw.

Die **Entscheidungsebene** überprüft und bewertet die Vorschläge des Lagezentrums. Basierend auf den Lagebildern der unteren Ebenen erstellen die Entscheidungsträger ihr eigenes Cyber Situationsbewusstsein und aufgrund dessen treffen sie ihre Entscheidungen, zum Beispiel über die Ausrufung von Krisenfällen oder Überarbeitung der relevanten Kommunikationsprozesse oder der legislativen und institutionellen Rahmenbedingungen.

Mehrere Aktivitäten bilden Prozesse, die nicht sequenziell, sondern eventuell parallel verlaufen, und stehen in Wechselwirkung zueinander. Die möglichen Kombinationen ergeben verschiedene Arbeitsabläufe. Sie werden in den folgenden Abschnitten im Detail behandelt.

3.6.2 Abstraktionsebene

Jeder Stakeholder hat ein unterschiedliches Cyber Situationsbewusstsein, weil er eigene Schwerpunkte, Datenverarbeitungsprozesse und Zuständigkeitsbereiche hat. Daher wurden im hier vorliegenden Konzept unterschiedliche Abstraktionsebenen für Situationsbewusstsein eingeführt, wobei Level 2 (und eventuell Level 1) auf sehr konkrete und technische Zusammenhänge Bezug nimmt, während Level 3 politisch-strategische Zusammenhänge festhält (vgl. Kap. 1).

Die Unterscheidung der Ebenen ist wichtig, da die Prozesse – besonders die Erstellung von Lagebildern und Cyber Situationsbewusstsein – gleich durchgeführt werden können aber unterschiedliche Outputs entstehen. Die Unterscheidung zwischen den Abstraktionsebenen von Level 1 bis zu Level 3 zieht sich daher durch das gesamte Kapitel durch.

Level 1 (L1) repräsentiert die technische, operative Ebene bei einem Cyber Sicherheitsvorfall. Der First Responder versucht zeitnah technische Lösungen zu bieten, damit die meldende Organisation die Eskalation eines Vorfalls und die Schadensauswirkungen eindämmen kann.

Level 2 (L2) präsentiert die sogenannte „taktische" Ebene. Auf dieser Ebene werden sowohl technische Informationen als auch abstraktere Kontextdaten zusammengeführt. Level 2 ist zuständig für die höchste Abstraktionsebene der Meldungsverarbeitung. Hier liegt der Fokus eher auf möglichen, breiteren (zukunftsgerichteten) Auswirkungen der Cyber Sicherheitsvorfälle und nicht auf der technischen Ausführung.

Level 3 (L3) stellt die politische Entscheidungsebene dar.

3.6.3 Arbeitsabläufe der Kritischen Infrastrukturen

Der folgende Abschnitt beschreibt die nötigen Prozesse, inklusive der Kommunikationsprozesse und Arbeitsabläufe, in Rahmen eines Cyber Sicherheitsvorfalls (unter Berücksichtigung der NIS-Richtlinie). Abb. 3.3 gibt einen Überblick über die möglichen Arbeitsabläufe (d.h. Prozesse) nach Stakeholder geordnet.

3.6.4 Meldeprozess

Bei den Arbeitsabläufen macht es nur einen geringen Unterschied, ob die Meldung seitens der Organisationen verpflichtend (nach NIS RL) oder freiwillig getätigt wird. Die korrespondierenden Arbeitsabläufe werden im Folgenden zusammen beschrieben. Beide Arten von Meldeprozessen, sowohl die freiwillige Meldung als auch die verpflichtende Meldung, bestehen aus vier grundlegenden Teilprozessen (siehe Tab. 3.1).

3.6.4.1 Freiwillige Meldung

Der Informationsfluss geht von der Organisation zum First Responder in den folgenden Teilprozessen in Tab. 3.1.

3.6.4.2 Incident Response

Incident Response bezieht sich hier auf Cyber Security Incident Response (siehe Tab. 3.2). In jeder Organisation gibt es Rollen, die im Fall eines Sicherheitsvorfalles für die Wiederherstellung des normalen Zustands verantwortlich sind. Die Verantwortlichen können interne Mitarbeiter der IT-Abteilung oder auch externe Spezialisten sein – idealerweise

Tab. 3.1 Beschreibung der Meldungsprozesse

Teilprozesse	Beschreibung	Input	Output
Meldung initialisieren	Die Organisation erkennt einen Cyber Sicherheitsvorfall in den eigenen Systemen, und, dass: a) keine Meldung erforderlich ist, aber die Organisation macht eine freiwillige Meldung nur an den First Responder b) keine Meldung erforderlich ist, aber die Organisation macht eine freiwillige Meldung an den First Responder so, dass er die Meldung an das Lagezentrum weiterleiten kann c) die Organisation ist sicher, dass der Vorfall schwerwiegend ist, daher meldet sie an den FR d) die Organisation ist nicht sicher, ob eine verpflichtende Meldung erforderlich ist.	Organisationsinterne SW und HW Lösungen zeigen Anomalien, Verdacht auf Sicherheitsvorfall von der technischen Ebene	Initiale Meldung an den First Responder Die Organisation nimmt den Kontakt mit dem First Responder (FR) auf.
Meldung vervollständigen	Wenn die initiale Meldung nicht vollkommen verständlich oder vollständig war, erfolgt eine Rückfrage des FR nach weiterführenden Informationen. Bemerkung: Unmittelbar nach einem Vorfall werden die initialen Meldungen naturgemäß unvollständig sein, da nur geringe Informationen der betroffenen Organisation zur Verfügung stehen. Der Prozess Meldungsvervollständigung wird vom FR initiiert.	Anfrage vom First Responder	Erneute Meldung mit zusätzlichen Informationen an FR

Tab. 3.1 (Fortsetzung)

Teilprozesse	Beschreibung	Input	Output
Meldung ändern	Falls die Organisation die initiale Meldung nach einiger Zeit mit wertvollen zusätzlichen Informationen/Erkenntnissen ergänzen kann, erfolgt eine Änderung der Meldung. Die Zusatzinformationen kann die Organisation auf verschiedene Weise erlangen, zum Beispiel auf Grund von interner Forensik-Analyse, oder mithilfe von externen Beratern.	Neue Information bezüglich des Cyber Sicherheitsvorfalls	Erneute Meldung mit zusätzlichen Informationen an FR
Meldung abschließen	a) Nach der Incident Response sollte der normale Zustand wieder erreicht werden. Wenn schon die Lernprozesse gestartet wurden, erfolgt die Erstellung des Abschlussberichts. b) Die Organisation erkennt die Ursache des Vorfalls und löst die Probleme selbst. Sie schickt erneut eine Meldung mit einer Entwarnung. Die Ursache kann ein defektes Gerät, Fehlkonfiguration, usw. sein	Normaler Zustand erreicht	Abschlussreport

Tab. 3.2 Prozessbeschreibung Incident Response

Teilprozesse	Beschreibung	Input	Output
Situationsanalyse	Analyse des Sicherheitsvorfalles inklusive Sammlung von Fakten und möglichen Ursachen, Rasche Identifikation und Kategorisierung von Vorfällen	Incident Response intern oder zusammen mit dem FR	Cyber Situationsbewusstsein auf Organisationsebene
Eindämmung	Maßnahmen um weitere Verbreitung und Schäden zu verhindern, Eindämmung des Schadensausmaßes	Ergebnisse der Situationsanalyse, Cyber Situationsbewusstsein auf Organisationsebene	Stabilisiertes System und Eindämmung des Schadensausmaßes
Säuberung	Bereinigung aller betroffenen Systeme und Kontrolle der Effektivität der Säuberungsmaßnahmen	Stabilisiertes System und Eindämmung des Schadensausmaßes	Bereinigtes System

könnten diese ein internes CSIRT mit Sicherheitsexperten sein, die über langjährige Erfahrung verfügen.

Unabhängig von der Bezeichnung haben diese Teams ähnliche Aufgaben. Die Aufgaben umfassen die Teilprozesse wie in Tab. 3.2 dargestellt. Als Voraussetzung muss jede Organisation die technischen, organisatorischen und rechtlichen Rahmenbedingungen für die Aktivitäten eines *CSIRTs* vorbereiten. Im Idealfall stehen sie in einer 24/7 Bereitschaft zu Verfügung.

Die drei Teilprozesse Situationsanalyse, Eindämmung und Säuberung folgen aufeinander. Sie werden hauptsächlich von CSIRTs der Organisationen selbst oder mithilfe der First Responder durchgeführt.

3.6.4.3 Lernprozess

Der Lernprozess umfasst die Nachbearbeitungstätigkeiten nach einem Sicherheitsvorfall sowie die Dokumentation des Zwischenfalles und die Einleitung von Maßnahmen zur nachhaltigen Verbesserung der Sicherheit. Dazu gehört auch das klassische Wissensmanagement. Dieser Prozess kann unabhängig von den bisher betrachteten Arbeitsabläufen ganz unterschiedlich implementiert werden, daher werden diese Prozesse nicht detailliert beschreiben.

3.6.4.4 Direkte Kommunikation mit dem Lagezentrum (optional)

Falls nötig, kann die Organisation den Kontakt direkt mit dem Lagezentrum aufnehmen.

3.6.5 Arbeitsabläufe auf der Seite des First Responders

Dieser Abschnitt beschreibt die Arbeitsabläufe auf Seite des First Responders. Es gibt Arbeitsabläufe, die pro Meldung durchgeführt werden, es gibt aber auch allgemeine Arbeitsabläufe (siehe Abb. 3.3).

3.6.5.1 Meldungsaufnahme

Der Prozess Meldungsaufnahme ist essenziell für die effektive Kooperation und Kommunikation zwischen den teilnehmenden Organisationen und dem First Responder. Immer wenn eine Meldung beim First Responder eintrifft, wird festgestellt, ob die Meldung eine initiale Meldung ist oder zu einem bereits existierenden Cyber Sicherheitsvorfall gehört. In letzteren Fall kann die Meldung eine Änderung sein oder ein Abschlussbericht. Die Feststellung erfolgt z. B durch Verarbeitung in einem Ticketsystem. Wenn die Meldung eintrifft, sucht das System automatisch nach Übereinstimmung im Ticketstore. Falls keine Übereinstimmung gefunden wird, erstellt das System ein neues Ticket. Falls es eine Übereinstimmung findet, wird das Ticket aggregiert (vgl. Implementierungsvorschlag in Kap. 7).

Wenn die Organisation weitere Meldungen mit zusätzliche Daten schickt, muss der FR sie einarbeiten und eventuell an das Lagezentrum weiterleiten. Nach der Feststellung der Art der Meldung erfolgt die Überprüfung der Vollständigkeit der Meldung. Dies wird zurzeit nicht automatisiert durchgeführt. Falls der Sicherheitsexperte/Analyst beim First Responder noch zusätzliche Informationen braucht, um die Meldung aufzunehmen, kann der FR mehr Information von der Organisation anfordern.

3.6.5.2 L1 Klassifizierung (optional)

Die Klassifizierung der Meldungen erfolgt zentralisiert im Lagezentrum, da es von mehreren FR die Meldungen erhält.

Optional kann der First Responder eine eigene Klassifizierung durchführen, damit er seine eigenen Daten besser verwalten kann. Beim Prozess Klassifizierung wird die Dringlichkeit der Meldung festgestellt. Dieser Prozess wird öfter durchgeführt, immer wenn eine Meldung eintrifft oder der Informationsgehalt verändert wird (z. B. Vervollständigen einer Meldung). Wenn die Dringlichkeit als nicht oder weniger wichtig festgestellt wurde, sinkt der Wert Time-To-Live (TTL) der Meldung. Falls der TTL Wert der Meldung bzw. des dafür angelegten Tickets eine gewisse Grenze unterschreitet, wird sie in eine Datenbank bzw. ein Archiv umgesiedelt und als Basis für weitere Analyse verwendet.

3.6.5.3 L1 Anreicherung (optional)

Die Anreicherung der Meldungen erfolgt zentralisiert im Lagezentrum, da es von mehreren Stellen Informationen erhält. Optional können die First Responder eigene Anreicherungsprozesse etablieren.

Bei diesem Schritt bekommen die Daten und Informationen der einzelnen Meldungen Mehrwert und Kontext, in dem sie mit Informationen aus den eigenen Datenbanken und Archiven zusammengeführt werden. Bei der Anreicherung können beispielsweise

Zusammenhänge zwischen Cyber Sicherheitsvorfällen entdeckt werden oder schnell Lösungsvorschläge basierend auf identischen oder ähnlichen Vorfällen identifiziert werden.

3.6.5.4 Hilfeleistung

Der First Responder gibt eher operative, technische (erste) Hilfeleistung an Organisation, welche Opfer eines Cyber Vorfalls wurden. Der First Responder hat die Expertise technische Lösungen zu empfehlen oder anhand ähnlicher Vorfälle Best Practices zu verteilen, damit die Organisation die erkannten Schwachstellen schließen kann.

3.6.5.5 L1 Verwaltung der Datenbank (optional)

Ein entsprechendes Datenmanagement in den Datenbanken und Archiven ist essenziell für den First Responder. Die sinnvolle und rationale Verwaltung der Daten beschleunigt das Auffinden von relevanten Informationen und ähnlichen Vorfällen und damit erfolgt die erste Reaktion schneller.

Die Datenbanken enthalten Informationen über die Techniken, Taktiken und Verfahren von Cyber Vorfällen sowie Informationen über die neuesten Sicherheitslücken und Schwachstellen in bestimmten Hardware- und Software-Lösungen.

3.6.5.6 Maßnahmen durchführen

Der First Responder kann Aufträge vom Lagezentrum oder vom Entscheidungsträger bekommen (siehe Abb. 3.4). Bei manchen meldepflichtigen Sicherheitsvorfällen kann es vorkommen, dass das Lagezentrum den First Responder um Assistenz bittet, zum Beispiel bei der Ausgabe von Frühwarnungen. Eine Möglichkeit wäre die Frühwarnung über ein Online-Portal bzw. eine Mailingliste des First Responders über kritische zu veranlassen. Die Warnung beinhaltet die Beschreibung der Sicherheitslücke (inklusive CVE Nummer falls bereits vorhanden), die möglichen Auswirkungen, betroffene Systeme, Abhilfe (zum Beispiel eine öffentlich verfügbare Patch Version) und weiterführende Informationen und Links.

3.6.5.7 L1 Lagebild erstellen (optional)

Die First Responder sollten Lagebilder über die eigenen Branchen erstellen. Die Erstellung von Cyber Situationsbewusstsein basiert auf Lagebildern, daher ist die Erstellung von angemessenen Lagebildern maßgeblich. Die Lagebilder des First Responders konzentrieren sich auf die technischen Aspekte von Vorfällen innerhalb der einzelnen Organisationen. Diese Lagebilder können entweder statisch (z. B. Berichte) oder interaktiv (z. B. Live-Statistiken) sein. Da der First Responder die nicht meldepflichtigen Vorfälle als Basis verwendet, kann es vorkommen, dass der First Responder mehr Informationsgrundlage hat als das Lagezentrum.

L1 Lagebilder fassen die Sicherheitslage innerhalb eines KI Sektors / Branche zusammen. Ein L1 Lagebild wäre zum Beispiel die grafische Darstellung über die von den

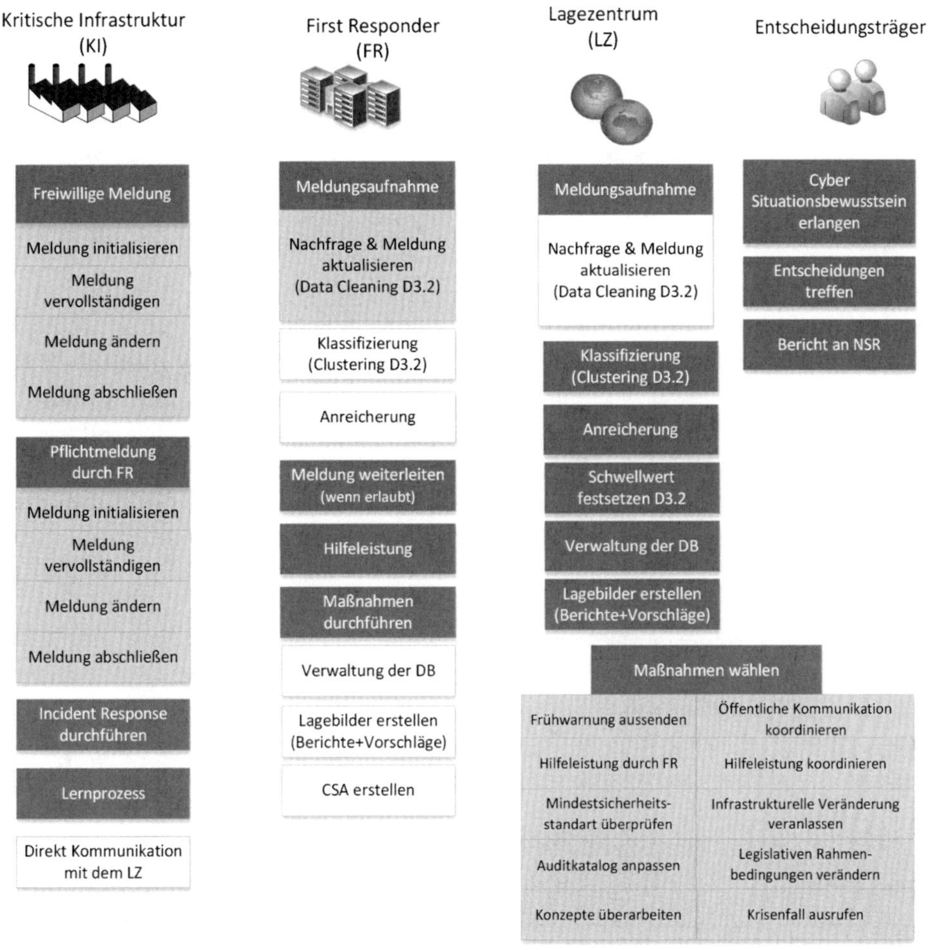

Abb. 3.4 Grundlegende Prozesse

Betreibern kritischer Infrastrukturen in einem KI Sektor gemeldeten Sicherheitsvorfälle eines spezifischen Malwaretyps.

3.6.5.8 L1 Cyber Situationsbewusstsein erstellen (optional)

Der First Responder verfügt über sein eigenes Cyber Situationsbewusstsein, das in der Regel einen technischen Schwerpunkt hat. Der Fokus liegt auf den neusten Schwachstellen, Zero-Day-Exploits, neuen Viren und Phishing Techniken usw. Das Wissen über die aktuellen Schwachstellen von relevanten Software- und Hardware-Produkten, Bedrohungen, Patches und möglichen Lösungen muss auf dem neuesten Stand sein, damit sie technische „Erste Hilfe" leisten können.

3.6.6 Arbeitsabläufe im Lagezentrum

Dieser Abschnitt beschreibt die Arbeitsabläufe des Lagezentrums. Ähnlich wie beim First Responder gibt es Arbeitsabläufe, die je eingehender Meldung durchgeführt werden und es gibt auch allgemeine Arbeitsabläufe (siehe Abb. 3.3). Der Hauptunterschied zum First Responder besteht darin, dass das Lagezentrum eine andere Informationsbasis hat, da es hauptsächlich die meldepflichtigen Cyber Sicherheitsvorfälle verarbeitet, oder aber auch auf Informationsquellen staatlicher Dienste Zugriff hat.

3.6.6.1 Meldungsaufnahme

Der Prozess Meldungsaufnahme ist grundsätzlich gleich strukturiert wie der gleichlautende Prozess des FR.

Nach der Feststellung der Art der Meldung, erfolgt optional erneut die Überprüfung der Vollständigkeit der Meldung im Lagezentrum. Falls der Sicherheitsexperte/Analyst beim Lagezentrum noch zusätzliche Informationen von der meldenden Organisation benötigt, kann der FR mehr Information mittels dezidierter Rückfrage anfordern.

3.6.6.2 L2 Klassifizierung

Dieser Prozess verläuft äquivalent zu jenem auf Seite des FR.

3.6.6.3 L2 Anreicherung

Dieser Prozess verläuft äquivalent zu jenem auf Seite des FR. Zusätzlich hat das Lagezentrum ggf. Zugriff auf geschlossene staatliche Quellen und internationale Dienste.

3.6.6.4 L2 Verwaltung der Datenbank

Ein entsprechendes Datenmanagement in den Datenbanken und Archiven ist essenziell für ein Lagezentrum. Die sinnvolle und rationale Verwaltung der Daten beschleunigt das Auffinden von relevanten Informationen und ähnlichen Vorfällen und damit erfolgt die erste Reaktion schneller.

Der Inhalt der Datenbank beruht hauptsächlich auf den meldepflichtigen Sicherheitsvorfällen der teilnehmenden Organisationen. Die Datenbanken enthalten Informationen über schwerwiegende Vorfälle, über deren Techniken, Taktiken und Verfahren, verwendete Sicherheitslücken und Schwachstellen in bestimmten Hardware- und Software-Lösungen.

Es kann wegen der Unterscheidung zwischen meldepflichtigen und nicht meldepflichtigen Vorfällen sein, dass die NIS Behörde weniger Information verarbeiten muss. Die Behörde spezialisiert sich auf die schwerwiegenden Vorfälle, aber das Einpflegen der nicht schwerwiegenden Vorfälle in die Datenbank könnte einen Mehrwert erzeugen.

3.6.6.5 L2 Lagebilder und Berichte erstellen

Der Informationsgehalt ist ähnlich wie in den L1 Lagebildern. Unterschiede bestehen durch die Meldungsart. Der Informationsgrad hängt von der Meldeaktivität der teilnehmenden Organisationen ab. Es kann vorkommen, dass die sich gewonnenen Informationen auf die

Tab. 3.3 Prozessbeschreibung der strategischen Ebene des Lagezentrums

Beschreibung von Teilprozessen
Frühwarnung: Die Frühwarnungen können auf unterschiedliche Weise ausgegeben werden. Eine kostengünstige und zeitnahe Möglichkeit wäre das Ausschicken von verschlüsselten Emails auf eine interne Mailingliste.
Infrastrukturelle Veränderungen: Eine andere Maßnahme ist die Veranlassung von infrastrukturellen Veränderungen in den Opferorganisationen, wie z. B. die weitläufige Einschränkung diverser technischer Dienste über Regulatoren, das gesetzlich verpflichtende Filtern von speziellen Verkehr auf Seite der Internet Service Provider (ISPs).
Mindestsicherheitsstandards überprüfen: Eine wesentliche Voraussetzung für sinnvolle Aktivitäten der nationalen Cyber Lagezentren ist die Bestimmung eines Mindestsicherheitsniveaus bei den teilnehmenden Organisationen. Es gibt zahlreiche Richtlinien und Standards mit IT-Sicherheitsaspekten, die den Organisationen Orientierung geben. Die Einhaltung von allen Richtlinien und Standards ist unrealistisch. Aber die strategische Ebene kann die Voraussetzungen für den Mindestsicherheitsstandard für Betreiber kritischer Infrastrukturen festlegen. Sie kann entweder bereits existierende Richtlinien oder Standards auswählen oder eigene Richtlinien und deren Überprüfungsprozeduren erzeugen. Richtlinien und die Standards müssen von Zeit zu Zeit überprüft und an die aktuellen Sicherheitsanforderungen angepasst werden.
Auditkatalog anpassen: Nach der Überprüfung der Mindestsicherheitsstandards müssen auch die Auditkataloge entsprechend der NIS Richtlinie angepasst werden. Die Veranlassung der Anpassung der Auditkataloge bezüglich IT Sicherheit ist die Aufgabe der strategischen Ebene.
Öffentliche Kommunikation koordinieren: Im Fall eines schwerwiegenden Sicherheitsvorfalles ist die richtige Kommunikation mit der Öffentlichkeit grundlegend.
Hilfeleistung koordinieren: Eine wichtige Aufgabe ist die Koordination der Hilfeleistung im Fall eines schwerwiegenden Sicherheitsvorfalles. Bei der Hilfeleistung kann die strategische Ebene des Lagezentrums unter anderen den First Responder und die taktische Ebene des Lagezentrums zur Hilfe anfordern.
Bewusstsein bilden: Sensibilisierungsmaßnahmen spielen eine wichtige Rolle bei der Prävention von Cyber Sicherheitsvorfällen. Sie können in Form von Schulungen, regelmäßige Nachrichten, Kurzfilmen usw. gestalten sein. Diese Maßnahme umfasst eine breite Palette von Aktivitäten und Beteiligten. Die strategische Ebene des Lagezentrums kann die Öffentlichkeit, die Mitarbeiter von Betreibern kritischer Infrastrukturen, die politische und geschäftliche Entscheidungsträger bezüglich IT und Informationssicherheit auf gängigen Cyber Vorfällen sensibilisieren.
Konzepte überarbeiten: Die Evaluierung der bestehenden Prozesse ist ein kontinuierlicher Prozess auf allen Ebene und Voraussetzung für die nötigen Verbesserungen und Veränderungen. Idealerweise kann die Veränderung oder Optimierung der Prozesse von jedem Stakeholder ausgelöst werden.

schwerwiegenden Sicherheitsvorfälle beschränken. L1 Lagebilder enthalten Schwachstellen, die zu schwerwiegenden Probleme führen können. Der Schwerpunkt in den L2 Lagebilder liegt auf Schwachstellen und Sicherheitslücken, die viele Organisationen betreffen.

Ein L2 Lagebild wäre zum Beispiel die grafische Darstellung der Verbreitung von Schwachstellen, wie beispielsweise kritische Sicherheitslücken in verbreiteten

COTS-Produkten oder die erhöhte DDoS-Angriff Gefahr durch das bekannte Botnets. Diese Schwachstellen können ein Ausgangspunkt für schwerwiegende Sicherheitsvorfälle sein, daher können sie in L2 Lagebildern dargestellt werden.

Die Vollständigkeit eines L2 Cyber Situationsbewusstseins hängt stark von der Meldeaktivität der teilnehmenden Organisationen ab. Optional könnten die Informationen vom First Responder mit den Informationen in der taktischen Ebene des Lagezentrums zusammengeführt werden.

3.6.6.6 Maßnahmen wählen

Das Lagezentrum macht Empfehlungen (zum Beispiel in ihren regelmäßigen Berichten) über mögliche Maßnahmen basierend auf der nationalen Sicherheitslage. Eine essenzielle Maßnahme ist die Ausgabe von Frühwarnungen.

L3 Cyber Situationsbewusstsein soll die Sicherheitslage im ganzen Land abdecken und baut daher auf den auf L1 und L2 generierten Lagebildern auf.

Die strategische Ebene des Lagezentrums kann eher organisatorische Maßnahmen erlassen. Die wichtigsten Maßnahmen sind beispielsweise Mindestsicherheitsstandards zu überprüfen, Auditkataloge anzupassen oder die öffentliche Kommunikation und die Hilfeleistung zu koordinieren (siehe Tab. 3.3).

3.6.7 Arbeitsabläufe auf politischer Entscheidungsebene

Dieser Abschnitt beschreibt die Arbeitsabläufe der strategisch-politischen Entscheidungsebene. Mithilfe der Expertise der strategischen Ebene des Lagezentrums treffen die Stakeholder die Entscheidungen bezüglich Cyber Sicherheit auf der nationalen/politischen Ebene. Die abstrakte Beschreibung der wichtigsten Arbeitsabläufe erfolgt in den nächsten Abschnitten. Eine ausführliche Beschreibung der Arbeitsabläufe (technisch oder organisatorisch) würde jedoch den Rahmen dieses Kapitels sprengen.

3.6.7.1 L4 CSA Erstellen

Das Lagezentrum liefert regelmäßig Information und Lagebilder in Form von Berichten an die politischen Entscheidungsträger. Basierend auf diese Informationen, Lagebilder und Empfehlungen des Lagezentrums trifft die politische Ebene die Entscheidungen. Die getroffenen Entscheidungen der politischen Entscheidungsebene werden von der strategischen Ebene des Lagezentrums für Zielgruppen, eventuell die Betreiber kritischer Infrastrukturen, Gesetzgebung oder der relevante Mitarbeiter usw., angepasst und kommuniziert.

Das Cyber Situationsbewusstsein auf dieser Ebene ist eher abstrakt und beschränkt sich auf schwerwiegende Vorfälle, großflächige Trends und Entwicklungstendenzen in der Sicherheit der nationalen kritischen Infrastrukturen. Die Entscheidungsträger sehen beispielsweise besonders gefährdete Sektoren der kritischen Infrastruktur und folgenschwerere Sicherheitslücken mit potenziell breitem Impact auf nationaler Ebene.

3.6.7.2 Prüfen und Bewerten der Vorschläge

Die strategische Ebene des Lagezentrums bietet der politischen Entscheidungsebene Vorschläge in Form von Empfehlungen und möglichen Handlungsoptionen. Diese Vorschläge werden von der taktischen Entscheidungsebene überprüft und in die endgültigen Entscheidungen eingearbeitet.

3.6.7.3 Maßnahmen wählen

Mit der Unterstützung des Lagezentrums wählen die Entscheidungsträgen die passenden Maßnahmen aus. Zu Maßnahmen gehören unter anderen die Ausrufung eines Krisenfalls, die Überarbeitung des Kommunikationskonzepts und von Arbeitsprozessen oder die Veränderung von legislativen Rahmenbedingungen.

3.6.8 Anwendungsfall mit freiwilliger Meldung

Abb. 3.5 gibt einen Überblick über die möglichen Arbeitsprozesse im Fall einer freiwilligen Meldung. In diesem Fall darf der First Responder die Meldung an das Lagezentrum weiterleiten.

3.7 Zusammenfassung und Ausblick

Dieses Kapitel stellte zunächst die Rahmenbedingungen einer funktionierenden Kooperation von staatlichen und privatwirtschaftlichen Partnern und einen idealtypischen Prozess zur Erstellung von Cyber Lagebildern in PPPs aus österreichischer Sicht dar. Dabei wurde darauf Rücksicht genommen, dass die dazu notwendigen Strukturen noch nicht existieren, ihre Aufgaben und Rollen aber zu einem wesentlichen Teil bereits durch die NIS-Richtlinie vordefiniert sind.

Der tatsächliche Handlungsspielraum der Behörden ist dabei stark von den jeweiligen Budgets und damit der erreichbaren Personalstärke abhängig. Zusätzlich wechseln die Aufgaben der Behörden teils mit der jeweils aktuellen Regierungskonstellation und der von ihr vorgegeben Prioritäten. Eine wesentliche Rolle bei der Erstellung eines Cyber Lagebildes kommt daher den Schnittstellenorganisationen wie z. B. den CERTs zu. Diese sind in der Regel stabiler finanziert und nicht von aktuellen politischen Vorgaben abhängig.

Wesentlich für eine effektive Erstellung von Cyber Lagebildern ist zusätzlich, dass die Partner (Behörden, Wirtschaft, CERTs und andere Stakeholder) transparent miteinander kommunizieren können und allen Beteiligten klar und bewusst ist, wer welche Rolle erfüllen kann und welche nicht. Diesbezüglich zeigt sich, dass insbesondere auf Seite der Wirtschaft oft wenig Bereitschaft existiert, zu einem nationalen Lagebild beizutragen, wenn von staatlicher Seite dieses Lagebild dann nicht mit allen Partnern geteilt wird. Dass dies jedoch zum Teil aus nachvollziehbaren Gründen der Vertraulichkeit nicht passieren kann, ist dafür nicht relevant.

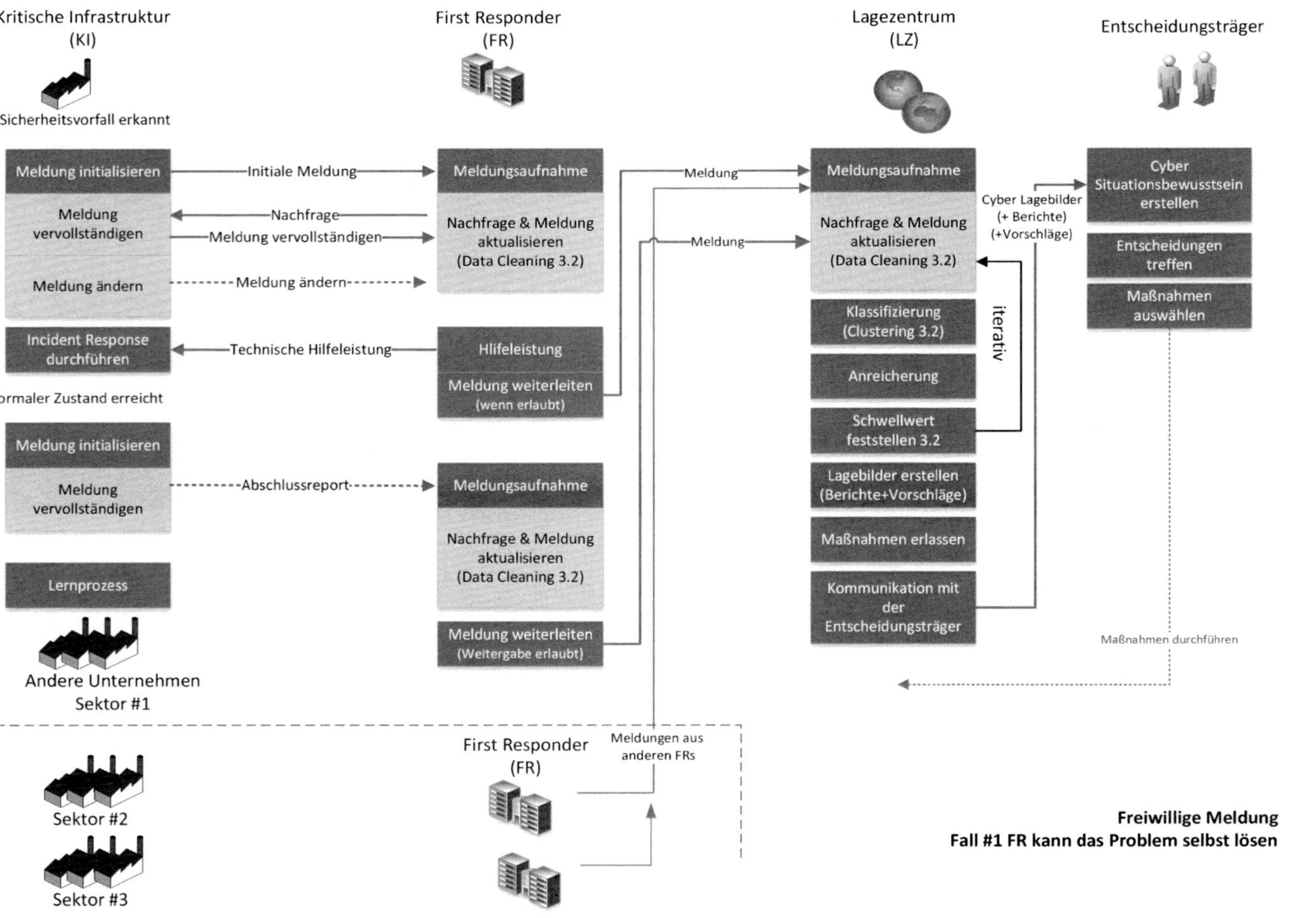

Abb. 3.5 Freiwillige Meldung

In weiterer Folge wurde in diesem Kapitel aus den spezifischen österreichischen Prozessen ein generischer Ablauf mit vier Gruppen von Akteuren abgeleitet. Der Schwerpunkt lag dabei auf der Beschreibung der Meldeverarbeitung.

Abkürzungsverzeichnis

AbwA	Abwehramt des österreichischen Bundesheeres
AEC	Austrian Energy CERT
APCIP	Austrian Program for Critical Infrastructure Protection
ATC	Austrian Trust Circle
.BK	Bundeskriminalamt
BMEIA	Bundesministerium für Europa, Integration und Äußeres
BMI	Bundesministerium für Inneres
BMLV	Bundesministerium für Landesverteidigung
BKA	Bundeskanzerlamt
C4	Cybercrime Competence Center des BMI
CoC	Code of Conduct
CERT	Computer Emergency Response Team
CERT.at	Nationales österreichisches CERT
CDC, CVZ	Cyber Defence Center bzw. Cyber Verteidigungszentrum
CSC	Cyber Security Center
CSIRT	Computer Security Incident Response Team
CSP	Cyber Sicherheit Plattform
CVSS	Common Vulnerability Scoring System
DSB	Datenschutzbehörde
ECA	Energie Control Austria
FMA	Finanzmarktaufsicht
FR	First Responder
GovCERT	Government CERT
HNaA	Heeres-Nachrichtenamt des österreichischen Bundesheeres
IKDOK	Innerer Kreis der operativen Koordinierung
ISP	Internet Service Provider
K-Wert	Kritikalitätswert
KI	Kritische Infrastruktur
KMU	Kleine und mittlere Unternehmen
KSÖ	Kuratorium Sicheres Österreich
L	Level
LZ	Lagezentrum
milCERT	Militärisches CERT
NIS	Netz- und Informationssicherheit
OpKoord	Operative Koordinierungsstruktur

ÖSCS	Österreichische Strategie für Cyber Sicherheit
PoC	Point of Contact
PPP	Public-Private-Partnerships
RTR	Rundfunk und Telekom Regulierungs-GmbH
SPOC	Single Point of Contact
STIX	Structured Threat Information eXpression
TLP	Traffic Light Protocol
TTL	Time-To-Live

Literatur

Bundeskanzleramt Österreich 2013: Österreichische Strategie für Cyber Sicherheit (zum Download unter http://www.bmi.gv.at/504/files/130416_strategie_cybersicherheit_WEB.pdf (Letzter Zugriff: 21. 05.2018))

Bundeskanzleramt Österreich 2017: Bericht Cyber Sicherheit 2017 (zum Download unter http://archiv.bundeskanzleramt.at/DocView.axd?CobId=66026 (Letzter Zugriff: 21. 05.2018))

Borchert H., Rosenkranz W. (2016): KSÖ Rechts- und Technologiedialog Whitepaper (zum Download unter https://kuratorium-sicheres-oesterreich.at/wp-content/uploads/2016/06/KSÖ-RTD-Whitepaper.pdf (Letzter Zugriff: 21. 05.2018))

Brownlee, N., Guttman, E. Expectations for Computer Security Incident Response, RFC 2350, Juni 1998. https://www.ietf.org/rfc/rfc2350.txt

Evancich, N., Lu, Z., Li, J., Cheng, Y., Tuttle, J., & Xie, P. (2014). Network-Wide Awareness. In Cyber Defense and Situational Awareness (pp. 63-91). Springer International Publishing. DB: Springer Link

Okolica, J., McDonald, J. T., Peterson, G. L., Mills, R. F., and Haas, M. W. (2009). Developing systems for cyber situational awareness

4 Informations- und Meldepflichten in PPPs

Erich Schweighofer, Vinzenz Heußler und Walter Hötzendorfer

Zusammenfassung

Cybersicherheit erfordert die Zusammenarbeit von öffentlichen wie auch privaten Einrichtungen, die wesentliche Dienste für die IT-Infrastruktur eines Landes betreiben. Die österreichische Cyber-Sicherheitsstrategie sieht daher eine komplexe Kooperationsstruktur unter Leitung von BMI, BKA und BMLV vor.

Die NIS-Richtlinie schafft die rechtliche Voraussetzung für die Weitergabe von Informationen, die für die Cybersicherheit relevant sind. Die vielfältigen Informations- und Meldepflichten gelten aber nicht absolut, sondern es ist jeweils eine Abwägung zwischen der Informations- und Meldepflicht und dem Eingriff in den Schutz von Rechtsgütern vorzunehmen. Hier sind insbesondere die Menschenrechte wie z. B. Freiheit der Meinungsäußerung, Schutz der Privatsphäre, Datenschutz und das Recht am geistigen Eigentum zu beachten. Ferner können das Wettbewerbsrecht und Vertragsrecht eine Rolle spielen.

Die in diesem Zusammenhang wesentlichste Informationspflicht ergibt sich aus der NIS-Richtlinie. Daneben bestehen weitere Meldepflichten im Datenschutzrecht, Telekommunikationsrecht, Identifikationsrecht etc.

E. Schweighofer (✉)
Arbeitsgruppe Rechtsinformatik, Universität Wien, Wien, Österreich
e-mail: erich.schweighofer@univie.ac.at

V. Heußler
Bundeskanzleramt, Wien, Österreich
e-mail: vinzenz.heussler@bka.gv.at

W. Hötzendorfer
Research Institute AG & Co KG, Wien, Österreich
e-mail: walter.hoetzendorfer@researchinstitute.at

F. Skopik et al. (Hrsg.), *Cyber Situational Awareness in Public-Private-Partnerships*,
https://doi.org/10.1007/978-3-662-56084-6_4

Die detaillierte Ausgestaltung der Informations- und Meldepflichten der NIS-Richtlinie erfolgt auf nationalstaatlicher Ebene; in Österreich durch das in Ausarbeitung befindliche Netz- und Informationssystemsicherheitsgesetz, das jedoch nicht zeitgerecht bis zum Ende der Umsetzungsfrist am 9. Mai 2018 in Kraft trat. Bis Anfang April 2018 wurde kein Entwurf dieses Gesetzes veröffentlicht, sodass auch ein solcher in diesem Buch nicht mehr berücksichtigt werden konnte.

4.1 Einleitung

Daten, Information und Wissen sind die Rohstoffe des Wissens- und Netzwerkzeitalters und werden oftmals als das „Öl des 21. Jahrhunderts" bezeichnet. Obgleich Informationen im Gegensatz zu Grund und Boden oder (Industrie-)Gütern beliebig teilbar sind, beinflusst das Teilen von Informationen – also der Informationsaustausch – sehr wohl den persönlichen und wirtschaftlichen Wert dieser.

Im Zuge eines Angriffs auf die Sicherheit von Netz- und Informationssystemen wird es häufig erforderlich sein, einen (womöglich auch größeren) Insider-Kreis oder sogar die Öffentlichkeit zu informieren. Die Verbreitung wird regelmäßig über eine gesicherte Infrastruktur, telefonisch oder per E-Mail erfolgen, die Veröffentlichung über abrufbare Webseiten, Rundschreiben an Kunden oder Mitarbeiter, insbesondere per E-Mail, durch Pressekonferenzen oder auch Massenmedien.

Dieses an sich selbstverständliche Teilen von Informationen über Angriffe auf die Netz- und Informationssicherheit ist rechtlich jedoch komplex zu betrachten. Erst muss eine Prüfung der einschlägigen Rechtsvorschriften vorgnommen werden, um Rechtssicherheit darüber zu haben, was weitergegeben bzw. veröffentlicht werden darf.

Der einfachste Fall liegt vor, wenn die zu teilende Information keine personenbezogenen Daten, Geschäftsgeheimnisse oder urheberrechtlich geschütztes Material enthält und auch keine Persönlichkeitsrechte verletzt. Sollten geschützte Rechtspositionen in der Information enthalten sein, so ist vor dem Teilen eine Abwägung vorzunehmen und speziell auf rechtliche Zulässigkeitsschranken, die sich z. B. aus dem Datenschutzrecht oder Verträgen ergeben können, zu achten. Doch kann der Gesetzgeber Eingriffe in geschützte Rechtspositionen zum allgemeinen Wohle treffen. Für private Akteure bedeutet dies, dass die komplexe Abwägung der Rechte vom Gesetzgeber verbindlich vorgenommen wird. Dies ist beispielsweise gegeben, wenn eine Pflicht zur Information besteht. Liegen die jeweiligen Bedingungen vor, so können ohne größere rechtliche Probleme Informationen weitergegeben werden, wobei jedoch immer der jeweils vorgesehene Empfängerkreis zu beachten ist.

Es ergibt sich somit folgende Struktur:

Pflicht zur Information

- Explizite Informationsvorschriften
- Implizite Informationsvorschriften

Wenn keine Pflicht zur Information besteht, kann die Information nur weitergegeben werden, wenn keine der vielfältigen **Beschränkungen der Informationsweitergabe** verletzt werden. Die Liste der zu beachtenden Rechtsgebiete ist sehr umfangreich. So sind u. a. zu beachten:

- Wirtschaftsgeheimnisse
- Strafrechtliche Bestimmungen
- Zivilrechtliche Schutzbestimmungen
- Wettbewerbsrechtliche Vorschriften
- Medienrechtliche Vorschriften
- Datenschutzrechtliche Vorschriften
- Urheberrechtliche Bestimmungen
- Markenrechtliche Bestimmungen

Da dieses Kapitel von Informations- und Meldepflichten handelt, wird nachstehend primär auf die Pflicht zur Information eingegangen.

4.2 Explizite Informationsvorschriften

4.2.1 Generelle Informationspflichten nach dem Datenschutzrecht

Die Datenschutz-Grundverordnung (DS-GVO) trat am 25.05.2016 in Kraft und ist ab 25.05.2018 anwendbar, weshalb seit 25.05.2018 nicht mehr das österreichische Datenschutzgesetz, sondern unmittelbar die DS-GVO anzuwenden ist.

Ähnlich wie vormals § 24 Abs. 1 DSG 2000 sieht Art. 13 DS-GVO eine entsprechende Informationspflicht vor. Das Unterrichten der betroffenen Person über die Existenz eines Verarbeitungsvorgangs und seine Zwecke erfolgt vor dem Hintergrund, dass nur so die Grundsätze einer fairen und transparenten Verarbeitung gewährleistet werden können (vgl. Erwägungsgrund 60). Denn die Information der betroffenen Person ist eine wesentliche Voraussetzung dafür, dass sie überhaupt ihre Rechte geltend machen kann.[1]

Erhebt der Verantwortliche personenbezogene Daten bei der betroffenen Person, so hat er ihr zum Zeitpunkt der Erhebung dieser Daten gemäß Art. 13 Abs. 1 DS-GVO u. a. Folgendes mitzuteilen:

a) den Namen und die Kontaktdaten des Verantwortlichen sowie gegebenenfalls seines Vertreters;
b) gegebenenfalls die Kontaktdaten des Datenschutzbeauftragten;

[1] *Leiter* in *Gantschacher/Jelinek/Schmidl/Spanberger*, Kommentar zur Datenschutz--Grundverordnung[1], 2017; *Illibauer* in *Knyrim*, Datenschutz-Grundverordnung, 2016, 115; *Gola,* DS-GVO, Art. 13 und 24, 2017.

c) die Zwecke, für die die personenbezogenen Daten verarbeitet werden sollen, sowie die Rechtsgrundlage für die Verarbeitung;
d) die berechtigten Interessen, die von dem Verantwortlichen oder einem Dritten verfolgt werden (vgl. Art. 6 Abs. 1 lit. f DS-GVO);
e) gegebenenfalls die Empfänger oder Kategorien von Empfängern der personenbezogenen Daten und
f) gegebenenfalls die Absicht des Verantwortlichen, die personenbezogenen Daten an ein Drittland oder eine internationale Organisation zu übermitteln.

Darüber hinaus muss derVerantwortliche nach Art. 13 Abs. 2 DS-GVO der betroffenen Person zum Erhebungszetpunkt diverse weitere Informationen zur Verfügung, wobei dies unter Berücksichtigung der besonderen Umstände und Rahmenbedingungen, unter denen die personenbezogenen Daten verarbeitet werden, erfolgt (vgl. Erwägungsgrund 60). Dadurch soll eine faire und transparente Verarbeitung gewährleistet werden. Diese weiteren Informationen umfassen beispielsweise die Speicherdauer der Daten, das Bestehen eines Rechts auf Auskunft, Berichtigung oder Löschung oder auf Einschränkung der Verarbeitung oder eines Widerspruchsrechts, eines Beschwerderechts bei einer Aufsichtsbehörde oder das Bestehen eines Rechts, die Einwilligung jederzeit zu widerrufen.

Falls der Verantwortliche beabsichtigt, die personenbezogenen Daten für einen anderen Zweck weiterzuverarbeiten als den, für den die personenbezogenen Daten erhoben wurden, so hat er der betroffenen Person vor der Weiterverarbeitung Informationen über den anderen Zweck sowie alle weiteren maßgeblichen Informationen zur Verfügung zu stellen.

Nach Art. 13 Abs. 3 DS-GVO entfällt die Informationspflicht, wenn die betroffene Person bereits über die Informationen verfügt. Nach Erwägungsgrund 62 kann die Unterrichtung auch unterbleiben, wenn die Speicherung oder Offenlegung der personenbezogenen Daten ausdrücklich durch Rechtsvorschriften geregelt ist oder wenn sich die Unterrichtung der betroffenen Person als unmöglich erweist oder mit unverhältnismäßig hohem Aufwand verbunden ist.

Die Unterlassung der Informationspflicht ist ein Recht der betroffenen Person, dessen Verletzung nach Art. 83 Abs. 5 lit. b DS-GVO mit einer Geldbuße von bis zu 20.000.000 EUR oder bei Unternehmen von bis zu 4 % des gesamten weltweit erzielten Jahresumsatzes des vorangegangenen Geschäftsjahrs, je nachdem, welcher der Beträge höher ist, bedroht ist.

4.2.2 Data Breach Notification Duty nach der DS-GVO

Für die Verletzung des Schutzes personenbezogener Daten sieht die DS-GVO in Art. 33 und 34 eine im Vergleich zu § 24 Abs. 2a DSG 2000 umfassendere Meldepflicht für die Verletzung des Schutzes personenbezogener Daten (Data Breach Notification Duty) vor. Art. 4 Z 12 definiert eine Verletzung des Schutzes personenbezogener Daten als „eine

Verletzung der Sicherheit, die, ob unbeabsichtigt oder unrechtmäßig, zur Vernichtung, zum Verlust, zur Veränderung, oder zur unbefugten Offenlegung von beziehungsweise zum unbefugten Zugang zu personenbezogenen Daten führt, die übermittelt, gespeichert oder auf sonstige Weise verarbeitet wurden". Auch hier wird somit nicht auf die Ursache der Verletzung abgestellt, sodass von Zufall bis hin zu einer bewussten Handlung durch interne oder externe Personen in Schädigungsabsicht jede Ursache umfasst ist. Art. 33 DS-GVO regelt die Pflicht zur Meldung an die Datenschutzbehörde, Art. 34 DS-GVO die Pflicht zur Benachrichtigung der Betroffenen.

Die Meldepflicht nach Art. 33 DS-GVO gilt für jede Verletzung des Schutzes personenbezogener Daten, es sei denn, dass diese Verletzung voraussichtlich nicht zu einem Risiko für die Rechte und Freiheiten natürlicher Personen führt.[2] Bei der Risikobeurteilung sind physische, materielle und immaterielle Schäden zu berücksichtigen, wie etwa Verlust der Kontrolle über ihre personenbezogenen Daten oder Einschränkung ihrer Rechte, Diskriminierung, Identitätsdiebstahl oder -betrug, finanzielle Verluste, unbefugte Aufhebung der Pseudonymisierung, Rufschädigung, Verlust der Vertraulichkeit von dem Berufsgeheimnis unterliegenden Daten oder andere erhebliche wirtschaftliche oder gesellschaftliche Nachteile für die betroffene natürliche Person (vgl. Erwägungsgrund 85).

Die Meldung ist vom Verantwortlichen unverzüglich durchzuführen, „möglichst binnen 72 Stunden, nachdem ihm die Verletzung bekannt wurde". Wenn die Benachrichtigung nicht binnen 72 Stunden erfolgen kann, ist dies zu begründen (Art. 33 Abs. 1 DS-GVO). Unverzüglich kann als ohne vorwerfbare Verzögerung ausgelegt werden, worauf auch die englische Sprachfassung hindeutet. Welche Gründe für Verzögerungen vorwerfbar sind, hängt u. a. auch von der Art und Schwere des Data Breach sowie von dessen Folgen und nachteiligen Auswirkungen für Betroffene ab (vgl. Erwägungsgrund 87). Die Bestimmung sieht keine besonderen Formerfordernisse an die Meldung vor, doch empfiehlt es sich aus Dokumentationsgründen, die Meldung schriftlich oder elektronisch durchzuführen.[3]

Abs. 3 zählt den Mindestinhalt der Meldung übersichtlich auf. Danach muss die Meldung zumindest folgende Informationen enthalten:

a) eine Beschreibung der Art der Verletzung des Schutzes personenbezogener Daten, soweit möglich mit Angabe der Kategorien und der ungefähren Zahl der betroffenen Personen, der betroffenen Kategorien und der ungefähren Zahl der betroffenen personenbezogenen Datensätze;
b) den Namen und die Kontaktdaten des Datenschutzbeauftragten oder einer sonstigen Anlaufstelle für weitere Informationen;
c) eine Beschreibung der wahrscheinlichen Folgen der Verletzung des Schutzes personenbezogener Daten;

[2] Art. 33 Abs. 1 DSGVO.

[3] *Hötzendorfer* in *Gantschacher/Jelinek/Schmidl/Spanberger*, Kommentar zur Datenschutz--Grundverordnung[1], 2017; *Oman* in *Knyrim*, Datenschutz-Grundverordnung, 2016, 209; *Gola,* DS-GVO, Art. 33 und 34, 2017.

d) eine Beschreibung der von dem Verantwortlichen ergriffenen oder vorgeschlagenen Maßnahmen zur Behebung der Verletzung des Schutzes personenbezogener Daten und gegebenenfalls Maßnahmen zur Abmilderung ihrer möglichen nachteiligen Auswirkungen.

Auftragsverarbeiter haben gemäß Art. 33 Abs. 2 DS-GVO eine Pflicht zur Meldung von Verletzungen des Schutzes personenbezogener Daten an den Verantwortlichen. Auftragsverarbeiter haben demnach nicht an die betroffenen Personen zu melden. Aufgrund des Art. 32 haben Auftragsverarbeiter Sicherheitsmaßnahmen zu treffen, die es ihnen ermöglichen, Data Breaches festzustellen.[4] Art. 33 Abs. 5 DS-GVO normiert eine Dokumentationspflicht von Verletzungen des Schutzes personenbezogener Daten, die sich nicht nur auf meldepflichte Verletzungen und nicht nur auf die Art. 33 Abs. 3 DS-GVO Informationen, sondern auf alle mit der Verletzung in Zusammenhang stehenden Fakten bezieht. Die Dokumentation soll u. a. es der Aufsichtsbehörde ermöglichen, die Einhaltung der Bestimmungen zur Data Breach Notificaiton Duty zu überprüfen (Art. 33 Abs. 5 DS-GVO).

Wenn die Verletzung des Schutzes personenbezogener Daten voraussichtlich ein hohes Risiko für die persönlichen Rechte und Freiheiten natürlicher Personen zur Folge hat, tritt zur Meldepflicht an die Aufsichtsbehörde nach Art. 33 DS-GVO auch eine Pflicht des Verantwortlichen zur Benachrichtigung der Betroffenen nach Art. 34 DS-GVO hinzu. Die Benachrichtigung hat ebenfalls unverzüglich zu erfolgen, wobei sich aus Erwägungsgrund 86 ergibt, dass eine Abstimmung mit der Aufsichtsbehörde oder anderen Behörden, insbesondere Strafverfolgungsbehörden, und aus ermittlungstaktischen Gründen eine verzögerte Benachrichtigung angebracht sein kann. Ach kann eine längere Benachrichtigungsfrist gerechtfertigt sein, um geeignete Maßnahmen gegen fortlaufende oder vergleichbare Verletzungen des Schutzes personenbezogener Daten zu treffen (vgl. Erwägungsgrund 86). Die Benachrichtigung hat in klarer und einfacher Sprache die Art der Verletzung des Schutzes personenbezogener Daten zu beschreiben und zumindest die in Art. 33 Abs. 3 lit. b, c und d (siehe oben) genannten Informationen und Maßnahmen zu enthalten (Art. 34 Abs. 2 DS-GVO).

Art. 34 Abs. 3 DS-GVO enthält eine taxative Aufzählung von Ausnahmen, wonach die Benachrichtigungspflicht dann entfällt, wenn die betroffenen Daten verschlüsselt sind oder aufgrund anderer Maßnahmen nicht gelesen werden können, wenn das Risiko durch nachträgliche Maßnahmen ausgeräumt werden konnte, oder wenn eine Benachrichtigung mit einem unverhältnismäßigen Aufwand verbunden wäre. In diesem Fall ist stattdessen eine öffentliche Bekanntmachung oder eine ähnliche Maßnahme durchzuführen, durch die die Betroffenen vergleichbar wirksam informiert werden.

Die Unterlassung oder nicht rechtzeitige Erstattung einer erforderlichen Meldung oder Benachrichtigung und jeder andere Verstoß gegen Art. 33 und 34 sind mit einer Geldbuße

[4] *Hötzendorfer* in *Gantschacher/Jelinek/Schmidl/Spanberger*, Kommentar zur Datenschutz--Grundverordnung[1], 2017.

von bis zu 10.000.000 EUR bedroht oder bei Unternehmen von bis zu 2 % des gesamten weltweit erzielten Jahresumsatzes des vorangegangenen Geschäftsjahrs, je nachdem, welcher der Beträge höher ist.

Um eine einheitliche Anwendung der DS-GVO sicherzustellen, erlässt der Europäische Datenschutzausschuss (siehe Art. 68 DS-GVO) Leitlinien, Empfehlungen und bewährte Verfahren für die Feststellung von Verletzungen des Schutzes personenbezogener Daten und die Festlegung der Unverzüglichkeit sowie zu den spezifischen Umständen, unter denen der Verantwortliche oder der Auftragsverarbeiter die Verletzung des Schutzes personenbezogener Daten zu melden hat (Art. 70 Abs. 1 lit. g DS-GVO).

4.2.3 Vorgesehene Informationspflichten über erkannte Sicherheitsrisiken im Telekommunikationssektor

Art. 17 des Kommissions-Entwurfs für eine E-Privacy-Verordnung[5] sieht für Betreiber eines elektronischen Kommunikationsdienstes die Pflicht vor, Endnutzer darüber zu informieren, wenn ein Risiko besteht, dass die Sicherheit von Netzen und elektronischen Kommunikationsdiensten beeinträchtigt werden könnte. Wenn das Risiko außerhalb des Anwendungsbereichs der vom Diensteanbieter zu treffenden Maßnahmen liegt, müssen die Endnutzer auch über mögliche Abhilfen, einschließlich voraussichtlich entstehender Kosten informiert werden.

Bis zur Fertigstellung dieses Buches Anfang April 2018 war jedoch nicht abzusehen, ob diese Bestimmung in dieser Form beschlossen wird, wann dieser erfolgen wird und ob sich Kommission, Rat und Parlament überhaupt auf eine gemeinsamen Text zur E-Privacy-Verordnung einigen können. Nachfolgend wird daher auf die geltenden telekommunikationsrechtlichen Bestimmungen Bezug genommen.

Der Richtlinien-Entwurf zum Kodex für Elektronische Kommunikation[6] enthält im Art. 40 Abs. 1 die Verpflichtung zu angemessenen und verhältnismäßigen technischen und organisatorischen Informationssicherheitsmaßnahmen. Gegenüber der „competent authority“ besteht eine Informationsverpflichtung bei einem Sicherheitsvorfall, wenn dieser eine wesentliche Auswirkung auf den Betrieb der Netzwerke oder Services aufweist (Art. 40 Abs. 2). Die wesentliche Auswirkung bestimmt sich nach der Anzahl der betroffenen Nutzer, der Dauer des Vorfalls, die geografische Verbreitung und das Ausmaß der betroffenen Dienste. Art. 40 Abs. 3a enthält die Data Breach Notification Duty bei

[5] Vorschlag für eine VERORDNUNG DES EUROPÄISCHEN PARLAMENTS UND DES RATES über die Achtung des Privatlebens und den Schutz personenbezogener Daten in der elektronischen Kommunikation und zur Aufhebung der Richtlinie 2002/58/EG (Verordnung über Privatsphäre und elektronische Kommunikation), KOM(2017) 10 endgültig, 10.01.2017.

[6] Vorschlag für eine RICHTLINIE DES EUROPÄISCHEN PARLAMENTS UND DES RATES über den europäischen Kodex für die elektronische Kommunikation (Neufassung), KOM (2016) 590 endg.

einem vorhandenen oder drohenden Sicherheitsvorfall. Art. 40 Abs. 5 ermächtigt die Kommission zum Erlass von Durchführungsverordnungen, unter größtmöglicher Berücksichtigung der Meinung der ENISA. Da noch keine Einigung im Trilog vorliegt, werden nachstehend die geltenden Bestimmungen detailliert beschrieben.

4.2.4 Informationspflicht nach § 96 Abs. 3 TKG

Nach § 96 Abs. 3 TKG 2003 trifft Betreiber öffentlicher Kommunikationsdienste die Pflicht, den Teilnehmer oder Benutzer darüber zu informieren, welche personenbezogenen Daten ermittelt, verarbeitet und übermittelt werden. Nach dieser Pflicht muss ferner informiert werden, auf welcher Rechtsgrundlage und für welche Zwecke dies erfolgt und für wie lange die Daten gespeichert werden. Diese Information hat dabei in geeigneter Form zu erfolgen. Dies kann insbesondere im Rahmen Allgemeiner Geschäftsbedingungen geschehen. Zeitlich gesehen muss die Information spätestens bei Beginn der Rechtsbeziehungen erfoglt sein.[7]

Die Informationspflicht nach § 96 Abs. 3 TKG 2003 gilt zudem wortgleich auch für Anbieter eines Dienstes der Informationsgesellschaft im Sinne des § 3 Z 1 E-Commerce-Gesetz.

4.2.5 Data Breach Notification Duty nach § 95a Abs. 1 TKG

Für Betreiber öffentlich zugänglicher elektronischer Kommunikationsdienste besteht eine Informationsverpflichtung nach § 95a Abs. 1 TKG 2003. Diese ließ die Data Breach Notification Duty nach § 24 Abs. 2a DSG 2000 unberührt und bestand daher neben dieser.[8]

Nach dieser besonderen Informationsverpflichtung haben Betreiber öffentlicher Kommunikationsdienste im Fall einer Verletzung des Schutzes personenbezogener Daten unverzüglich die Datenschutzbehörde von dieser Verletzung zu benachrichtigen. Ist anzunehmen, dass durch eine solche Verletzung Personen in ihrer Privatsphäre oder die personenbezogenen Daten selbst beeinträchtigt werden, haben die Betreiber auch die betroffenen Personen unverzüglich von dieser Verletzung zu benachrichtigen.[9] Die Datenschutzbehörde kann darüber hinaus den Betreiber – nach Berücksichtigung der wahrscheinlichen nachteiligen Auswirkungen der Verletzung – auch auffordern, eine Benachrichtigung durchzuführen.[10]

[7] *Brandl/Feiel*, Telekommunikationsrecht in *Jahnel/Mader/Staudegger* (Hrsg), IT-Recht, 3. Auflage (2012) 517.

[8] § 95a Abs. 1 TKG 2003.

[9] Siehe dazu auch *Dohr/Pollirer/Weiss/Knyrim*, DSG^2 § 24 Anm 30 (Stand 02.07.2014, rdb.at).

[10] § 95a Abs. 3 TKG 2003.

§ 95a TKG 2003 setzt die in Art. 4 Abs. 3 bis 5 der Datenschutzrichtlinie für elektronische Kommunikation (DSRL-eK)[11] idF. 2009/136/EG[12] verankerten besonderen Informationspflichten um. Diese werden durch die Verordnung (EU) 611/2013 (Benachrichtigungs-VO),[13] welche auf Grundlage von Art. 4 Abs. 5 der Richtlinie erlassen wurde, konkretisiert.

Die Betreiber müssen die nationale zuständige Behörde – in Österreich ist das die Datenschutzbehörde – innerhalb von 24 Stunden nach Feststellung einer Verletzung des Schutzes personenbezogener Daten benachrichtigen (Art. 2 Abs. 2 1. Unterabsatz Benachrichtigungs-VO). Eine Verletzung gilt als festgestellt, wenn der Betreiber vom Auftreten einer Sicherheitsverletzung hinreichende Kenntnis insoweit erlangt hat, dass er eine sinnvolle Benachrichtigung nach den Vorschriften der Benachrichtigungs-VO vornehmen kann (Art. 2 Abs. 2 3. Unterabsatz Benachrichtigungs-VO). Anhang I der Benachrichtigungs-VO enthält detaillierte Angaben, welche Informationen diese Benachrichtigung beinhalten muss.

Wenn innerhalb dieser Frist von 24 Stunden nicht alle in der Benachrichtigungs-VO aufgelisteten Angaben erhoben werden können und eine weitere Untersuchung erforderlich ist, hat der Betreiber gemäß Art. 2 Abs. 3 1. Unterabsatz der Benachrichtigungs-VO innerhalb dieser 24-Stunden-Frist eine Erstbenachrichtigung mit den Angaben nach Anhang I Abschn. 1 durchzuführen und innerhalb einer Frist von weiteren drei Tagen die Informationen nach Anhang I Abschn. 2 nachzureichen. Können die erforderlichen Angaben trotz der Nachforschungen nicht binnen drei Tagen nach der Erstbenachrichtigung erhoben werden, so sind die vorhandenen Angaben mit einer Begründung zu übermitteln, warum die erforderlichen Informationen nicht vorliegen, und die verbleibenden Angaben so bald wie möglich nachzureichen (Art. 2 Abs. 3 2. Unterabsatz Benachrichtigungs-VO). Für solche Benachrichtigungen sind von der Datenschutzbehörde gesicherte elektronische Mittel zur Verfügung zu stellen, zusammen mit Informationen über die Verfahren für den Zugang hierzu und für deren Benutzung (Art. 2 Abs. 4 Benachrichtigungs-VO).

Ebenso sind gemäß Art. 3 Abs. 1 der Benachrichtigungs-VO die von einer solchen Verletzung betroffenen Teilnehmer oder sonstigen Personen „unverzüglich“ zu benachrichtigen,

[11] Richtlinie 2002/58/EG des Europäischen Parlaments und des Rates vom 12. Juli 2002 über die Verarbeitung personenbezogener Daten und den Schutz der Privatsphäre in der elektronischen Kommunikation, ABl L 2002/201, 37.

[12] Richtlinie 2009/136/EG des Europäischen Parlaments und des Rates vom 25. November 2009 zur Änderung der Richtlinie 2002/22/EG über den Universaldienst und Nutzerrechte bei elektronischen Kommunikationsnetzen und -diensten, der Richtlinie 2002/58/EG über die Verarbeitung personenbezogener Daten und den Schutz der Privatsphäre in der elektronischen Kommunikation und der Verordnung (EG) Nr. 2006/2004 über die Zusammenarbeit im Verbraucherschutz, ABl L 2009/337, 11.

[13] Verordnung (EU) Nr. 611/2013 der Kommission vom 24. Juni 2013 über die Maßnahmen für die Benachrichtigung von Verletzungen des Schutzes personenbezogener Daten gemäß der Richtlinie 2002/58/EG des Europäischen Parlaments und des Rates (Datenschutzrichtlinie für elektronische Kommunikation), ABl L 2003/173, 2.

wenn anzunehmen ist, dass aufgrund einer Verletzung des Schutzes ihrer personenbezogenen Daten diese personenbezogenen Daten selbst oder die Privatsphäre beeinträchtigt werden. Wann eine Verletzung des Schutzes personenbezogener Daten wahrscheinlich die personenbezogenen Daten oder die Privatsphäre beeinträchtigt, wird insbesondere durch die näheren Beurteilungskriterien in Art. 3 Abs. 2 geregelt. „Unverzüglich" bedeutet „ohne unangemessene Verzögerung" nach Feststellung der Verletzung (Art. 3 Abs. 3 Benachrichtigungs-VO). Die Verständigung hat mithilfe von Kommunikationsmitteln zu erfolgen, die einen zügigen Empfang der Information gewährleisten und nach dem Stand der Technik angemessen gesichert sind. Dabei müssen sich solche Verständigungen ausschließlich auf die Verletzung beziehen und dürfen nicht mit Informationen zu anderen Themen verbunden werden (Art. 3 Abs. 4 und 6 Benachrichtigungs-VO). Die Verständigungen müssen außerdem alle Angaben nach Anhang II der Benachrichtigungs-VO enthalten (Art. 3 Abs. 4 Benachrichtigungs-VO).

Unter „außergewöhnlichen Umständen", unter denen die ordnungsgemäße Untersuchung der Verletzung durch die Verständigung gefährdet würde, sowie mit Zustimmung der Datenschutzbehörde kann gemäß Art. 3 Abs. 5 Benachrichtigungs-VO eine Benachrichtigung vorerst unterbleiben. Falls der Betreiber trotz aller zumutbaren Anstrengungen nicht alle Betroffenen zu ermitteln vermag, kann die Verständigung auch über große nationale oder regionale Medien erfolgen. Dennoch muss der Betreiber weiterhin alle zumutbaren Anstrengungen unternehmen, alle Betroffenen individuell zu ermitteln und so bald wie möglich zu verständigen (Art. 3 Abs. 7 Benachrichtigungs-VO).

Nach Art. 4 Abs. 1 der Benachrichtigungs-VO entfällt die Pflicht zur Verständigung eines Teilnehmers oder einer Person nur dann, wenn die betreffenden personenbezogenen Daten durch technische Schutzmaßnahmen „unverständlich gemacht" wurden. Gemäß Art. 4 Abs. 2 der Benachrichtigungs-VO sind Daten nur dann unverständlich, wenn sie entsprechend verschlüsselt oder gehasht sind. Die Europäische Kommission kann geeignete technische Schutzmaßnahmen veröffentlichen, welche eine hinreichende „Unverständlichkeit" der betreffenden Daten gewährleisten (Art. 4 Abs. 3 Benachrichtigungs-VO). Eine solche Veröffentlichung der Kommission liegt bisher jedoch noch nicht vor.

Ferner sind die Betreiber öffentlicher Kommunikationsdienste verpflichtet, ein Verzeichnis der Verletzungen des Schutzes personenbezogener Daten zu führen, welches Angaben zu den Umständen der Verletzungen, zu deren Auswirkungen und zu den ergriffenen Abhilfemaßnahmen enthält. Dieses Verzeichnis muss geeignet sein, der Datenschutzbehörde die Prüfung der Einhaltung der Informationsverpflichtung zu ermöglichen (§ 95a Abs. 6 TKG 2003 sowie Art. 4 Abs. 4 DSRL-eK).

Die Verletzung der Informationspflicht gegenüber der Datenschutzbehörde und/oder dem Betroffenen sowie die Nicht-Führung eines Vorfallverzeichnisses sind gemäß § 109 Abs. 3 Z 15a bzw. 15b TKG 2003 mit einer Verwaltungsstrafe von bis zu EUR 37.000,- bedroht. Da die Bestimmungen der Benachrichtigungs-VO den verwiesenen Verbotsinhalt des § 95a TKG 2003 konkretisieren und es dem Betreiber zum Handlungszeitpunkt möglich ist, Inhalt und Grenzen des Verbotenen verlässlich zu bestimmen, führt eine Verletzung der Bestimmungen der Benachrichtigungs-VO auch zu einer Verletzung des § 95a Abs. 1 und/oder Abs. 3 TKG 2003 und ist folglich mit einer Verwaltungsstrafe von bis zu

EUR 37.000,- bedroht.[14] Für Verstöße gegen § 95a TKG 2003 ist die zuständige Verwaltungsstrafbehörde das örtlich in Betracht kommende Fernmeldebüro (§ 113 Abs. 3 TKG 2003 iVm § 109 Abs. 3 Z 15a und 15b TKG 2003).

Die Datenschutzbehörde ist gemäß § 95a Abs. 7 TKG 2003 ihrerseits zur Informationsweitergabe an die Regulierungsbehörde verpflichtet. Allerdings umfasst die Informationspflicht nur jene Sicherheitsverletzungen, die für die Erfüllung der der Regulierungsbehörde durch § 16a TKG 2003 übertragenen Aufgaben notwendig sind. Es handelt sich hierbei also um Sicherheitsverletzungen, welche die Sicherheit und Integrität der Netze oder Dienste gefährden. Die Datenschutzbehörde wird durch diese Informationspflicht demnach nicht ermächtigt, Anzeige an das örtlich zuständige Fernmeldebüro zu erstatten. Grundsätzlich normiert § 30 Abs. 5 DSG 2000 eine eingeschränkte Anzeigepflicht für die Datenschutzbehörde, wonach bei Verdacht einer strafbaren Handlung nach den §§ 51 oder 52 DSG 2000, nach den §§ 118a, 119, 119a, 126a bis 126c, 148a oder § 278a StGB oder eines Verbrechens mit einer Freiheitsstrafe, deren Höchstmaß fünf Jahre übersteigt, Anzeige zu erstatten ist. Ansonsten dürfen Informationen, die der Datenschutzbehörde bei ihrer Kontrolltätigkeit zukommen, wozu auch die Überprüfung der Einhaltung der Data Breach Notification Duty zählt, ausschließlich für die Kontrolle im Rahmen der Vollziehung datenschutzrechtlicher Vorschriften verwendet werden. Abseits der eingeschränkten Anzeigepflicht besteht nämlich die Pflicht zur Verschwiegenheit auch gegenüber Gerichten, Verwaltungsbehörden und Abgabenbehörden (Vgl. § 30 Abs. 5 DSG 2000).

4.2.6 Meldepflicht nach § 16a TKG 2003

Das Telekommunikationsrecht sieht in § 16a Abs. 5 TKG 2003 eine weitere Informationsverpflichtung vor. Danach haben Betreiber öffentlicher Kommunikationsnetze oder -dienste der Regulierungsbehörde Sicherheitsverletzungen oder einen Verlust der Integrität mitzuteilen, sofern dadurch beträchtliche Auswirkungen auf den Netzbetrieb oder die Dienstebereitstellung eingetreten sind. Die zuständige Regulierungsbehörde ist gemäß § 115 Abs. 1 TKG 2003 die Rundfunk und Telekom Regulierungs-GmbH (RTR-GmbH).

Diese Bestimmung ist von der Verletzung des Schutzes personenbezogener Daten abstrahiert und stellt die Sicherheit und Integrität der Dienste in den Vordergrund. Sie setzt Art. 13a Abs. 3 der Richtlinie 2009/140/EG[15] um. Die Form, in der mitzuteilen ist, wird

[14] *Fritz/Burtscher*, Data Breach Notification Duty für Betreiber öffentlicher Telekommunikationsdienste, ZIR 2014/1, 5.

[15] Richtlinie 2009/140/EG des Europäischen Parlaments und des Rates vom 25. November 2009 zur Änderung der Richtlinie 2002/21/EG über einen gemeinsamen Rechtsrahmen für elektronische Kommunikationsnetze und -dienste, der Richtlinie 2002/19/EG über den Zugang zu elektronischen Kommunikationsnetzen und zugehörigen Einrichtungen sowie deren Zusammenschaltung und der Richtlinie 2002/20/EG über die Genehmigung elektronischer Kommunikationsnetze und -dienste, ABl. L 2009/337, 37.

dabei von der Regulierungsbehörde vorgeschrieben. Die Regulierungsbehörde wiederum kann Regulierungsbehörden anderer Mitgliedstaaten oder die Europäische Agentur für Netz- und Informationssicherheit (ENISA) über eine erfolgte Mitteilung informieren, soweit dies für die ihnen übertragenen Aufgaben erforderlich ist (§ 16a Abs. 6 TKG 2003). Wenn die Bekanntgabe der Verletzung im öffentlichen Interesse liegt, kann die Regulierungsbehörde selbst auch die Öffentlichkeit in geeigneter Weise darüber informieren. Alternativ kann sie den betroffenen Betreiber zur Information der Öffentlichkeit auffordern (§ 16 Abs. 7 TKG 2003).

Bei der Anwendung des § 16 Abs. 5 TKG 2003 orientiert sich die Regulierungsbehörde an den Vorgaben, die in einem von der ENISA veröffentlichten Dokument („Technical Guideline on Incident Reporting") festgelegt sind.[16] Unter Zuhilfenahme des ENISA-Leitfadens kann der Begriff „beträchtliche Ausirkungen" präzisiert werden, denn im Leitfaden findet sich insbesondere die Abgrenzung, unter welchen Voraussetzungen die Auswirkungen eines Vorfalls so beträchtlich sind, dass der Vorfall der Regulierungsbehörde mitgeteilt werden muss. Das Bestehen einer Mitteilungspflicht hängt dabei einerseits von der Erreichbarkeit von Notrufnummern, andererseits von der Dauer des Vorfalls und der Anzahl der betroffenen Teilnehmer in der jeweiligen Dienstekategorie ab. Hinsichtlich der Dienstekategorien wird zwischen Festnetztelefonie, Mobiltelefonie, feste und mobile Internetzugänge unterschieden.

Jedenfalls mitzuteilen ist ein Vorfall, wenn eine Notrufnummer aus einem Kommunikationsnetz für Teilnehmer eines verfügbaren öffentlichen Telefondienstes nicht erreichbar ist. Die Nichterreichbarkeit einer Notrufnummer ist auch dann mitzuteilen, wenn der Telefondienst aus Sicht des Teilnehmers nur teilweise verfügbar ist. Das ist beispielsweise der Fall, wenn für Teilnehmer lediglich einige Rufnummern erreichbar sind, aber zumindest eine Notrufnummer nicht. Ein Vorfall ist des Weiteren dann mitteilungspflichtig, wenn der Telefondienst der Notrufleitstelle, an dem ein Notruf terminiert, für passive Gespräche nicht verfügbar ist, unabhängig davon, ob die Notrufnummer (z. B. durch automatische Weiterleitung) erreichbar ist oder nicht. Beispiele für Meldepflichten von Vorfällen, die Notrufnummern betreffen, sind auf der Webseite der RTR verfügbar.[17]

Die Mitteilungspflicht eines Vorfalls tritt auch dann ein, wenn der Vorfall mehr als eine bestimmte Anzahl an Stunden dauert und mehr als eine bestimmte Anzahl an Teilnehmer der jeweiligen Dienstekategorie betrifft. Die Werte für Dauer und Teilnehmeranzahl ergeben sich dabei aus folgender Tab. 4.1:

Dauert der Ausfall eines Festnetz-Telefoniedienstes beispielsweise 1:30 Stunden, so ist der Wert in der Spalte „> 1 h" heranzuziehen. Eine Mitteilungspflicht besteht folglich dann, wenn mehr als 400.000 Teilnehmer vom Vorfall betroffen sind.

[16] https://www.enisa.europa.eu/publications/technical-guideline-on-incident-reporting (aufgerufen 01.04.2018).

[17] https://www.rtr.at/de/tk/Netzsicherheit/28266_Mitteilungspflicht_bei_Ausfall_von_Notrufnummern.pdf (aufgerufen 01.04.2018).

Tab. 4.1 Mitteilungspflicht – Werte für Dauer und Teilnehmeranzahl

Dienstekategorie/Dauer	≤ 1 h	> 1 h	> 2 h	> 4 h	> 6 h	> 8 h	> 16 h
Festnetztelefonie	1.000.000	400.000	250.000	130.000	50.000	30.000	10.000
Mobiltelefonie	1.000.000	500.000	250.000	170.000	130.000	60.000	10.000
Feste Internetzugänge	1.000.000	320.000	210.000	110.000	40.000	20.000	10.000
Mobile Internetzugänge	1.000.000	500.000	250.000	170.000	110.000	50.000	10.000

Eine Mitteilung gemäß § 16 Abs. 5 TKG 2003 ist unverzüglich bei Auftreten des Vorfalles einzubringen. Doch können Informationen, die zum Zeitpunkt der Mitteilung noch nicht verfügbar sind, zu einem späteren Zeitpunkt nachgereicht werden.

Die Mitteilung kann mittels eines elektronischen Formulars erfolgen, das im E-Governmentbereich der RTR[18] zur Verfügung steht, wobei beispielsweise detailliertere Informationen auch zu einem späteren Zeitpunkt ergänzt werden können. Alternativ kann für die Meldung ein auf der RTR-Webseite abrufbares Formular[19] als Word-Dokument verwendet werden.

4.2.7 Meldepflicht nach Art. 19 eIDAS-VO

Mit 17. September 2014 trat die EU-Verordnung namens eIDAS[20] in Kraft, die mit Wirkung vom 1. Juli 2016 das österreichische Signaturrecht ablöste. Abseits der signaturrechtlichen Bestimmungen enthält die eIDAS-VO darüber hinaus auch Bestimmungen betreffend die elektronische Identifizierung und betreffend andere Vertrauensdienste (elektronische Siegel, elektronische Zeitstempel, Dienste für die Zustellung elektronischer Einschreiben, Website-Authentifizierung).[21]

[18] https://egov.rtr.at (aufgerufen 01.04.2018).

[19] https://www.rtr.at/de/tk/Netzsicherheit (aufgerufen 01.04.2018).

[20] Verordnung (EU) Nr. 910/2014 des Europäischen Parlaments und des Rates vom 23. Juli 2014 über elektronische Identifizierung und Vertrauensdienste für elektronische Transaktionen im Binnenmarkt und zur Aufhebung der Richtlinie 1999/93/EG, ABl L 2014/247, 73.

[21] Für mehr Information siehe https://www.digitales.oesterreich.gv.at/eidas-verordnung (aufgerufen am 01.04.2018).

In Art. 19 werden Sicherheitsanforderungen an Vertrauensdiensteanbieter festgelegt. Abs. 2 bestimmt, dass Vertrauensdiensteanbieter der Aufsichtsstelle jede Sicherheitsverletzung oder jeden Integritätsverlust zu melden haben, die bzw. der sich erheblich auf den erbrachten Vertrauensdienst oder die darin vorhandenen personenbezogenen Daten auswirkt. Die Meldung erfolgt, wo zutreffend, auch an andere einschlägige Stellen, wie etwa der für Informationssicherheit zuständigen nationalen Stelle oder der Datenschutzbehörde. Ferner hat die Meldung unverzüglich, jedenfalls aber innerhalb von 24 Stunden nach Kenntnisnahme von dem betreffenden Vorfall zu erfolgen.

Des Weiteren wird normiert, dass wenn sich die Sicherheitsverletzung oder der Integritätsverlust voraussichtlich nachteilig auf eine natürliche oder juristische Person auswirkt, für die der Vertrauensdienst erbracht wurde, der Vertrauensdiensteanbieter auch diese natürliche oder juristische Person unverzüglich über die Sicherheitsverletzung oder den Integritätsverlust unterrichten muss.

Die Aufsichtsstelle kann wiederum die Aufsichtsstellen anderer betroffener Mitgliedstaaten und die Europäische Agentur für Netz- und Informationssicherheit (ENISA) unterrichten. Auch kann die Aufsichtsstelle die Öffentlichkeit unterrichten oder den Vertrauensdiensteanbieter dazu verpflichten, wenn die Bekanntgabe der Sicherheitsverletzung oder des Integritätsverlustes ihrer Ansicht nach im öffentlichen Interesse liegt.

Gemäß Abs. 4 lit. b kann die Kommission im Wege von Durchführungsrechtsakten Form und Verfahren – einschließlich der Fristen – für die Zwecke des Abs. 2 festlegen.

4.2.8 Meldepflichten im Finanzsektor

4.2.8.1 Meldeplicht nach der Zahlungsdiensterichtlinie

Mit der Zahlungsdiensterichtlinie (Payment Service Directive; PSD)[22] wurde die rechtliche Grundlage für die Schaffung eines EU-weiten Binnenmarkts für den Zahlungsverkehr geschaffen, indem umfassende Vorschriften eingeführt wurden, die für alle Zahlungsdienstleistungen in der EU gelten. Dabei wird das Ziel verfolgt, dass der grenzüberschreitende Zahlungsverkehr dem nationalen Zahlungsverkehr in Einfachheit und Effizienz gleichkommt. Die PSD wurde in Österreich hauptsächlich im Zahlungsdienstegesetz[23] umgesetzt.[24] Eine neue, von der Kommission im Juli 2013 vorgeschlagenen

[22] Richtlinie 2007/64/EG des Europäischen Parlaments und des Rates vom 13. November 2007 über Zahlungsdienste im Binnenmarkt, zur Änderung der Richtlinien 97/7/EG, 2002/65/EG, 2005/60/EG und 2006/48/EG sowie zur Aufhebung der Richtlinie 97/5/EG, ABl 2007/319, 1.

[23] Bundesgesetz über die Erbringung von Zahlungsdiensten (Zahlungsdienstegesetz – ZaDiG), BGBl. I 2009/66.

[24] http://ec.europa.eu/finance/payments/docs/framework/transposition/austria_en.pdf (aufgerufen am 01.04.2018).

Zahlungsdiensterichtlinie (PSD II)[25] soll den Verbraucherschutz verbessern, Innovationen fördern und die Sicherheit von Zahlungsdiensten erhöhen. Unter anderem wurden strenge Sicherheitsanforderungen für die Auslösung und Verarbeitung elektronischer Zahlungen und den Schutz der Finanzdaten der Verbraucher eingeführt.[26]

Nach Art. 96 Abs. 1 der PSD II haben Zahlungsdienstleister im Falle eines schwerwiegenden Betriebs- oder eines Sicherheitsvorfalls die zuständige Behörde in dem Herkunftsmitgliedstaat des Zahlungsdienstleisters unverzüglich zu unterrichten. Ferner müssen die Zahlungsdienstleister ihre Zahlungsdienstnutzer unverzüglich benachrichtigen, wenn sich der Vorfall auf die finanziellen Interessen der Zahlungsdienstnutzer auswirkt oder auswirken könnte. Die Zahlungsdienstnutzer sind über den Vorfall und über alle Maßnahmen zu benachrichtigen, die die Zahlungsdienstleister ergreifen können, um die negativen Auswirkungen des Vorfalls zu begrenzen.

Die nationale zuständige Behörde hat nach Art. 96 Abs. 2 nach Eingang einer Meldung die Europäische Bankenaufsichtsbehörde (EBA) und die Europäische Zentralbank (EZB) unverzüglich über die maßgeblichen Einzelheiten des Vorfalls zu unterrichten. Die EBA und die EZB haben in Zusammenarbeit mit der zuständigen Behörde die Relevanz des Vorfalls für andere maßgebliche Behörden der EU und der Mitgliedstaaten zu prüfen und diese entsprechend zu informieren. Die EZB muss ferner die Mitglieder des Europäischen Systems der Zentralbanken über die für das Zahlungssystem relevanten Aspekte unterrichten.

Die EBA hat Leitlinien gemäß Art. 16 der Verordnung (EU) Nr. 1093/2010[27] herauszugeben. Dabei hat sie für Zahlungsdienstleister eine Klassifizierung der schwerwiegenden Vorfälle sowie Inhalt, Format (einschließlich Standardformblättern für die Meldungen) und Verfahren für die Meldung solcher Vorfälle vorzunehmen sowie für die zuständigen Behörden Kriterien für die Bewertung der Relevanz eines Vorfalls und Einzelheiten der Meldung von Vorfällen an andere nationale Behörden vorzusehen (Art. 96 Abs. 3). Nach Art. 96 Abs. 5 hat die EBA bei der Ausarbeitung und Überprüfung der Leitlinien (vgl. Art. 96 Abs. 3) die von der ENISA entwickelten und veröffentlichten Standards und/oder Spezifikationen für Branchen, in denen andere Tätigkeiten als Zahlungsdienstleistungen ausgeübt werden, zu berücksichtigen.

---

[25] Richtlinie (EU) 2015/2366 des Europäischen Parlaments und des Rates vom 25. November 2015 über Zahlungsdienste im Binnenmarkt, zur Änderung der Richtlinien 2002/65/EG, 2009/110/EG und 2013/36/EU und der Verordnung (EU) Nr. 1093/2010 sowie zur Aufhebung der Richtlinie 2007/64/EG, ABl L 2015/337, 1.

[26] http://europa.eu/rapid/press-release_IP-15-5792_de.htm?locale=en (aufgerufen am 01.04.2018).

[27] Verordnung (EU) Nr. 1093/2010 des Europäischen Parlaments und des Rates vom 24. November 2010 zur Errichtung einer Europäischen Aufsichtsbehörde (Europäische Bankenaufsichtsbehörde), zur Änderung des Beschlusses Nr. 716/2009/EG und zur Aufhebung des Beschlusses 2009/78/EG der Kommission, ABl L 2010/331, 12.

Diese von der EBA auszuarbeitenden Leitlinien wurden am 27. Juli 2017 veröffentlicht.[28] Sie sind seit dem 13. Januar 2018 anzuwenden. Entwickelt wurden die Leitlinien in enger Zusammenarbeit mit der EZB, wobei auch Feedback, das im Rahmen der öffentlichen Konsultation eingegangen ist, berücksichtigt wurde. Inhaltlich legen die Leitlinien die Kriterien, Schwellenwerte und die Methode fest, die Zahlungsdienstleister anwenden müssen, um zu bestimmen, ob ein Betriebs- oder eines Sicherheitsvorfalls als schwerwiegend angesehen und daher der zuständigen Behörde gemeldet werden muss. Die Leitlinien enthalten auch ein Meldeformular, das für die Benachrichtigung zu verwenden ist. Ferner sehen sie Berichte vor, die für die Dauer des Vorfalls zu senden sind, einschließlich des Zeitrahmens dafür. Die Leitlinien enthalten weiters eine Reihe von Kriterien, die die zuständigen Behörden als Hauptindikatoren verwenden müssen, wenn sie die Relevanz eines schwerwiegenden Betriebs- oder Sicherheitsvorfalls für andere Behörden im Rahmen der PSD II bewerten. Darüber hinaus geben sie die Mindestinformationen an, die die zuständigen Behörden mit diesen inländischen Behörden teilen sollten, wenn ein Vorfall als für diese relevant erachtet wird.[29]

4.2.8.2 Meldepflicht nach dem Zahlungsdienstegesetz 2018

Die Zahlungsdiensterichtlinie wurde mit dem Zahlungsdienstegesetz 2018 (ZaDiG 2018) umgesetzt. Die Meldepflicht des Art. 96 der PSD II findet sich in § 86 ZaDiG 2018 fast wortgleich wieder. Gemäß Abs. 1 hat ein Zahlungsdienstleister im Falle eines schwerwiegenden Betriebs- oder Sicherheitsvorfalls dies der Finanzmarktaufsicht (FMA) unverzüglich schriftlich mitzuteilen. Wenn sich der Vorfall auf die finanziellen Interessen der Zahlungsdienstnutzer auswirkt oder auswirken könnte, muss der Zahlungsdienstleister unverzüglich seine Zahlungsdienstnutzer über den Vorfall benachrichtigen. Inhaltlich muss diese Benachrichtigung über alle Maßnahmen aufklären, die Zahlungsdienstnutzer ergreifen können, um die negativen Auswirkungen des Vorfalls zu begrenzen.

§ 86 Abs. 2 des ZaDiG 2018 sieht vor, dass die FMA nach Eingang einer Meldung gemäß Abs. 1 unverzüglich die EBA und die EZB über die maßgeblichen Einzelheiten des Vorfalls zu unterrichten hat. In Zusammenarbeit mit diesen Behörden hat die FMA die Relevanz des Vorfalls für andere maßgebliche Behörden der EU zu prüfen und diese entsprechend zu informieren. Nachdem die FMA die Relevanz des Vorfalls für die maßgeblichen Behörden geprüft hat, unterrichtet sie auch diese entsprechend. Erforderlichenfalls hat die FMA alle für die unmittelbare Sicherheit des Finanzsystems notwendigen Schutzvorkehrungen zu treffen

Zahlungsdienstleister haben der FMA gemäß § 86 Abs. 3 des ZaDiG 2018 einmal jährlich statistische Daten zu Betrugsfällen in Verbindung mit den unterschiedlichen Zahlungsmitteln vorzulegen. Die FMA hat diese Daten der EBA und der EZB in aggregierter Form zur Verfügung zu stellen.

[28] https://www.eba.europa.eu/documents/10180/1914076/Guidelines+on+incident+reporting+under+PSD2+%28EBA-GL-2017-10%29.pdf (abgerufen am 01.04.2018).

[29] https://www.eba.europa.eu/-/eba-publishes-final-guidelines-on-major-incident-reporting-under-psd2 (abgerufen am 01.04.2018).

4.2.9 Meldepflicht nach dem Produktsicherheitsgesetz

Das Produktsicherheitsgesetz (PSG 2004)[30] setzt die Richtlinie 2001/95/EG über die allgemeine Produktsicherheit[31] um. Es verfolgt das Ziel, Leben und Gesundheit von Menschen vor Gefährdungen durch gefährliche Produkte zu schützen, und regelt zu diesem Zwecke Sicherheitsanforderungen an Produkte. Ferner legt es Verpflichtungen für die Inverkehrbringenden fest (§ 1). So dürfen Hersteller und Importeure nur sichere Produkte in den Verkehr bringen (§ 6 Abs. 1). Wenn der Inverkehrbringende aufgrund der vorliegenden Informationen weiß oder wissen muss, dass ein Produkt für die Verbraucher eine Gefahr darstellt, so hat er unverzüglich eine der zuständigen Behörden[32] zu informieren (vgl. § 7 Abs. 4). Diese Meldepflicht gilt nicht, falls besondere bundesgesetzliche Verwaltungsvorschriften entsprechende Regelungen enthalten (vgl. § 2 Abs. 2).

Wesentlich für die Anwendung des Gesetzes ist der Begriff des Produktes. Darunter ist gemäß § 3 Z 1 jede bewegliche Sache zu verstehen, auch wenn sie Teil einer anderen beweglichen Sache ist oder mit einer unbeweglichen Sache verbunden worden ist, wenn sie entweder für Verbraucher bestimmt ist, oder unter vernünftigerweise vorhersehbaren Bedingungen von Verbrauchern benutzt werden könnte, selbst wenn sie nicht für diese bestimmt ist. Das Produkt kann auch im Rahmen der Erbringung einer Dienstleistung für einen Verbraucher bestimmt sein.

Nach herrschender, aber strittiger Auffassung ist Software, die auf Datenträger oder durch Download verbreitet wird, als Produkt im Sinne des PHG anzusehen.[33] Die Rechtsprechung hat bisher zu dieser Frage noch nicht Stellung bezogen.

Bejaht man eine Haftung des Softwareherstellers, würde das PHG jedoch primär nur den Verbraucher schützen. Nicht umfasst sind Produkte, die für Businesskunden bestimmt sind. Nach Erwägungsgrund 10 der Richtlinie soll diese aber auch für Produkte gelten, die zur ausschließlichen gewerblichen Nutzung konzipiert sind, jedoch anschließend auf den Verbrauchermarkt gelangt sind.

Relevant ist ferner der Begriff der Gefährlichkeit. Ein Produkt gilt als gefährlich, wenn es nicht sicher ist (§ 4 Abs. 2). Grundsätzlich ist ein Produkt sicher, wenn es bei normaler Verwendung keine oder nur geringe, mit seiner Verwendung zu vereinbarende und unter Wahrung eines hohen Schutzniveaus für die Gesundheit und Sicherheit von Personen vertretbare Gefahren birgt.

[30] Bundesgesetz zum Schutz vor gefährlichen Produkten (Produktsicherheitsgesetz 2004 – PSG 2004), BGBl. I 2005/16 idgF (BGBl. I 2015/163); *Posch/Terlitza* in *Schwiemann/Kodek* (Hrsg), ABGB-Praxiskommentar[4] PHG, 2016.

[31] Richtlinie 2001/95/EG des Europäischen Parlaments und des Rates vom 3. Dezember 2001 über die allgemeine Produktsicherheit, ABl. L 2002/11, 4.

[32] Der Bundesminister für soziale Sicherheit, Generationen und Konsumentenschutz sowie die Landeshauptleute; § 3 Z 3 iVm § 32 PSG 2004.

[33] *Harnoncourt,* Haftungsrechtliche *Aspekte des autonomen Fahrens,* in: *I. Eisenberger/Lachmayer/G. Eisenber*ger (Hrsg); Autonomes Fahren und Recht, 2017, 109.

Demnach wäre das Gesetz auf Hardware- und Softwarekomponenten anwendbar, die z. B. Feuer fangen, falls nicht besondere bundesgesetzliche Verwaltungsvorschriften an diese Sicherheitsanforderungen stellen. Es ist jedoch schwer zu beurteilen, ob die „Sicherheit“ von Personen durch eine IT-Sicherheitslücke berührt werden kann.

4.2.10 Meldepflichten nach der NIS-Richtlinie

4.2.10.1 Einleitung

Die Europäische Union (EU) erließ im Juli des Jahres 2016 die Richtlinie über Maßnahmen zur Gewährleistung eines hohen gemeinsamen Sicherheitsniveaus von Netz- und Informationssystemen[34] (NIS-Richtlinie). Bei der NIS-Richtlinie handelt es sich um den ersten EU-weiten Legislativakt zur Regulierung der Cyber-Sicherheit.[35] Ihr kommt daher maßgebliche Bedeutung auf dem Gebiet der Cyber-Sicherheit zu. Das Kapitel trägt diesem Umstand Rechnung und stellt den Anwendungsbereich der NIS-Richtlinie und die vorgesehenen Meldepflichten ausführlich dar.[36]

Die Erlassung der NIS-Richtlinie geschah vor dem Hintergrund, dass die EU einen umfassenden Ansatz auf Unionsebene für erforderlich hielt, um wirksam auf die Herausforderungen im Bereich der Sicherheit von Netz- und Informationssystemen reagieren zu können (Erwägungsgrund 6). Die NIS-Richtlinie legt zu diesem Zwecke Maßnahmen fest, mit denen ein hohes gemeinsames Sicherheitsniveau von Netz- und Informationssystemen in der EU erreicht werden soll, um so das Funktionieren des Binnenmarkts zu verbessern (Art. 1 Abs. 1). Diese Manßnahmen umfassen gemeinsame Mindestanforderungen für Kapazitätsaufbau und -planung, Informationsaustausch, Zusammenarbeit sowie gemeinsame Sicherheitsanforderungen für Betreiber wesentlicher Dienste und Anbieter digitaler Dienste beinhaltet. Für dieses Buch relevant ist insbesondere die Einführung einer Meldepflicht signifikanter Störfälle.

Die NIS-Richtlinie ist von den Mitgliedstaaten bis zum 9. Mai 2018 in nationales Recht umzusetzen (Art. 27). In Österreich erfolgt die Umsetzung durch das Netz- und Informationssystemsicherheitsgesetz, das jedoch nicht zeitgerecht vor 9. Mai 2018 in Kraft trat. Bis Anfang April 2018 wurde kein Entwurf dieses Gesetzes veröffentlicht, sodass auch ein solcher in diesem Buch nicht mehr berücksichtigt werden konnte. In diesem Zusammenhang ist erwähnenswert, dass die Richtlinie eine Mindestharmonisierung im Bereich der Netz- und Informationssysteme darstellt. D. h. die Mitgliedstaaten werden ausdrücklich

[34] Richtlinie (EU) 2016/1148 des Europäischen Parlaments und des Rates vom 6. Juli 2016 über Maßnahmen zur Gewährleistung eines hohen gemeinsamen Sicherheitsniveaus von Netz- und Informationssystemen in der Union, ABl L 2016/194, 1.

[35] https://ec.europa.eu/digital-single-market/en/network-and-information-security-nis-directive

[36] Vgl. *Haslinger,* Rechtliche und organisatorische Aspekte neuer Meldepflichten im Bereich der Netz- und Informationssicherheit, JusIT 6/2017, 218.

nicht daran gehindert, Bestimmungen zur Erreichung eines höheren Sicherheitsniveaus von Netz- und Informationssystemen zu erlassen oder aufrechtzuerhalten. Doch ist es den Mitgliedstaaten nicht erlaubt, Anbietern digitaler Dienste im Bereich der Netz- und Informationssysteme weitere Sicherheits- oder Meldepflichten aufzuerlegen (Art. 3 iVm Art. 16 Abs. 10 NIS-Richtlinie).

Zu beachten ist ferner, dass die Anwendbarkeit der NIS-Richtlinie im Wege der „lex specialis"-Regel zurücktritt, wenn ein sektorspezifischer EU-Rechtsakt von den Betreibern wesentlicher Dienste oder den Anbietern digitaler Dienste auf mindestens gleichwertige Weise fordert, entweder die Sicherheit ihrer Netz- und Informationssysteme oder die Meldung von Sicherheitsvorfällen zu gewährleisten (Art. 1 Abs. 7 NIS-Richtlinie). Dementsprechend soll die NIS-Richtlinie nach Erwägrundsgrund 7 nicht für Unternehmen gelten, die öffentliche Kommunikationsnetze oder öffentlich zugängliche elektronische Kommunikationsdienste iSd Richtlinie 2002/21/EG[37] bereitstellen, sowie für Vertrauensdiensteanbieter iSd Verordnung (EU) Nr. 910/2014.[38] Auch sollten die Mitgliedstaaten bei ihrer Anwendung der Lex specialis die Regeln und Anforderungen für die Banken- und Finanzmarktinfrastrukturen berücksichtigen (Vgl. Erwägrundsgrund 13).

Vom Anwendungsbereich der Richtlinie ausgenommen sind die von den Mitgliedstaaten getroffenen Maßnahmen zum Schutz ihrer grundlegenden staatlichen Funktionen, insbesondere Maßnahmen zum Schutz der nationalen Sicherheit, einschließlich Maßnahmen zum Schutz von Informationen, deren Preisgabe nach Erachten der Mitgliedstaaten ihren wesentlichen Sicherheitsinteressen widerspricht, und zur Aufrechterhaltung von Recht und Ordnung, insbesondere zur Ermöglichung der Ermittlung, Aufklärung und Verfolgung von Straftaten (Art. 1 Abs. 6).

4.2.10.2 Betreiber wesentlicher Dienste

4.2.10.2.1 Normadressanten

Die Richtlinie gilt zum einen für „Betreiber wesentlicher Dienste". Ein Betreiber eines wesentlichen Dienstes ist gemäß Art. 4 Nr. 4 der Richtlinie eine öffentliche oder private Einrichtung, die einem bestimmten (in der Richtlinie in Anhang II aufgezählten) Sektor zuzurechnen ist und die bestimmten (in Art. 5 Abs. 2 definierten) Kritierien entspricht. Die Mitgliedstaaten haben die Betreiber wesentlicher Dienste mit einer Niederlassung in ihrem Hoheitsgebiet bis zum 9. November 2018 zu ermitteln (Art. 5 Abs. 1).

Somit nennt die Richtlinie selbst keine konkreten Betreiber wesentlicher Dienste, sondern überlässt die Ermittlung der Betreiber den Mitgliedstaaten. Sie gibt in Anhang

[37] Richtlinie 2002/21/EG des Europäischen Parlaments und des Rates vom 7. März 2002 über einen gemeinsamen Rechtsrahmen für elektronische Kommunikationsnetze und -dienste (Rahmenrichtlinie), ABl L 2002/108, S. 33.

[38] Verordnung (EU) Nr. 910/2014 des Europäischen Parlaments und des Rates vom 23. Juli 2014 über elektronische Identifizierung und Vertrauensdienste für elektronische Transaktionen im Binnenmarkt und zur Aufhebung der Richtlinie 1999/93/EG, ABl L 2014/257, S. 73.

II lediglich bestimmte Branchen vor, innerhalb welcher die Mitgliedstaaten Betreiber zu ermitteln haben, und definiert die Kriterien, die bei der Ermittlung zu berücksichtigen sind.

Hinsichtlich der Brachnen listet Anhang II in der ersten Spalte den Sektor, in der zweiten Spalte den Teilsektor und in der dritten Spalte noch präziser die Art der Einrichtung. Danach werden von der NIS-Richtlinei die Sektoren Energie (mit den Teilsektoren Elektrizität, Erdöl und Erdgas), Verkehr (mit den Teilsektoren Luftverkehr, Schienenverkehr, Schifffahrt, Straßenverkehr), Bankwesen, Finanzmarktinfrastrukturen, Gesundheitswesen (mit dem Teilsektor Einrichtungen der medizinischen Versorgung, einschließlich Krankenhäuser und Privatkliniken), Trinkwasserlieferung und -versorgung sowie Digitale Infrastruktur erfasst. Bezüglich der Art der Einrichtung refernziert die NIS-Richtlinie auf Legaldefintionen, die sich in diversen Unionsrechtsakten befinden.

Die oben genannten Kriterien des Art. 5 Abs. 2, die zur Ermittlung von Betreibern wesentlicher Dienste heranzuziehen sind, sind folgende:

a) Eine (öffentliche oder private) Einrichtung stellt einen Dienst bereit, der für die Aufrechterhaltung kritischer gesellschaftlicher und/oder wirtschaftlicher Tätigkeiten unerlässlich ist,
b) die Bereitstellung dieses Dienstes ist abhängig von Netz- und Informationssystemen und
c) ein Sicherheitsvorfall würde eine erhebliche Störung bei der Bereitstellung dieses Dienstes bewirken.

Hinsichtlich des letzten Kriteriums (Art. 5 Abs. 2 lit. c) haben die Mitgliedstaaten bei der Bestimmung des Ausmaßes einer solchen Störung gemäß Art. 6 Abs. 1 bestimmte sektorenübergreifende Faktoren zu berücksichtigen, nämlich

a) die Zahl der Nutzer, die den von der jeweiligen Einrichtung angebotenen Dienst in Anspruch nehmen,
b) die Abhängigkeit anderer (in Anhang II genannter) Sektoren von dem von dieser Einrichtung angebotenen Dienst,
c) die möglichen Auswirkungen von Sicherheitsvorfällen – hinsichtlich Ausmaß und Dauer – auf wirtschaftliche und gesellschaftliche Tätigkeiten oder die öffentliche Sicherheit,
d) den Marktanteil dieser Einrichtung,
e) die geografische Ausbreitung des Gebiets, das von einem Sicherheitsvorfall betroffen sein könnte sowie
f) die Bedeutung der Einrichtung für die Aufrechterhaltung des Dienstes in ausreichendem Umfang, unter Berücksichtigung der Verfügbarkeit von alternativen Mitteln für die Bereitstellung des jeweiligen Dienstes.

Abseits dieser sektorenübergreifenden Faktoren haben die Mitgliedstaaten gemäß Art. 6 Abs. 2 bei der Bestimmung gegebenenfalls aber auch sektorenspezifische Faktoren zu berücksichtigen.

Die Mitgliedstaaten haben eine Liste der ermittelten Betreiber wesentlicher Dienste zu erstellen (Art. 5 Abs. 3), welche anschließend regelmäßig, mindestens jedoch alle zwei Jahre nach dem 9. Mai 2018, zu überprüfen und gegebenenfalls zu aktualisieren ist (Art. 5 Abs. 5).

4.2.10.2.2 Meldepflicht für Betreiber wesentlicher Dienste

Die Betreiber wesentlicher Dienste werden nach Art. 14 Abs. 3 verpflichtet, der zuständigen Behörde oder dem CSIRT Sicherheitsvorfälle, die erhebliche Auswirkungen auf die Verfügbarkeit der von ihnen bereitgestellten wesentlichen Dienste haben, unverzüglich melden. Unter Sicherheitsvorfall versteht die Richtlinie „alle Ereignisse, die tatsächlich nachteilige Auswirkungen auf die Sicherheit von Netz- und Informationssystemen haben" (Art 4 Z 7).

Der letzte Satz von Art. 14 Abs. 3 enthält eine Haftungseinschränkung, wonach mit der Meldung keine höhere Haftung der meldenden Partei begründet wird.

Den Betreiber eines wesentlichen Dienstes kann nach Art. 16 Abs. 5 in bestimmten Konstellationen, und zwar wenn er sich für die Bereitstellung eines Dienstes eines Dritten als Anbieter digitaler Dienste in Anspruch nimmt, eine zusätzliche Meldeverpflichtung treffen (siehe unten).

Die Meldungen müssen einen Informationsgehalt aufweisen, der es der zuständigen Behörde oder dem CSIRT ermöglicht, zu bestimmen, ob der Sicherheitsvorfall grenzüberschreitende Auswirkungen hat (Art. 14 Abs. 3). Die Richtlinie gibt auch einige Parameter vor, welche zur Feststellung des Ausmaßes der Auswirkungen eines Sicherheitsvorfalls zu berücksichtigen sind. Doch können noch andere Parameter berücksichtigt werden, weil die Aufzählung bloß demonstrativ ist. Nachstehende Parameter sind in Art. 14 Abs. 4 der Richtlinie enthalten:

a) Die Zahl der von der Unterbrechung der Erbringung des wesentlichen Dienstes betroffenen Nutzer;
b) die Dauer des Sicherheitsvorfalls;
c) die geografische Ausbreitung in Bezug auf das von dem Sicherheitsvorfall betroffene Gebiet.

Sollte die zuständige Behörde oder das CSIRT auf Basis der in der Meldung bereitgestellten Informationen zu dem Schluss gelangen, dass der Sicherheitsvorfall erhebliche Auswirkungen auf die Verfügbarkeit wesentlicher Dienste in einem anderen Mitgliedstaat hat, so hat die zuständige Behörde oder das CSIRT diesen Mitgliedstaat zu unterrichten (Art. 14 Abs. 5 Unterabsatz 1).[39] Dabei muss die zuständige Behörde oder das

[39] Auf Ersuchen der zuständigen Behörde oder des CSIRT hat die zentrale Anlaufstelle diese Meldungen an die zentralen Anlaufstellen der anderen betroffenen Mitgliedstaaten weiterzuleiten; Art. 14 Abs. 5 Unterabsatz 3 NIS-Richtlinie.

CSIRT jedoch die Sicherheit und das wirtschaftliche Interesse des Betreibers wesentlicher Dienste sowie die Vertraulichkeit der in dessen Meldung bereitgestellten Informationen wahren. Dies hat im Einklang mit dem Unionsrecht oder mit den dem Unionsrecht entsprechenden nationalen Rechtsvorschriften zu erfolgen (Art. 14 Abs. 5 Unterabsatz 2).

Ist es der zuständigen Behörde oder dem CSIRT nach den Umständen möglich, so hat sie oder es gemäß Art. 14 Abs. 5 Unterabsatz 3 dem die Meldung erstattenden Betreiber einschlägige Informationen für die weitere Behandlung der Meldung zur Verfügung zu stellen. Solche Informationen können etwa Informationen sein, die für die wirksame Bewältigung des Sicherheitsvorfalls von Nutzen sein könnten.

Gemäß Art. 14 Abs. 6 NIS-Richtlinie können die zuständige Behörde oder das CSIRT auch die Öffentlichkeit über einzelne Sicherheitsvorfälle unterrichten. Doch ist diese Unterrichtung von einem konkreten Mehrwert für die Öffentlichkeit abhängig. So darf die zuständige Behörde oder das CSIRT die Öffentlichkeit nur informieren, wenn die Sensibilisierung dieser zur Verhütung von Sicherheitsvorfällen oder zur Bewältigung aktueller Sicherheitsvorfälle erforderlich ist. Auch haben sie zuvor jedenfalls den meldenden Betreiber anzuhören.

Abschließend bestimmt Art. 14 Abs. 7, dass die im Rahmen der Kooperationsgruppe gemeinsam handelnden zuständigen Behörden Leitlinien zu den Umständen, unter denen die Betreiber wesentlicher Dienste Sicherheitsvorfälle melden müssen, sowie zu den oben genannten Parametern zur Feststellung des Ausmaßes der Auswirkungen eines Sicherheitsvorfalls ausarbeiten und annehmen können.

4.2.10.3 Anbieter digitaler Dienste

4.2.10.3.1 Normadressanten

Neben den Betreibern wesentlicher Dienste fallen unter die NIS-Richtlinie insbesondere „Anbieter digitaler Dienste". Kap. V der NIS-Richtlinie regelt die Sicherheit der Netz- und Informationssysteme und schreibt Sicherheitsanforderungen und die Meldung von Sicherheitsvorfällen vor. Für Anbieter digitaler Dienste gelten im Detail jedoch abweichende Vorschriften. Zu beachten ist in diesem Zusammenhang vor allem, dass die Mitgliedstaaten den Anbietern digitaler Dienste gemäß Art. 16 Abs. 10 keine weiteren Sicherheits- oder Meldepflichten auferlegen dürfen, hier also eine Ausnahme von der Mindestharmonisierung nach Art. 3 statuiert wird.

Ein Anbieter digitaler Dienste ist eine juristische Person, die einen digitalen Dienst anbietet (Art. 4 Nr. 6). Die Richtlinie definiert in Art. 4 Nr. 5 einen digitalen Dienst (etwas umständlich) als „einen Dienst im Sinne des Artikels 1 Absatz 1 Buchstabe b der Richtlinie (EU) 2015/1535 des Europäischen Parlaments und des Rates,[40] der einer in Anhang

[40] Richtlinie (EU) 2015/1535 des Europäischen Parlaments und des Rates vom 9. September 2015 über ein Informationsverfahren auf dem Gebiet der technischen Vorschriften und der Vorschriften für die Dienste der Informationsgesellschaft, ABl L 2015/241, S. 1.

III genannten Art entspricht“. Nach Art. 1 Abs. 1 lit. b der Richtlinie (EU) 2015/1535 ist ein Dienst „eine Dienstleistung der Informationsgesellschaft, d. h. jede in der Regel gegen Entgelt elektronisch im Fernabsatz und auf individuellen Abruf eines Empfängers erbrachte Dienstleistung“. Anhang III der NIS-Richtlinie wiederum führt als Arten digitaler Dienste den Online-Marktplatz, die Online-Suchmaschine sowie den Cloud-Computing-Dienst an.

Unter Online-Marktplatz versteht die Richtlinie gemäß Art. 4 Nr. 17 einen digitalen Dienst, der es Verbrauchern und/oder Unternehmern ermöglicht, Online-Kaufverträge oder Online-Dienstleistungsverträge mit Unternehmern entweder auf der Website des Online-Marktplatzes oder auf der Website eines Unternehmers, die von dem Online-Marktplatz bereitgestellte Rechendienste verwendet, abzuschließen.

Als Online-Suchmaschine ist ein digitaler Dienst zu verstehen, „der es Nutzern ermöglicht, Suchen grundsätzlich auf allen Websites oder auf Websites in einer bestimmten Sprache anhand einer Abfrage zu einem beliebigen Thema in Form eines Stichworts, einer Wortgruppe oder einer anderen Eingabe vorzunehmen, und der daraufhin Links anzeigt, über die Informationen im Zusammenhang mit dem angeforderten Inhalt gefunden werden können“ (Art. 4 Nr. 18).

Cloud-Computing-Dienst definiert die Richtlinie in Art. 4 Nr. 19 als einen digitalen Dienst, „der den Zugang zu einem skalierbaren und elastischen Pool gemeinsam nutzbarer Rechenressourcen ermöglicht“.

Kap. V gilt jedoch nicht für Kleinstunternehmen und kleine Unternehmen iSd Empfehlung 2003/361/EG[41] der Kommission, d. h. ein Anbieter digitaler Dienste muss eine bestimmte „Größe“ haben, um vom Anwendungsbereich der NIS-Richtlinie erfasst zu sein.

4.2.10.3.2 Meldepflicht für Anbieter digitaler Dienste

Anbieter digitaler Dienste werden in Art. 16 Abs. 3 NIS-Richtlinie verpflichtet, der zuständigen Behörde oder dem CSIRT jeden Sicherheitsvorfall, der erhebliche Auswirkungen auf die Bereitstellung eines von ihnen innerhalb der EU erbrachten Dienstes hat, unverzüglich zu melden.

Aus der Formulierung der Meldeverpflichtung der Anbieter digitaler Dienste könnte aufgrund der Wortwahl „*jeden Sicherheitsvorfall*“ zunächst gefolgert werden, dass diese weitergehend als die der Betreiber wesentlicher Dienste ist, weil dort das Wort „*jeden*“ nicht vorkommt. Doch lässt sich keine umfassendere Meldeverpflichtung der Anbieter ausmachen, weil bei beiden die *erhebliche Auswirkung* als Einschränkungsmerkmal dient.

Die Meldungen der Anbieter digitaler Dienste müssen gemäß Art. 16 Abs. 3 die Informationen enthalten, die es der zuständigen Behörde oder dem CSIRT ermöglichen, das Ausmaß etwaiger grenzübergreifender Auswirkungen des Sicherheitsvorfalls festzustellen.

[41] Empfehlung 2003/361/EG der Kommission vom 6. Mai 2003 betreffend die Definition der Kleinstunternehmen sowie der kleinen und mittleren Unternehmen, ABl L 2003/124, S. 36.

Auch bei Anbietern digitaler Dienste gilt eine Haftungseinschränkung, wonach mit der Meldung keine höhere Haftung der meldenden Partei begründet wird (Art. 16 Abs. 3).

Die Richtlinie gibt in Art. 16 Abs. 4 Parameter vor, die zur Feststellung, ob die Auswirkungen eines Sicherheitsvorfalls erheblich sind, zu berücksichtigen sind. Da die Aufzählung der Parameter nicht taxativ, sondern demonstrativ ist, können noch andere Parameter berücksichtigt werden. Die von der Richtlinie vorgegeben Parameter sind

a) die Zahl der von dem Sicherheitsvorfall betroffenen Nutzer, insbesondere der Nutzer, die den Dienst für die Bereitstellung ihrer eigenen Dienste benötigen;
b) die Dauer des Sicherheitsvorfalls;
c) die geografische Ausbreitung in Bezug auf das von dem Sicherheitsvorfall betroffene Gebiet;
d) das Ausmaß der Unterbrechung der Bereitstellung des Dienstes;
e) das Ausmaß der Auswirkungen auf wirtschaftliche und gesellschaftliche Tätigkeiten.

Nach Art. 16 Abs. 8 hat die Kommission gemäß dem in Art. 22 Abs. 2 NIS-Richtlinie genannten Prüfverfahren[42] bisher einen Durchführungsrechtsakt erlassen, um diese Parameter genauer zu bestimmen.

Durch die DurchführungsVO 2018/151/EU[43] werden die Elemente der Sicherheitsmaßnahmen die Anbieter digitaler Dienste bei der Ermittlung bzw. dem Ergreifen angemessener Maßnahmen, die ein bestimmtes Sicherheitsniveau ihrer Netz- und Informationssysteme gewährleisten, zu beachten haben, näher festgelegt.[44]

Die Sicherheit von Systemen und Anlagen[45] umfasst das das systematische Management von Netz- und Informationssystemen, die physische Sicherheit und die Sicherheit der Umgebung, die Versorgungssicherheit und die Kontrolle des Zugangs zu Netz- und Informationssystemen. Anbieter digitaler Dienste haben Vorkehrungen zur Bewältigung von Sicherheitsvorfällen[46] zu treffen. Das Betriebskontinuitätsmanagement („Business continuity management“)[47] bezeichnet die Fähigkeit einer Organisation zur Aufrechterhaltung bzw. Wiederherstellung der Erbringung von Diensten auf einem zuvor festgelegten

[42] Gemäß Art. 22 Abs. 1 NIS-Richtlinie wird die Kommission vom Ausschuss für die Sicherheit von Netz- und Informationssystemen unterstützt, wobei dieser Ausschuss ein Ausschuss iSd Verordnung (EU) Nr. 182/2011 ist. Art. 22 Abs. 2 NIS-Richtlinie bestimmt, dass beim Prüfverfahren Art. 5 der Verordnung (EU) Nr. 182/2011 gilt.

[43] Durchführungsverordnung (EU) 2018/151 der Kommission vom 30. Januar 2018 über Vorschriften für die Anwendung der Richtlinie (EU) 2016/1148 des Europäischen Parlaments und des Rates hinsichtlich der weiteren Festlegu ng der von Anbietern digitaler Dienste beim Risikomanagement in Bezug auf die Sicherheit von Netz- und Informationssystemen zu berücksichtigenden Elemente und der Parameter für die Feststellung erheblicher Auswirkungen eines Sicherheitsvorfalls, ABl. L 26, 31.01.2018, S. 48.

[44] Art 1 DurchführungsVO 2018/151/EU.

[45] Art 16 Abs 1 lit a NIS-RL.

[46] Art. 16 Abs. 1 Buchstabe b NIS-RL.

[47] Art. 16 Abs. 1 Buchstabe c NIS-RL.

akzeptablen Niveau nach einer Störung und ist durch Überwachung, Überprüfung und Erprobung[48] sicherzustellen. Für die Feststellung erheblicher Auswirkungen eines Sicherheitsvorfalls sowie die Dauer[49] sind Parameter festgelegt.[50]

Das Ausmaß der Unterbrechung der Bereitstellung des Dienstes[51] wird anhand eines oder mehrerer der Merkmale Verfügbarkeit, Authentizität, Integrität oder Vertraulichkeit der Daten oder entsprechenden Dienste beurteilt, die durch den Sicherheitsvorfall beeinträchtigt werden: Art. 3 Abs. 6 der DurchführungsVO 2018/151/EU hält darüber hinaus noch fest, dass Anbieter digitaler Dienste zu den eben angeführten Zwecken nicht verpflichtet sind, zusätzliche Informationen einzuholen, die ihnen nicht zugänglich sind. Darüber hinaus werden in der Durchführungsverordnung Fälle festgelegt, deren Vorliegen (bereits eines Falles) jedenfalls ein Sicherheitsvorfall mit erheblichen Auswirkungen verbunden gilt.

Ein direkter Vergleich mit der korrespondierenden Bestimmung zu den Parametern für Betreiber wesentlicher Dienste (Art. 14 Abs. 4) zeigt, dass lit. a sehr ähnlich lautend und lit. b und c gleichlautend sind, bei den Anbietern darüber hinaus aber mit lit. d und e zwei weitere Parameter aufgezählt werden, nämlich das Ausmaß der Unterbrechung sowie das Ausmaß der Auswirkungen auf wirtschaftliche und gesellschaftliche Tätigkeiten. Letzteres ist u. E. gegenüber Art. 14 Abs. 4 einschränkend zu verstehen, dem ein Entfall der Meldepflicht wegen nur geringer Auswirkungen auf wirtschaftliche und gesellschaftliche Tätigke iten nicht zu entnehmen ist.

Einen wesentlichen Unterschied zur Meldeverpflichtung der Betreiber bildet jedoch der Umstand, dass die Pflicht zur Meldung für Anbieter digitaler Dienste nur gilt, wenn der Anbieter Zugang zu den Informationen hat, die benötigt werden, um die Auswirkung eines Sicherheitsvorfalls gemessen an den oben genannten Parametern zu bewerten (Art. 16 Abs. 4 Unterabsatz 2). Eine korrespondierende Bestimmung fehlt bei den Betreibern wesentlicher Dienste gänzlich. Folglich unterliegt ein Anbieter digitaler Dienste keiner Meldeverpflichtung, wenn er keinen Zugang zu den benötigten Informationen hat.

Eine Entschärfung dieser Befreiung von der Meldepflicht kann in der Bestimmung des Art. 16 Abs. 5 erblickt werden, welcher eine zusätzliche Meldeverpflichtung für die Betreiber wesentlicher Dienste in einer bestimmten Konstellation vorsieht. So hat ein Betreiber, der für die Bereitstellung eines Dienstes, der für die Aufrechterhaltung kritischer gesellschaftlicher oder wirtschaftlicher Tätigkeiten von wesentlicher Bedeutung ist[52] und der die

[48] Art. 16 Abs. 1 Buchstabe d NIS-RL.

[49] Art. 16 Abs. 4 Buchstabe b NIS-RL.

[50] Art. 16 Abs. 4 Buchstabe a NIS-RL.

[51] Art. 16 Abs. 4 Buchstabe d NIS-RL

[52] Diese Formulierung ist nicht geglückt, weil ein Betreiber wesentlicher Dienste iSd der Richtlinie gemäß Art. 4 Nr. 4 nur eine Einrichtung sein kann, die den Kriterien des Art. 5 Abs. 2 entspricht, also einen Dienst bereitstellt, der für die Aufrechterhaltung kritischer gesellschaftlicher und/oder wirtschaftlicher Tätigkeiten unerlässlich ist (Art. 5 Abs. 2 lit. a). Art. 16 Abs. 5 spricht hingegen von der Bereitstellung eines Dienstes, der für die Aufrechterhaltung kritischer gesellschaftlicher oder wirtschaftlicher Tätigkeiten von wesentlicher Bedeutung ist, was vom Bedeutungsgehalt weniger und daher bereits vom Begriff „unerlässlich“ umfasst ist.

Dienste eines Dritten als Anbieter digitaler Dienste in Anspruch nimmt, jede erhebliche Auswirkung auf die Verfügbarkeit der wesentlichen Dienste, die von einem den Anbieter digitaler Dienste beeinträchtigenden Sicherheitsvorfall verursacht wurde, zu melden.

Die zuständige Behörde oder das CSIRT, der bzw. dem die Meldung erstattet wurde, unterrichtet gegebenenfalls und insbesondere, wenn der Sicherheitsvorfall zwei oder mehr Mitgliedstaaten betrifft, die anderen betroffenen Mitgliedstaaten (Art. 16 Abs. 6 erster Satz). Anders als bei Betreibern wesentlicher Dienste (Art. 14 Abs. 5), wo erhebliche Auswirkungen auf die Verfügbarkeit wesentlicher Dienste in einem anderen Mitgliedstaat Voraussetzung für eine sich daraus ergebende Pflicht zur Unterrichtung ist, ist es bei Anbietern digitaler Dienste für die Unterrichtung anderer betroffener Mitgliedstaaten nicht Voraussetzung, dass der Sicherheitsvorfall konkrete Auswirkungen in einem anderen Mitgliedstaat hat, und es lässt sich daraus auch keine Pflicht ableiten (arg.: *„gegebenenfalls“*). Doch haben im Falle einer Unterrichtung – wie bei den Betreibern wesentlicher Dienste – die zuständige Behörde, die CSIRTs und die zentralen Anlaufstellen die Sicherheit und das wirtschaftliche Interesse des Anbieters digitaler Dienste sowie die Vertraulichkeit der bereitgestellten Informationen im Einklang mit dem Unionsrecht oder mit den dem Unionsrecht entsprechenden nationalen Rechtsvorschriften zu wahren (Art. 16 Abs. 6 zweiter Satz).

Wie bei den Betreibern wesentlicher Dienste ist auch bei den Anbietern digitaler Dienste eine Unterrichtung der Öffentlichkeit über Sicherheitsvorfälle vorgesehen (Art. 16 Abs. 7). So können die zuständige Behörde oder das CSIRT, der bzw. dem die Meldung erstattet wurde, die Öffentlichkeit über einzelne Sicherheitsvorfälle unterrichten. Alternativ dazu kann bei Anbietern digitaler Dienste von der Behörde oder dem CSIRT aber auch verlangt werden, dass der jeweilige Anbieter die Unterrichtung der Öffentlichkeit selbst unternimmt. Auch können die Behörden oder die CSIRTs anderer betroffener Mitgliedstaaten die Unterrichtung vornehmen. Abermals ist für die Unterrichtung der Öffentlichkeit Voraussetzung, dass die Sensibilisierung der Öffentlichkeit zur Verhütung von Sicherheitsvorfällen oder zur Bewältigung aktueller Sicherheitsvorfälle erforderlich ist. Anders als bei Betreibern darf eine Offenlegung des Sicherheitsvorfalls aber auch erfolgen, wenn dies auf sonstige Weise im öffentlichen Interesse liegt.

Die Kommission wird in Art. 16 Abs. 9 ermächtigt, mittels Durchführungsrechtsakten die Form und das Verfahren, welche für Meldepflichten gelten, zu erlassen.

4.2.10.4 Exkurs: Freiwillige Meldung nach der NIS-Richtlinie

Art. 20 der NIS-Richtlinie sieht vor, dass Einrichtungen, die nicht als Betreiber wesentlicher Dienste ermittelt wurden und die keine Anbieter digitaler Dienste sind, auf freiwilliger Basis Sicherheitsvorfälle melden können. Voraussetzung ist lediglich, dass die Sicherheitsvorfälle erhebliche Auswirkungen auf die Verfügbarkeit der angebotenen Dienste haben (Art. 20 Abs. 1 NIS-Richtlinie).

Ferner wird bestimmt, dass die Mitgliedstaaten nach dem für Betreiber wesentlicher Dienste vorgesehenen Verfahren des Art. 14 tätig zu werden haben, d. h. die zuständige Behörde oder das CSIRT haben solche frewilligen Meldungen grundsätzlich zu bearbeiten.

Jedoch können Pflichtmeldungen vorrangig bearbeitet werden. Des Weiteren sind freiwillige Meldungen überhaupt nur zu bearbeiten, wenn die Bearbeitung keinen unverhältnismäßigen oder unzumutbaren Aufwand für die betreffenden Mitgliedstaaten darstellt (Art. 20 Abs. 2 erster Unterabsatz NIS-Richtlinie).

Eine freiwillige Meldung darf überdies nicht dazu führen, dass der meldenden Einrichtung Pflichten auferlegt werden, die nicht für sie gegolten hätten, wenn sie den Vorfall nicht gemeldet hätte (Art. 20 Abs. 2 zweiter Unterabsatz NIS-Richtlinie).

Wie Erwägundsgrund 67 der Richtlinie erkennen lässt, soll Art. 20 dem Umstand Rechnung tragen, dass Einrichtungen, die nicht in den Geltungsbereich der NIS-Richtlinie fallen, ebenso mit Sicherheitsvorfällen, die sich in erheblichem Maße auf die bereitgestellten Dienste auswirken, konfrontiert sein können. Art. 20 soll es solchen Einrichtungen ermöglichen, das Auftreten derartiger Sicherheitsvorfälle freiwillig zu melden, wenn sie der Ansicht sind, dass dies im öffentlichen Interesse liegt.

Die freiwillige Meldung nach der NIS-Richtlinie setzt insbesondere einen Sicherheitsvorfall voraus, worunter nach Art. 4 Nr. 7 ein Ereignis zu verstehen ist, das tatsächlich nachteilige Auswirkungen auf die Sicherheit von Netz- und Informationssystemen hat. Dieser Sicherheitsvorfall muss darüber hinaus erhebliche Auswirkungen auf die Verfügbarkeit der angebotenen Dienste haben. Aufgrund dessen sind Meldungen beispielsweise von technischen Anomalien, die noch keinen Sicherheitsvorfall darstellen, von der freiwilligen Meldung iSd Art. 20 NIS-Richtlinie nicht erfasst.

Gemäß Erwägungsgrund 11 der DurchführungsVO 2018/151/EU sollten Anbieter digitaler Dienste jedoch angehalten werden, jeglichen Sicherheitsvorfall freiwillig zu melden, der ihnen zuvor unbekannte Merkmale wie neue Exploits, Angriffsvektoren oder Angreifer, Anfälligkeiten und Gefahren aufweist.

4.3 Vergleichende Darstellung der expliziten Informationspflichten

Tab. 4.2 soll die bisherigen Ausführungen zu den expliziten Informationspflichten in überblicksmäßig und anschaulich visualisieren. Auf der x-Achse ist aufgetragen, wer die meldende Stelle ist, wer die Meldestelle, was der Auslöser der Meldepflicht, was der Inhalt der Meldung und in welchem Zeitraum die Meldung erfolgen muss. Auf der y-Achse sind die diversen Rechtsgrundlagen, in denen die Melfepflicht zu finden ist, aufgelistet.

4.4 Exkurs: Meldepflichten nach dem IT-Sicherheitsgesetz

Die deutsche Bundesregierung hat im Jahr 2011 mit der Cyber-Sicherheitsstrategie für Deutschland den Grundstein für mehr Sicherheit im Cyberraum gelegt. Mit der im Jahr 2014 beschlossenen Digitalen Agenda der Bundesregierung wurden die strategischen Ziele weiter verfolgt. Das Gesetz zur Erhöhung der Sicherheit informationstechnischer

Tab. 4.2 Vergleichende Darstellung der expliziten Informationspflichten

	Wer meldet?	An wen wird gemeldet?	Was löst die Meldepflicht aus?	Was wird gemeldet?	Wie schnell muss gemeldet werden?
eIDAS	Vertrauens-diensteanbieter	Aufsichtsstelle	Sicherheitsverletzung oder Integritätsverlust, die bzw. der sich erheblich auf den erbrachten Vertrauensdienst oder die darin vorhandenen personenbezogenen Daten auswirkt	über die Sicherheitsverletzung oder den Integritätsverlust	unverzüglich, jedenfalls aber innerhalb von 24 Stunden nach Kenntnisnahme
		natürliche oder juristische Person, für die Vertrauensdienst erbracht wurde und wenn sich Sicherheitsverletzung oder Integritätsverlust voraussichtlich nachteilig auswirkt			
DS-GVO	Verantwortliche	Datenschutzbehörde	jede Verletzung des Schutzes personenbezogener Daten Ausnahme: die Verletzung führt voraussichtlich nicht zu einem Risiko für die Rechte und Freiheiten natürlicher Personen	Beschreibung der Art der Verletzung des Schutzes personenbezogener Daten; Namen und Kontaktdaten des Datenschutzbeauftragten oder einer sonstigen Anlaufstelle für weitere Informationen; Beschreibung der wahrscheinlichen Folgen der Verletzung des Schutzes personenbezogener Daten; Beschreibung der von dem Verantwortlichen ergriffenen oder vorgeschlagenen Maßnahmen zur Behebung der Verletzung des Schutzes personenbezogener Daten und gegebenenfalls Maßnahmen zur Abmilderung ihrer möglichen nachteiligen Auswirkungen	unverzüglich, möglichst binnen 72 Stunden, nachdem die Verletzung bekannt wurde
		betroffene Person			
	Auftragsverarbeiter	Verantwortliche	jede Verletzung des Schutzes personenbezogener Daten		unverzüglich

Tab. 4.2 (Fortzetzung)

	Wer meldet?	An wen wird gemeldet?	Was löst die Meldepflicht aus?	Was wird gemeldet?	Wie schnell muss gemeldet werden?
NIS-RL	Betreiber wesentlicher Dienste	zuständige Behörde oder CSIRT	Sicherheitsvorfälle, die erhebliche Auswirkungen auf die Verfügbarkeit der bereitgestellten wesentlichen Dienste haben	Inhalt muss es der zuständigen Behörde oder dem CSIRT ermöglichen, zu bestimmen, ob der Sicherheitsvorfall grenzübergreifende Auswirkungen hat	unverzüglich
	Anbieter digitaler Dienste	zuständige Behörde oder CSIRT	jeden Sicherheitsvorfall, der erhebliche Auswirkungen auf die Bereitstellung eines innerhalb der EU erbrachten Dienstes hat	Inhalt muss es der zuständigen Behörde oder dem CSIRT ermöglichen, das Ausmaß etwaiger grenzübergreifender Auswirkungen des Sicherheitsvorfalls festzustellen	unverzüglich
Rahmenrichtlinie (RL 2009/140/EG), § 16a TKG 2003	Betreiber öffentlicher Kommunikationsnetze oder -dienste	Regulierungsbehörde (RTR GmbH)	Sicherheitsverletzungen oder einen Verlust der Integrität, sofern dadurch beträchtliche Auswirkungen auf den Netzbetrieb oder die Dienstebereitstellung eingetreten sind	Informationen zum Betreiber und zum Vorfall, wie insbesondere zeitliche und örtliche Angaben, betroffene Dienste, Zahl der Betroffenen Teilnehmer/innen, Auswirkungen (in einem Formular der RTR GmbH genau vorgegeben)	unverzüglich

Tab. 4.2 (Fortzetzung)

	Wer meldet?	An wen wird gemeldet?	Was löst die Meldepflicht aus?	Was wird gemeldet?	Wie schnell muss gemeldet werden?
PSD II	Zahlungs-dienst-leister	Zuständige Behörde	Schwerwiegender Betriebs- oder Sicherheitsvorfall		unverzüglich
		Zahlungsdienst-nutzer	wenn sich Vorfall auf die finanziellen Interessen der Zahlungsdienstnutzer auswirkt oder auswirken könnte	Über Vorfall und über alle Maßnahmen, die die Zahlungsdienstleister ergreifen können, um die negativen Auswirkungen des Vorfalls zu begrenzen	unverzüglich
ZaDiG 2018	Zahlungs-dienst-leister	Finanzmarktaufsicht (FMA)	Schwerwiegender Betriebs- oder Sicherheits-vorfall	schriftlich	unverzüglich
		Zahlungsdienst-nutzer	Wenn sich der Vorfall auf die finanziellen Interessen der Zahlungsdienstnutzer auswirkt oder auswirken könnte	alle Maßnahmen aufklären, die Zahlungsdienstnutzer ergreifen können, um die negativen Auswirkungen des Vorfalls zu begrenzen	unverzüglich

Systeme („IT-Sicherheitsgesetz“) war das erste konkrete Ergebnis dieser Agenda.[53] Zentrale Vorschriften des IT-Sicherheitsgesetzes sind die obligatorische Meldung von IT-Sicherheitsvorfällen sowie das Ergreifen von Mindeststandards für die IT-Sicherheit bei den Betreibern.

Das IT-Sicherheitsgesetz ist im Juli 2015 in Kraft getreten. Es handelt es sich um ein Artikelgesetz, welches neben dem BSI-Gesetz u. a. auch das Energiewirtschaftsgesetz, das Atomgesetz, das Telemediengesetz und das Telekommunikationsgesetz geändert und ergänzt hat. Der Fokus des Gesetzes liegt insbesondere im Bereich der Kritischen Infrastrukturen (KRITIS), wie etwa Strom- und Wasserversorgung, Finanzen oder Ernährung. Da ein Ausfall oder eine Beeinträchtigung der Versorgungsdienstleistungen im KRITIS-Bereich dramatische Folgen für Wirtschaft, Staat und Gesellschaft in Deutschland hätte, soll die Verfügbarkeit und Sicherheit der IT-Systeme gewährleistet werden. Betreiber Kritischer Infrastrukturen (KRITIS-Betreiber) sind alljene Einrichtungen, die anhand der in der BSI-Kritisverordnung festgesetzten Schwellenwerte als Kritische Infrastrukturen im Sinne des BSI-Gesetzes identifiziert wurden (vgl. § 2 Abs. 10 iVm § 10 Abs. 1 BSI-Gesetz). Welche Unternehmen konkret unter das IT-Sicherheitsgesetz fallen, wird durch die BSI-Kritisverordnung festgelegt, für welche der Bundesministerium des Innern zuständig ist (§ 10 BSI-Gesetz). Der erste Teil der Vechtsverordnung trat am 3. Mai 2016 in Kraft und umfasste die Sektoren Energie, Informationstechnik und Telekommunikation, Ernährung und Wasser. Die Sektoren Gesundheit, Finanz- und Versicherungswesen sowie Transport und Verkehr wurden mit einer Änderungsverordnung, die am 30. Juni 2017 in Kraft trat, in den Anwendungsbereich aufgenommen.

Ein weiteres Ziel des IT-Sicherheitsgesetzes ist die Verbesserung der IT-Sicherheit bei Unternehmen und in der Bundesverwaltung sowie ein besserer Schutz der Bürger im Internet. Aus diesem Grund gelten einzelne Regelungen des IT-Sicherheitsgesetzes auch für Betreiber von kommerziellen Webangeboten, die höhere Anforderungen an ihre IT-Systeme erfüllen müssen. Darüber hinaus werden Telekommunikationsunternehmen durch das IT-Sicherheitsgesetz verpflichtet, ihre Nutzer über Schadprogramme und ihre Erkennung und Beseitigung zu informieren (§ 109a Abs 4 TKG).[54]

Um die Ziele des IT-Sicherheitsgesetzes zu erreichen, wurden die Aufgaben und Befugnisse des Bundesamtes für Sicherheit in der Informationstechnik (BSI) ausgeweitet. Das BSI exisitiert bereits seit dem Jahr 1991 und ging aus der Zentralstelle für Sicherheit in der Informationstechnik (ZSI) hervor, deren Vorgängerbehörde die dem Bundesnachrichtendienst (BND) unterstellte Zentralstelle für das Chiffrierwesen (ZfCh) war.[55] Das BSI hat seinen Sitz in Bonn und untersteht dem Bundesministerium des Inneren. Es versteht sich

[53] *BSI*, Das IT-Sicherheitsgesetz: Kritische Infrastrukturen schützen, Februar 2016, S. 5; abrufbar unter https://www.bsi.bund.de/SharedDocs/Downloads/DE/BSI/Publikationen/Broschueren/IT-Sicherheitsgesetz.pdf?__blob=publicationFile&v=6

[54] *BSI*, Das IT-Sicherheitsgesetz, 5.

[55] BSI, BSI Jahresbericht 2003, März 2004 , S. 16.

als nationale Sicherheitsbehörde wie auch als der zentrale IT-Sicherheitsdienstleister des Bundes, dessen Ziel es ist, die IT-Sicherheit in Deutschland voran zu bringen. Aufgrund des Bestehens einer zentralen staatlichen Einrichtung im Bereich der Cybersicherheit ist die Situation in Deutschland mit der österreichischen nicht vergleichbar.

Im Hinblick auf die Informations- und Meldepflichten relevant ist insbesondere § 8b BSI-Gesetz. Dieser richtet das BSI als zentrale Meldestelle für KRITIS-Betreiber in Angelegenheiten der Sicherheit in der Informationstechnik ein (§ 8b Abs. 1 BSI-Gesetz). Zur Wahrnehmung dieser Aufgabe hat das BSI die für die Abwehr von Gefahren für die Sicherheit in der Informationstechnik wesentlichen Informationen zu sammeln und auszuwerten. Dabei handelt es sich u. a. um Informationen zu Sicherheitslücken und Schadprogrammen, aber auch um Informationen zu erfolgten oder versuchten Angriffen auf die Sicherheit in der Informationstechnik und zu der dabei beobachteten Vorgehensweise (§ 8b Abs. 2 Z 1 BSI-Gesetz). Ferner hat das BSI anhand dieser Informationen die möglichen Auswirkungen auf die Verfügbarkeit der KRITIS in Zusammenarbeit mit den zuständigen Aufsichtsbehörden und dem Bundesamt für Bevölkerungsschutz und Katastrophenhilfe zu analysieren sowie das Lagebild bezüglich der Sicherheit in der Informationstechnik der KRITIS kontinuierlich zu aktualisieren (§ 8b Abs. 2 Z 2 und 3 BSI-Gesetz). Über die genannten Informationen sind u. a. zuständige Aufsichtsbehörden (auch der Bundesländer) und sonst zuständige Behörden des Bundes vom BSI unverzüglich zu unterrichten, wenn die Informationen zur Erfüllung der Aufgaben dieser Behörden erforderlich sind (§ 8b Abs. 2 Z 4 lit. b und c BSI-Gesetz).

Die Meldeplficht für KRITIS-Betreiber ist in § 8b Abs. 4 BSI-Gesetz normiert. Danach haben KRITIS-Betreiber Störungen der Verfügbarkeit, Integrität, Authentizität und Vertraulichkeit ihrer informationstechnischen Systeme, Komponenten oder Prozesse zu melden, die zu einem Ausfall oder zu einer erheblichen Beeinträchtigung der Funktionsfähigkeit der von ihnen betriebenen Kritischen Infrastrukturen geführt haben (§ 8b Abs. 4 Z 1 BSI-Gesetz). Darüber hinaus sind erhebliche Störungen zu melden, wenn sie zu einem Ausfall oder zu einer erheblichen Beeinträchtigung der Funktionsfähigkeit führen können (§ 8b Abs. 4 Z 2 BSI-Gesetz). Es lassen sich somit drei Fälle von IT-Störungen differenzieren:[56]

1) IT-Störungen, bei denen ein Ausfall oder eine Beeinträchtigung der kritischen Dienstleistung nicht möglich ist und daher auch keine Meldung zu errolgen hat. nicht erforderlich;
2) IT-Störungen, bei denen ein Ausfall oder eine Beeinträchtigung der kritischen Dienstleistung möglich ist. Diesfalls ist eine Meldung nur erforderlich, wenn es sich um eine außergewöhnliche IT-Störung handelt.

[56] *BSI*, Meldepflicht, https://www.bsi.bund.de/DE/Themen/Industrie_KRITIS/KRITIS/IT-SiG/FAQ/FAQ_zur_Meldepflicht/faq_meldepflicht_node.html (aufgerufen am 01.04.2018),

3) IT-Störungen, bei denen ein Ausfall oder eine Beeinträchtigung der kritischen Dienstleistung eingetreten ist. In diesem Fall ist eine namentliche Meldung zwingend erforderlich.

Es ist in einem weiteren Schritt daher zu fragen, was eine gewöhnliche von einer außergewöhnlichen IT-Störung unterscheidet. Gewöhnlich sind IT-Störungen dann, wenn sie mit den nach dem Stand der Technik zu ergreifenden Maßnahmen abgewehrt und ohne nennenswerte Probleme oder ohne erhöhten Ressourcenaufwand bewältigt werden können. Dabei können diese Maßnahmen technischer wie auch organisatorischer Natur sein und in branchenspezifischen Sicherheitsstandards konkretisiert werden. Ohne nennenswerte Probleme mit Maßnahmen nach dem Stand der Technik können z. B. Spam, durch Virenschutz erkannte Schadesoftware, ungezieltes Phishing, Festplattenfehler oder Hardwareausfälle abgewehrt werden.[57]

Außergewöhnlich sind IT-Störungen hingegen, wenn sie nicht bereits automatisiert mithilfe der als Stand der Technik beschriebenen Maßnahmen abgewehrt werden können, sondern wenn erhebliche bzw. deutlich erhöhte Ressourcen zur Bewältigung aufgewendet werden müssen. Dies ist beispielsweise dann der Fall, wenn z. B. ein erhöhter Koordinierungsaufwand, das Hinzuziehen zusätzlicher Experten, die Nutzung einer besonderen Aufbauorganisation oder die Einberufung eines Krisenstabs von Nöten ist. Außergewöhnliche IT-Störungen sind z. B. neue, bisher nicht veröffentlichte Sicherheitslücken, unbekannte Schadprogramme, APTs, Spear-Phishing sowie generell außergewöhnliche und technische Defekte mit IT-Bezug.[58]

Abseits der Frage, was für eine Art von IT-Störung vorliegt, ist zur Auslösung der Meldepflicht der Ausfall oder eine Beeinträchtigung der kritischen Dienstleistung Voraussetzung. Unter einem Ausfall der Funktionsfähigkeit der Kritischen Infrastruktur ist konkret der Ausfall der Funktionsfähigkeit einer Anlage gemeint. Nach Ansicht des BSI stellt sich der Ausfall der Funktionsfähigkeit einer Anlage ein, wenn diese nicht mehr in der Lage ist, den von ihr erbrachten Anteil an der Erbringung der kritischen Dienstleistung zu leisten. Dieser Anteil darf jedoch nicht nur quantitativ verstanden werden. Es wird nämlich auch dann von einem Ausfall iSd § 8b Abs. 4 BSI-Gesetz ausgegangen, wenn sich die Qualität der erbrachten kritischen Dienstleistung aufgrund einer IT-Störung derart verschlechtert, dass sie den Anforderungen der kritischen Dienstleistung an die Qualität nicht mehr genügt.[59] Das ist z. B. der Fall, wenn Wasser nicht mehr in Trinkwasserqualität geliefert wird.

[57] *BSI*, Meldepflicht, https://www.bsi.bund.de/DE/Themen/Industrie_KRITIS/KRITIS/IT-SiG/FAQ/FAQ_zur_Meldepflicht/faq_meldepflicht_node.html (aufgerufen am 01.04.2018).

[58] *BSI*, Meldepflicht, https://www.bsi.bund.de/DE/Themen/Industrie_KRITIS/KRITIS/IT-SiG/FAQ/FAQ_zur_Meldepflicht/faq_meldepflicht_node.html (aufgerufen am 01.04.2018).

[59] *BSI*, Meldepflicht, https://www.bsi.bund.de/DE/Themen/Industrie_KRITIS/KRITIS/IT-SiG/FAQ/FAQ_zur_Meldepflicht/faq_meldepflicht_node.html (aufgerufen am 01.04.2018).

Beeinträchtigung der Funktionsfähigkeit der Kritischen Infrastruktur bezeichnet die mangelnde Fähigkeit einer Anlage, den von ihr erbrachten Anteil an der Erbringung der kritischen Dienstleistung voll umfänglich zu erbringen. Vollumfänglich bedeutet hierbei in der erwarteten Quantität (Menge pro Zeit). Dieses Kriterium tritt ein, wenn die Quantität (Leistung bzw. versorgte Personen) der erbrachten kritischen Dienstleistung der Anlage um mindestens 50 % der in der BSI-Kritisverordnung (BSI-KritisV) angegebenen Schwelle gemindert ist. Sollten die in der BSI-KritisV angegebene Schwellenwerte eine Gesamtmenge pro Jahr angeben, so sind diese entweder auf einen Tag (z. B. Tonnen pro Tag) oder in eine Leistung (z. B. MW) umzurechnen.[60]

Die Meldung hat unverzüglich zu erfolgen. Das bedeutet, dass nach Erkennung der IT-Störung ohne schuldhaftes Zögern zu melden ist, wobei alle Erkenntnisse, die zum Zeitpunkt der Meldung vorliegen, an das BSI gemeldet werden müssen. Dennoch herrscht grundsätzlich Schnelligkeit vor Vollständigkeit. Im Zweifelsfall ist nämlich die Meldung nachrangig gegenüber der Eindämmung der akuten Folgen der IT-Störung. Sollten noch nicht alle erforderlichen Angaben zur IT-Störung im Rahmen der ersten Meldung gemacht werden können, so ist die Meldung als „Erstmeldung" zu kennzeichnen und die fehlenden Informationen sind im Wege einer Folgemeldung nachzubringen. Letztendlich ist eine Abschlussmeldung vorzulegen, die nach vollständiger Umsetzung aller Maßnahmen zur Vorfallsbearbeitung erfolgt. Damit hat der KRITIS-Betreiber seine Meldepflicht zu dieser IT-Störung gegenüber dem BSI erfüllt, es sei denn, das BSI äußert sich binnen fünf Arbeitstagen noch anderweitig.[61]

Inhaltlich muss die Meldung Angaben zu der IT-Störung, zu möglichen grenzübergreifenden Auswirkungen sowie zu den technischen Rahmenbedingungen, insbesondere der vermuteten oder tatsächlichen Ursache, der betroffenen Informationstechnik, der Art der betroffenen Einrichtung oder Anlage sowie zur erbrachten kritischen Dienstleistung und zu den Auswirkungen der Störung auf diese Dienstleistung enthalten (§ 8b Abs. 4 BSI-Gesetz). Die Meldung erfolgt über ein Meldeformular,[62] welches in sieben Abschnitte unterteilt ist. Vier dieser Abschnitte beschäftigen sich mit genaueren Details zu dem IT-Sicherheitsvorfall, die darin eingetragenen Informationen werden u. a. verwendet für die Kritikalitätsbewertung aus IT-Sicherheitssicht, die Erstellung eines bundesweiten IT-Lagebilds sowie Warn- oder Informationsmeldung an potenziell weitere

[60] *BSI*, Meldepflicht, https://www.bsi.bund.de/DE/Themen/Industrie_KRITIS/KRITIS/IT-SiG/FAQ/FAQ_zur_Meldepflicht/faq_meldepflicht_node.html (aufgerufen am 01.04.2018).

[61] *BSI*, Fragen und Antworten für Betreiber Kritischer Infrastrukturen zur Meldepflicht nach dem IT-Sicherheitsgesetz, https://www.bsi.bund.de/DE/Themen/Industrie_KRITIS/KRITIS/IT-SiG/FAQ/FAQ_zur_Meldepflicht/faq_meldepflicht_node.html (aufgerufen am 01.04.2018).

[62] Ein ausgefülltes Musterbeispiel findet sich auf der Webseite des BSI wieder unter https://www.bsi.bund.de/SharedDocs/Downloads/DE/BSI/IT_SiG/Meldeformular_BSIG8b_Muster.pdf?__blob=publicationFile&v=3 (aufgerufen am 01.04.2018).

Betroffene.[63] Im Rahmen der Meldung kann die Nennung des Meldenen unterbleiben, außer die IT-Störung hat tatsächlich zu einem Ausfall oder einer Beeinträchtigung der Funktionsfähigkeit der Kritischen Infrastruktur geführt (§ 8b Abs. 4 BSI-Gesetz).

Abseits der gesetzlichen Meldepflicht können KRITIS-Betreiber jederzeit besondere Erkenntnisse im Kontext von IT-Störungen, die einen Beitrag zum IT-Lagebild leisten können oder neu und untypisch oder besonders auffällig sind, an das BSI melden.[64]

Im Zusammenhang mit der Meldepflicht ist ferner zu erwähnen, dass KRITIS-Betreiber innerhalb von sechs Monaten nach Inkrafttreten der BSI-Kritisverordnung dem BSI eine Kontaktstelle zu benennen haben, über welche sie jederzeit erreichbar zu sein haben (§ 8b Abs. 3 BSI-Gesetz). An diese Adresse hat das BSI IT-Sicherheitsinformationen, die die KRITIS-Betreiber betreffen (vgl. § 8b Abs. 2 Z 4 lit. a BSI-Gesetz), unverzüglich zuschicken. Zusätzlich einer Kontaktstelle können KRITIS-Betreiber, die dem gleichen Sektor angehören, eine gemeinsame übergeordnete Ansprechstelle benennen. Im Falle der Benennung einer solchen übergeordneten Ansprechstelle erfolgt der Informationsaustausch zwischen den Kontaktstellen und dem BSI idR über diese (§ 8b Abs. 5 BSI-Gesetz).

Im Zuge der Umsetzung der NIS-Richtlinie durch das „Gesetz zur Umsetzung der EU-Richtlinie über Maßnahmen zur Gewährleistung eines hohen gemeinsamen Sicherheitsniveaus von Netz- und Informationssystemen in der Union" (NIS-Richtlinien-Umsetzungsgesetz), welches am 30.06.2017 in Kraft trat, wurden ferner materiengesetzliche Bestimmungen angepasst, die insbesondere Betreiber von Energieversorgungsnetzen, öffentlichen Telekommunikationsnetzen und öffentlich zugänglichen Telekommunikationsdiensten betreffen. Bezüglich des Themenkomplexes Melfepflichten von Interesse ist insbesondere, dass die Verpflichtung zur Meldung von IT-Störungen an das BSI bisher nur Betreiber von Energieversorgungsnetzen betraf, deren Anlagen nach der BSI-Kritisverordnung als Kritische Infrastrukturen bestimmt wurden. Mit dem NIS-Richtlinien-Umsetzungsgesetz wurde die Meldepflicht auf alle Energieversorgungsnetzbetreiber erweitert. Gleichfalls wurde die Meldepflicht gemäß § 109 Abs. 5 TKG insofern erweitert, als Beeinträchtigungen von Telekommunikationsnetzen und -diensten, sofern diese zu beträchtlichen Sicherheitsverletzungen führen oder führen können, sowohl an die Bundesnetzagentur als auch an das BSI gemeldet werden müssen.[65]

[63] *BSI*, Fragen und Antworten für Betreiber Kritischer Infrastrukturen zur Meldepflicht nach dem IT-Sicherheitsgesetz, https://www.bsi.bund.de/DE/Themen/Industrie_KRITIS/KRITIS/IT-SiG/FAQ/FAQ_zur_Meldepflicht/faq_meldepflicht_node.html (aufgerufen am 01.04.2018).

[64] *BSI*, Fragen und Antworten für Betreiber Kritischer Infrastrukturen zur Meldepflicht nach dem IT-Sicherheitsgesetz, https://www.bsi.bund.de/DE/Themen/Industrie_KRITIS/KRITIS/IT-SiG/FAQ/FAQ_zur_Meldepflicht/faq_meldepflicht_node.html (aufgerufen am 01.04.2018).

[65] *BSI*, Fragen und Antworten für Betreiber Kritischer Infrastrukturen zur Meldepflicht nach dem IT-Sicherheitsgesetz, https://www.bsi.bund.de/DE/Themen/Industrie_KRITIS/KRITIS/IT-SiG/FAQ/FAQ_zur_Meldepflicht/faq_meldepflicht_node.html (aufgerufen am 01.04.2018).

4.5 Implizite Informationsvorschriften

4.5.1 Ergänzende Vertragsauslegung

Abseits explizit gesetzlicher Informationspflichten kann sich die Pflicht zur Information auch kraft Vertrags ergeben, und zwar durch ergänzende Vertragsauslegung. Meist bestehen neben den Hauptleistungspflichten im Vertrag auch Nebenleistungspflichten (Nebenpflichten). Man unterscheidet zwischen selbstständigen Nebenleistungspflichten und unselbstständigen Nebenleistungen. Diese haben eine „dienende Funktion" und betreffen häufig die reibungslose Abwicklung der Hauptleistung und können entweder besonders vereinbart werden, oder sich aus dem Gesetz oder aus der ergänzenden Vertragsauslegung ergeben.

4.5.2 Schadensminderungspflicht nach dem ABGB

Bedeutend ist auch die Schadensminderungspflicht gemäß § 1304 ABGB. Wenn nicht nur der Schädiger, sondern auch der Geschädigte sorglos eine Bedingung für den Schadenseintritt gesetzt hat, so gebührt ihm kein voller Ersatz. Er muss einen Teil des Schadens selbst tragen.[66]

Die aus § 1304 ABGB abgeleitete zivilrechtliche Obliegenheit zur Schadensminimierung verpflichtet beispielsweise den datenschutzrechtlichen Auftraggeber als Geschädigten, den Schaden möglichst gering zu halten und dabei auch aktiv zu werden. Wenn nun der Auftraggeber seine Informationspflicht nach Art. 33 der DS-GVO bewusst nicht erfüllt, weil er z. B. einen Reputationsschaden fürchtet, könnte ihm dies zivilrechtlich als direktes Verschulden angelastet werden, welches auch im Hinblick auf die Risiko- und Haftpflichtversicherung eines Unternehmens relevant ist. So könnte die Versicherung versuchen, einem bewusst gegen die Informationspflicht verstoßenden Unternehmen wegen Verletzung eines Schutzgesetzes iSd § 1311 ABGB oder wegen Obliegenheitsverletzung den Versicherungsschutz zu verweigern.[67]

4.5.3 Ad-hoc-Informationspflicht börsennotierter Unternehmen

Die Emittenten von Finanzinstrumenten haben Insider-Informationen, die sie unmittelbar betreffen, unverzüglich der Öffentlichkeit bekannt zu geben (§ 48d Abs. 1 Z 2 Börsegesetz (BörseG)[68] iVm Art. 17 Verordnung (EU) Nr. 596/2014). Insiderinformationen sind

[66] *Schacherreiter* in *Kletečka/Schauer*, ABGB-ON[1.03] § 1304 (Stand 01.06.2015, rdb.at)

[67] *Dohr/Pollirer/Weiss/Knyrim*, DSG[2] § 24 Anm. 21 (Stand: 26.11.2015, rdb.at).

[68] Bundesgesetz vom 8. November 1989 über die Wertpapier- und allgemeinen Warenbörsen und über die Abänderung des Börsesensale-Gesetzes 1949 und der Börsegesetz-Novelle 1903 (Börsegesetz 1989 – BörseG), BGBl. 1989/555 idgF.

(u. a.) nicht öffentlich bekannte präzise Informationen, die direkt oder indirekt einen oder mehrere Emittenten oder ein oder mehrere Finanzinstrumente betreffen und die, wenn sie öffentlich bekannt würden, geeignet wären, den Kurs dieser Finanzinstrumente oder den Kurs damit verbundener derivativer Finanzinstrumente erheblich zu beeinflussen.[69] Diese Ad-hoc-Meldungen sollen eine gleichmäßige Informationsversorgung aller Marktteilnehmer gewährleisten.[70]

Nach Ansicht der Autoren kann ist es durchaus denkbar, dass eine Sicherheitslücke, deren Ausmaß und Folgen geeignet sind, den Börsenpreis der Wertpapiere eines Unternehmens erheblich zu beeinflussen, zu einer Veröffentlichungspflicht einer Aktiengesellschaft im Wege der Ad-hoc-Mitteilung führen kann, wobei stets eine Einzelfallbetrachtung erforderlich sein wird.

Für die Verletzung der Ad-Hoc-Publizitätspflicht sieht das BörseG eine verwaltungsstrafrechtliche Sanktionen vor (§ 48 Abs. 1 Z 2 BörseG). Diese Sanktion ist gemäß § 9 Abs. 1 VStG[71] gegen die Vorstandsmitglieder zu verhängen. Ferner sind diese Bestimmungen als Schutzgesetze iSd § 1330 ABGB zu qualifizieren sind.[72]

4.6 Zusammenfassung und Ausblick

Abschließend bleibt zu sagen, dass sich Unternehmen mit Informationspflichten und insbesondere mit Data Breach Notification Duties auseinandersetzen sollten, bevor es zu Sicherheitsvorfällen kommt, um in Krisensituationen rasch und rechtskonform handeln und eine bessere Krisenkommunikation zu ermöglichen. Die Verteilung der Informations- und Meldepflichten auf unterschiedliche Rechtsgrundlage führt zu einer teils unübersichtlichen Lage, weil für unterschiedliche Arten von Sicherheitsvorfällen Meldungen unterschiedlichen Inhalts an unterschiedliche Behörden zu erfolgen haben. Gerade die Vorbereitung auf diese Pflichten, die Evaluierung des eingetretenen Sicherheitsvorfalls und dessen Bewältigung erfordern ohnehin ein komplexes Zusammenspiel von der IT- und Sicherheitsabteilung sowie von der Rechtsabteilung oder externen Juristen u. a. mit dem Krisenmanagement, der Krisen-PR, dem Call Center, der CRM- und Marketingabteilung sowie den Abteilungen, die für die vom womöglichen Missbrauch betroffenen Datenbestände verantwortlich sind. Die gemeinsame Ausarbeitung von Incident- und Notfallplänen ist daher anzuraten. Diese Pläne regelmäßig zu beüben, versetzt Unternehmen überdies in

[69] Art. 7 Abs. 1 lit. a Verordnung (EU) Nr. 596/2014 des Europäischen Parlaments und des Rates vom 16. April 2014 über Marktmissbrauch (Marktmissbrauchsverordnung) und zur Aufhebung der Richtlinie 2003/6/EG des Europäischen Parlaments und des Rates und der Richtlinien 2003/124/EG, 2003/125/EG und 2004/72/EG der Kommission, ABl L 2014/173, S. 1.

[70] https://www.wienerborse.at/wissen/boersenlexikon/buchstabe-a/ad-hoc-meldungen/ (aufgerufen am 01.04.2018).

[71] Verwaltungsstrafgesetz 1991 – VStG, BGBl. 1991/52 idgF.

[72] OGH vom 15.03.2012, 6 Ob 28/12d.

die Lage, ihre Pflichten u. a. durch effiziente vertragliche Gestaltung zu präzisieren und in gewissen Grenzen auch zu reduzieren.

Abkürzungsverzeichnis

APT	Advanced Persistent Threat
BND	Bundesnachrichtendienst
BSI	Bundesamt für Sicherheit in der Informationstechnik
EBA	Europäische Bankenaufsichtsbehörde
ENISA	Europäische Agentur für Netz- und Informationssicherheit
EU	Europäische Union
EZB	Europäische Zentralbank
FMA	Finanzmarktaufsicht
KRITIS	Kritische Infrastrukturen
iSd	im Sinne der/des
PSD	Payment Service Directive
RTR-GmbH	Rundfunk und Telekom Regulierungs-GmbH
u. a.	unter anderem
u. E.	unseres Erachtens
ZfCh	Zentralstelle für das Chiffrierwesen
ZSI	Zentralstelle für Sicherheit in der Informationstechnik

Literatur

Brandl/Feiel, Telekommunikationsrecht in *Jahnel/Mader/Staudegger* (Hrsg), IT-Recht, 3. Auflage (2012) 517

BSI, Das IT-Sicherheitsgesetz: Kritische Infrastrukturen schützen, Februar 2016

Dohr/Pollirer/Weiss/Knyrim, DSG² (Stand: 26.11.2015, rdb.at)

Fritz/Burtscher, Data Breach Notification Duty für Betreiber öffentlicher Telekommunikationsdienste, ZIR 2014/1, 5.

Gola, DS-GVO – Datenschutz-Grundverordnung VO (EU) 2016/679, 2017.

Harnoncourt, Haftungsrechtliche *Aspekte des autonomen Fahrens*, in: *I. Eisenberger/Lachmayer/G. Eisenberger* (Hrsg); Autonomes Fahren und Recht, Manz, 2017, 109.

Haslinger, Rechtliche und organisatorische Aspekte neuer Meldepflichten im Bereich der Netz- und Informationssicherheit, JusIT 6/2017, 218

Hötzendorfer in: *Gantschacher/Jelinek/Schmidl/Spanberger* (Hrsg), Kommentar zur Datenschutz-Grundverordnung, 1. Auflage, 2017

Knyrim, Datenschutz-Grundverordnung – Das neue Datenschutzrecht in Österreich und der EU, 2016.

Leiter in: *Gantschacher/Jelinek/Schmidl/Spanberger* (Hrsg), Kommentar zur Datenschutz-Grundverordnung, 1. Auflage, 2017

Posch/Terlitza in: *Schwiemann/Kodek (Hrsg)*, ABGB-Praxiskommentar⁴ PHG, 2016.

Schacherreiter in *Kletečka/Schauer*, ABGB-ON$^{1.03}$ § 1304 (Stand 1.6.2015, rdb.at)

Datenschutz in Public-Private Partnerships 5

Kurt Einzinger

Zusammenfassung

Die Kenntnis eines aktuellen und umfassenden Lagebildes im Bereich der kritischen Infrastrukturen und deren Informations- und Kommunikationsdienste und -netze ist für die gesamtstaatliche Sicherheit von großer Bedeutung. Dabei sind Computer Emergency Response Teams oder Computer Security Incident Response Teams (CERTs oder CSIRTs) als Sammel- und Verteilpunkt von sicherheitsrelevanten Meldungen und Informationen notwendiger Bestandteil.

Auch die Network Information Security Richtlinie (NIS-Richtlinie) sieht die Schaffung eines Netzwerks von Computer-Notfallteams (CERTs/CSIRTs) und die Pflicht der Mitgliedstaaten, nationale zuständige Behörden, zentrale Anlaufstellen und CSIRTs mit Aufgaben im Zusammenhang mit der Sicherheit von Netz- und Informationssystemen zu benennen, vor. In den überwiegenden Fällen werden die CERTs/CSIRTs in der Form als öffentlich-private Partnerschaften (Public Private Partnership, PPP) betrieben. Da in den von ihnen verwendeten Meldungen, Datenverarbeitungen und Datenübermittlungen personenbezogene Daten enthalten sein können, ist die Frage nach der datenschutzrechtlichen Rechtmäßigkeit der Verarbeitung personenbezogener Daten innerhalb von CERTs/CSIRTs und Lagezentren zu stellen.

In der neuen europäischen Datenschutz-Grundverordnung (DSGVO) wird im Erwägungsgrund 49 ausdrücklich die Verarbeitung und Übermittlung von personenbezogenen Daten innerhalb und zwischen CERTs/CSIRTs, Betreibern von elektronischen Kommunikationsnetzen und -diensten sowie durch Anbieter von Sicherheitstechnologien erwähnt, ohne allerdings Betreibern anderer kritischer Infrastrukturen oder

K. Einzinger (✉)
Netelligenz e.U., Wien, Österreich
e-mail: ke@netelligenz.at

F. Skopik et al. (Hrsg.), *Cyber Situational Awareness in Public-Private-Partnerships*,
https://doi.org/10.1007/978-3-662-56084-6_5

Behörden eine Beschränkung des Datenschutzes zu diesem Zwecke einzuräumen. Dafür wären somit eigene gesetzliche Bestimmungen notwendig, damit diese privaten Betreiber datenschutzkonform an CERTs/CSIRTs-Netzwerken teilhaben können.

5.1 Einleitung

Die Europäische Union hat mit der Ratifizierung der Network Information Security Richtlinie (NIS-Richtlinie) und der daraufhin in den Mitgliedstaaten begonnenen Umsetzung in nationales Recht einen wichtigen Grundstein für die Etablierung der zur Gewährleistung der Cybersicherheit erforderlichen Strukturen geschaffen. Ein wichtiger Meilenstein dabei ist die Einrichtung sogenannter NIS-Behörden. Gleichzeitig bringt aber dieser wichtige Schritt eine ganze Reihe neuer Herausforderungen mit sich – nicht nur für wenige, sondern für alle Unternehmen, die entweder kritische Infrastrukturen betreiben oder aber digitale Dienste bereitstellen. Naturgemäß gibt es, wie bei allen weitreichenden Veränderungen von rechtlichen Rahmenbedingungen, Unsicherheiten bei der Umsetzung der Richtlinie insbesondere in Bezug auf die Realisierung der zuvor genannten NIS-Behörden und den verpflichtenden Informationsaustausch zwischen ihnen und den Betreibern kritischer Infrastrukturen (vgl. Kap. 4).

In diesem Kontext ist auch die verschärfte Datenschutzproblematik durch Inkrafttreten der EU-Datenschutzgrundverordnung (DSGVO) zu sehen. Die daraus resultierenden Spannungen aufgrund des für die Gewährleistung der Sicherheit erforderlichen Informationsaustauschs zwischen Organisationen einerseits und des Datenschutzes von potenziell personenbezogenen Daten andererseits bildet eines der noch zu lösenden Probleme bei der Einrichtung von komplexen Cyber-Sicherheitsstrukturen.

Das Datenschutzrecht der Europäischen Union und damit Österreichs wurde durch die DSGVO auf völlig neue Füße gestellt. Der neue europäische Datenschutz-Rechtsrahmen unterscheidet Datenschutz allgemein und Datenschutz im Strafverfolgungsbereich. Während der allgemeine Datenschutz durch die Datenschutz-Grundverordnung (DSGVO), die mit 24.05.2016 in Kraft getreten ist und seit 24.05.2018 in allen Mitgliedsstaaten unmittelbares anwendbares Recht darstellt, geregelt wird, ist es im Strafverfolgungsbereich eine Richtlinie (Datenschutz Richtlinie, DSRL), die von allen Mitgliedstaaten bis 6. Mai 2018 umzusetzen war.

5.2 Die Gesetzeswerdung in Österreich

In Österreich ist das durch das Datenschutz-Anpassungsgesetz 2018 geschehen. Die Entstehungsgeschichte dieses Gesetzes ist deshalb von Interesse, da sich nur daraus einige Besonderheiten der jetzigen Datenschutz Rechtslage in Österreich erklären lassen.

Nach dem Inkrafttreten der DSGVO im Mai 2016 begannen im Verfassungsdienst der Bundesregierung, welcher bis Anfang 2018 im Bundeskanzleramt beheimatet war, die Arbeiten an einem Entwurf eines Gesetzes für die Anpassung des österreichischen

Datenschutzrechts an die DSGVO und die Umsetzung der Datenschutz Richtlinie 2016/680. Ende Jänner 2017 lag ein erster Entwurf des Bundesgesetzes, mit dem das Datenschutzgesetz erlassen und das Datenschutzgesetz 2000 (DSG2000) aufgehoben wurde (Datenschutz-Anpassungsgesetz 2018), vor. Dieser Entwurf sah Änderungen des Bundesverfassungsgesetzes (B-VG), die Aufhebung des DSG2000 und eine Neufassung eines Datenschutzgesetzes (DSG) vor. In diesem DSG waren neu formulierte Verfassungsbestimmungen enthalten, sowie die Anpassungen an die DSGVO und die Umsetzung der Richtlinie 2016/680. Der Entwurf war schlank gehalten und verwies in den allermeisten Punkten auf die DSGVO.

Ein Hauptbestandteil des Entwurfs waren neue Verfassungsbestimmungen, die durch Änderung des Bundesverfassungsgesetzes und des § 1 DSG einerseits Datenschutz als Bundeskompetenz geregelt hätten und die Landes-Datenschutzgesetze außer Kraft gesetzt hätten und andererseits die im DSG2000 bestehende Grundrechtseinschränkung auf ein schutzwürdiges Interesse und einen Ausschluss dessen bei allgemeiner Verfügbarkeit und mangelnder Rückführbarkeit auf einen Betroffenen beseitigt hätten. Schließlich kennt auch die DSGVO diese Einschränkungen nicht.

In den Erläuterungen des Entwurfs wurde dazu erklärt, dass umfassende Änderungen im innerstaatlichen Datenschutzrecht erforderlich sind, die durch die Erlassung eines neuen DSG vorgenommen werden sollten. Dabei sollten – entsprechend der allgemeinen unionsrechtlichen Vorgaben für Rechtsakte in Verordnungsform – nur die unbedingt erforderlichen Regelungen der Verordnung im innerstaatlichen Recht durchgeführt werden, da die Verordnung in allen sonstigen Teilen ohnedies unmittelbar gilt und ein darüberhinausgehendes Abschreiben von Teilen der Verordnung im Hinblick auf das unionsrechtliche Transformationsverbot nicht zulässig wäre. Hinsichtlich der ausnahmsweise zulässigen Transformation wird auf den Erwägungsgrund 8[1] der DSGVO verwiesen: Wenn in der DSGVO Präzisierungen oder Einschränkungen ihrer Vorschriften durch das Recht der Mitgliedstaaten vorgesehen sind, können die Mitgliedstaaten Teile dieser Verordnung in ihr nationales Recht aufnehmen, soweit dies erforderlich ist, um die Kohärenz zu wahren und die nationalen Rechtsvorschriften für die Personen, für die sie gelten, verständlicher zu machen.

Dieser Entwurf des damals SPÖ-geführten Bundeskanzleramts wurde nicht veröffentlicht, sondern dem Koalitionspartner (ÖVP) bzw. dem Spiegelressort (Bundesministerium für Inneres, BMI) zur koalitionsinternen Abstimmung übermittelt. Erst am 12.05.2017 wurde dann ein „Bundesgesetz, mit dem das Bundes-Verfassungsgesetz geändert, das Datenschutzgesetz erlassen und das DSG2000 aufgehoben wird“ (Datenschutz-Anpassungsgesetz 2018) als Regierungsvorlage in Begutachtung geschickt. Die Begutachtungsfrist wurde bis 23.06.2017 festgelegt.

[1] Die Erwägungsgründe enthalten die Begründungen für die Bestimmungen des verfügenden Teils (d. h. der Artikel) in EU-Rechtsakten. Sie haben deklarativen und deskriptiven Charakter und es können keine unmittelbaren Rechtsfolgen daraus abgeleitet werden (Soft Law). Allerdings können sie in dieser Funktion für die Auslegung der Normen im Rechtsakt Bedeutung haben und dadurch deren rechtliche Wirkungen wesentlich beeinflussen.

Der zur Begutachtung vorgelegte Entwurf unterschied sich in einigen Punkten vom Erstentwurf. Während die Struktur des Entwurfs und die Verfassungsbestimmungen bis auf kleine sprachliche Korrekturen beibehalten wurde, ist vor allem das Dritte Hauptstück (Umsetzung der Richtlinie im Strafverfolgungsbereich) stark verändert worden. So wurden die Begriffsbestimmungen (§ 35 Regierungsvorlage) nicht wie im Erstentwurf durch Verweis auf die DSGVO definiert, sondern aus der Richtlinie ausformuliert übernommen. Dadurch scheint auch der Fehler mit der „zuständigen Behörde" zustande gekommen zu sein (siehe unten). In ähnlicher Vorgangsweise ist man bei den Paragrafen § 36 „Grundsätze der Datenverarbeitung" und § 48 „Auftragsverarbeiter und Aufsicht über die Verarbeitung" verfahren. Auch die besonderen Datenkategorien wurden nun taxativ aufgezählt ohne Verweis auf die DSGVO. Im Dritten Hauptstück wurden die Verweise auf die DSGVO, die noch im Erstentwurf enthalten waren, größtenteils reduziert und die einzelnen Bestimmungen dazu ausformuliert. Damit wurden auch einige Bestimmungen leicht verändert. So ist nicht mehr zwischen faktenbasierten und auf persönlichen Einschätzungen beruhenden personenbezogenen Daten zu unterscheiden, sondern nur mehr „soweit möglich" (§ 37 Abs. 2 Regierungsvorlage) und statt bis zu 100.000 Euro Strafe für eine Verwaltungsübertretung sind es nun bis zu 50.000 Euro geworden. (§ 69 Abs. 1 Regierungsvorlage)

Während der Begutachtungsfrist wurde der vorliegende Entwurf viel diskutiert und es langten viele Stellungnahmen dazu ein. Dann kam es anders als allgemein erwartet. Am 26.06.2017 wurde von den beiden Parlamentsfraktionen der SPÖ und ÖVP gemeinsam ein sogenannter „Gesamtändernder Abänderungsantrag" im Verfassungsausschuss des Parlaments eingebracht, der sich deutlich vom Begutachtungsentwurf unterschied. Dieser Abänderungsantrag beantragte den Beschluss eines Bundesgesetzes, mit dem das Datenschutzgesetz 2000 geändert wird (Datenschutz-Anpassungsgesetz 2018). Das bedeutet, dass kein neues Datenschutzgesetz mit Änderung der Verfassungsbestimmungen beantragt wurde, sondern die Novellierung des DSG2000, wodurch deren Verfassungsbestimmungen bestehen blieben und das DSG2000 faktisch komplett geändert wurde und in „Datenschutzgesetz" (DSG) umbenannt wurde. Dieser Antrag ist im Ausschuss mit den Stimmen der SPÖ und ÖVP angenommen worden und das Gesetz am 29.06.2017 mit den Stimmen der Koalitionsparteien in der 190. Sitzung des Nationalrats der XXV. Gesetzgebungsperiode im Parlament beschlossen worden.

Warum die Eile? Allem Anschein nach wollte die Regierung ein Gesetz zur Anpassung an die DSGVO und zur Umsetzung der Richtlinie 2016/680 noch in der laufenden Legislaturperiode, die ja nach der Ausrufung von Neuwahlen am 15.10.2017 schon ein vorzeitiges Ablaufdatum hatte, und damit rechtzeitig vor dem „In Geltung Treten"- Datum der DSGVO (25.05.2018) beschließen lassen. Das Problem schien in der Abstimmung zwischen den Parlamentsfraktionen zu liegen. Für den Entwurf der Regierungsvorlage mit der Änderung der Verfassungsbestimmungen hätte man eine Verfassungsmehrheit im Parlament benötigt, die anscheinend nicht zustande gebracht werden konnte. Also entschied man sich für einen Antrag der die Verfassungsbestimmungen nicht anrührte und mit einfacher Mehrheit im Parlament beschlossen werden konnte. Daraus erwachsen allerdings einige Probleme, wie im Folgenden aufgezeigt wird.

5.2.1 Alte Verfassungsbestimmungen im neuen Gesetz

Der Abänderungsantrag unterschied sich von der Regierungsvorlage sowohl im Aufbau und Struktur als auch in einigen inhaltlichen Punkten. Von der Konstruktion her war das nun eine Novellierung des DSG2000. Dabei blieben allerdings nur die Verfassungsbestimmungen des DSG2000 erhalten, alles andere wurde neu geordnet und inhaltlich der Regierungsvorlage folgend ersetzt. Im selben Zuge wurde das DSG2000 in „Datenschutzgesetz – DSG" umbenannt.

Der dadurch erhalten gebliebene Artikel 1 § 1 Abs. 1 des neuen DSG lautet demnach:

Artikel 1
(Verfassungsbestimmung)
Grundrecht auf Datenschutz

§ 1. (1) Jedermann hat, insbesondere auch im Hinblick auf die Achtung seines Privat- und Familienlebens, Anspruch auf Geheimhaltung der ihn betreffenden personenbezogenen Daten, soweit ein schutzwürdiges Interesse daran besteht. Das Bestehen eines solchen Interesses ist ausgeschlossen, wenn Daten infolge ihrer allgemeinen Verfügbarkeit oder wegen ihrer mangelnden Rückführbarkeit auf den Betroffenen einem Geheimhaltungsanspruch nicht zugänglich sind.

Es wird somit der grundrechtliche Anspruch auf Geheimhaltung der personenbezogenen Daten durch den Nebensatz „ … , soweit ein schutzwürdiges Interesse daran besteht." von Anfang an eingeschränkt und ausgeschlossen, wenn diese Daten allgemein verfügbar sind oder auf einen Betroffenen nur mangelhaft rückführbar sind. Eine solche Einschränkung kennt die DSGVO nicht. Vor allem die Kategorie der allgemeinen Verfügbarkeit ist ihr fremd. Die DSGVO enthält Vorschriften zum Schutz natürlicher Personen bei der Verarbeitung personenbezogener Daten und zum freien Verkehr solcher Daten. (Art. 1 Abs. 1 DSGVO) und schützt die Grundrechte und Grundfreiheiten natürlicher Personen und insbesondere deren Recht auf Schutz personenbezogener Daten. (Art. 1 Abs. 2 DSGVO) Personenbezogene Daten sind nach der DSGVO alle Informationen, die sich auf eine identifizierte oder identifizierbare natürliche Person (im Folgenden „betroffene Person") beziehen; als identifizierbar wird eine natürliche Person angesehen, die direkt oder indirekt, insbesondere mittels Zuordnung zu einer Kennung wie einem Namen, zu einer Kennnummer, zu Standortdaten, zu einer Online-Kennung oder zu einem oder mehreren besonderen Merkmalen, die Ausdruck der physischen, physiologischen, genetischen, psychischen, wirtschaftlichen, kulturellen oder sozialen Identität dieser natürlichen Person sind, identifiziert werden kann. (Art. 4 lit 1 DSGVO) Eine Unterscheidung, ob und wie die Daten verfügbar sind, wird nicht vorgenommen.

In der Regierungsvorlage wäre diese Einschränkung in der Verfassungsbestimmung auch nicht mehr enthalten gewesen.

Ein weiteres aber kleineres daraus entstandenes Problem besteht darin, dass in der alten Verfassungsbestimmung § 3 weiterhin vom „Auftraggeber" die Rede ist, den es in den neuen Begriffsbestimmungen (Art. 4 lit 7 DSGVO) nur mehr als „Verantwortlichen" gibt und der auch sonst nirgendwo mehr verwendet wird.

Was als Auswirkung dieser Vorgangsweise auch noch bestehen bleibt ist die Zuständigkeit der Länder für Datenschutz und die verschiedenen Landesdatenschutzgesetze.

Die Verfassungsbestimmung des DSG spricht von „Jedermann", was abgesehen von der Gender-Problematik nicht nur natürliche Personen, sondern auch juristische Personen umschließt. Damit steht sie im offenen Gegensatz zu den Bestimmungen der DSGVO, die den Schutz personenbezogener Daten nur für natürliche Personen vorsieht.

Es ist zu erwarten, dass die Gesetzgeber versuchen wird in nächster Zeit eine parlamentarische Zwei-Drittel-Mehrheit zu erreichen um diese offensichtlichen Widersprüche zwischen den Verfassungsbestimmungen und der DSGVO aufzulösen.

5.2.2 Sachlicher Anwendungsbereich

Abgesehen von diesen verfassungsrechtlichen Problemen ist auch die Anpassung bzw. Umsetzung der DSGVO bzw. der Richtlinie mit einigen Problemstellungen behaftet.

So soll der sachliche Anwendungsbereich gemäß § 4 DSG, die ganz oder teilweise automatisierte Verarbeitung personenbezogener Daten sowie für die nichtautomatisierte Verarbeitung personenbezogener Daten, die in einem Dateisystem gespeichert sind oder gespeichert werden sollen, umfassen. (§ 4 Abs. 1 DSG oder Art. 2 Abs. 1 DSGVO) Davon ausgenommen sollen demnach nur jene Datenverarbeitungsprozesse sein, die in den Anwendungsbereich des Dritten Hauptstücks, die Datenverarbeitung im Rahmen der Strafverfolgung, fallen.

Aus den Erläuterungen hierzu geht hervor, dass der Gesetzgeber damit den Anwendungsbereich auch auf Bereiche außerhalb des Anwendungsbereichs des Unionsrechts ausdehnen will, die grundsätzlich aufgrund des Subsidiaritätsprinzips nach Art. 2 Abs. 2 lit. a DSGVO vom Anwendungsbereich der Verordnung ausgenommen wären.

Dieser Art. 2 Abs. 2 DSGVO enthält allerdings auch noch die Ausnahmebestimmungen des Anwendungsbereichs von Titel V Kap. 2 EUV (EUV - VERTRAG ÜBER DIE EUROPÄISCHE UNION) „Politik im Bereich Grenzkontrollen, Asyl und Einwanderung" (lit b) und für familiäre Tätigkeiten (lit c) und es wird im DSG nirgendwo auf deren Ausnahme hingewiesen.

Daher könnte die Formulierung des § 4 DSG jedoch so interpretiert werden, dass auch die Ausnahme für private Tätigkeiten in Art. 2 Abs. 2 lit c DSGVO, durch das DSG aufgehoben wäre und somit auch Datenverarbeitungen für ausschließlich persönliche oder familiäre Tätigkeiten in den sachlichen Anwendungsbereich fallen würden und nicht davon ausgenommen sind, wie in der DSGVO bestimmt.

Den weiteren Ausführungen des Gesetzgebers, insbesondere in den Erläuterungen zu § 12 DSG ist zwar zu entnehmen, dass sehr wohl angedacht ist, diese Ausnahmebestimmung aufrecht zu erhalten, eine entsprechende Klarstellung im Rahmen von § 4 DSG wäre jedoch unbedingt notwendig gewesen.

5.2.3 Das Dritte Hauptstück des DSG, sachlicher Anwendungsbereich und zuständigen Behörde

Der Anwendungsbereich der Datenschutz-Richtlinie (EU) 2016/680 (DSRL) umfasst die Verarbeitung personenbezogener Daten durch die zuständigen Behörden zum Zwecke der Verhütung, Ermittlung, Aufdeckung oder Verfolgung von Straftaten oder der Strafvollstreckung, einschließlich des Schutzes vor und der Abwehr von Gefahren für die öffentliche Sicherheit. (Art. 1 Abs. 1 DSRL)

Bei der österreichischen Umsetzung der DSRL wird in der Überschrift des Dritten Hauptstücks des DSG die Verarbeitung personenbezogener Daten für Zwecke der Sicherheitspolizei, des polizeilichen Staatsschutzes, des militärischen Eigenschutzes, der Aufklärung und Verfolgung von Straftaten, der Strafvollstreckung und des Maßnahmenvollzugs angeführt – also eine Erweiterung des Richtlinientextes um den „polizeilichen Staatsschutz", den „militärischen Eigenschutz" und den „Maßnahmenvollzug".

Gleich darunter wird als sachlicher Anwendungsbereich (§ 36 Abs. 1 DSG) die Verarbeitung personenbezogener Daten durch zuständige Behörden zum Zweck der Verhütung, Ermittlung, Aufdeckung oder Verfolgung von Straftaten oder der Strafvollstreckung, einschließlich des Schutzes vor und der Abwehr von Gefahren für die öffentliche Sicherheit, sowie zum Zweck der nationalen Sicherheit, des Nachrichtendienstes und der militärischen Eigensicherung definiert.

Damit wurde im sachlichen Anwendungsbereich die Formulierung „ … sowie zum Zweck der nationalen Sicherheit, des Nachrichtendienstes und der militärischen Eigensicherung." hinzugefügt.

Allerdings hat man bei den Begriffsbestimmungen (§ 36 Abs. 2 DSG) genau diesen Teil der Definition ausgelassen, womit nunmehr die Definition des Begriffs „zuständige Behörde" (§ 36 Abs. 2 Z 7 DSG) diese Bereiche nicht mehr enthält. Dort wird nämlich die zuständige Behörde als:

a) eine staatliche Stelle, die für die Verhütung, Ermittlung, Aufdeckung oder Verfolgung von Straftaten oder die Strafvollstreckung, einschließlich des Schutzes vor und der Abwehr von Gefahren für die öffentliche Sicherheit, zuständig ist, oder

b) eine andere Stelle oder Einrichtung, der durch das Recht der Mitgliedstaaten die Ausübung öffentlicher Gewalt und hoheitlicher Befugnisse zur Verhütung, Ermittlung, Aufdeckung oder Verfolgung von Straftaten oder zur Strafvollstreckung, einschließlich des Schutzes vor und der Abwehr von Gefahren für die öffentliche Sicherheit, übertragen wurde; definiert.

Folglich gäbe es keine „zuständige Behörde" für die Verarbeitung personenbezogener Daten für Zwecke der nationalen Sicherheit, des Nachrichtendienstes und der militärischen Eigensicherung, obwohl diese im § 36 Abs. 1 DSG im Anwendungsbereich umfasst sind.

Es ist davon auszugehen, dass dies ein redaktioneller Fehler war, der sich während der Erstellung der Regierungsvorlage eingeschlichen hat, da ja im Erstentwurf die Begriffsbestimmungen der Richtlinie im Dritten Hauptstück nicht ausformuliert wurden, sondern auf die Begriffsbestimmungen der DSVGO verwiesen wurde.

Da die Widersprüchlichkeit der Verfassungsbestimmungen zur DSGVO als auch die Flüchtigkeitsfehler im DSG offensichtlich sind, kann es nicht lange dauern, bis eine Novelle des DSG vorgelegt wird, welche die nötigen entsprechenden Korrekturen vornehmen wird.

5.3 Die Stellung des Verantwortlichen

Je nach Natur und Stellung des Verantwortlichen (eine natürliche oder juristische Person, Behörde, Einrichtung oder andere Stelle, die allein oder gemeinsam mit anderen über die Zwecke und Mittel der Verarbeitung von personenbezogenen Daten entscheidet, Art. 4 Z 7 DSGVO), regeln unterschiedliche gesetzliche Bestimmungen die Verarbeitung personenbezogener Daten. Dabei muss zwischen drei Gruppen unterschieden werden.

- Privatrechtliche Institutionen oder Einrichtungen
- Behörden
- Zuständige Behörden: staatliche Stellen, die für die Verhütung, Ermittlung, Aufdeckung oder Verfolgung von Straftaten oder die Strafvollstreckung, einschließlich des Schutzes vor und der Abwehr von Gefahren für die öffentliche Sicherheit, zuständig sind, oder andere Stellen oder Einrichtungen, denen durch das Recht der Mitgliedstaaten die Ausübung öffentlicher Gewalt und hoheitlicher Befugnisse zur Verhütung, Ermittlung, Aufdeckung oder Verfolgung von Straftaten oder zur Strafvollstreckung, einschließlich des Schutzes vor und der Abwehr von Gefahren für die öffentliche Sicherheit, übertragen wurde. (§ 36 Abs. 2 Z 7 DSG)

Für Verantwortliche des Privatrechtsbereichs gelten die DSGVO vollumfänglich und das DSG ausgenommen dem Dritten Hauptstück, das nur für die zuständigen Behörden zur Strafverfolgung und Strafvollzug gilt.

In § 26 DSG wird eine Differenzierung zwischen Verantwortlichen des öffentlichen Bereichs und des privaten Bereichs explizit vorgenommen:

Verantwortliche des öffentlichen und des privaten Bereichs

§ 26. (1) Verantwortliche des öffentlichen Bereichs sind alle Verantwortliche,

1. die in Formen des öffentlichen Rechts eingerichtet sind, insbesondere auch als Organ einer Gebietskörperschaft, oder
2. soweit sie trotz ihrer Einrichtung in Formen des Privatrechts in Vollziehung der Gesetze tätig sind.

(2) Verantwortliche des öffentlichen Bereichs sind Partei in Verfahren vor der Datenschutzbehörde.

(3) Verantwortliche des öffentlichen Bereichs können Beschwerde an das Bundesverwaltungsgericht und Revision beim Verwaltungsgerichtshof erheben.

(4) Die dem Abs. 1 nicht unterliegenden Verantwortlichen gelten als Verantwortliche des privaten Bereichs im Sinne dieses Bundesgesetzes.

Es wird hiermit die Parteistellung und Rechtsmittellegitimation der Verantwortlichen des öffentlichen Bereichs geregelt, wobei die Definition des Verantwortlichen des öffentlichen Bereichs an den alten § 5 Abs. 2 DSG 2000 angelehnt ist. Zu den Verantwortlichen des öffentlichen Bereichs zählen somit etwa der Bund, die Länder, die Gemeinden, die Kammern und Sozialversicherungsträger sowie die anerkannten Kirchen und Religionsgemeinschaften.

Was ist dann eine Behörde? Eine Behörde ist eine rechtlich geregelte Einrichtung, die zur Durchführung bestimmter öffentlicher Aufgaben berufen ist. Eine Behörde ist von der Rechtsordnung ermächtigt einseitig verbindliche Rechtsakte zu setzen (insbesondere aufgrund von Gesetzen), Anordnungen zu erlassen und diese allenfalls mit Zwangsmitteln durchzusetzen. Sie kann aus einer einzelnen Person (z. B. Bundesminister/in, Landeshauptfrau/Landeshauptmann, etc.) oder aus mehreren Personen (z. B. Bundes-, Landesregierung, Datenschutzbehörde, u.v.m.) bestehen. Es wird auch zwischen Verwaltungs- und Gerichtsbehörden unterschieden. Für alle Tätigkeiten von Behörden muss eine gesetzliche Rechtsgrundlage vorhanden sein. Das Legalitätsprinzip der österreichischen Bundesverfassung besagt:

„Die gesamte staatliche Verwaltung darf nur auf Grund der Gesetze ausgeübt werden." (Bundes-Verfassungsgesetz B-VG Art. 18. (1))

5.4 Public Private Partnership (PPP)

Wie bereits erwähnt, gibt es in Österreich unterschiedliche Datenschutz-Bestimmungen, je nachdem ob der Verantwortliche dem privaten Bereich, den Behörden oder einer Behörde im Rahmen der Strafverfolgung zurechenbar ist. Daher kommt der rechtlichen Stellung der betreffenden Organisation/Institution auch besondere Bedeutung zu.

Da es keine universell akzeptierte Definition von öffentlich-privaten Partnerschaften gibt, kann darunter jede Form von Zusammenarbeit oder Kooperation zwischen dem öffentlichen und dem privaten Sektor zur Erreichung eines gemeinsamen Ziels verstanden werden. Zumeist handelt es sich um Großprojekte im Bau-, Infrastruktur- und Investitionsbereich die mittels Konzessionsverträgen anstelle von öffentlichen Aufträgen vergeben werden. Seit 17.04.2014 ist hierfür eine EU-Richtlinie über die Konzessionsvergabe in Kraft getreten.

Vermehrt werden allerdings auch Dienstleistungen und allgemeine Aufgaben in Form von öffentlich-privaten Partnerschaften abgewickelt. Zum Beispiel kann die Konstruktion des bestehenden GovCERTs in Österreich als eine solche gesehen werden. In diesem

Sinne und für die Betrachtungen aus datenschutzrechtlicher Sicht ist eine breit angelegte Definition von öffentlich-privater Partnerschaft zweckmäßig.

Demnach ist eine öffentlich-private Partnerschaft oder Public-Private-Partnership (PPP) eine vertraglich geregelte Zusammenarbeit zwischen öffentlicher Hand und Unternehmen der Privatwirtschaft in einer Zweckgesellschaft. Ziel einer PPP ist die Arbeitsteilung, wobei der private Partner die Verantwortung zur effizienten Erstellung der Leistung übernimmt, während die öffentliche Hand dafür Sorge trägt, dass gemeinwohlorientierte Ziele beachtet werden. Im Datenschutzkontext ist es auch noch entscheidend, ob der private Partner der PPP in Vollziehung der Gesetze tätig ist oder nicht. Sollte dies der Fall sein so wird er laut § 26 Abs. 1 Z 2 DSG trotzdem dem öffentlichen Bereich zugerechnet und unterliegt dessen Datenschutzregeln.

Im Kontext von Cyber-Sicherheit und Schutz kritischer Infrastrukturen sind öffentlich-private Partnerschaften im Bereich von CERT/CSIRTs zu finden. So betreibt schon seit April 2008 das österreichische Bundeskanzleramt das GovCERT[2] in Österreich in Kooperation mit CERT.at[3] zur Behandlung beziehungsweise Verhinderung von Sicherheitsvorfällen im Bereich der Informations- und Kommunikationstechnologien. Wobei CERT.at eine Initiative von nic.at, der österreichischen Domainregistry, ist und von dieser gesponsert wird.

Da CERT.at über keine eigene Rechtspersönlichkeit verfügt, ist aus datenschutzrechtlicher Sicht die nic.at GmbH als datenschutzrechtlicher Verantwortlicher zu sehen. Diese ist dem privatrechtlichen Bereich zugeordnet und unterliegt damit der DSGVO und dem DSG. Demzufolge kann als Rechtsgrundlage für die Verarbeitung personenbezogener Daten das berechtigte Interesse des Verantwortlichen (Art. 6 Abs. 1 lit f DSGVO) herangezogen werden. Gemäß Erwägungsgrund 49 der DSGVO, der sich auf die Verarbeitung personenbezogener Daten durch Computer-Notdienste (Computer Emergency Response Teams — CERT, beziehungsweise Computer Security Incident Response Teams — CSIRT) bezieht, stellt diese ein berechtigtes Interesse des jeweiligen Verantwortlichen dar. Damit verweist er auf Art. 6 Abs 1 lit f DSGVO wonach die Verarbeitung und Übermittlung von personenbezogenen Daten in diesen Fällen als rechtmäßig anerkennt wird. (siehe Abschn. 5.7)

5.5 Meldepflichten

Für Betreiber kritischer Infrastrukturen bestehen verschiedene Meldepflichten von Sicherheitsvorfällen in unterschiedlichen gesetzlichen Vorschriften. Diese unterscheiden sich sowohl in den jeweiligen Normadressaten, den Meldungsempfängern als auch in ihren Zwecken und Hintergründen.

Für ausführliche Darstellungen verschiedenster Informationspflichen siehe Kap. 4 „Informations und Meldepflichen". Das vorliegende Kapitel beschränkt sich auf die für ein CERT/CSIRT Netzwerk, bzw. für die Erstellung von Lagebildern kritischer

[2] https://www.govcert.gv.at (Letzter Zugriff: 21.05.2018)

[3] http://www.cert.at (Letzter Zugriff am 21.05.2018)

Infrastrukturen notwendigen Nachrichten- und Informationsflüssen und deren datenschutzrechtliche Betrachtung. Diese Meldungen können sowohl verpflichtend als auch freiwillig sein. Ausgehend von der Annahme, dass nach sicherheitstechnischen Anforderungen in diesen Meldungen personenbezogene Daten enthalten sein können, stellt sich die Frage nach der Rechtmäßigkeit dieser Verarbeitungen.

Eine Verarbeitung personenbezogener Daten ist nach Art. 6 DSGVO nur dann rechtmäßig, wenn entweder

- die betroffene Person ihre Einwilligung zu der Verarbeitung der sie betreffenden personenbezogenen Daten für einen oder mehrere bestimmte Zwecke gegeben hat;
- die Verarbeitung ist für die Erfüllung eines Vertrags, dessen Vertragspartei die betroffene Person ist, oder zur Durchführung vorvertraglicher Maßnahmen erforderlich, die auf Anfrage der betroffenen Person erfolgen;
- die Verarbeitung ist zur Erfüllung einer rechtlichen Verpflichtung erforderlich, der der Verantwortliche unterliegt;
- die Verarbeitung ist erforderlich, um lebenswichtige Interessen der betroffenen Person oder einer anderen natürlichen Person zu schützen;
- die Verarbeitung ist für die Wahrnehmung einer Aufgabe erforderlich, die im öffentlichen Interesse liegt oder in Ausübung öffentlicher Gewalt erfolgt, die dem Verantwortlichen übertragen wurde oder
- die Verarbeitung ist zur Wahrung der berechtigten Interessen des Verantwortlichen oder eines Dritten erforderlich, sofern nicht die Interessen oder Grundrechte und Grundfreiheiten der betroffenen Person, die den Schutz personenbezogener Daten erfordern, überwiegen, insbesondere dann, wenn es sich bei der betroffenen Person um ein Kind handelt.

Da die Einwilligung gewöhnlich nicht vorhanden ist und auch kein Vertragsverhältnis existiert, lebenswichtige Interessen kaum geltend gemacht werden können, bleiben als heranzuziehende Möglichkeiten die „Erfüllung einer rechtlichen Verpflichtung" des Verantwortlichen, die „Wahrnehmung einer Aufgabe, die im öffentlichen Interesse liegt" und die „Wahrung der berechtigten Interessen des Verantwortlichen oder eines Dritten" übrig.

Somit wäre bei den gesetzlichen Meldepflichten der NIS-RL und deren Umsetzung zu überprüfen ob sie als Erfüllung einer rechtlichen Verpflichtung im Sinne der DSGVO gewertet und eingestuft werden können.

Die ältesten diesbezüglichen Vorschriften betreffen Telekommunikationsbetreiber, die sowohl bei Sicherheitsvorfällen als auch bei einer Verletzung des Schutzes personenbezogener Daten zu Meldungen gesetzlich verpflichtet sind.

5.5.1 Meldepflichten der EU-Verordnung 2013/611 und des TKG 2003

Für Betreiber öffentlich zugänglicher elektronischer Kommunikationsdienste gelten die Bestimmungen der Verordnung über die Maßnahmen für die Benachrichtigung von Verletzungen des Schutzes personenbezogener Daten sowie die Sicherheits- und

Meldeverpflichtungen und die sektoralen Datenschutzbestimmungen des Telekommunikationsgesetzes (TKG 2003).

Der Gesetzgeber hat in Österreich bereits im November 2011 mit der Novelle des TKG 2003 spezielle Sicherheitsbestimmungen und Informationspflichten für Betreiber öffentlicher Kommunikationsdienste vorgeschrieben. Über die spätere Verordnung von 2013 hinausgehend wurden auch Sicherheitsverletzungen, die die Netzintegrität oder den Netzbetrieb verletzen, einbezogen, wobei hierbei die Regulierungsbehörde (RTR) zu informieren ist.

Als „Bereitsteller eines Kommunikationsnetzes" gilt ein Unternehmen, das ein derartiges Netz errichtet, betreibt, kontrolliert oder zur Verfügung stellt (§ 3 Z 2 TKG 2003), während als „Betreiber eines Kommunikationsdienstes" ein Unternehmen gilt, das die rechtliche Kontrolle über die Gesamtheit der Funktionen, die zur Erbringung des jeweiligen Kommunikationsdienstes notwendig sind ausübt und diese Dienste anderen anbietet (§ 3 Z 3 TKG 2003).

Als „öffentliches Kommunikationsnetz" wird ein Kommunikationsnetz definiert, das ganz oder überwiegend zur Bereitstellung öffentlich zugänglicher Kommunikationsdienste dient (§ 3 Z 17 TKG 2003)

Bei Verletzungen des Schutzes personenbezogener Daten hat unbeschadet des § 16a TKG 2003 sowie unbeschadet der Bestimmungen des DSG 2000 der Betreiber öffentlicher Kommunikationsdienste unverzüglich die Datenschutzbehörde von dieser Verletzung zu benachrichtigen. Ist anzunehmen, dass durch eine solche Verletzung Personen in ihrer Privatsphäre oder die personenbezogenen Daten selbst beeinträchtigt werden, hat der Betreiber auch die betroffenen Personen unverzüglich von dieser Verletzung zu benachrichtigen.

Allerdings kann der Betreiber öffentlicher Kommunikationsdienste von einer Benachrichtigung der betroffenen Personen absehen, wenn der Datenschutzbehörde nachgewiesen wird, dass er geeignete technische Schutzmaßnahmen getroffen hat und dass diese Maßnahmen auf die von der Sicherheitsverletzung betroffenen Daten angewendet worden sind. Diese technischen Schutzmaßnahmen müssen jedenfalls sicherstellen, dass die Daten für unbefugte Personen nicht zugänglich sind. (§ 95a Abs. 2 TKG 2003)

Im TKG 2003 wird unter „Verletzung des Schutzes personenbezogener Daten" jede Verletzung der Sicherheit, die auf versehentliche oder unrechtmäßige Weise zur Vernichtung, zum Verlust, zur Veränderung oder zur unbefugten Weitergabe von bzw. zum unbefugten Zugang zu personenbezogenen Daten führt, die übertragen, gespeichert oder auf andere Weise im Zusammenhang mit der Bereitstellung öffentlicher Kommunikationsdienste in der Gemeinschaft verarbeitet werden, verstanden. (§ 92 Abs. 3 Z 17 TKG 2003)

Weiters haben Betreiber öffentlicher Kommunikationsnetze oder -dienste der Regulierungsbehörde Sicherheitsverletzungen oder einen Verlust der Integrität in der von der Regulierungsbehörde vorgeschriebenen Form mitzuteilen, sofern dadurch beträchtliche Auswirkungen auf den Netzbetrieb oder die Dienstebereitstellung eingetreten sind. (§ 16a Abs. 5 TKG 2003)

Zusätzlich hat die Datenschutzbehörde die Regulierungsbehörde über jene Sicherheitsverletzungen zu informieren, die für die Erfüllung der der Regulierungsbehörde durch § 16a übertragenen Aufgaben notwendig sind. (§ 95a Abs. 7 TKG 2003)

Die Bestimmungen der EU Verordnung 2013/611 betreffen ebenfalls alle Betreiber öffentlich zugänglicher elektronischer Kommunikationsdienste („Betreiber") – also Telefonieanbieter, Mobilfunkbetreiber und ISPs. Demnach wird der Betreiber verpflichtet die zuständige nationale Behörde von der Verletzung des Schutzes personenbezogener Daten binnen 24 Stunden nach Feststellung der Verletzung, soweit dies möglich ist, zu benachrichtigen.

Eine Verletzung des Schutzes personenbezogener Daten gilt als festgestellt, sobald der Betreiber vom Auftreten einer Sicherheitsverletzung, die zu einer Verletzung des Schutzes personenbezogener Daten geführt hat, hinreichende Kenntnis insoweit erlangt hat, dass er eine sinnvolle Benachrichtigung nach den Vorschriften dieser Verordnung vornehmen kann.

Die Verordnung macht keine Aussagen darüber, wer die zuständigen nationalen Behörden sind bzw. wie sie gestaltet werden sollen. Weiters sind noch Bestimmungen über die Benachrichtigung der betroffenen Teilnehmer oder Personen und über die technischen Schutzmaßnahmen enthalten.

Diese Verordnung trat am 25. August 2013 in Kraft und ist in allen ihren Teilen verbindlich und gilt unmittelbar in jedem Mitgliedstaat.

Die Normadressaten sind in diesem Fall die Betreiber öffentlich zugänglicher elektronischer Kommunikationsdienste und der Empfänger der Meldungen ist entweder die Datenschutzbehörde oder die Regulierungsbehörde (RTR). Eine ausdrückliche Ermächtigung zur Übermittlung von personenbezogenen Daten im Rahmen der Meldeverpflichtungen wurde nicht formuliert. Als Grundlage für die datenschutzrechtliche Rechtmäßigkeit von Meldungen, die personenbezogene Daten enthalten, an CERT/CSIRTs oder Lagebildzentren, lassen sich somit diese gesetzlichen Bestimmungen nicht heranziehen.

5.5.2 Meldepflichten nach der DSGVO und des DSG

Im Falle eines Sicherheitsvorfalls der zu einer Verletzung des Schutzes personenbezogener Daten führt, hat der Verantwortliche unverzüglich, spätestens jedoch innerhalb von 72h, nachdem ihm die Verletzung bekannt wurde, die zuständige Aufsichtsbehörde zu benachrichtigen. (Art. 33 Abs. 1 DSGVO)

Sofern die Bereitstellung aller notwendigen Informationen nicht umgehend möglich ist, können diese auch schrittweise zur Verfügung gestellt werden, wobei eine erste Teilmeldung jedenfalls Mindestangaben zum Verantwortlichen zu enthalten hat, sowie eine Erstinformation über die Verletzung. Die weiteren Informationen haben ohne unangemessene Verzögerung nachgereicht zu werden.

Die Benachrichtigungspflicht entfällt sofern voraussichtlich nur ein geringfügiges Risiko für die Rechte und Freiheiten des Betroffenen besteht, ein Schadenseintritt also unwahrscheinlich und ein mögliches Schadensausmaß gering ist. Eine entsprechende Kontrolle hat vom Standpunkt des Verantwortlichen nachvollziehbar zu sein. Besonderes Augenmerk liegt dabei auf der Menge und Art der betroffenen Daten.

Alle Verletzungen personenbezogener Daten müssen dokumentiert werden. Unterlässt der Betreiber eine Benachrichtigung so hat er die Gründe im Rahmen der Dokumentationspflicht festzuhalten. Die Gründe können nachträglich durch die Datenschutzbehörde geprüft werden.

Sofern die Verletzung des Schutzes personenbezogener Daten mit hoher Wahrscheinlichkeit zu einem materiellen oder immateriellen Schaden des Betroffenen führt hat zudem eine Meldung an den Betroffenen zu ergehen. Bei hoher drohender Schadensschwere genügt bereits ein geringes Risiko.

Das Risiko bzw. die Schadensschwere bemessen sich insbesondere danach, ob es sich um besondere personenbezogene Daten, Daten über strafrechtliche Verurteilungen, biometrische Daten oder Gesundheitsdaten handelt. Die Benachrichtigung hat in klarer und verständlicher Sprache zu erfolgen.

In Umsetzung der Richtlinie 680/2017 (DSRL) werden im DSG 2018 die Verantwortlichen der zuständigen Behörden, die personenbezogene Daten zum Zweck der Verhütung, Ermittlung, Aufdeckung oder Verfolgung von Straftaten oder der Strafvollstreckung, einschließlich des Schutzes vor und der Abwehr von Gefahren für die öffentliche Sicherheit, sowie zum Zweck der nationalen Sicherheit, des Nachrichtendienstes und der militärischen Eigensicherung verarbeiten, ebenfalls zur Meldung von Verletzungen des Schutzes der personenbezogenen Daten verpflichtet.

Laut § 55 Abs. 1 DSG 2018 hat der Verantwortliche nach Maßgabe des Art. 33 DSGVO Verletzungen des Schutzes personenbezogener Daten der Datenschutzbehörde zu melden.

Normadressaten sind alle Verantwortlichen von Verarbeitungen personenbezogener Daten sowohl des privaten, wie auch des öffentlichen Bereichs, und als Empfänger der Meldungen über Verletzungen des Schutzes personenbezogener Daten ist die zuständige Behörde, im gegenständlichen Fall die Datenschutzbehörde bestimmt. Eine ausdrückliche Ermächtigung zur Übermittlung von personenbezogenen Daten im Rahmen der Meldeverpflichtungen wurde nicht formuliert.

Allerdings betreffen alle diese gesetzlichen Verpflichtungen nur Verletzungen des Schutzes personenbezogener Daten und als Meldestelle ist immer die nationale Datenschutz Aufsichtsbehörde vorgesehen. Für andere Meldungen von Cyber-Sicherheitsvorfällen und für Meldungen an CERT/CSIRTs oder den einzurichtenden NIS-Behörden, lassen sich diese Bestimmungen als Rechtsgrundlage nicht heranziehen.

5.5.3 Meldepflichten nach der NIS-Richtlinie (NIS-RL)

Entsprechend der NIS-Richtlinie der EU sind auf nationaler Ebene folgende Punkte gesetzlich zu regeln.

Nach Art. 10 Abs. 2 NIS-RL sollen die Mitgliedstaaten sicherstellen, dass entweder die zuständigen Behörden oder die CSIRTs die gemäß der NIS-RL übermittelten Meldungen von Sicherheitsvorfällen erhalten. Entscheidet ein Mitgliedstaat, dass die CSIRTs keine Meldungen erhalten, so wird den CSIRTs in dem zur Erfüllung ihrer Aufgaben erforderlich Umfang Zugang zu den Daten über Sicherheitsvorfälle gewährt, die von Betreibern wesentlicher Dienste gemäß Artikel 14 Absätze 3 und 5 oder von Anbietern digitaler Dienste gemäß Artikel 16 Absätze 3 und 6 gemeldet werden.

Weiters haben die Mitgliedstaaten sicher zu stellen, dass die zuständigen Behörden oder die CSIRTs die zentralen Anlaufstellen über die gemäß der NIS-RL übermittelten Meldungen von Sicherheitsvorfällen unterrichten.

Laut Art. 14 Abs. 3 NIS-RL stellen die Mitgliedstaaten sicher, dass die Betreiber wesentlicher Dienste der zuständigen Behörde oder dem CSIRT Sicherheitsvorfälle, die erhebliche Auswirkungen auf die Verfügbarkeit der von ihnen bereitgestellten wesentlichen Dienste haben, unverzüglich melden. Die Meldungen müssen die Informationen enthalten, die es der zuständigen Behörde oder dem CSIRT ermöglichen, zu bestimmen, ob der Sicherheitsvorfall grenzübergreifende Auswirkungen hat. Mit der Meldung wird keine höhere Haftung der meldenden Partei begründet.

Der Art. 16 Abs. 3 NIS-RL verpflichtet die Mitgliedstaaten sicherzustellen, dass die Anbieter digitaler Dienste der zuständigen Behörde oder dem CSIRT jeden Sicherheitsvorfall, der erhebliche Auswirkungen auf die Bereitstellung eines der in Anhang III genannten, von ihnen innerhalb der Union erbrachten Dienste hat, unverzüglich melden. Die Meldungen müssen die Informationen enthalten, die es der zuständigen Behörde oder dem CSIRT ermöglichen, das Ausmaß etwaiger grenzübergreifender Auswirkungen des Sicherheitsvorfalls festzustellen. Mit der Meldung wird keine höhere Haftung der meldenden Partei begründet.

Wie diese Meldungen auszusehen haben und was alles sie im Einzelnen zu enthalten haben wird in der NIS-RL nicht festgelegt. Allerdings kann die Europäische Kommission Durchführungsrechtsakte zur Festlegung der Form und des Verfahrens, welche für Meldepflichten gelten, erlassen. Diese Durchführungsrechtsakte werden nach dem in Art. 22 Abs. 2 NIS-RL genannten Prüfverfahren erlassen.

Zusätzlich sieht die NIS-RL im Art. 20 auch eine „Freiwillige Meldung" vor. Demnach können Einrichtungen, die nicht als Betreiber wesentlicher Dienste ermittelt wurden und die keine Anbieter digitaler Dienste sind, unbeschadet des Art. 3 NIS-RL, auf freiwilliger Basis Sicherheitsvorfälle melden, die erhebliche Auswirkungen auf die Verfügbarkeit der von ihnen angebotenen Dienste haben.

Bei der Bearbeitung dieser Meldungen werden die Mitgliedstaaten gemäß dem in Art. 14 NIS-RL vorgesehenen Verfahren tätig. Die Mitgliedstaaten können Pflichtmeldungen vorrangig vor freiwilligen Meldungen bearbeiten. Freiwillige Meldungen werden nur bearbeitet, wenn diese Bearbeitung keinen unverhältnismäßigen oder unzumutbaren Aufwand für die betreffenden Mitgliedstaaten darstellt.

Eine freiwillige Meldung darf nicht dazu führen, dass der meldenden Einrichtung Pflichten auferlegt werden, die nicht für sie gegolten hätten, wenn sie den Vorfall nicht gemeldet hätte.

Mit der Umsetzung der NIS-RL werden also gesetzliche Verpflichtungen für Meldungen über Sicherheitsvorfälle von ihr unterliegenden Unternehmen und Einrichtungen an die NIS Behörde oder CSIRTs normiert. Damit kann die Rechtmäßigkeit der Übermittlung von in diesen Meldungen enthaltenen personenbezogenen Daten und ihre weitere Verarbeitung nach Art. 6 Abs. 1 lit c DSGVO als vorliegend betrachtet werden. Demnach ist eine Verarbeitung von personenbezogenen Daten rechtmäßig, wenn die Verarbeitung zur Erfüllung einer rechtlichen Verpflichtung, der der Verantwortliche unterliegt, erforderlich ist.

Auf alle anderen Unternehmen und Einrichtungen, die nach den NIS Bestimmungen nicht verpflichtet sind, sondern nach Art. 20 NIS-RL freiwillig melden können, gilt allerdings die oben angeführte Bestimmung der DSGVO nicht, da sie ja keiner Verpflichtung unterliegen.

5.6 Computer Security Incident Response Teams CSIRTs

In der Richtlinie 2016/1148 über Maßnahmen zur Gewährleistung eines hohen gemeinsamen Sicherheitsniveaus von Netz- und Informationssystemen in der Union (NIS-RL) wird als eine Maßnahme zur Erreichung dieses Sicherheitsniveaus die Schaffung eines Netzwerks von Computer-Notfallteams (CSIRTs-Netzwerk — Computer Security Incident Response Teams Network) (Art. 1 lit c NIS-RL) und die Pflicht für die Mitgliedstaaten, nationale zuständige Behörden, zentrale Anlaufstellen und CSIRTs mit Aufgaben im Zusammenhang mit der Sicherheit von Netz- und Informationssystemen zu benennen, (Art. 1 lit e NIS-RL) definiert.

Jedoch sind weder in der NIS-Richtlinie, noch in der Datenschutz-Grundverordnung (DSGVO) oder der Datenschutz-Richtlinie für die Strafverfolgung und Justiz (DSRL) ausdrückliche gesetzliche Ermächtigungen für die Verarbeitung und Übermittlung von personenbezogenen Daten innerhalb und zwischen CSIRTs, Unternehmen und anderen Stellen enthalten.

Die NIS-Richtlinie macht es sich diesbezüglich überhaupt sehr einfach. In Art. 2 NIS-RL über die Verarbeitung personenbezogener Daten gemäß der NIS-RL verweist sie lediglich auf die eigentlich schon alte Datenschutz-Richtlinie 95/46/EG, die mit Wirkung vom 25. Mai 2018 aufgehoben wurde und Verweise darauf zukünftig als Verweise auf die DSGVO gelten (Art. 94 DSVGO). Diesem Verweis nach erfolgt die Verarbeitung personenbezogener Daten nach Maßgabe der Richtlinie 95/46/EG und die Verarbeitung personenbezogener Daten durch die Organe und Einrichtungen der Union nach Maßgabe der Verordnung (EG) Nr. 45/2001 (Art. 2 NIS-RL).

Im Erwägungsgrund 34 der NIS-RL wird bezüglich CERTs/CSIRTs ausgeführt, dass die Mitgliedstaaten über angemessene technische und organisatorische Fähigkeiten zur Prävention, Erkennung, Reaktion und Abschwächung von Sicherheitsvorfällen und Risiken bei Netz- und Informationssystemen verfügen sollten. Daher sollten die Mitgliedstaaten gewährleisten, dass sie über gut funktionierende CERTs/CSIRTs verfügen, die die grundlegenden Anforderungen zur Gewährleistung wirksamer und kompatibler Fähigkeiten zur Bewältigung von Vorfällen und Risiken und einer effizienten Zusammenarbeit auf Unionsebene erfüllen.

Damit alle Arten von Betreibern wesentlicher Dienste und von Anbietern digitaler Dienste diese Fähigkeiten und diese Zusammenarbeit nutzen können, sollten die

Mitgliedstaaten sicherstellen, dass diese von einem eingerichteten CSIRT abgedeckt sind. Wegen der Bedeutung der internationalen Zusammenarbeit zur Cybersicherheit sollten die CSIRTs sich zusätzlich zum durch diese Richtlinie geschaffenen CSIRTs-Netzwerk an internationalen Kooperationsnetzen beteiligen können (Erwägungsgrund 34 NIS-RL).

Ein weiterer Erwägungsgrund der NIS-RL spricht davon, dass bei Sicherheitsvorfällen der Schutz personenbezogener Daten häufig nicht mehr gewährleistet sei. Deshalb sollten die zuständigen Behörden und die Datenschutzbehörden zusammenarbeiten und Informationen zu allen einschlägigen Fragen austauschen, um Verletzungen des Schutzes personenbezogener Daten aufgrund von Sicherheitsvorfällen zu begegnen (Erwägungsgrund 63 NIS-RL). Allerdings wird die Problematik der gesetzeskonformen Verarbeitung und Übermittlung personenbezogener Daten zwischen den betroffenen Unternehmen und Behörden hierbei auch nicht weiter angesprochen.

Lediglich im Erwägungsgrund 72 der NIS-RL wird die Erfordernis der Verarbeitung personenbezogener Daten beim Austausch von Informationen über Risiken und Vorfälle in der Kooperationsgruppe und im CSIRTs-Netzwerk und bei der Einhaltung der Verpflichtung zur Meldung von Sicherheitsvorfällen bei den zuständigen nationalen Behörden oder den CSIRTs erwähnt (Erwägungsgrund 72 NIS-RL). Diese Verarbeitung sollte dann mit der Richtlinie 95/46/EG und der Verordnung (EG) Nr. 45/2001 vereinbar sein, wie es auch im Art. 2 NIS-RL bestimmt wird.

Da die Nachrichten und Meldungen über sicherheitsrelevante Vorfälle erfahrungsgemäß immer personenbezogene Daten enthalten können, werden datenschutzrechtliche Ermächtigungen sowohl für die Verarbeitung in den CERTs und CSIRTs als auch für die Übermittlung durch Betreiber kritischer Infrastrukturen (privat oder öffentlich) an CERTs oder CSIRTs sowie für die Übermittlung von CERTs oder CSIRTs zu anderen Stellen als auch untereinander benötigt.

5.7 Berechtigtes Interesse des Verantwortlichen

In der Datenschutz-Grundverordnung der EU (DSGVO, Regulation 2016/679) wird erstmals zur Problematik der Verarbeitung personenbezogener Daten im Rahmen von CERTs/CSIRTs-Netzwerken Bezug genommen, allerdings nur als Erwägungsgrund (49) und nicht mit einer eigenen gesetzlichen Bestimmung.

Der Erwägungsgrund 49 der DSGVO bestimmt, dass die Verarbeitung von personenbezogenen Daten durch Behörden, Computer-Notdienste (CERTs/CSIRTs), Betreiber von elektronischen Kommunikationsnetzen und -diensten sowie durch Anbieter von Sicherheitstechnologien und -diensten in dem Maße ein berechtigtes Interesse des jeweiligen Verantwortlichen darstellt, wie dies für die Gewährleistung der Netz- und Informationssicherheit unbedingt notwendig und verhältnismäßig ist, d. h. soweit dadurch die Fähigkeit eines Netzes oder Informationssystems gewährleistet wird, mit einem vorgegebenen Grad der Zuverlässigkeit Störungen oder widerrechtliche oder mutwillige Eingriffe abzuwehren, die die Verfügbarkeit, Authentizität, Vollständigkeit und Vertraulichkeit von gespeicherten oder übermittelten personenbezogenen Daten sowie die Sicherheit damit zusammenhängender Dienste, die über diese Netze oder Informationssysteme angeboten werden bzw. zugänglich sind, beeinträchtigen. Ein solches berechtigtes Interesse könnte beispielsweise darin bestehen, den Zugang Unbefugter zu elektronischen Kommunikationsnetzen und die Verbreitung schädlicher Programmcodes zu verhindern sowie Angriffe in Form der gezielten Überlastung von Servern („Denial of Service"-Angriffe) und Schädigungen von Computer- und elektronischen Kommunikationssystemen abzuwehren (Erwägungsgrund 49 DSGVO).

Damit umfasst sind also Behörden (public authorities), Computer-Notdienste CERTs/ CSIRTs, Betreiber von elektronischen Kommunikationsnetzen und -diensten sowie Anbieter von Sicherheitstechnologien. Betreiber von anderen kritischen Infrastrukturen wie z. B. Energieversorger können dieses Privileg nicht in Anspruch nehmen, obwohl gerade die NIS-Richtlinie auch auf solche abzielt.

Der Erwägungsgrund 49 der DSGVO stellt keine explizite Ermächtigung aus, sondern verweist auf ein berechtigtes Interesse des Verantwortlichen der Datenverarbeitung, welches in Verbindung mit Art. 6 Abs. 1 lit f die Verarbeitung und Übermittlung von personenbezogenen Daten in diesen Fällen als rechtmäßig anerkennt. Demnach ist eine Verarbeitung rechtmäßig, wenn die nachstehende Bedingung erfüllt ist:

> „f) die Verarbeitung ist zur Wahrung der berechtigten Interessen des Verantwortlichen oder eines Dritten erforderlich, sofern nicht die Interessen oder Grundrechte und Grundfreiheiten der betroffenen Person, die den Schutz personenbezogener Daten erfordern, überwiegen, insbesondere dann, wenn es sich bei der betroffenen Person um ein Kind handelt."

Eine gewisse Widersprüchlichkeit entsteht durch die im Anschluss daran stehende Bestimmung:

> „Unterabsatz 1 Buchstabe f gilt nicht für die von Behörden in Erfüllung ihrer Aufgaben vorgenommene Verarbeitung." (Art. 6 Abs. 1 DSGVO).

Die Absicht hinter dieser Bestimmung ist, dass behördliche Tätigkeit gesetzlich normiert sein soll. Dies wird auch im Erwägungsgrund 47 explizit festgehalten.

Da es dem Gesetzgeber obliegt, per Rechtsvorschrift die Rechtsgrundlage für die Verarbeitung personenbezogener Daten durch die Behörden zu schaffen, sollte diese Rechtsgrundlage nicht für Verarbeitungen durch Behörden gelten, die diese in Erfüllung ihrer Aufgaben vornehmen (Erwägungsgrund 47 DSGVO).

Die Widersprüchlichkeit ergibt sich daraus, dass im Erwägungsgrund 49 der DSGVO Behörden (public authorities) ausdrücklich angeführt sind, die ein berechtigtes Interesse des Verantwortlichen in Anspruch nehmen können, wenn dies für die Gewährleistung der Netz- und Informationssicherheit unbedingt notwendig und verhältnismäßig ist (siehe oben). Dem widerspricht dann der Unterabsatz 1 in Art. 6 Abs. 1 der

Datenschutz-Grundverordnung wo Behörden (public authorities) explizit von dem berechtigten Interesse ausgenommen werden.

Der EuGH vertritt in ständiger Rechtsprechung die Ansicht, dass die Begründungserwägungen eines Gemeinschaftsrechtsakts rechtlich nicht verbindlich sind und weder herangezogen werden können, um von den Bestimmungen des betreffenden Rechtsakts abzuweichen noch, um diese Bestimmungen in einem Sinne auszulegen, der ihrem Wortlaut offensichtlich widerspricht.

In den Rechtsakten der Europäischen Union haben Erwägungsgründe zwar einen stärkeren Rechtscharakter als etwa die „Erläuternden Bemerkungen" zu österreichischen Gesetzen, da Art. 296 des Vertrags über die Arbeitsweise der Europäischen Union (Konsolidierte Fassung des Vertrags über die Arbeitsweise der Europäischen Union) besagt, dass Rechtsakte mit einer Begründung zu versehen sind, wodurch die Erwägungsgründe Teil einer Verordnung sind und sehr wichtig für deren Interpretation. Falls allerdings Widersprüche zwischen Erwägungsgrund und Artikel entstehen, so ist dem Artikeltext unbedingt Vorrang zu geben.

Wenn also ein CERT oder ein CSIRT oder eine darauf aufbauende Stelle zur Cyber-Lagebilderstellung im öffentlichen Bereich innerhalb einer Behörde angesiedelt ist und der Erfüllung der behördlichen Aufgaben dient, so muss der Gesetzgeber für die dafür notwendigen Datenverarbeitungen von personenbezogenen Daten auch die gesetzlichen Ermächtigungen schaffen.

5.8 Weitere Möglichkeiten

Wie schon erwähnt können Betreiber kritischer Infrastrukturen, die keine elektronischen Kommunikationsnetze oder -dienste betreiben, auf Basis des Erwägungsgrundes 49 kein berechtigtes Interesse des Verantwortlichen in Anspruch nehmen. Während Betreiber wesentlicher Dienste die gesetzliche Verpflichtung zur Meldung entsprechend der NIS-RL als rechtliche Grundlage für die Verarbeitung und Übermittlung von personenbezogenen Daten an NIS-Behörden oder CSIRTs nehmen können, ist dies für „Freiwillige Meldungen" von anderen Betreibern und Einrichtungen nicht möglich. Damit diese auch Meldungen von Sicherheitsvorfällen, welche personenbezogene Daten enthalten können, gesetzeskonform an CERTs oder CSIRTs übermitteln dürfen, stehen noch drei Möglichkeiten zur Verfügung.

1) Spezifische gesetzliche Regelung in den nationalen Anpassungsgesetzen.
Art. 6 Abs. 2 DSGVO sieht vor, dass die Mitgliedstaaten „spezifischere Bestimmungen zur Anpassung der Anwendung der Vorschriften dieser Verordnung in Bezug auf die Verarbeitung zur Erfüllung von Abs. 1 lit c und e beibehalten oder einführen [können], indem sie spezifische Anforderungen für die Verarbeitung sowie sonstige Maßnahmen präziser bestimmen". Dies ermöglicht den Mitgliedstaaten somit trotz Vorliegens einer Unionsverordnung, die in den Grenzen des Anwendungsbereichs des Unionsrechts grundsätzlich auf den öffentlichen und privaten Bereich gleichermaßen anwendbar ist, auf nationaler Ebene bestimmte „spezifischere Bestimmungen" zu erlassen. Obwohl diese Klausel zunächst nur

auf den öffentlichen Sektor gerichtet war, wird sie auch auf den privaten Sektor zu erstrecken sein. In Fällen, in denen den Mitgliedstaaten etwa aus Art. 8 Europäische Menschenrechts Konvention (EMRK) und der darauf basierenden EGMR-Judikatur aktive Schutzpflichten für den Betroffenen als Grundrechtsträger erwachsen, wird dies sogar geboten sein. Auch aus dem Erwägungsgrund 45 DSGVO kann abgeleitet werden, dass die Mitgliedstaaten befugt sind, auch spezifischere Vorschriften zum Schutz Privater beizubehalten oder zu erlassen, da unter den dort genannten Voraussetzungen auch Regelungen zu natürlichen Personen (als Verantwortliche) getroffen werden können. Somit könnten von den Mitgliedsstaaten in ihren jeweiligen gesetzlichen Anpassungen an die DSGVO die Verarbeitung und Übermittlung von personenbezogenen Daten von Betreibern kritischer Infrastrukturen an CERTs oder CSIRTs als „spezifischere Bestimmungen" als berechtigtes Interesse im Sinne des Art. 6 Abs. 1 lit f DSGVO definiert werden.

2) Einholung der Einwilligung der betroffenen Personen

Die Einholung der Einwilligung der betroffenen Personen bei den Datenverarbeitungen von Betreibern kritischer Infrastrukturen für die Übermittlung von personenbezogenen Daten an CERTs oder CSIRTs im Falle von Sicherheitsverletzungen könnte bei Vertragsabschluss oder im Zuge der Einwilligung für andere Zwecke der Datenverarbeitung geschehen.

In vielen Fällen, vor allem bei IP-Adressen, die nur indirekt personenbezogen sind, da der Verantwortliche der Datenverarbeitung den Benutzer der IP-Adresse nur sehr aufwendig und oft gar nicht identifizieren kann, wäre eine Einholung der Einwilligung der betroffenen Person faktisch unmöglich, oder sogar kontraproduktiv, wenn es sich zum Beispiel um die IP-Adresse eines Hackers handelt.

3) Erwägungsgrund 47 DSGVO

Eine weite Auslegung des vorletzten Satzes des Erwägungsgrunds 47 DSGVO, der folgendermaßen lautet:

> „Die Verarbeitung personenbezogener Daten im für die Verhinderung von Betrug unbedingt erforderlichen Umfang stellt ebenfalls ein berechtigtes Interesse des jeweiligen Verantwortlichen dar."

Der Begriff „Betrug" könnte in diesem Zusammenhang durchaus weit ausgelegt werden und alle Sicherheitsvorfälle bei kritischen Infrastrukturen, die von einer Person verursacht sein könnten, umfassen. So ist zum Beispiel im Übereinkommen über Computerkriminalität in Art. 8 von „Computerbezogene[m] Betrug" die Rede, worunter folgende Handlungen, wenn vorsätzlich und unbefugt begangen, verstanden werden: die Beschädigung des Vermögens eines anderen durch Eingeben, Verändern, Löschen oder Unterdrücken von Computerdaten; sowie das Eingreifen in den Betrieb eines Computersystems in betrügerischer oder unredlicher Absicht. Damit wäre auch ein berechtigtes Interesse im Sinne des Art. 6 Abs. 1 lit f DSGVO gegeben und die Verarbeitung und Übermittlung von Meldungen an CERTs oder CSIRTs gerechtfertigt.

5.9 Strafverfolgungsbehörden

Die Einrichtung von CERTs oder CSIRTs innerhalb von Sicherheitsbehörden hat andere rechtliche Voraussetzungen. Hierbei kommt aus Datenschutzsicht die Datenschutz-Richtlinie (DSRL) zum Tragen. Sie regelt den Datenschutz von Datenverarbeitungen von zuständigen Behörden. Diese zuständigen Behörden können nicht nur staatliche Stellen wie die Justizbehörden, die Polizei oder andere Strafverfolgungsbehörden einschließen, sondern auch alle anderen Stellen oder Einrichtungen, denen durch das Recht der Mitgliedstaaten die Ausübung öffentlicher Gewalt und hoheitlicher Befugnisse für die Zwecke dieser Richtlinie übertragen wurde (Erwägungsgrund 11 DSRL).

Der Zweck der Datenverarbeitungen, die durch diese Richtlinie geregelt werden, beinhaltet sowohl die Verhütung, Ermittlung, Aufdeckung oder Verfolgung von Straftaten oder die Strafvollstreckung als auch den Schutz vor und die Abwehr von Gefahren für die öffentliche Sicherheit (Art. 1 Abs. 1 DSRL). Wenn solche Stellen oder Einrichtungen jedoch personenbezogene Daten zu anderen Zwecken als jenen dieser Richtlinie verarbeiten, gilt die DSGVO.

Zum Beispiel obliegt den österreichischen Sicherheitsbehörden laut Sicherheitspolizeigesetz (§ 22 Abs. 1 Z 6 SPG) der besondere Schutz von Einrichtungen, Anlagen, Systemen oder Teilen davon, die eine wesentliche Bedeutung für die Aufrechterhaltung der öffentlichen Sicherheit, die Funktionsfähigkeit öffentlicher Informations- und Kommunikationstechnologie, die Verhütung oder Bekämpfung von Katastrophen, den öffentlichen Gesundheitsdienst, die öffentliche Versorgung mit Wasser, Energie sowie lebenswichtigen Gütern oder den öffentlichen Verkehr haben (kritische Infrastrukturen). Eine Einrichtung von CERTs oder CSIRTs innerhalb der österreichischen Sicherheitsbehörden unterliegt somit eindeutig der DSRL und nicht der DSGVO, da sowohl die Sicherheitsbehörden als zuständige Behörden als auch die Zwecke dieser Datenverarbeitung in den Anwendungsbereich der Richtlinie fallen.

Um die Rechtmäßigkeit einer solchen Datenverarbeitung zu gewährleisten, muss eine gesetzliche Regelung vorliegen. Im Art. 8 DSRL wird bestimmt, dass die Mitgliedstaaten vorzusehen haben, dass die Verarbeitung nur dann rechtmäßig ist, wenn und soweit diese Verarbeitung für die Erfüllung einer Aufgabe erforderlich ist, die von der zuständigen Behörde zu den in Art. 1 Abs. 1 DSRL genannten Zwecken wahrgenommenen wird, und auf Grundlage des Unionsrechts oder des Rechts der Mitgliedstaaten erfolgt (Art. 8 Abs. 1 DSRL).

Zusätzlich sollen im Recht der Mitgliedstaaten, das die Verarbeitung innerhalb des Anwendungsbereichs der Richtlinie regelt, zumindest die Ziele der Verarbeitung, die personenbezogenen Daten, die verarbeitet werden sollen, und die Zwecke der Verarbeitung angegeben werden (Art. 8 Abs. 2 DSRL).

Eine Bestimmung, die eine Rechtmäßigkeit der Datenverarbeitung durch ein berechtigtes Interesse des Verantwortlichen konstituiert, analog zur DSGVO, ist hier nicht vorgesehen. Um die Rechtmäßigkeit von Datenverarbeitungen von CERTs oder CSIRTs innerhalb der Sicherheitsbehörden sicherzustellen, ist damit auf jeden Fall eine dementsprechende gesetzliche Regelung notwendig.

Dies könnte analog auch für den Betrieb von CERTs oder CSIRTs innerhalb der militärischen Landesverteidigung gelten (in Österreich im Bundesministerium für Landesverteidigung – BMLV), da auch diesem die Ausübung öffentlicher Gewalt und hoheitlicher Befugnisse für die Zwecke dieser Richtlinie (Schutz vor und die Abwehr von Gefahren für die öffentliche Sicherheit) übertragen wurde.

Nach Art. 2 Abs. 3 lit a DSRL und Art. 2 Abs. 2 lit a DSGVO wird zwar eine Verarbeitung personenbezogener Daten nicht durch EU-Datenschutzrecht geregelt, wenn sie nicht in den Anwendungsbereich des EU-Rechts fällt, doch definieren weder die DSGVO noch die DSR abschließend, welche Verarbeitungen nicht in den Anwendungsbereich des EU-Rechts fallen. Wie oben bereits angeführt, hat das österreichische DSG den Anwendungsbereich der DSGVO auf alle Bereiche ausgedehnt, ausgenommen nur jene Datenverarbeitungsprozesse, die in den Anwendungsbereich des Dritten Hauptstücks, Datenverarbeitung im Rahmen der Strafverfolgung, fallen.

5.10 Schlussbetrachtung

In unserer zunehmenden Informationsgesellschaft nimmt auch die Notwendigkeit personenbezogene Daten zu schützen stetig zu. Datenschutz ist zu einem unverzichtbaren Bestandteil aller Informations-Sicherheitsmaßnahmen geworden. Mit der neuen europäischen Datenschutz-Grundverordnung ist ein robustes Gerüst von Datenschutzregeln und Datenschutzprinzipien geschaffen worden, welches die Sicherheit erhöhen soll aber nicht andere sinnvolle Sicherheitsmaßnahmen verhindern oder erschweren darf.

Wie Daniel Geer Jr. (Geer 2018) analysierte, nimmt durch die Vernetzung aller Kommunikationsflüsse die Komplexität und die Wahrscheinlichkeit unvorhersehbarer Ereignisse der nun zusammenhängenden Bereiche kritischer Infrastrukturen exponentiell zu. Ein frühzeitiges und verstehendes Erkennen von Sicherheitsvorfällen und Bedrohungen ist für Cyber-Lagezentren nur durch eine strukturierte Verarbeitung von möglichst vielen qualifizierten Meldungen von betroffenen Organisationen und Firmen möglich. Dies sollen sowohl die verpflichtenden Meldungen nach der NIS-RL und dem TKG 2003 sein, als auch freiwillige Meldungen von nicht verpflichteten Betroffenen.

Da diese Meldungen personenbezogene Daten enthalten können und laut DSGVO für die Übermittlung und Verarbeitung von personenbezogenen Daten Rechtmäßigkeit vorliegen muss, sind die verschiedenen Umstände der Übermittlungen und Verarbeitungen zu betrachten.

- Die Verarbeitung und Übermittlung personenbezogener Daten von Betreibern wesentlicher Dienste an NIS-Behörden oder CSIRTs ist durch die Umsetzung der NIS-RL rechtlich geregelt, da eine gesetzliche Verpflichtung zur Meldung normiert wurde.
- Die Verarbeitung und Übermittlung personenbezogener Daten von CERT/CSIRTs und zwischen CERT/CSIRTs wird durch den Erwägungsgrund 49 der DSGVO abgedeckt, wo ihnen ein berechtigtes Interesse nach Art. 6 Abs. 1 lit f DSGVO zugestanden wird.

Damit kann dieses berechtigte Interesse des Verantwortlichen als Rechtmäßigkeit für die Verarbeitung dienen.

- Die Verarbeitung und Übermittlung personenbezogener Daten von nicht wesentlichen Diensten und Firmen (freiwillige Meldungen) ist vorerst datenschutzrechtlich ungeregelt, solange nicht eigene gesetzliche Verpflichtungen geschaffen werden oder die Einwilligung der Betroffenen vorweg eingeholt wird, was sich jedoch in der Praxis als sehr schwierig erweisen wird.
- Für die Übermittlung personenbezogener Daten von CSIRTs an CSIRTs außerhalb des NIS CSIRT-Netzwerks und an CSIRTs in Drittstaaten könnte allenfalls das berechtigte Interesse, basierend auf den Erwägungsgrund 40 DSGVO, herangezogen werden, wenn die Empfänger ausreichende Garantien für den Schutz der Rechte und Freiheiten der Betroffenen geben können.

Zusammenfassend betrachtet ist es auf Basis der derzeitigen Datenschutz-Gesetzeslage durchaus möglich ein Cyber-Lagezentrum rechtmäßig zu betreiben, welches personenbezogene Daten verarbeitet und Meldungen von Sicherheitsvorfällen von den Betreibern kritischer Infrastrukturen und anderen erhält. Eine klare gesetzliche Regelung dafür wäre aber sicherlich von Vorteil.

Abkürzungsverzeichnis

BMI	Bundesministerium für Inneres
B-VG	Bundesverfassungsgesetz
CERT	Computer Emergency Response Team
CSIRT	Computer Security Incident Response Team
DSG	Datenschutzgesetz
DSG2000	Datenschutzgesetz 2000
DSGVO	Datenschutz-Grundverordnung
DSRL	Datenschutz Richtlinie (EU) 2016/680
EMRK	Europäische Menschenrechts Konvention
NIS-RL	Network Information Security Richtlinie
ÖVP	Österreichische Volkspartei
PPP	Public Private Partnership
RTR	Rundfunk und Telekom Regulierungsbehörde
SPÖ	Sozialdemokratische Partei Österreichs
TKG 2003	Telekommunikationsgesetz 2003

Literatur

Network Information Security Richtlinie (NIS-Richtlinie) Richtlinie über Maßnahmen zur Gewährleistung eines hohen gemeinsamen Sicherheitsniveaus von Netz- und Informationssystemen in der Union, NIS-Richtlinie EU 2016/1148, http://eur-lex.europa.eu/legal-content/DE/TXT/?qid=1514479119091&uri=CELEX:32016L1148 (Letzter Zugriff: 21.05.2018)

Datenschutz-Grundverordnung (DSGVO) VERORDNUNG (EU) 2016/679 DES EUROPÄISCHEN PARLAMENTS UND DES RATES vom 27. April 2016 zum Schutz natürlicher Personen bei der Verarbeitung personenbezogener Daten, zum freien Datenverkehr und zur Aufhebung der Richtlinie 95/46/EG (Datenschutz-Grundverordnung), http://eur-lex.europa.eu/legal-content/DE/TXT/?qid=1514479274867&uri=CELEX:32016R0679 (Letzter Zugriff: 21.05.2018)

Datenschutz Richtlinie, (DSRL) Richtlinie (EU) 2016/680 des Europäischen Parlaments und des Rates vom 27. April 2016 zum Schutz natürlicher Personen bei der Verarbeitung personenbezogener Daten durch die zuständigen Behörden zum Zwecke der Verhütung, Ermittlung, Aufdeckung oder Verfolgung von Straftaten oder der Strafvollstreckung sowie zum freien Datenverkehr und zur Aufhebung des Rahmenbeschlusses 2008/977/JI des Rates, http://eur-lex.europa.eu/legal-content/DE/TXT/?qid=1514479528574&uri=CELEX:32016L0680 (Letzter Zugriff: 21.05.2018)

Datenschutz-Anpassungsgesetz 2018 - Bundesgesetz, mit dem das Datenschutzgesetz 2000 geändert wird, Datenschutz-Anpassungsgesetz 2018, https://www.ris.bka.gv.at/Dokumente/BgblAuth/BGBLA_2017_I_120/BGBLA_2017_I_120.pdf (Letzter Zugriff: 21.05.2018)

„Bundesgesetz, mit dem das Bundes-Verfassungsgesetz geändert, das Datenschutzgesetz erlassen und das DSG2000 aufgehoben wird“ (Datenschutz-Anpassungsgesetz 2018) als Regierungsvorlage in Begutachtung am 12.05.17, https://www.parlament.gv.at/PAKT/VHG/XXV/I/I_01664/index.shtml (Letzter Zugriff: 21.05.2018)

EUV - VERTRAG ÜBER DIE EUROPÄISCHE UNION, https://www.ris.bka.gv.at/GeltendeFassung/Bundesnormen/10008048/EUV%2c%20Fassung%20vom%2025.12.2017.pdf (Letzter Zugriff: 21.05.2018)

Bundes-Verfassungsgesetz (B-VG), https://www.ris.bka.gv.at/GeltendeFassung.wxe?Abfrage=Bundesnormen&Gesetzesnummer=10000138 (Letzter Zugriff: 21.05.2018)

RICHTLINIE 2014/23/EU über die Konzessionsvergabe, http://eur-lex.europa.eu/legal-content/DE/TXT/?qid=1514393300843&uri=CELEX:32014L0023 (Letzter Zugriff: 21.05.2018)

Verordnung (EU) Nr. 611/2013 der Kommission vom 24. Juni 2013 über die Maßnahmen für die Benachrichtigung von Verletzungen des Schutzes personenbezogener Daten gemäß der Richtlinie 2002/58/EG des Europäischen Parlaments und des Rates (Datenschutzrichtlinie für elektronische Kommunikation), http://eur-lex.europa.eu/legal-content/DE/TXT/?qid=1514540844700&uri=CELEX:32013R0611 (Letzter Zugriff: 21.05.2018)

Bundesgesetz, mit dem ein Telekommunikationsgesetz erlassen wird (Telekommunikationsgesetz 2003 – TKG 2003), https://www.ris.bka.gv.at/GeltendeFassung.wxe?Abfrage=Bundesnormen&Gesetzesnummer=20002849 (Letzter Zugriff: 21.05.2018)

Richtlinie 95/46/EG des Europäischen Parlaments und des Rates vom 24. Oktober 1995 zum Schutz natürlicher Personen bei der Verarbeitung personenbezogener Daten und zum freien Datenverkehr, http://eur-lex.europa.eu/legal-content/DE/TXT/?qid=1514481654642&uri=CELEX:31995L0046 (Letzter Zugriff: 21.05.2018)

Verordnung (EG) Nr. 45/2001 des Europäischen Parlaments und des Rates vom 18. Dezember 2000 zum Schutz natürlicher Personen bei der Verarbeitung personenbezogener Daten durch die Organe und Einrichtungen der Gemeinschaft und zum freien Datenverkehr http://eur-lex.europa.eu/legal-content/DE/TXT/?qid=1514481763806&uri=CELEX:32001R0045 (Letzter Zugriff: 21.05.2018)

Konsolidierte Fassung des Vertrags über die Arbeitsweise der Europäischen Union http://eur-lex.europa.eu/legal-content/DE/TXT/PDF/?uri=CELEX:12010E/TXT&qid=1514482130497&from=DE (Letzter Zugriff: 21.05.2018)

Europäische Menschenrechts Konvention (EMRK) - KONVENTION ZUM SCHUTZE DER MENSCHENRECHTE UND GRUNDFREIHEITEN https://www.ris.bka.gv.at/Dokumente/BgblPdf/1958_210_0/1958_210_0.pdf (Letzter Zugriff: 21.05.2018)

Übereinkommen über Computerkriminalität, https://www.ris.bka.gv.at/GeltendeFassung/Bundesnormen/20008023/%C3%9Cbereinkommen%20%C3%BCber%20Computerkriminalit%C3%A4t%2c%20Fassung%20vom%2025.12.2017.pdf (Letzter Zugriff: 21.05.2018)

Daniel Geer Jr., A Rubicon, Hoover Working Group on National Security, Technology, and Law, Aegis Paper Series No. 1801, (February 5, 1018), available at https://lawfareblog.com/rubicon.

6 Erhebung von Informations- und Datenquellen für Cyber-Lagebilder

Timea Pahi, Florian Skopik, Peter Kieseberg und Maria Leitner

Zusammenfassung

Ein Cyber-Lagezentrum ist eine zentrale Organisationseinheit, in der alle relevanten Informationen über Sicherheitsvorfälle zur Aufarbeitung und Bewertung zusammenlaufen. In diesem Zusammenhang sind die richtigen Informations- und Datenquellen unverzichtbare Bestandteile bei der Erstellung von Cyber-Lagebildern. Durch die Auswertung von zahlreichen Informationen und Daten kann das Situationsbewusstsein über den Zustand kritischer und wesentlicher Infrastrukturen auf unterschiedlichen Ebenen entstehen. Dazu ist es essenziell, die relevanten Quellen nutzbar zu machen.

Die Etablierung der Lagebilder benötigt die Kombination und Korrelation eines breiten Spektrums unterschiedlicher Daten. Daher wird in diesem Kapitel eine Kategorisierung von Informationen und Daten für Cyber-Lagebilder eingeführt. Informationen werden entweder zum Kernlagebild oder zum Kontext gezählt. Das Kernlagebild umfasst großteils kontextlose Daten und „Informationsbausteine", wie etwa Beobachtungen, Indikatoren, Zwischen- und Störfälle, TTPs, Kampagnen, Akteure, Schwachstellen und Angreifer-Vorgehensweisen. Das Kernlagebild besteht aus Kerndaten (zum Beispiel von Sensoren) und Kerninformationen (zum Beispiel wesentliche Informationen über Netzstrukturen und Asset Management kritischer Betreiber), welche die Grundlage zur Erstellung des Lagebildes bilden. Die Kontextinformationen des Lagebildes hingegen decken all jene weiteren Informationen ab, welche für die zweckmäßige Interpretation des Kernlagebildes auf nationaler Ebene erforderlich sind.

T. Pahi (✉) · F. Skopik · M. Leitner
Center for Digital Safety & Security, AIT Austrian Institute of Technology, Wien, Österreich
e-mail: timea.pahi@ait.ac.at; florian.skopik@ait.ac.at; maria.leitner@ait.ac.at

P. Kieseberg
SBA Research, Wien, Österreich
e-mail: pkieseberg@sba-research.org

F. Skopik et al. (Hrsg.), *Cyber Situational Awareness in Public-Private-Partnerships*,
https://doi.org/10.1007/978-3-662-56084-6_6

Die erforderlichen Informationen für Lagebilder und Situationsbewusstsein werden aus unterschiedlichen Quellen gewonnen. Durch Analyse und Korrelation der unterschiedlichen Daten werden wertvolles Wissen und Erkenntnisse erzeugt. Die Quellen können nach verschiedenen Aspekten kategorisiert werden, wie z. B. nach Zugänglichkeit, Eigentümer der Information, Erfassungsart oder Strukturierung der Daten und Informationen, oder Relevanz für Entscheidungsebenen, nur um einige Beispiele zu nennen.

In Cyber-Lagezentren basieren die Entscheidungen auf der Auswertung von ständig wachsenden Datenbeständen bei zunehmend komplexer werdenden Datenstrukturen. Fehlentscheidungen, aufgrund nicht korrekter Informationen, können erheblichen Schaden verursachen. Daher ist die Bestimmung der Qualität von Daten und Informationen ein zentraler Themenbereich für Cyber-Lagezentren. Die Daten- und Informationsqualität bildet außerdem einen kritischen Aspekt im Bereich der nationalen Sicherheit. Beispielsweise haben Daten minderer Qualität beim Air France Vorfall 2013 im Einsatz zu einem falschen Alarm geführt. Auch die Anschläge bei 9/11 zeigten eine weitere Schwierigkeit der wachsenden Datenmenge, nämlich die rechtzeitige Datenaggregation und Korrelation. Laut dem Abschlussbericht von 9/11 gehören die inkonsequente Prioritätensetzung bei der Datenaggregation und die schlechten oder nicht vorhandenen Kommunikationswege zwischen den Behörden zu den kritischsten Bereichen. Um eine bestimmte Daten- und Informationsqualität gewährleisten zu können, ist eine konsequente Qualitätsbewertung essenziell. Daher beinhaltet das Kapitel eine Liste von Qualitätskriterien, die als Anforderungskatalog für die Informationssammlung für Cyber-Lagebilder dienen kann. Die weiteren Abschnitte setzen die bis dahin dargestellten theoretischen Modelle in die Praxis um und zeigen sowohl eine beispielhafte Evaluierung verschiedener Informationsquellen basierend auf einem Muster-Bewertungsschema als auch eine beispielhafte Auswahl von Informationen für Lagebilder zur Beurteilung spezieller Angriffsszenarien.

6.1 Einleitung: Informationen für Lagebilder

Ein Cyber-Lagezentrum ist eine zentrale Organisationseinheit, in der alle Informationen über Sicherheitsvorfällen zur übergeordneten Bewertung und Erstellung von Cyber-Lagebildern zusammenlaufen (vgl. Kap. 1). In diesem Zusammenhang ist die Informationsweitergabe seitens betroffener Organisationen ein unverzichtbarer Bestandteil bei der Erstellung von Cyber-Lagebildern. Ein Cyber-Lagebild entsteht – ähnlich zu den Lagebildern des Militärs – anhand kontinuierlich aktualisierter Daten und Berichten aus verschiedensten Quellen. Durch die Sammlung und Auswertung zahlreicher Informationen kann ein Situationsbewusstsein über den Zustand kritischer Infrastrukturen auf unterschiedlichen Ebenen entstehen.

Die Etablierung der Lagebilder benötigt die Kombination und Korrelation eines breiten Spektrums unterschiedlicher Daten; von Vorfalls-bezogenen Informationen im

Cyberbereich, wie den Meldungen der IKT-Betreiber an das Cyber-Lagezentrum, bis zu generellen Kontextinformationen, wie z. B. der aktuellen politischen Lage. Im gezeigten Modell sind die Begriffe Daten und Informationen gegeneinander abgegrenzt. Daten sind meist messbare oder beobachtbare Fakte über Ereignisse, die in ein Bezugssystem gebracht durch Auswertung und Interpretation zu Informationen umgewandelt werden können. Unter Information werden in den folgenden Kategorien kontextualisierte Daten verstanden. So bilden Daten und Informationen damit die Grundlage für Wissen ab. Anhand dessen wurden die nötigen Informationen in zwei Kategorien geteilt: in das Kernlagebild und den Lagebildkontext.

Das Kernlagebild besteht aus zwei Unterkategorien: Kerndaten und Kerninformationen; der Lagebildkontext hingegen aus Kontextdaten und Kontextinformationen. Kerndaten (z. B. einfache Rohdaten von Cyber Security Sensoren (Köck et al. 2015)) und Kerninformationen (z. B. aufbereitete Informationen über Assets und Netzstrukturen) bilden zusammen die Grundlage zur Erstellung eines Kernlagebildes. Durch die Interpretation dieses Kernlagebildes unter Zuhilfenahme von Kontextdaten und Kontextinformationen (z. B. wirtschaftliche Abhängigkeiten von Organisationen, aktuelle politische Lage etc.) wird Situationsbewusstsein erzeugt, welches die Grundlage für effektives Handeln ist. Abb. 6.1 zeigt den Zusammenhang zwischen diesen Kategorien.

Das **Kernlagebild** umfasst großteils kontextlose Daten und „Informationsbausteine", wie etwa Beobachtungen, Indikatoren, Berichte zu Zwischen und- Störfällen, Tools Tactics & Procedures (TTPs), Kampagnen, Akteure, Schwachstellen und Vorgehensweisen („course of action"). Die Kategorie **Lagebildkontext** deckt all jene weiteren Informationen ab, welche für die zweckmäßige Interpretation des Kernlagebildes auf nationaler Ebene erforderliche sind. So wird eine Beurteilung der generellen Gefahrenlage andere Kontextinformationen benötigen, wie die Beantwortung der Frage nach dem Verbreitungsgrad einer bestimmten Malware oder der Betroffenheit eines speziellen Industriesektors. Kontext im IT-Umfeld meint jede Art von Information, die dazu verwendet werden kann, die Situation einer Entität in Interaktion mit anderen Entitäten zu charakterisieren. Da Kontext von der jeweiligen Interpretation abhängt, kann für eine Information nicht pauschal beantwortet werden, ob sie kontextbezogen ist oder nicht. Kontext kann dabei eine einzelne Information sein oder eine Kombination aus vielen Informationen unterschiedlichen Quellen oder verschiedener Zeitpunkte (Ntanos et al. 2014).

Zum Kontext gehören unter anderem die Liste der kritischen Infrastrukturen, Organisationsdaten und -informationen, Daten und Informationen über die aktuelle politische

Abb. 6.1 Aufbau von Cyber-Lagebildern

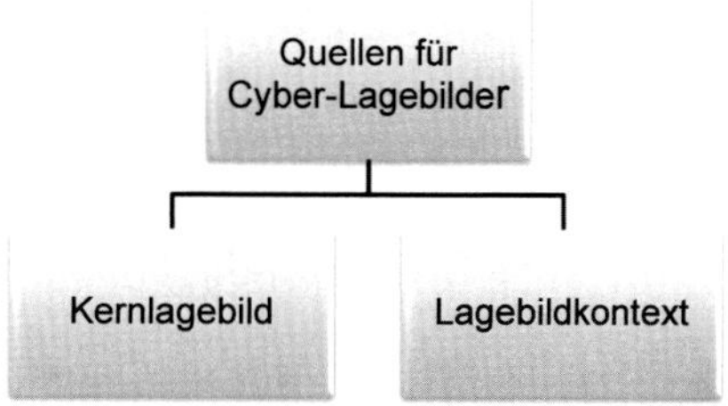

Lage, Industriewissen, manuelle Meldungen, Lessons learned, Best Practices, technische Berichten, Dokumentationen von Cyber-Vorfälle, rechtliche Grundlagen, technische Standards und internationale Richtlinien. Die einzelnen Informationskategorien und Daten mit ihren Quellen sind im Weiteren ausführlicher beschrieben. Die gezielte Verwendung bestimmter Bausteine des Kernlagebildes ermöglicht die Erzeugung unterschiedlicher Cyber-Lagebilder. Das Kernlagebild ergänzt mit dem Lagebildkontext ermöglicht das Aufbauen von Situationsbewusstsein im Cyber-Bereich (vgl. Kap. 1). Die nötigen Informationen zur Erstellung von Lagebildern und Situationsbewusstsein werden aus unterschiedlichen **Quellen** gewonnen. Es gibt zahlreiche Kategorisierungsmöglichkeiten für Quellen. Die fünf grundlegenden Kategorisierungsmöglichkeiten, d. h. die Kategorisierung von Quellen nach Zugänglichkeit, Erfassungsart, Eigentümer der Information, Informationsmodellierung und Entscheidungsebenen, sind im folgenden Kapitel detailliert erklärt. Abschn. 6.2 veranschaulicht die Datenquellen nach den fünf Kategorisierungsarten, die für die Erstellung von Cyber-Lagebildern relevant sein können. Abhängig vom Cyber-Vorfall (Incident) können unterschiedliche Informationsquellen und Kategorisierungen für die Erstellung von Lagebildern und die Erzeugung von Situationsbewusstsein herangezogen werden.

6.1.1 Kernlagebild

Ein Kernlagebild entsteht aus Basiselementen, wie etwa Beobachtungen, Indikatoren, Zwischen- und Störfälle, TTPs, Kampagnen, Akteure, Zielgruppen und Vorgehensweisen (siehe Abb. 6.2). Es gibt bereits Standards, die den Informationsaustausch zu Cyber-Vorfällen beschreiben bzw. erfassen können. Structured Threat Information eXpression (STIX, siehe Abb. 6.3) ist ein Standard zum automatisierten Austausch von Informationen zu Bedrohungen (Threats).

Die zur Erhebung teilweise erforderlichen Sensoren könnten sowohl direkt in Organisationen (z. B. im Netzwerk, SIEM Lösungen, etc.) aber auch auf allgemeiner Infrastruktur (z. B. in Internetknoten) installiert sein. Informationen zu Bedrohungen können vielfältig sein. Die Basiselemente beruhen auf STIX 1.2, da dies derzeit die am weitesten

Abb. 6.2 Komponenten des Kernlagebildes

Kernlagebild	Beobachtungen
	Indikatoren
	Zwischen- und Störfälle
	Akteure
	Schwachstellen
	Kampagnen
	TTPs
	Vorgehensweisen

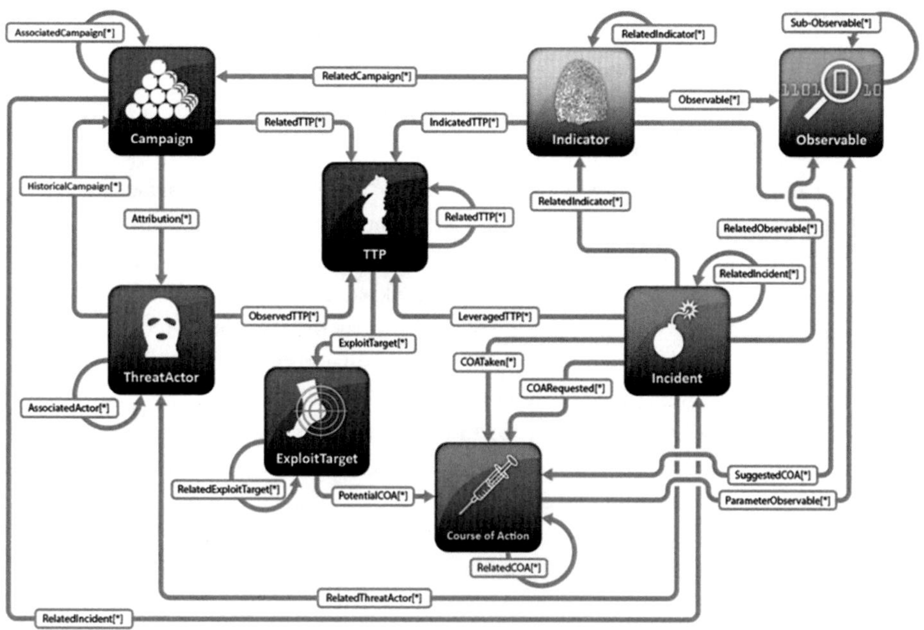

Abb. 6.3 STIX 1.2. (OASIS- STIX Projekt, https://stixproject.github.io/ (Letzter Zugriff: 21.05.2018))

verbreitete Struktur für Cyber-Bedrohungsinformationen (Threat Intelligence) ist. STIX 2.0 folgt eine wesetlich veränderte Struktur mit Domain und Relationship Objects.[1] Im Folgenden werden die Kernkomponenten zur Beschreibung genannter Bedrohungsinformationen basierend auf dem OASIS-Standard STIX 1.2 herangezogen:

- **Beobachtungen** (observables) sind die Basis der Analyse von Bedrohungen (Threats) und können zustandsbehaftete Eigenschaften oder messbare Ereignisse sein, die innerhalb einer IKT-Infrastruktur auftreten können. Beispiele sind Informationen über eine Datei (wie Name, Hash, Größe usw.) oder eine HTTP-Anfrage.
- **Indikatoren** (indicators) erfassen Muster von Observables zusammen mit den Umständen ihres Auftretens (z. B. Ziel, Verhalten, etc.). Sie sind spezielle Beobachtungen, die mit Kontextinformationen angereichert wurden. Die Indikatoren enthalten Informationen zu beobachtbaren Mustern von Entitäten, Ereignisse, Verhaltensweisen von Interesse usw. innerhalb eines Cyber-Sicherheitskontexts. Sie können mehrere Muster von Observables umfassen und potenzielle TTPs (siehe unten) angeben.

[1] OASIS-STIX Projekt 2.0, https://oasis-open.github.io/cti-documentation/stix/intro (Letzter Zugriff: 21.05.2018)

- **Zwischen- und Störfälle** (incidents) sind konkrete Instanzen (Ausprägungen) der Indikatoren und umfassen alle Informationen die bei der Analyse der Störfälle gesammelt werden können.
- **Akteure** (threat actors) sind Beschreibungen von Angreifern und deren Absichten und beobachtetes Verhalten (TTP, siehe unten).
- **Schwachstellen** (exploit targets) erfassen Sicherheitslücken oder Schwachstellen in Software Systemen, Netzwerken oder in Konfigurationen, die von Akteuren (Angreifern) ausgenutzt werden können.
- **Kampagnen** (campaigns) sind Instanzen von konkreten Akteuren und/oder von TTPs und Vorfällen. Sie umfassen eine Reihe von Aktivitäten, die von Angreifern ausgeführt werden um ihr Ziel erreichen zu können. Kampagnen beschreiben die Absicht und das Verhalten aufgrund einiger beobachteter Incidents oder TTP.
- **Taktiken, Techniken und Prozeduren** (TTP, Tactics, Techniques, and Procedures) werden in STIX genutzt, um das Verhalten des Angreifers darzustellen. Dazu werden Verhaltensmuster, genutzte Exploits oder Malware, verwendete Ressourcen (z. B., Infrastruktur, Tools, Personen) untereinander verknüpft.
- **Vorgehensweisen** (courses of action) umfassen die nötigen Handlungen und Maßnahmen um gezielt Schwachstellen zu lindern oder die Auswirkungen von verschiedenen Vorfällen mildern zu können. Dies sind zum Beispiel Reaktionen auf einen Vorfall, sowie z. B. die Anwendung spezieller IPS-Regeln oder automatisiertes Patchen.

6.1.2 Lagebildkontext

Der Lagebildontext bildet die Grundlage für das Erzeugen von Situationsbewusstsein über die Lage kritischer Infrastrukturen oder über einen Teil des gesamten Systems auf nationaler Ebene (siehe Abb. 6.4). Zum Kontext des Lagebildes gehören die Liste der kritischen

Lagebild-kontext	Liste der KI Betreiber
	Organisationsdaten/-informationen
	Abhängigkeiten
	Domänenwissen
	Industriewissen
	Politische Lage
	Meldungen
	Dokumentation zu Vorfällen
	Technische Berichte
	Lessons Learned
	Best Practices
	Rechtliche Grundlage

Abb. 6.4 Komponenten des Lagebildkontexts

Infrastrukturen, Organisationsdaten/-informationen, Abhängigkeiten, Daten/Informationen über die aktuelle politische Lage, Domänenwissen, Industriewissen, Meldungen, Lessons learned, Best Practices, technische Berichte, Dokumentation zu Cyber-Vorfällen, rechtliche Grundlagen, technische Standards und internationale Richtlinien. Diese Kategorien werden nachfolgend näher erläutert.

Liste der Betreiber kritischer Infrastruktur (KI)
Die Einzelorganisationen bilden, insbesondere durch den allgegenwärtigen Einsatz von IKT, vernetzte kritische Infrastrukturen. Die Organisationen, die am Betrieb kritischer Infrastrukturen beteiligt sind, sind die wichtigsten Quellen über Sicherheitsvorfälle zur Etablierung von landesweitem Cyber Situationsbewusstsein (vgl. Kap. 1). Mit der Umsetzung der NIS-Richtlinie werden die Kritischen Infrastrukturen schwerwiegende Vorfälle melden müssen. Im Jahr 2013 hat die Europäische Kommision einen Vorschlag für eine Richtlinie über Maßnahmen zur Gewährleistung eines hohen gemeinsamen Sicherheitsniveaus von Netz- und Informationssystemen in der Union (NIS-Richtlinie) (Europäisches Parlament 2016) veröffentlicht (vgl. Kap. 4). Mit der NIS-Richtlinie soll EU-weit ein hohes Sicherheitsniveau der Netz- und Informationssysteme erreicht werden. Jeder Mitgliedstaat hat darüber hinaus ein oder mehrere Computer Security Incident Response Teams (CSIRT) einzurichten, denen u. a. Aufgaben wie die mögliche Entgegennahme von Cyber Vorfallsmeldungen, die Ausgabe von Frühwarnungen, die Reaktion auf Sicherheitsvorfälle oder auch die dynamische Analyse von Risiken und Vorfällen zukommen. Weiters sind in den Mitgliedstaaten ein oder mehrere nationale Behörden („NIS-Behörden") einzurichten, die unter anderem die Bewertung der Sicherheit von Netz- und Informationssystemen vornehmen und verbindliche Anweisungen zur Abhilfe bei festgestellten Mängeln erteilen können (CERT, at 2017).

Mithilfe der Informationen aus den Meldungen, können Risikopotenzialanalysen und Bedrohungsanalysen auf verschiedenen Ebenen durchgeführt werden, um mögliche Auswirkungen für voneinander abhängige Organisationen und Domänen zu beurteilen. Es gibt zahlreiche Möglichkeiten die Sektoren oder Domänen zu Kategorisieren. Das U.S. Department of Homeland Security (DHS) beschreibt im National Infrastructure Protection Plan (U.S. Department of Homeland Security 2013) die 16 Sektoren der kritischen Infrastruktur mit sektorspezifischen Plänen. Die vom DHS identifizierten Sektoren sind die folgenden: Chemiesektor (chemical sector), Gewerblicher Sektor (commercial facilities sector), Kommunikationssektor (communication sector), Produktionsindustrie (critical manufactoring sector), Staudämme (dams sector), Rüstungsindustrie (defense industrial base sector), Rettungsdientste (emergency services sector), Energiesektor (energy sector), Finanzdienstleistungen (finance services sector), Ernährung und Landwirtschaft (food and agriculture sector), staatliche Einrichtungen (government facilities sector), Gesundheitswesen (healthcare and public health sector), Informationstechnologie (information technology sector), Kernreaktoren und radioaktive Materialien und Abfälle (nuclear reactors, materials and waste sector), Transportsektor (transportation systems sector), Wasser- und Abwassersektor (water and wastewater systems sector).

Die deutsche Nationale Strategie zum Schutz Kritischer Infrastrukturen (Bundesministerium des Innern 2009) kategorisiert die kritischen Infrastrukturen aufgrund ihrer technischen, strukturellen und funktionellen Spezifika in unverzichtbare technische Basisinfrastrukturen und sozioökonomische Dienstleistungsinfrastrukturen. Zu technischen Basisinfrastrukturen gehören die Energieversorgung, Informations- und Kommunikationstechnologie, Transport und Verkehr, Wasserversorgung und Abwasserentsorgung. Die sozioökonomische Dienstleistungsinfrastrukturen umfassen das Gesundheitswesen, Ernährung, Notfall- und Rettungswesen, Katastrophenschutz, Parlament, Regierung, öffentliche Verwaltung, Justizeinrichtungen, Finanz- und Versicherungswesen, Medien und Kulturgüter. Zwischen beiden Infrastrukturbereichen bestehen grundsätzlich erhebliche Abhängigkeiten. Im Vergleich zur amerikanischen oder deutschen Kategorisierung verwendet Österreich eher breitere Kategorien bei der Einteilung kritischer Infrastrukturen. In der KSÖ Cyberrisikoanalyse (Kuratorium Sicheres Österreich 2012) liegt der Fokus auf den strategisch bedeutenden Sektoren, sowie Energie-, Finanz-, Informations- und Kommunikationstechnologie, Transport-, und Behördendomäne. Es gibt eine weitere Kategorisierungsmöglichkeit laut der NIS-Richtlinie (Europäisches Parlament 2016). Sie unterteilt die Anbieter kritischer Infrastrukturen in Anbieter wesentlicher Leistungen und in Digitale Dienstanbieter (siehe Tab. 6.1).

Vergleicht man die einzelnen Sektoren oder Domänen nach Eigentumsverhältnissen, wird klar, dass die Mehrheit der relevanten Infrastrukturen zum privaten Sektor gehört. Damit verschiebt sich auch die Verantwortung für die Sicherheit vom staatlichen Bereich in den Privatsektor. Daher ist eine organisierte Zusammenarbeit von Staat und Wirtschaft und ein gemeinsames Lagebild über die aktuelle Lage der Organisationen unerlässlich (vgl. Kap. 2). Diesbezüglich spielen die Einzelorganisationen eine wesentliche Rolle.

Organisationsdaten

Das Wissen um die Liste der Betreiber kritischer Infrastrukturen (KIs) ist für das Lagebild von großer Bedeutung. Weiterführende Informationen zu jedem Betreiber der KIs können zum Verständnis und Beurteilung bzw. Interpretation der Lage von hohem Nutzen sein. Dazu können die Kennzahlen (oder Stammdaten) von Organisationen bereits helfen. Zu

Tab. 6.1 Sektoren und Typen

Anbieter wesentlicher Leistungen	Digitale Dienstanbieter
Energie (Elektrizität, Öl, Gas)	Online Marktplätze
Transport (Luftverkehr, Schiene, Wasser, Straße)	Online Suchmaschinen
Bankwesen	Cloud Infrastrukturen
Finanzmarktinstitutionen	
Gesundheitssektor	
Trinkwasserversorgung	
Digitale Infrastruktur (Internetknoten, DNS Anbieter, Domainregister)	

diesen Kennzahlen gehören beispielsweise der Marktanteil, die Kundenstruktur (als Basis für die Abschätzung der Auswirkungen bei einem Ausfall), Kritikalität, Kontaktpersonen oder wirtschaftliche Kernkennzahlen. Für ein Cyber-Lagebild wäre es auch sehr hilfreich beispielsweise die Bereiche der IP-Adressen, oder eingesetzte Technologien (Harware und Software) zu kennen, um schnell bei Netzproblemen mögliche Auswirkungen zuordnen zu können. Im Idealfall würde das nationale Cyber-Lagezentrum über solche technische Details verfügen. In weiterer Folge wird sich die Kategorisierung von Organisationsdaten an einem ENISA Bericht (ENISA 2015) orientieren:

- **Asset-Typ** (asset type): Ein Asset-Typ bezeichnet eine Menge von Assets mit gleichen Eigenschaften. Im ENISA Bericht werden folgende Kategorien definiert: Subscriber equipment, switches and routers, mobile user and location registers, mobile base stations and controllers, PSTN switches, mobile switches, transmission nodes, addressing servers, interconnection points, submarine cables, underground cables, over-the-air cables, mobile messaging center, billing and mediation system, power supplies, backup power supplies, cooling systems, streets cabinets, buildings and physical security systems, logical security systems, operational support systems und intelligent network devices.

  Zum Beispiel: logical security systems können Firewalls, VPN Server oder LDAP sein.
- **Asset-Gruppe** (asset group): Die Gruppe beschreibt die Rolle bzw. den Ort des Einsatzes im Netzwerk des Betreibers. Im ENISA Bericht werden vier Kategorien festgelegt: Peering points unterstützen die Kommunikation zwischen den Organisationen. Core network beschreibt die Kommunikation innerhalb eines Betriebs. Area network beschreibt die Kommunikation zwischen Teilnehmern in einem bestimmten Gebiet (z. B. innerhalb einer Stadt). Access network beschreibt den Zugriff eines einzelnen Anschlussinhabers zum Netzwerk und den Services eines Betreibers.
- **Asset-Komponente** (asset components): In weiterer Folge können Assets auch nach Komponenten eingeteilt werden. Das könnte insbesondere für IKT-Services von Bedeutung sein. Im ENISA Bericht werden drei Kategorien definiert: (1) Der Supplies layer erfasst Grundkomponenten wie die Stromversorgung und Kraftstoffversorgung. Der (2) Hardware layer umfasst IT-Geräte und (3) der Software layer beschreibt Computerprogramme.

Abhängigkeiten

In weiterer Folge sind auch die Abhängigkeiten zwischen den Organisationen (bzw. ihren Diensten) oder zwischen Domänen für die Errechnung der Auswirkungen relevant. Dieser Teil des Lagebildkontexts versucht Anhängigkeiten abzubilden, wie zum Beispiel welche Infrastrukturen voneinander abhängen, welche Auswirkungen ein Ausfall in der zeitlichen und räumlichen Domäne hat, sowie deren politische und ökonomische Komponente. Die Abbildung der Abhängigkeiten zwischen den Organisationen und Domänen auf der nationalen Ebene ist eine zeitaufwendige und sehr komplexe Aufgabe. Die grundlegende

Voraussetzung jedoch ist die Erzeugung eines einheitlichen Kennzahlensystems und die Bewertung der Organisationen.

Domänenwissen
Einbindung von Experten, die genaue Kenntnisse über potenzielle Ziele besitzen, oder aber Wissen über aktuelle Trends und neue technische Möglichkeiten im Bereich Cyber-Kriminalität und Cyber-Terrorismus. Beispiele: Experten mit branchenspezifische Kenntnissen oder Wissenschaftler, die neue Angriffs- und Verteidigungsmethoden erforschen.

Industriewissen
Industriewissen umfasst die kritische Evaluierung von Informationen aus der Industrie, speziell in Hinblick auf tatsächlich implementierte Fähigkeiten und Abwehrmaßnahmen, aber auch in Hinblick auf Notfallpläne. Im Idealfall decken die Evaluierungen zum Beispiel Audits durch die öffentliche Hand oder die Evaluierung von Notfallplänen ab.

Informationen über die aktuelle politische Lage
Informationen über die aktuelle Lage spielen eine wichtige Rolle, besonders beim Erkennen und Verstehen von möglichen Angreifern und deren Motivationen. 2007 ereignete sich der erste öffentlich bekannt gewordene Fall eines großangelegten Cyber-Angriffs in Estland. Hier war die Ursache für Cyber-Angriffen gegen staatliche Organe vermutlich ein Streit zwischen Russland und Estland um die Verlegung eines russischen Kriegerdenkmales (Spiegel Online 2007).

Meldungen
Meldungen liefern einen wesentlichen Beitrag zur Erstellung von Lagebildern. Basierend auf Meldepflichten (z. B. NIS-Richtlinien, RTR; vgl. Kap. 4) sollen Betreiber von Infrastrukturen Informationen zu Zwischen- und Störfällen melden. Idealerweise könnte dieser Austausch automatisiert erfolgen. Die genaue Spezifikation der Berichterstattung (z. B. Regelmäßigkeit, Detailgrad) ist wichtig. In weiterer Folge könnte sich auch ein Informationsaustausch auf internationaler Ebene ergeben. Obwohl Meldungen eine der wichtigsten Quellen für die Lagebilderstellung sind, sind sie der Kategorie Kontextdaten zugeordnet. Grund dafür ist, dass Meldungen oft sehr unspezifisch sind und/oder bereits die subjektive Einschätzung des Melders beinhalten, und somit u. U. die Lageeinschätzung auf nationaler Ebene verfälschen können. Vielmehr sind Meldungen daher jedoch in Kombination mit objektiv erhobenen Sensordaten zur Interpretation dieser geeignet – ja soagr essenziell.

Dokumentationen von Vorfällen
Dokumente können entweder konkrete Vorfälle ausführlich beschreiben und/oder viele ähnliche Vorfälle vergleichen bzw. zusammenfassen. Dokumentationen von Vorfällen beschreiben den Ablauf von Sicherheitsvorfällen, meistens aus Sicht der betroffenen Organisation. Diese Beschreibungen enthalten wertvolle Erfahrungen andere Organisationen,

welche diese nutzen können um nicht den gleichen Angriffsmethoden zum Opfer zu fallenDie Quantifizierung des Gewinns durch Prävention ist begrenzt möglich, aber das Vorhandensein von sowohl kurz- und als auch langfristige Nutzen für eine Organisation durch Prävention ist unbestreitbar. Diese Berichte können von betroffenen Organisationen, Dienstleistern oder von dritter Seite erstellt werden.

Technische Berichte
Technische Berichte bilden eine spezielle, konkretere Form von Vorfallsdokumenten ab. Diese technischen Berichte (White Papers) beschreiben detailliert die technische Vorgehensweise von Angreifern, die in der Vergangenheit angewendet wurde. Einerseits veröffentlichen viele IT Sicherheitsfirmen regelmäßig technische Berichte über gängige Angriffsvektoren, zum Beispiel Security Response White Papers von Symantec, FireEye, Kaspersky; andererseits auch staatliche Behörden, beispielsweise der technische Bericht über den Cyberspionagefall bei RUAG zusammengefasst vom schweizerischen GovCERT (MELANI 2016).

Lessons learned
Lessons learned sind die gewonnene Erkenntnisse, meistens von Opfer-Organisationen, nach bedeutenden Sicherheitsvorfällen. Lessons Learned Dokumente beinhalten Aufzeichnungen über Erfahrungen, Bewertungen, Hinweisen, Entwicklungen und Fehler in Bezug auf Handlungen in Krisensituation innerhalb der Organisationen. Immer häufiger werden Lessons Learned und Best Practices mit dem Ziel erhoben, Erfahrungswissen zu erhalten und zur Vermeidung von Fehlern wiederzuverwenden. Lessons learned nach einem Security Breach sind zum Beispiel bei einer Organisation, dass die Zahl privilegierter Benutzerkonten stark gestiegen ist und somit das damit verbundene Risiko. Daher ist entweder ein restriktiverer Umgang bei der Vergabe priveligierter Konten notwendig, oder aber auch eine aktive Überwachung bei der Verwendung privilegierter Konten usw.

Best Practices
Best Practices beziehen sich auf Erfolgsmethoden abgeleitet von Lessons learned. Erfolgsmethoden kann eine Organisation für sich selbst entwickeln oder auf die zahlreichen Standards als Sammlung von Best Practices zurückgreifen. Solche Standards für Informationssicherheit sind beispielswiese ISO 17799,[2] die ISO 27000-Familie, Information Technology Infrastructure Library (ITIL),[3] Control Objectives for Information and related Technology (COBIT), National Institute of Standards and Technology (NIST) 800 Serie usw.

---

[2] ISO 17799 – Security Techniques – Code of practice for information security management

[3] Eine Sammlung von Best-Practise Methoden zum systematischen Organisieren aller Tätigkeiten im Bereich Service Management und Servicesupport für Informationssystem

Rechtliche Grundlagen und internationalen Richtlinien
Rechtliche Grundlagen und die internationalen Richtlinien formen die nötigen Rahmenbedingungen bei der Regelung von Cyber-Vorfällen auf der nationalen und der internationalen Ebene. Mithilfe von rechtlichen Grundlagen kann zum Beispiel eine staatliche Behörde ihr Verhalten bei einer Ermittlung legitimieren, kann der Staat das Meldeverfahren von Organisationen regeln oder einen Anspruch begründen. Beispiele sind die in Kap. 4 diskutierten Meldepflichten in Österreich oder die NIST Special Publication 800-53 Security and Privacy Controls for Federal Information Systems and Organisation (NIST 2013).

6.2 Informations-und Datenquellen

Die erforderlichen Informationen für Lagebilder und darauf aufbauendes Situationsbewusstsein gewinnt man durch Analyse umfangreicher Daten und Informationen aus unterschiedlichen Quellen. Durch Analyse und Korrelation der unterschiedlichen Daten werden wertvolles Wissen und Erkenntnisse erzeugt. In Bezug auf Cyber-Vorfälle werden überwiegend elektronische Quellen verwendet. Diese Quellen können nach verschiedenen Aspekten kategorisiert werden, insbesondere nach deren Zugänglichkeit, Eigentümer der Information, Erfassungsart oder Strukturierung von Daten und Informationen, und Relevanz für spezifische Entscheidungsebenen – nur um ein paar Beispiele zu nennen.

6.2.1 Kategorisierung von Quellen nach Zugänglichkeit

In erster Linie können Quellen nach ihrer Zugänglichkeit unterschieden werden. Es gibt öffentliche Quellen und nicht öffentliche Quellen und darunter Informationen, welche mit unterschiedlichen nachrichtendienstlichen Methoden beschaffen werden.

- Öffentliche Quellen werden durch Methoden der Open Source Intelligence (OSINT) zugänglich. In diesem Fall basiert die Informationssammlung auf frei verfügbaren, offenen Quellen. Öffentlich zugängliche Quellen umfassen dabei nationale und internationale Nachrichten, Berichte, fachliche Zeitschriften, und sonstige Publikationen. Hier sind beispielsweise die folgenden elektronischen Quellen bedeutend: Berichte und White Papers von IT-Sicherheitsdienstleistern (wie FireEye, Kaspersky, ESET usw.), fachliche Blog-Einträge und Foren, Mailinglisten und Subskriptionen, öffentliche Datenbanken über Schwachstellen und Exploits usw.
- Nicht öffentliche Quellen sind nur für Mitglieder mit expliziten Berechtigungen erreichbar. Sie umfassen spezielle Foren und Informationsquellen aus dem Dark und Deep Web oder geschlossene Mailinglisten im privaten oder staatlichen Bereich usw.

6.2.2 Kategorisierung von Quellen nach Erfassungsart

Informationsquellen können auch nach der jeweiligen Erfassungsart eingeteilt sein. Eine grundlegende Trennung ist nach der Art der Informationsverarbeitung möglich: durchgeführt von Menschen oder von Maschinen. Der Benutzer spielt eine wesentliche Rolle. Er bestimmt unter anderem den Typ der zu bearbeitenden Informationen und Verarbeitungsmethoden. Maschinen arbeiten eher mit standardisierten Datentypen und -klassen. Menschen können zusätzlich kontextbezogene Informationen schnell und effizient verarbeiten.

- *Machine Intelligence:* Daten erfasst mithilfe von Sensoren und spezieller Software Lösungen, zum Beispiel IDS Lösungen in Netzwerken.
- *Human Intelligence:* Informationsgewinnung mittels menschlicher Ressourcen. Hier werden die nicht maschinenlesbaren (weil komplexen) Daten verarbeitet, so wie die (nicht automatisierten) Meldungen über Cyber-Vorfälle.

Eine weitere Möglichkeit ist die Kategorisierung von Quellen nach Erfassungsart basierend auf **nachrichtendienstlicher Tätigkeit**. Die sog. „Intelligence" (Aufklärung) bezeichnet die traditionellen Methoden der Informationsbeschaffung, basierend auf nachrichtendienstlicher Tätigkeit, unter Zuhilfenahme öffentlicher als auch nicht-öffentlicher Quellen. Dabei werden üblicherweise, je nach Herkunft der Informationen und Beschaffungsart des ausführenden Dienstes, unterschiedliche Arten der Aufklärung unterschieden. Die wichtigsten Grundtypen beinhalten dabei:

- Human Intelligence (*HUMINT*)
- Signals Intelligence (*SIGINT*)
  - Communication Intelligence (*COMINT*)
  - Electronic Signals Intelligence (*ELINT*)
    - Foreign Instrumentation Signals Intelligence (FISINT früher TELINT)
- Open Source Intelligence (*OSINT*) z. B. aktuelle Nachrichten, Mailinglisten etc.
- Technical Intelligence (*TECHINT*)

Laut Naumann (Naumann 2004) ist die Früherkennung Voraussetzung für Krisenprävention und -bewältigung. Die Früherkennung unterstützt die klassische Aufklärung durch Spionage (HUMINT) und durch elektronische Mittel (ELINT). Als HUMINT wird die Gewinnung von Informationen aus menschlichen Quellen bezeichnet. Signalerfassende Aufklärung (SIGINT) umfasst Informationengewinnung mit Fernmeldeaufklärung (Communiation Intelligence – COMINT), mit Elektronischer Aufklärung (Electric Intelligence – ELINT) oder mit der Auswertung fremder Messdaten (FISINT). TECHINT umfasst die Informationssammlung über gebräuchliche gegnerische Cyber-Kapazitäten und Ausrüstung, so wie selbstentwickelte Viren und Graphit- oder „Black Out"-Bomben (Layadi 2000), die in der Nähe von elektrischen Anlagen und elektrischen Geräten zu Überspannungen führen und Schaden an der Infrastruktur anrichten können.

6.2.3 Kategorisierung von Quellen nach dem Eigentümer der Information

Ein wesentlicher Kategorisierungsaspekt ist der Eigentümer der Information oder der Daten. Der Eigentümer der Information (Europäische Kommission 2001) ist definitionsmäßig die Stelle, die für die Schaffung, Verarbeitung und Nutzung von Informationen verantwortlich ist, einschließlich der Entscheidung, wem der Zugriff auf diese Informationen gewährt werden soll. Das Eigentümerverhältnis beeinflusst stark die Qualitätskriterien der Daten und Informationen. Wenn etwa der Eigentümer der Datenbank eine Großfirma ist, beeinflusst dieses Verhältnis die folgenden Kriterien; Kosten, Vollständigkeit, Vertraulichkeit, technische und rechtliche Verfügbarkeit und Sensibilität (vgl. Abschn. 6.4). Das Interesse an finanziellem Gewinn kann die Qualitätskriterien, besonders die Vertraulichkeit beeinflussen. Berichte von Expertengruppen ohne Interesse an Gewinn sind tendenziell objektiver als die Berichte von gewinnorientierte Unternehmen, welche White Papers und dgl. oft als Werbemaßnahme zur Ankündigung eigener Werkzeuge und Dienstleistungen nutzen. Eine mögliche Kategorisierung nach Eigentümer der Informationen ist:

- *Staatliche Eigentümer*
  - *Öffentliche Einrichtungen:* Sie umfassen beispielsweise Ministerien und Strafverfolgungsbehörden.
  - *Staatliche Behörden mit nachrichtendienstlichen Tätigkeiten:* Hierzu gehören die Behörden im Aufgabenbereich Sammlung von Informationen und deren Auswertung. In Österreich sind sie zum Beispiel das Bundesamt für Verfassungsschutz und Terrorismusbekämpfung, das Heeres-Nachrichtenamt und das Abwehramt.
- *Private Eigentümer*
  - *Private Unternehmen:* sind gewinnorientierte, fachspezifische Unternehmen, z. B.: Kaspersky, FireEye, Microsoft Corporation, Cisco, Ikarus usw.
  - *Partner von nationalen Cyber-Lagezentren*: Sie umfassen zum Beispiel die Betreiber kritischer Infrastrukturen.
- *Internationale Eigentümer*
  - *Politische Verbände:* Sie sind themenrelevante Behörden der Europäischen Union, wie die Europäische Agentur für Netz-und Informationssicherheit (ENISA) oder die europäische Verteidigungsagentur (EDA).
  - *Fachspezifische Verbände:* Sie umfassen internationale Dachorganisationen für IT-relevanten Bereiche. Zum Beispiel, ein Verein für IT-Prüfer, IT-Leiter und Sicherheitsinteressierte, wie die Information Systems Audit and Control Association (ISACA[4]).

[4] ISACA, www.isaca.org (Letzter Zugriff: 21.05.2018)

- *Unbekannte Eigentümer*
  - *Deep Web (inkl. Dark Web):* Eine wesentliche Eigenschaft unterscheidet das Deep Web vom Surface Web (Surface Web (anders genannt Visible Web) umfasst Teile des WWW, die allgemein zugänglich sind und von konventionellen Suchmaschinen erfasst werden), nämlich die „garantierte" Anonymität. Das Dark Web wird dabei als Teil des Deep Web verstanden (Trend Micro 2015). Den Zugang zum Dark Web ermöglicht ein spezieller Browser, der sich TOR[5] (ursprünglich The Onion Router) nennt. Onion wie Zwiebel, denn genauso vielschichtig wie bei Zwiebelhäuten läuft die Datenübertragung ab. Die Information wird anonym und verschlüsselt über verschiedene Server geschickt. Am Ende ist alles wieder in Klartext lesbar.[6] Nutzer des Deep Webs sind vor allem Menschen, die aus verschiedenen Gründen anonym bleiben möchten. Die Datenmenge im Deep Web ist um ein Vielfaches größer als im sichtbaren Bereich. Daher bieten die versteckten Internetseiten wertvolle Informationen für Sicherheitsforscher. Aus der stark schwankenden Anzahl auffindbarer Links, zum Beispiel zum Kauf von DDoS Angriffen, kann man zukünftige Tendenzen in Cyber Sicherheit ableiten.

6.2.4 Kategorisierung von Quellen nach Informationsmodellierung

Eine weitere Möglichkeit ist die Kategorisierung nach verwendeter Informationsmodellierung und Informationsstruktur. Datenmodellierung bezeichnet Verfahren in der Informatik zur formalen Abbildung der in einem definierten Kontext relevanten Objekte mittels ihrer Attribute und Beziehungen. Hauptziel ist die eindeutige Definition und Spezifikation der in einem Informationssystem zu verwaltenden Objekte, ihrer für die Informationszwecke erforderlichen Attribute und der Zusammenhänge zwischen den Informationsobjekten, um so einen Überblick über die Datensicht des Informationssystems erhalten zu können (Ferst 2001).

Die Daten- und Informationsmodellierung spielt eine wesentliche Rolle bei der Verarbeitung von Daten und Informationen aus unterschiedlichen Quellen, besonders bei der Erstellung von Lagebildern in Cyber-Lagezentren. Im Idealfall existiert eine einheitliche Struktur für die Informationsmodellierung. Das STIX Projekt entwickelt zum Beispiel eine standardisierte Sprache für den Informationsaustausch sicherheitsrelevanter Informationen ständig weiter. Die Informationsmodellierungsarten unterscheiden sich in vielerlei Hinsicht. Diese Unterschiede können mit der Hilfe spezieller Qualitätskriterien veranschaulicht werden. In Schwachstellendatenbanken sind die Hintergrundinformationen über dieselben Zero-Day-Angriffe ganz anders strukturiert, als in einem Blog auf einer

[5] Tor Project, https://www.torproject.org/ (Letzter Zugriff: 21.05.2018)

[6] Die Presse, Deep Web: In den dunklen Ecken des Internets, http://diepresse.com/home/techscience/internet/3825043/Deep-Web_In-den-dunklen-Ecken-des-Internets (Letzter Zugriff: 21.05.2018)

themenrelevanten Web-Plattform. Die folgende Aufzählung gibt einen Überblick über mögliche Arten von Quellen geordnet nach Art der Informationsmodellierung.

- *Datenbanken:* Datenbanken enthalten strukturierte und beschriebene Daten. Eine grundsätzliche Eigenschaft des Datenbankansatzes ist, dass ein Datenbanksystem nicht nur die Daten selbst als strukturierten Datenbestand enthält, sondern auch deren Definition oder Beschreibung.[7] Die zwei wichtigsten Gruppen von Datenbanken in Bereich Cyber Sicherheit sind Schwachstellen- und Exploit-Datenbanken.
  - *Schwachstellen Datenbanken:* Diese Datenbanken dienen der Sammlung und Klassifizierung von Angriffsvektoren und Schwachstellen, speziell auch in Hinsicht auf spezifische Produkte. Diese werden von einer Vielzahl anderer Services genutzt. Beispiele umfassen die MITRE Datenbanken[8] (z. B.: die Common Vulnerabilites and Exposures Datenbank (CVE)[9] mit einheitlichen Namenskonvention für Sicherheitslücken und andere Schwachstellen oder das Common Vulnerability Scoring System (CVSS) zur Bewertung des Schweregrades von möglichen oder tatsächlichen Sicherheitslücken nach verschiedenen Kriterien), die National Vulnerability Database NVD[10] der USA usw.
  - *Exploit Datenbanken:* Die Nutzung von Exploit-Datenbanken und -Tools bieten einen guten Anhaltspunkt, ob eigene (ggf. ungepatchte) Systeme von Exploits betroffen sind. Beliebte Beispiele umfassen unter anderem Metasploit[11] und exploit-db[12].
- *Mailing:* Hierzu gehören Mailinglisten und Newsletter. Ein Newsletter wird von einem Absender (Firma oder Organisation) an eine Vielzahl von Empfängern gesendet. Die Mailingliste ist dagegen ein Emailverteiler, bei dem alle Teilnehmer eine Nachricht senden können. Sie kann im Gegensatz zum Newsletter auch als Diskussionsforum funktionieren.
  - *Mailingliste:* Mailinglisten enthalten oftmals im Wesentlichen inoffizielle Informationen, speziell zu auftretenden Botnetzangriffen, Phishing und Scamingfällen, aber auch zu neuen Vulnerabilities (Verwundbarkeiten), oftmals bevor diese Eingang in spezifische Datenbanken oder Werkzeuge finden. Beispiele sind Mailinglisten von CERTs, IT Sicherheitsorganisationen (z. B.: die APWG Phishing Mailinglist[13]) usw.
  - *Newsletter:* Viele Hersteller von Standardkomponenten für IT-Netze bieten Services zur Alarmierung an, sollten Schwachstellen oder andere Probleme in ihren

[7] Eigenschaften von Datenbanksystemen, http://gisbsc.gis-ma.org/GISBScL4/de/html/GISBSc_VL4_V_lo2.html (Letzter Zugriff: 21.05.2018)

[8] CVE, https://cve.mitre.org/cve/ (Letzter Zugriff: 21.05.2018)

[9] CVE Details, www.cvedetails.com/ (Letzter Zugriff: 21.05.2018)

[10] NIST, https://www.nist.gov/ (Letzter Zugriff: 21.05.2018)

[11] Metasploit, https://www.metasploit.com/ (Letzter Zugriff: 21.05.2018)

[12] Exploit DB, https://www.exploit-db.com/ (Letzter Zugriff: 21.05.2018)

[13] APWG Phishing Mailinglist, www.antiphishing.org/report-phishing (Letzter Zugriff: 21.05.2018)

Produkten gefunden werden, aber auch Patches und Wartungsinformationen. Beispiele sind unter anderen Newsletter von Cisco oder der Microsoft Corporation.

- *Spezialisierte Suchdienste:* Ein Beispiel ist die Suchmaschine von Shodan,[14] die das Internet nach unsicheren Geräten, unter anderen im SCADA- und IoT-Bereich, durchsucht. Diese liefert wertvolle Informationen über den Grad/Anteil ungeschützter Systeme, v. a. jender mit Standard-Passwörtern udgl., und gibt auch Einblick in kritische Entwicklungen (z. B. breit angelegte Auslieferung von Routern mit aus Security-Sicht schwacher Standard-Konfiguration)
- Sensorik: Sensoren eignen sich zum Abgreifen wertvoller Informationen über den Netzwerkverkehr, die im Bereich von Erkennung und Vorbeugung von Cyber Angriffen unerlässlich sind. Die folgenden Abschnitte listen die unterschiedlichen Sensorarten auf:
  - *Netzwerksensorik*: Viele Netzwerke, besonders im industriellen Bereich (SCADA) oder bei ISPs besitzen bereits eine Vielzahl verschiedener Sensoren und Schnittstellen direkt im System, um typische Aufgabenbereiche wie Steuerung und Billing durchführen zu können. Oftmals liegen in diesen Sensoren genügend Informationen zu Latenz und anderen Metainformationen zur Netzwerkgesundheit vor.
  - *Sensoren und Schnittstellen nach außen*: Viele Hersteller von industriellen Systemen, speziell im Rahmen des Industrie 4.0-Paradigmas (Lee et al. 2015), integrieren Schnittstellen und Sensoren in ihre Produkte, um später neue Services, bspw. Zwecks Betriebsoptimierung, als Zusatzangebot anbieten zu können. Diese Daten reflektieren typischerweise sehr genau das Echtzeitverhalten oder die allgemeine Systemgesundheit.
  - *Lagezentrums-Sensorik*: Prinzipiell ist es von großem Vorteil, wenn das Lagezentrum selbst Sensorik in Netzwerken und kritischen IKT-Infrastrukturen einbringen kann, da hierbei relevante IoCs udgl. wesentlich genauer und flexibler erfasst werden können.
  - *Security Appliances:* Security-Vorrichtungen wie Firewalls und IDSen liefern mannigfaltige Informationen zu den angetroffenen Paketen am Netzwerk, zu auffälligem Verhalten (bspw. Portscans) und erkannten Malwareinstanzen.
  - *Allgemeine NW-Sensorik:* Werkzeuge wie Ping oder Heartbeats können genutzt werden, um zu erkennen, ob Services erreichbar sind, regelmäßige Portscans können auf Unregelmäßigkeiten in Zusammenhang mit Exfiltration-Attacks hinweisen.
- *Informationssysteme:* Diese umfassen typischerweise eine komplexere Struktur unterschiedlicher Datenbanken. Speziell im Netzwerkbereich wird eine Vielzahl von Daten in Datenbanken abgelegt, sei es zum Zweck der Optimierung, aber auch für nachgestellte Services wie Billing und dergleichen. Diese enthalten oftmals interessante Informationen im Rahmen einer post-mortem Untersuchung, aber auch direkt angebunden an ein Lagezentrum.

[14] Shodan, www.shodan.io (Letzter Zugriff: 21.05.2018)

- *Meldungen:* Informationen zu Störungen und Angriffen können auch in unstrukturierter Form direkt an das Lagezentrum gemeldet werden und müssen von diesem entsprechend aufbereitet und in das Lagebild eingebracht werden (vgl. Kap. 3). Meldungen von Betreibern kritischer Infrastrukturen bilden eine essenzielle Grundlage für die Erstellung von Cyber-Lagebildern. Speziell in Hinblick auf die Meldepflicht von gewissen Ereignissen im Rahmen der NIS-Richtlinie (vgl. Kap. 4), werden überwiegend unstrukturierte Informationen in Textform an das Lagezentrum gemeldet. Wichtig für diese Quelle ist eine entsprechende zeitnahe Aufbereitung und Einpflegen in das Lagebild. Eine weitere Kategorisierung der Meldungen kann folgendermaßen vorgenommen werden:
  - *Informationen direkt aus den kritischen Infrastrukturen*: Dies betrifft nicht nur Informationen der Sensorik und automatisierter Überwachungstools, sondern speziell auch Informationen, die im Rahmen der Meldepflicht geliefert werden, sowie Informationen über Infrastrukturen, die mithilfe spezialisierter Suchmaschinen extrahiert werden.
  - *Endkundeninformationen*: Endkundeninformationen umfassen Kommentare und Rückmeldungen von Endkunden, und somit Informationen aus erster Hand, wie z. B. Informationen, die von generellerer Natur sind, bspw. das Auftreten von Schwachstellen oder Vorfällen von Cybercrime. Diese werden oftmals bereits von den betroffenen kritischen Infrastrukturen intern gesammelt und entsprechend aufbereitet.

6.2.5 Kategorisierung von Quellen nach Relevanz für Entscheidungsebenen

Die Unterscheidung von Informationsquellen nach der Relevanz für unterschiedliche Entscheidungsebenen kann sehr hilfreich sein, nicht nur im Cyber-Bereich. Laut Österreichischer Strategie für Cyber-Sicherheit sind verschiedene Ebenen definiert, nämlich eine politisch-strategische Ebene und eine operative Ebene (BKA 2013). Eine andere Möglichkeit ist die Unterteilung in (Pahi et al. 2017) (siehe Tab 6.2):

- Operative Entscheidungsebene
- Taktische Entscheidungsebene
- Strategische Entscheidungsebene.

Diese Ebenen folgen einer streng hierarchischen Ordnung und beschreiben die Zuordnung unterschiedlicher Tätigkeiten. Daher benötigen alle Ebenen in Bezug auf Planung und Entscheidungsfindung Informationen mit unterschiedlichem Kontext. Ein angemessenes Situationsbewusstsein und Lagebild beruhen daher auf operativer, taktischer und strategischer Informationen.

Tab. 6.2 Entscheidungsebenen mit Informationen im Cyber-Bereich

Ebene	Zeitbezug in Planung	Entscheidungs-ebene	Planungs-horizont	Informations-grundlage	Beispiel
strategisch	Langfristig (Jahre)	Oberste Leitung (z. B. Politische Entscheidungsträger, Vorstand usw.)	Zukunfts-orientiert	Bedingt vertraulich/ Abstrakt	Nachrichten über die politische Lage
taktisch	Mittelfristig (Wochen)	Mittlere Leitung (z. B. Mittleres Management, Abteilungsleiter usw.)	Zukunfts-und Gegenwarts-orientiert	Teilweise vertraulich Teilweise Kontextlos	Blog Eintrag über eine Zero-Day Verwundbarkeit
operativ	Kurzfristig (Stunden oder Tage)	Untere Leitung (z. B. Ausführungsebene)	Gegenwarts-orientiert	Vertraulich/ Kontext-bezogen	Firewall Log Eintrag

Diese Unterscheidung beinhaltet jedoch einen inhärenten zeitlichen Aspekt. Auf strategischer Ebene geht es um langfristige Pläne und Entscheidungen über Jahre. Zur taktischen Ebene gehören die mittelfristigen Pläne und Maßnahmen, gesehen auf Wochen und Monate. Die operative Ebene beschäftigt sich mit kurzfristiger Planung, im Bereich von Stunden oder Tagen.

Auf strategischer Ebene trifft in der Regel die oberste Leitung die Entscheidungen, so wie der Vorstand oder politische Entscheidungsträger. Auf der taktischen Ebene ist die mittlere Leitung für Entscheidungen und Planung verantwortlich. Die mittlere Leitung hat unterschiedliche Zusammensetzung und Bedeutung abhängig von der jeweiligen Organisationsstruktur. Die operative Ebene umfasst die Ausführungsebene. Der nächste Aspekt ist der Planungshorizont. Im Vergleich zur operativen Ebene, die sich mit der Gegenwart beschäftigt, ist die strategische Ebene zukunftsorientiert. Auf operativer Ebene sind meistens konkrete, fachspezifische und kontextbezogene Informationen vorhanden. Die IT-Abteilung hat zum Beispiel technische Daten über den Netzwerkverkehr und die Finanzabteilung sieht konkrete Zahlen über den Profit in verschiedenen Perioden. In Folge dessen, kann man sagen, dass die Informationsgrundlage auf operativer Ebene vertraulic hist. Aber je abstrakter die Ebenen werden, desto weniger vertraulich wird die Informationsgrundlage. Der Zusammenhang zwischen den vorhandenen Informationen und einer Impact Analyse wird abstrakter und damit erhöht sich das Risiko auf eine nicht realitätsnahe Lageeinschätzung in den höheren Planungsebenen.

Ähnlich wie diese Kategorisierung in der Planungs- und Ausführungsebene, existiert auch die Unterteilung in operative, taktische und strategische Lagebilder (vgl. Kap. 1). Diese benötigen unterschiedliche Informationen mit unterschiedlicher Qualität.

6.3 Beispielhafte Auswahl von Informations- und Datenquellen zur Beurteilung von Angriffsszenarien

6.3.1 Angriffsfall DDoS

Beschreibung von DDoS Angriffen

Im Rahmen von Distributed-Denial-of-Services (DDoS) Angriffen wird versucht, die kritische Zielinfrastruktur zu überlasten, indem eine Vielzahl an, meist kompromittierten, Systemen Unmengen an Anfragen an das Zielsystem schicken, mit dem Ziel, alle verfügbaren Ressourcen des Zielsystems aufzubrauchen. Dadurch ist das Ziel nicht mehr in der Lage, Ressourcen für den eigentlichen Zweck bereitzustellen, der Service ist für andere Anwender nicht mehr erreichbar. Denial-of-Service-Angriffe kommen in verschiedenen Ausprägungen vor und müssen sich nicht auf die Netzwerk Ebene beschränken. Im Rahmen von Applikations-DDoS kann es gelingen, einen Service auf einem Server mithilfe weniger legitimer Anweisungen lahmzulegen, indem die Anweisungen großen Arbeitsaufwand auf der Serverseite verursachen. Generell können die meisten DDoS-Angriffe in die folgenden beiden Kategorien eingeteilt werden (Zargar et al. 2013): Nutzung von bösartig geformten Paketen, um ein Protokoll oder eine Applikation zu verwirren oder Ausschöpfung von Ressourcen mit Unterbrechung der Verbindung eines legitimen Nutzers durch Ausschöpfen der Bandbreite, Router-Kapazitäten oder Netzwerkressourcen oder mit Unterbrechung der Nutzbarkeit eines Services für einen legitimen Nutzer durch Ausschöpfen der Server-Ressourcen.

Mögliche Informations- und Datenquellen

Mögliche Informations- und Datenquellen zur Erstellung eines Lagebildes sind der Netzwerkverkehr selbst, sowie das Deep- bzw. Dark Web. Wesentliche Rolle bei der praktischen Erkennung spielen derzeit vor allem Techniken der Traffic-Beobachtung, vor allem im Bereich der Applikation von Machine-Learning-Techniken zu Erkennung von Traffic-Anomalien. Für einen einzelnen Angreifer ist es oft nur schwer möglich, die benötigten Datenmengen für eine erfolgreiche DoS Attacke zu erzeugen. Daher bedienen sich Angreifer oft sogenannter Bandwith Amplification Attacks (Deshpande et al. 2011). Hierbei werden Techniken verwendet, welche es dem Angreifer erlauben mit minimalem ausgehender Bandbreitennutzung eine wesentlich höhere Bandbreitenauslastung beim Opfer zu erzeugen. Meistens bedienen sich Angreifer hierfür bei Dritt-Servern, welche ein spezielles Protokoll anbieten. Weite Verbreitung finden dabei Dienste, welche auf dem UDP Protokoll basieren. UDP ist ein verbindungsloses und nicht authentifiziertes Protokoll. D. h. ein Angreifer kann Pakete mit veränderter „Ausgangsadresse" (Source-IP) absenden und ein Server sendet seine Antwort anschließend an diese veränderte Adresse zurück. Die folgenden Protokolle können bei verschiedenen UDP DDoS Angriffen verwendet werden (US-CERT 2017), DNS, NTP, SNMPv2, NetBIOS, SSDP, BitTorrent, Steam Protocol, RIPv1, Portmap usw.

Eine weitere Informationsquelle stellen das Deep und Dark Web dar. Sie sind für Durchschnittsbe-nutzer nicht problemlos zugänglich. Aus diesem Grund kann man das verborgene Netz als nicht öffentliche Daten-und Informationsquelle bezeichnen. Die Begriffe Dark und Deep Web werden häufig synonym verwendet. Jedoch stellt das Dark Web nur einen Teil des Deep Webs dar (TrendMicro 2015). Das Deep Web bezeichnet öffentliche Webseiten, die mit normalen Suchmaschinen schwer auffindbar sind. Es deckt 90 % der Informationen im Internet ab, ist jedoch mit Webcrawlern nicht entdeckbar. Die Informationen des Deep Web enthalten oft akademische Informationen, medizinische Aufzeichnungen, Rechtsdokumente, wissenschaftliche Berichte, Subskriptions-Informationen, Finanzdaten, organisationsspezifische Datenbanken usw. Im Gegensatz zum Deep Web enthält das Dark Web versteckte Webseiten, die nur mit bestimmten Suchmaschinen (wie The Onion Router[15]) erreichbar sind. Hier befindet sich der digitale Schwarzmarkt mit seinem immensen Cybercrime-Potenzial.

Bezüglich der DDoS-Angriffe findet man im Dark Web DDoS as a Service, Bots zum Leasen oder zum Verkauf usw. Die Betreiber von Botnetzen setzen immer öfter auf die im Dark Web gängigen TOR Hidden Services, um die Command-and-Control-Infrastruktur des Botnets zu schützen. Aufgrund von Beobachtungen im Dark Web bezüglich DDoS Angriffe kann man Tendenzen und Statistiken ableiten. Hilfreiche Aspekten können beispielsweise die folgenden Beobachtungen sein: die Zahl der DDoS as a Service Verkaufsseiten, Zugänglichkeit/Erreichbarkeit der Verkaufsseiten, Entwicklung des Preises von DDoS Angriffen usw. Aus diesen Daten lässt sich zumindest tendentiell Wahrscheinlichkeit von DDoS-Angriffen ableiten.

Beispiel Lagebild für DDoS Angriffe

Aus den verarbeiteten Daten und gesammelten Informationen können Lagebilder im Cyber-Lagezentrum erstellt werden. Abb. 6.5 zeigt beispielhaft eine mögliche Lagebilddarstellung basierend auf gesammelten Daten und Informationen über DDoS Angriffe.

Ein mögliches, abgeleitetes Lagebild für Entscheidungsträger könnte dabei folgende Informationen umfassen:

- DDoS-Kampagnen sind eine aktuelle Bedrohung für Unternehmen, aber die Zahl verringert sich langsam.
- In Anti-DDoS-Maßnahmen spielen ISPs eine sehr wichtige Rolle.
- Die Analyse des Netzwerkverkehrs bildet die Grundlage für effektive Gegenmaßnahmen.
- ISP und Hoster bieten zunehmend DDoS-Mitigation-Services als zusätzlichen Dienst an (Bundesamt für Sicherheit in der Informationstechnik 2012).
- Die technischen Gegenmaßnahmen entwickeln sich ebenfalls schnell, wie bspw. das Härten von Servern, Filtering nach Quellenadressen (Blackholing) oder nach Zieladressen (Sinkholing) usw.

[15] Tor Projekt, https://www.torproject.org/ (Letzter Zugriff: 21.05.2018)

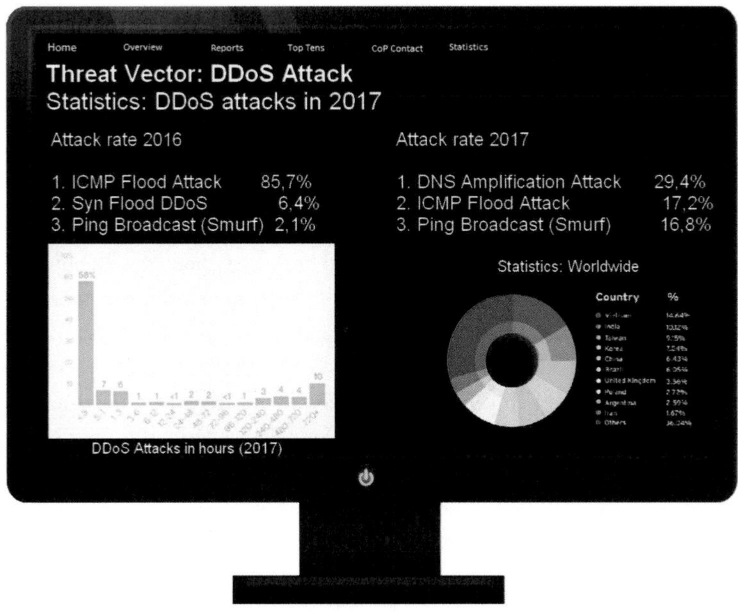

Abb. 6.5 Beispiel Informationen über Ddos Angriffe

Abgeleitete strategische Entscheidungen:

- Einbinden von ISPs in Gegenmaßnahmen um das Risiko erfolgreicher DDoS-Angriffe insgesamt zu verringern und deren Auswirkungen zu reduzieren
- Unterstützung des Informationsaustauschs über die aktuelle Angriffsverfahren und Abwehrtechniken unter den Internet Service Providern seitens des Staates.
- ISPs können auch bei der Identifizierung von potenziellen Zielen hilfreich sein.
- Unterstützung von Betreibern kritischer Infrastrukturen bei der Anwendung von DDoS-Mitigation-Services (auch finanziell).
- Vorfällen an Cyber-Lagezentrum melden, damit dieses die aktuelle Bedrohungslage in Österreich analysieren kann. Für die Meldungen sollten klare Prozesse definiert sein, um bei Angriffen schnell und koordiniert handeln zu können. Dies kann über anonyme Meldestellen erfolgen oder auf einer verpflichtenden Basis.

6.3.2 Angriffsfall Ransomware

Beschreibung von Ransomware Angriffen

Der Begriff Ransomware beschreibt eine relativ alte Strategie des Cybercrimes, die vor allem in den letzten Jahren erhebliche Popularität und Medienwirksamkeit erlangte. Die grundsätzliche Strategie dieser, auch als „Kryptotrojaner“ bezeichneten Malware besteht in der unbemerkten Infizierung und Verschlüsselung eines fremden Systems. Ist eine hinreichend große Menge der Daten einer Festplatte verschlüsselt, so fordert der Trojaner die Zahlung einer Art Lösegeld für die Entschlüsselung. Historisch betrachtet geht der erste bekannte Angriff auf den sog. AIDS-Trojaner der späten Achtziger zurück, war jedoch bis vor kurzem weder im Fokus der Öffentlichkeit, noch dem Fokus größerer krimineller Organisationen. Durch die Möglichkeiten des anonymen bargeldlosen Geldverkehrs mithilfe von Kryptowährungen hat jedoch das Interesse an dieser Art Erpressung in den letzten Jahren einen sprunghaften Anstieg hingelegt, wobei bereits Mitte der 2000-er einige Attacken bekannt wurden. Einige Beispiele aus jüngster Vergangenheit: Locky, Crypto-Locker, Crypto-Wall, Locker, Simple-Locker, Bitcryptor, Coinvault.

Mögliche Informations- und Datenquellen

Im Bereich der Erkennung von Ransomware wurde bis vor kurzem hauptsächlich auf das Thema der Awareness gesetzt, sowie der Erkennung kryptographischer Operationen oder Überwachen des Deep und Dark Webs. Nutzer wurden über die Gefahren informiert und entsprechend aufgefordert keinerlei Programme aus unbekannte Quellen zu installieren, bzw. Anhänge von dubiosen Absendern zu öffnen (Luo und Quinyu 2007). Zur Reduktion des Schadens im Fall einer Infektion werden vor allem eine gute Backupstrategie und die Abschottung von Datenbanken und anderen Datenspeichern gegenüber Clients vorgeschlagen (Ye et al. 2016). Eine Möglichkeit der Detektion, speziell in mobilen Devices, fußt auf der Erkennung der Durchführung größerer Mengen kryptographischer Operationen (Kim und Kim 2015). Dies kann speziell dann sinnvoll sein, wenn diese Operationen mithilfe von Hardwareunterstützung durchgeführt werden (müssen). Andere Ansätze wie Heldroid versuchen die typischen Blöcke aus denen Ransomware besteht zu erkennen und Code dementsprechend zu filtern, bevor er ausgeführt wird. Auch dies funktioniert lediglich in sehr restriktiven Umgebungen, in denen das Betriebssystem wesentlich die Ausführung von Programmen bestimmt. Wie schon oben genannt, dienen Informationen über Aktivitäten und Plattformen als wichtige Grundlage für Lagebilder. Bezüglich der Angriffstechnik Ransomware findet man im Dark Web Erpresserviren (Ransomware) zum Verkauf oder sogar fertige Infrastrukturen zum Mieten. Damit können technisch wenig versierte Nutzer mittels dieser Schädlinge Geld erpressen.

Auf Grund von Beobachtungen im Dark Web bezüglich Ransomware kann man Tendenzen und Statistiken ableiten. Hilfreiche Aspekte können beispielsweise die folgenden Beobachtungen sein: die Zahl der Ransomware Verkaufsseiten, die Zahl der verschiedenen Ransomware Varianten (die Größe der Auswahl), Zugänglichkeit/Erreichbarkeit der Verkaufsseiten, Entwicklung des Preises von Ransomwares usw. Aus diesen Daten kann man die Wahrscheinlichkeit von Ransomware-Aktivitäten mit bestimmter Ransomware ableiten.

Die Darstellung und Erfassung des Auftretens von Ransomware im Rahmen eines Lagebildprozesses kann von entscheidender Bedeutung für die Analyse und Sicherstellung des „Gesundheitszustands" der kritischen Infrastrukturen sein. Dabei ist das Lagezentrum wesentlich von der Anlieferung von Informationen durch Betroffene, aber auch weltweit vernetzter Organisationen wie den CERTs abhängig. Wesentlich für die Erfassung der Lage ist dabei nicht nur die betroffene Infrastruktur als Entität, sondern auch weiterführende Informationen, die speziell notwendig sind um Infektionswellen und die Auswirkungen auf die gesamtstaatliche Lage, aber auch Neuentwicklungen im Bereich der Malware erfassen und analysieren zu können. Dabei sind vor allem die folgenden Informationen notwendig:

- Art der Malware – Handelt es sich um eine bekannte Malware, bzw. eine Abart (Weiterentwicklung) davon?
- Art und Kritikalität der betroffenen Systeme – Welche Systeme wurden betroffen, sind lediglich Clients betroffen, oder auch Datenspeicher wie Netzlaufwerke?
- Infektionsweg – Wie kam der Trojaner in das System?
- Höhe der Forderung – Wie viel Lösegeld wird von den Erpressern verlangt, wohin ist dieses zu senden?

Als Datenquelle zur Erfassung sind dabei nicht nur die kritischen Infrastrukturen von Interesse, sondern jedes prinzipielle Vorkommen, nicht nur in Österreich. Dabei sind vor allem CERTs und Organisationen mit teilweise ähnlichen Aufgaben, wie etwa die Anti-Phishing Working Group (APWG) als mögliche Quellen von großer Bedeutung. Wesentlich ist dabei nicht nur die Darstellung der Ausbreitung der Malware selbst, sondern besonders auch die Katalogisierung der Lösungsmöglichkeiten, d. h. die Existenz von Programmen zur Entfernung der Malware.

Beispiel Lagebild für DDoS Angriffe

Abb. 6.6 veranschaulicht, welche Informationen die Mitarbeiter des Cyber-Lagezentrums als Grundlage für die Erstellung eines Lagebildes über die Lage von Ransomware Angriffen verwenden könnten (Symantec 2016). Die erstellten Lagebilder dienen als Hilfe zur Erzeugung eines aktuellen Situationsbewusstseins seitens der Entscheidungsträger.

Ein mögliches, abgeleitetes Lagebild für Entscheidungsträger könnte dabei folgende Informationen umfassen:

- Ransomware ist wieder ein beliebtes Geschäftsmodell
- Renaissance durch die Erscheinung von Kryptowährung mit Anonymität
- Angriffe mit Ransomware erlebt momentan den Höhepunkt
- Aufgrund der in KMUs oft fehlenden Backup-Lösungen rentiert sich die Verbreitung von Ransomware
- Die Reduktion ist v. a. durch die Ablehnung von Bezahlung des Lösegeldes möglich
- Es gibt präventive Maßnahmen, um die Bedrohung durch Ransomware zu verringern

Abgeleitete strategische Entscheidungen:

- Unterstützung von Awareness Maßnahmen (Sensibilisierungsaktivitäten), besonders bei Betreibern kritischer Infrastrukturen (auch finanziell).
- Die Bereitschaft zum Zahlen minimieren durch die Unterstützung der Erstellung vertraulicher Backup-Lösungen, mit Beratung, White Papers und Best Practices.

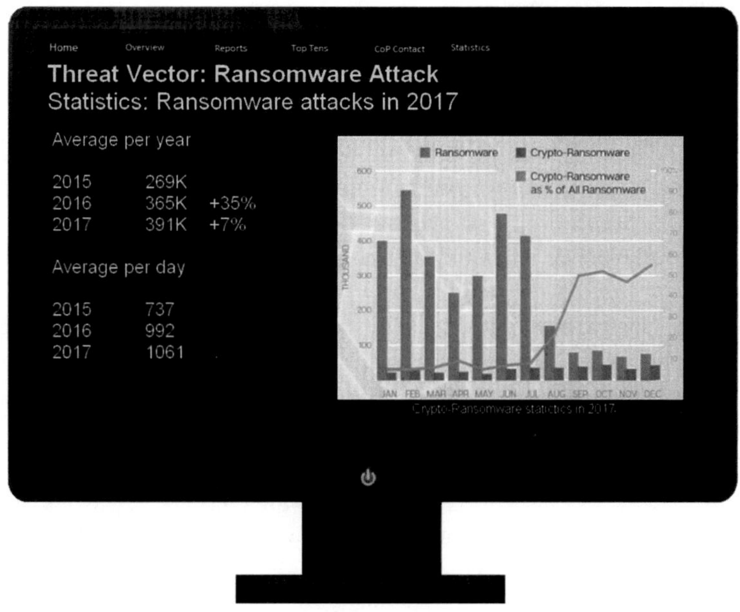

Abb. 6.6 Nötige Informationen Zur Erstellung Von Cyber Lagebildern

- Vorfällen an Cyber-Lagezentrum melden, damit dieses die aktuelle Bedrohungslage in Österreich analysieren kann. Für die Meldungen sollten klare Prozesse definiert sein, um bei Angriffen schnell und koordiniert handeln zu können. Dies kann über anonyme Meldestellen erfolgen oder auf einer verpflichtenden Basis.

6.4 Kriterien zur Bewertung von Informations- und Datenquellen

6.4.1 Datenqualitätskriterien im Cyber-Bereich

Immer mehr Entscheidungen basieren auf der Auswertung von ständig wachsenden Datenbeständen bei zunehmend komplexer werdenden Datenstrukturen. Fehlentscheidungen, die basierend auf nicht korrekten Informationen getroffen werden, können erheblichen Schaden verursachen (Eckerson 2002). Daher ist die Qualität von Daten und Informationen ein zentraler Themenbereich bei Cyber-Lagezentren. English (English 2005) geht einen Schritt weiter und behauptet, dass die Informationsqualität ein kritischer Aspekt im Bereich der nationalen Sicherheit ist. Als Beispiel nennt er den Air France Fall mit der falschen Terrorgefahr in 2003, wo Daten minderer Qualität im Einsatz waren. Die Anschläge von 9/11 zeigt eine weitere Schwierigkeit der wachsenden Datenmenge, nämlich die rechtzeitige Datenaggregation und Korrelation. Nach dem Abschlussbericht von 9/11 gehören die inkonsequente Prioritätensetzung bei der Datenaggregation und die schlechten oder nicht vorhandenen Kommunikationswege zwischen den Behörden zu den kritischen Aspekten (National Commission On Terrorist Attacks Upon the Unites States 2014).

Um eine bestimmte Daten- und Informationsqualität gewährleisten zu können, ist die Erhebung von Daten und Informationen mit hoher Qualität nötig. Zur Beurteilung der Qualität sind Qualitätsmerkmale der Informationen sehr hilfreich. Nach Eis und Wolf (Eis und Wolf 2008) ist die Qualitätssicherung der Daten für die Etablierung einer zuverlässigen Datenbank und eines Informationssystems notwendig. Laut der Umfrage von Eckerson (2002) sind die möglichen Folgen durch Datenqualitätsmangel die folgenden: zusätzlicher Zeitaufwand, Verlust von Vertrauen in die Datenbank oder Informationssystem, Folgekosten, Unzufriedenheit von Kunden, Probleme bei der Erfüllung von verschiedenen Funktionen usw.

Die folgenden Qualitätskriterien (siehe Tab. 6.3 und 6.4) können als Anforderungskatalog für den Aufbau der Informationssammlung von Cyber-Lagebildern dienen. Die Qualitätskategorien stammen aus mehreren Dokumenten, wie von Steinhoff (2008). Die Qualitätskriterien beziehen sich einerseits auf die Quellen selbst andererseits auf die enthaltenden Informationen.

Um das Qualitätsniveau der Daten und Informationen und der Quellen ermitteln zu können, ist die Einführung von Mechanismen und Methoden, die die Qualität der Daten und Informationen überwachen, erforderlich. Zu den Mechanismen und Methoden gehört das eigene Knowledge Management (Alavi und Leidner 2001) des Lagezentrums. Zum Knowledge Management gehört unter anderen die Redundanzfreiheit und Vorselektierung der Quellen. Empfehlenswert ist es, die Quellen zu eindeutigen Kategorien vorzuselektieren und zuzuteilen, zum Beispiel Kategoriserung nach Domänen. Fragestellungen hierbei sind welche Quellen welchen Domänen zuordenbar sind und welche Informationsquellen für welche Domänen benötigt werden, um ein umfassendes Lagebild erstellen zu können. Eine mögliche Kategorisierung nach Domänen ist dabei durch die NIS Richtlinie vorgegeben, die die wesentlichen Sektoren und Typen identifiziert (CERT.at 2017). Weitere mögliche Kategorisierung kann basierend auf den benötigten Ressourcen, oder aber der Zuordnung zu Wirtschaftssektoren durchgeführt werden. Außerdem sollten inhaltliche Doppelerfassungen vermieden werden.

Tab. 6.3 Qualitätskriterien für Informationen

Qualitätskriterium für Informationen	Beschreibung
Vollständigkeit	Ein Datensatz muss alle im Schema vorgesehenen Attribute enthalten. Ist dies nicht der Fall, müssen Ergänzungsquellen herangezogen werden.
Genauigkeit	Ergänzend zu den Schadenshöhen müssen Vorfälle so präzise wie möglich beschrieben werden, um sie später nachvollziehen zu können.
Sensibilität I	Sind die Daten sensible, bspw. persönliche Daten? Unterliegen sie weitergehenden Schutzbestimmungen? (vgl. Kap. 5)
Dynamik der Information	Sind die Informationen aus der Quelle eher statischer oder dynamischer Natur?

Tab. 6.4 Qualitätskriterien für Quellen

Qualitätskriterium für Quellen	Beschreibung
Vertrauenswürdigkeit	Ob die Quellen vertrauenswürdig sind, soll bei diesem Kriterium überprüft werden. Die Quelle soll objektiv, sachlich und nicht manipulierbar sein, zum Beispiel frei von Fake News (Conroy et al. 2015).
Verfügbarkeit (Verzögerung)	Die Verfügbarkeit der Daten und Informationen kann beispielsweise durch die Verarbeitung an der Quelle verzögert werden. So können unter Umständen nicht immer die aktuellsten Informationen sofort bezogen werden. Eine Unterkategorie ist die rechtliche Verfügbarkeit. Darf auf die Daten im Rahmen der rechtlichen Möglichkeiten zur Erstellung eines Lagebildes überhaupt zugegriffen werden? Welche Änderungen in den rechtlichen Rahmenbedingungen werden benötigt, um die Quelle einbinden zu dürfen?
Aktualität	Zeitspanne vom Zeitpunkt der Datengewinnung bis zur Veröffentlichung der Daten durch die Quelle.
Kritikalität (oder Relevanz)	Wie wichtig sind die in der Quelle enthaltenen Informationen zur Erstellung eines spezifischen Lagebildes?
Kosten	Welche Kosten entstehen durch die Anbindung der Quelle für das Lagezentrum? Handelt es sich um frei verfügbare Quellen oder Angebote von Gewinnorientierten Privatorganisationen?
Kontrolle	Wer besitzt die Kontrolle über die Quelle? Ist der Autor der Informationen, die die Quelle liefert, qualifiziert genug? Sind Kontaktdaten des Autors/Betreibers/Eigentümers vorhanden? Liegt diese in staatlicher Hand, privater Hand oder bei einem Drittstaat?
Vernetzungsgrad/Abhängigkeiten	Sind die Daten/Informationen aus einer Quelle Aggregate aus anderen Quellen, u. U. Drittquellen anderer Partner?
Detailgrad	Wie detailliert sind die Daten aus der Quelle?
Verarbeitbarkeit im Lagebild	Ist die Quelle im Rahmen der technischen und budgetären Mittel im Lagebild verwertbar? Dies ist bspw. abhängig vom Format der Informationen.
Kontinuität	Liefert die Quelle kontinuierlich Informationen, periodisch oder ereignisbezogen (zum Beispiel tägliche Nachrichten v.s. Quartalsberichte)?
Flexibilität	Wie flexibel kann die Quelle an Erfordernisse des Lagebildes angepasst werden?
Typisierung	Welche Arten von Informationen finden sich in der Quelle und welche zusätzlichen Experten werden zur tiefergehenden Interpretation benötigt?

6.4.2 Detailbeschreibung der Qualitätskriterien

In diesem Abschnitt erfolgt nun die detailierte Beschreibung der Qualitätskriterien, zuerst von den Informationen und danach von den Quellen.

Kategorisierung nach Vollständigkeit
Kernfrage hier ist wie vollständig die von einer Datenquelle gelieferten Sätze in Hinblick auf die Gesamtheit der verfügbaren und benötigten Daten ist. Dieses Kriterium grenzt sich stark vom Kriterium der Vertrauenswürdigkeit ab, denn hier geht es um bewusste und vor allem auch kommunizierte Einschränkungen, die dem Nutzer der Daten vollumfänglich bewusst sind. Beispiele sind vor allem im Gesundheitssektor anzutreffen, bspw. die Entfernung von Extremwerten im Rahmen der Datenanonymisierung, aber auch grundsätzlich die Beschränkung der weitergegebenen Daten auf zustimmende Patienten. Auch im technischen Bereich ist dies möglich, als dass Industriepartner typischerweise hauptsächlich über Daten aus ihrem direkten Umfeld verfügen, jedoch weniger Daten über Mitbewerber besitzen, sie bspw. also nur die eigene Netzauslastung kennen, nicht jedoch den Gesamtverkehr einschätzen können, was die zur Lagebilderstellung notwendigen Informationen entsprechend reduziert. Das Ziel der Evaluierung von Datenquellen nach diesem Kriterium liegt daher vor allem darin begründet, Lücken in der Erfassung festzustellen und zu quantifizieren und diese durch Hinzunahme von zusätzlichen Datenquellen zu beseitigen.

Beispiel:

CVE-Meldungen betreffen nur gemeldete Sicherheitslücken, d. h. Lücken, die typischerweise dem Hersteller und der Sicherheitscommunity bekannt sind. Durch die Analyse von Untergrundforen im Dark Web kann diese eingeschränkte Sicht zumindest partiell erweitert werden.

Kategorisierung nach Genauigkeit/Detailgrad
Dieses Kriterium gibt an, inwieweit Datensätze individuellen Personen, Ereignissen oder gar Einzelhandlungen zugeordnet werden können, oder ob sie vielmehr lediglich (globale) Trends widergeben. Speziell im Bereich des OSINT ist hier eine Vielzahl unterschiedlicher Ansätze bekannt, die je nach Anwendungsfall gar nicht versuchen, Daten in der Tiefe zu analysieren, sondern eher ein möglichst breites Bild bezüglich aufkommender Trends widergeben wollen.

Beispiel:

Call Detail Records (CDRs) geben Informationen bis auf Einzelgesprächsebene zurück, wobei auch zusätzliche Informationen wie Funkzellen, Routinginformationen und dergleichen enthalten sind. Daten, die im Rahmen der Auskunftspflicht übergeben werden, enthalten jedoch eine Vielzahl an technischen Informationen nicht mehr,

Aggregatdaten sind noch deutlich ungenauer und ermöglichen typischerweise Trendanalysen, losgelöst von den darunterliegenden Detaildaten.

Kategorisierung nach Sensibilität
Kernfrage hier ist, ob die Quelle private, sensible Daten oder öffentlich verfügbare Daten liefert. Abgesehen von dieser rein diskreten Umsetzung des Kriteriums (sensitiv v.s. nicht-sensitiv) bietet sich im Fall von personalisierten Daten an, diese mit der Anonymisierungsstärke zu bewerten. Im Fall von k-anonymity könnte dies durch die Wahl des Parameters „k" abgedeckt sein. Ein Datensatz wird als „k-anonym" in Bezug auf eine fixe Größe „k" bezeichnet, wenn er in Hinblick auf die sog. Quasi-Identifikatoren (Sweeney 2002) ununterscheidbar von mindestens k-1 anderen Datensätzen innerhalb der gleichen Datenmenge ist. Der Parameter „k" kann als natürliche Zahl auf natürliche Art und Weise als Messwert dienen. Für das Konzept der k-anonymity existieren eine Unzahl an Erweiterungen (Machanavajjhala et al. 2008) in Hinblick auf Angriffe und geänderter Rahmenparameter.

Kategorisierung nach Dynamik
Informationen ändern sich mit unterschiedlicher Geschwindigkeit, manche Informationen sind von eher statischer Natur andere sind hingegen stark volatil. Im Unterschied zur Kategorisierung nach Aktualität geht es bei diesem Kriterium nicht um die Qualität der Quelle, d. h. wie schnell können Änderungen im System an der Quelle abgelesen werden, sondern um die grundsätzliche Dynamik der von der Quelle gelieferten Informationen selbst. Dabei kann vor allem eine hohe Dynamik zu Problemen in der Lagedarstellung führen, speziell wenn die Datenanreicherung eine gewisse Zeitdauer benötigt kann bei einer dynamischen Quelle das im Lagezentrum angezeigte Resultat drastisch von der gerade eben herrschenden Lage abweichen. Hier ist vor allem auch abzugleichen, inwieweit dieses Kriterium mit dem der Aktualität korreliert, d. h. Daten mit hoher Dynamik sollten passenderweise aus Quellen mit hoher Aktualität bezogen werden, um ein Lagebild erhalten zu können, dass den Stand des aktuellen Geschehens abbildet.

Beispiel:

Paketdaten in IT-Netzwerken sind von sehr hoher Dynamik, Änderungen in der Zusammensetzung des Datenstroms können sehr schnell geschehen. Der physische Standort einer kritischen Infrastruktur ist hingegen von eher geringer Dynamik. Die Dynamik könnte in diesem Fall sowohl mit der in Hinblick auf eine grundlegende Änderung benötigten Zeit, als auch mit den damit verbundenen Kosten, sowie der Wahrscheinlichkeit einer (gesteuerten oder nichtgesteuerten) Änderung gemessen werden.

Die angebundenen Quellen können in Hinblick auf ihre Eigenschaften kategorisiert werden, wobei diese Eigenschaften in manchen Fällen direkte Aussagekraft hinsichtlich der Qualität der Quellen besitzen.

Kategorisierung nach Vertrauenswürdigkeit

Dieses Kriterium beschäftigt sich mit der Frage wie vertrauenswürdig die Daten aus einer Quelle sind. Die Vertrauenswürdigkeit der Informationen einer Quelle ist insofern von der Frage nach der Vollständigkeit abzugrenzen, als dass auch eine unvollständige Quelle maximale Vertrauenswürdigkeit besitzen kann. Hierbei geht es insbesondere darum, ob Daten bewusst oder unbewusst manipuliert wurden. In diesem Zusammenhang ist vor allem eine leichte Überschneidung mit dem Kriterium der Kontrolle festzustellen, bzw. kann das Kriterium der Kontrolle Anlass zur Vermutung einer gewissen Vertrauenswürdigkeit sein.

Zusätzlich zum Kriterium der Kontrolle hängt die Frage der Vertrauenswürdigkeit auch wesentlich mit dem Kriterium des Gefährdungspotenzials durch Angriffe Dritter zusammen, die auf eine Verfälschung der Daten abzielen können. Das Kriterium der Vertrauenswürdigkeit beinhaltet aber auch die Möglichkeit des Misstrauens in Hinblick auf technische Mängel, bspw. durch Unsicherheiten in der Vorverarbeitung oder Instabilität der angewandten Algorithmen.

Beispiele:

Bei der Übernahme von Teilen eines Botnets (bspw. durch einen C&C-Server) ist zu bedenken, dass es sich hierbei auch um einen Honeypot gehandelt haben kann, bzw. der Botnetzbetreiber die Übernahme erkannt hat. Die gewonnenen Daten sind entsprechend kritisch zu betrachten. Aber auch anderweitig verfügbare Quellen, vor allem unter der Kontrolle fremder Nachrichtendienste, sind kritisch in Hinblick auf ihre Vertrauenswürdigkeit zu prüfen.

Kategorisierung nach Verfügbarkeit

Hier geht es darum zu bestimmen, ob auf die Daten aus technischer und rechtlicher Sicht überhaupt zugegriffen werden kann und diese entsprechend erschlossen sind.

Im technischen Bereich ist zu spezifizieren, mit welchen zusätzlichen Aufwänden die entsprechende Datenquelle erschlossen werden kann. Als Abgrenzung zum Kostenkriterium geht es hierbei nicht um eventuell entstehende Investitionen, sondern vor allem um die Grenzen des technisch Machbaren. Dies ist vor allem bei Quellen, die dem Bereich „Big data" (John Walker 2014) zuzuordnen sind von großer Bedeutung und eines der wesentlichen Probleme des OSINT-Bereichs, wo eines der Hauptprobleme in der Isolierung der relevanten Daten liegt. Hierbei geht es nicht primär um die Möglichkeit der technischen Verarbeitung im Lagebild selbst, sondern vor allem um die Erfassung und Anlieferung der Daten.

Im rechtlichen Bereich muss geklärt werden, ob der Zweck der Erstellung eines Lagebildes ausreichend ist, um den Zugriff auf die Daten zu rechtfertigen. Dieses Kriterium hängt daher auch wesentlich von der Entität des Erstellers des Lagebildes (bzw. Betreibers des Lagezentrums – vgl. Kap. 3) ab, sowie dessen Befugnisse (vgl. Kap. 4 und 5). Dabei ist in der Analyse nicht nur der Status-Quo festzuhalten, d. h. welche Quellen derzeit in welchem Lagebild genutzt werden können, sondern auch der Aufwand, den eine Nutzung bedeuten würde, speziell auch in Hinblick auf Eingriffe in Grundrechte und den Datenschutz.

Beispiel:

Zur Deanonymisierung von TOR-Nutzern muss eine große Menge an TOR-Knoten entweder kompromittiert, oder aber neu in das Netzwerk eingeführt werden. Die erste Methode ist hinsichtlich ihrer rechtlichen Verfügbarkeit äußerst fraglich.

Kategorisierung nach Aktualität

Wesentlich für die Qualität eines Lagebildes als Spiegel eines derzeitigen Systemzustands ist die Aktualität der Daten, d. h. die Frage, wie schnell Änderungen der beobachteten Infrastrukturen in abgegriffenen Daten sichtbar werden. Spiegeln die Daten den tatsächlichen aktuellen Stand einer Infrastruktur wider, so sind sie für die Ermittlung der aktuellen Lage wesentlich, allerdings können auch Quellen mit niedriger Aktualität, dafür größerer Genauigkeit wesentlich für eine nachträgliche Verbesserung des Lagebildes sein, die speziell im Fall von strategischen Informationen (d. h. wenig dynamischer länger gültig) sinnvoll ist.

Die Messung der Qualität einer Quelle nach diesem Kriterium ist eher komplex und stark von der Art der Quelle abhängig, im Fall von Netzwerksensoren kann sie typischerweise relativ objektiv gemessen werden. Allerdings ist dies speziell im Fall von DDoS-Angriffen auf Applikationsebene (bspw. massive Überlastung von Datenbanken oder Webservern) nicht unbedingt der Fall, da hier von den Angreifern Mechanismen gegen die frühzeitige Erkennung solcher Angriffe implementiert werden können. Im Fall von OSINT-Nachrichten ist die Messung deutlich schwieriger, üblicherweise wird man bei Ereignissen die Zeitspanne zwischen dem (erstmaligen) Auftreten des Ereignisses und dem Berichtszeitpunkt als messbare Größe heranziehen, es sind allerdings auch andere Definitionen denkbar, wie bspw. der erste Berichtszeitpunkt in einer überregionalen Quelle, der Zeitpunkt der ersten bestätigten Meldung oder der Zeitpunkt der öffentlichen Verfügbarkeit der Quelle im Internet.

Wichtig können Quellen geringer Aktualität auch in Hinblick auf sog. Post Mortem Analysen sein, die eine umfassende Analyse von Geschehnissen ermöglichen und die durchaus im Fall länger andauernder Krisen im Rahmen eines Lagebildes wesentliche Erkenntnisse liefern können.

Beispiel:

Auf Routingdaten basierende Datenströme, bspw. Signalisierung SS7 (signaling system number 7) (Bantukul et al. 2015), spiegeln Änderungen im System sehr schnell wider, da sie die Signalisierung selbst steuern. Änderungen im Routing, bspw. die Nutzung von Drittprovidern, sind daher sehr kurzfristig erkennbar. Migrationsströme zwischen

Anbietern auf Basis von Rufnummermitnahme-Meldungen sind hingegen deutlich langsamer, da hier bis zu zwei Wochen bis zur Meldung einer Rufnummermitnahme vergehen dürfen.

Kategorisierung nach Kritikalität
Die Fragen wie kritisch eine Quelle für die Erstellung des Lagebildes ist und wie wichtig die Informationen, steht hier im Mittelpunkt. Dies ist vor allem in Zusammenhang mit der Erschließung redundanter Quellen wichtig. Dieses Kriterium ist in jedem Lagezentrum indiviudell festzulegen und wird sich von Ausprägung zu Ausprägung des Lagebildes, bzw. zwischen den Lagebildinstanzen teilweise erheblich unterscheiden. Speziell für Informationen hoher Kritikalität sind daher auch redundante Quellen vorzusehen, mit deren Hilfe Ausfälle kompensiert werden können, aber auch die Qualität der angelieferten Daten verifiziert werden kann.

Beispiel:

Der Heartbeat einer wichtigen Netzwerkkomponente eines Backbones stellt eine kritische Quelle dar, um Ausfälle sehr rasch erkennen zu können, hierfür sind redundante Quellen von großem Interesse.

Kategorisierung nach Kosten
Im Zentrum der Betractungen stehen hier Kosten zur Erschließung der Quelle, inkl. Einmalkosten, aber auch regelmäßige Ausgaben. Dies inkludiert nicht nur Lizenzzahlungen, sondern auch Gestehungskosten wie Ressourcen- und Personalkosten. Diese Kosen können im Rahmen einer klassischen Kostenanalyse eruiert werden und werden im Rahmen einer Kosten-Nutzen-Rechnung in Hinblick auf andere Kriterien abgewogen.

Beispiel:

Der Betrieb eines Sensornetzwerks in einem kritischen Netzbereich eines Kommunikationsproviders erzeugt Gestehungskosten von 500.000 € sowie operative Kosten von 1000 €/Monat. Letztere entstehen dadurch, dass (a) ein Operator des Netzbetreibers pauschal geringfügige Wartungsarbeiten abgegolten bekommt, die durch die Einführung der Sensorik verkompliziert wurde und (b) aus Lizenzkosten für die Sensorplattform.

Kategorisierung nach Kontrolle
Die Fragen wer eine Quelle kontrolliert, wer der Ersteller der Daten im Einflussbereich der lagebildbetreibenden Organisationseinheit ist, und welche Kontrolle der Staat über eine Quelle hat, sind hier zu beantworten. Dies ist in Ergänzung zum Kriterium der Vertrauenswürdigkeit zu sehen und fokussiert hierbei vermehrt auf die formale, rechtmäßige Eigentümerstruktur, nicht jedoch auf die Verfälschung von Daten in Hinblick auf Angriffe. Wesentliche Beispiele betreffen hierbei Aufklärungsdaten befreundeter Staaten,

sowie Sensordaten großer Wirtschaftsunternehmen. Speziell bei der Anbindung von Informationsquellen befreundeter Dienste ist dieses Kriterium in Absprache mit den Bedarfsträgern zu berücksichtigen. Aber auch im Rahmen traditioneller Datenquellen aus kritischen Infrastrukturen, insbesondere im Hinblick auf den Einsatz spezieller Sensorik in großen Anlagen, ist die Frage nach der Kontrolle berechtigt. Diese muss hierbei nicht beim Betreiber der kritischen Infrastruktur alleine liegen, sondern u. U. beim Hersteller der Sensoren oder der Anlage.

Kategorisierung nach Vernetzungsgrad/Abhängigkeiten

Bei der Betrachtung von Daten als Informationsquellen wird oftmals unhinterfragt angenommen, dass die Informationen direkt vom Datenlieferanten erzeugt werden. Dies ist natürlich in Bereichen wie Sensorik in Netzwerken oftmals der Fall, allerdings sind viele als „unteilbar" wahrgenommene Datenquellen in Wirklichkeit das Ergebnis hochkomplexer Aggregierungsvorgänge, teilweise sogar unter Einbezug externer Datenlieferanten, interner Anreicherungsworkflows oder externer Sensorik. Beispiele dafür finden sich bspw. im Telekommunikationssektor zur Genüge.

Wesentliche Fragen, die in Zusammenhang mit diesem Kriterium zu klären sind:

- Wie abhängig ist die Quelle von anderen Quellen?
- Handelt es sich um eine originäre (Primär-)Quelle, oder um eine Aggregation/Kombination von Quellen?
- Sind externe Quellen, d. h. Quellen, die von Dritten angeliefert werden, involviert?
- Welche anderen Hersteller und Partner sind hierbei zu berücksichtigen?

Beispiel:

Gesprächsdaten werden oftmals direkt im Mobilvermittlungszentrum (MSC) abgenommen und als Primärdaten weiterverarbeitet. In manchen Architekturen bestehen diese vermeintlichen Primärdaten aus einem Aggregat aus mehreren einzelnen Sensordaten. Im Fall von Abrechungsdaten liegen zwischen den von den Switches angelieferten „Rohdaten" und dem gelieferten Datenstrom überhaupt eine große Zahl verschiedener Anreicherungsschritte: Aus den einzelnen Call-Partikel werden ganze Calls zusammengesetzt. Dabei werden auch wesentliche Schritte zur Input-Sanitization durchgeführt, d. h. die Daten werden auf ihre Sinnhaftigkeit in Bezug auf Vollständigkeit und semantische Korrektheit untersucht. Datensätze, die den vorgeschriebenen Qualitätsmaßstäben nicht genügen werden ausgeschieden und eventuell, bei gehäuftem Auftreten, gesondert analysiert. Die fertigen, semantisch korrekten, Call Detail Records müssen wiederum einem Betreiber und damit einem Nutzer zugeordnet werden, was aufgrund von Rufnummermitnahme (MNP) nicht mehr via Rufnummer geschehen kann. Diese Anreicherungstabellen müssen entsprechend gewartet werden, die darin enthaltenen Informationen werden von Dritten an das System angeliefert. Komplizierter wird das Konzept noch durch Hinzufügung weitere Datenquellen zur Inputvalidierung oder Anreicherung.

Kategorisierung nach Verarbeitbarkeit im Lagebild
Dieses Kriterium eruiert, ob die Datenmengen mit derzeit budgetär möglichen Mitteln im Rahmen eines Lagebildes verarbeitbar sind. Da es sich hierbei nicht um prinzipielle technische Machbarkeitsfragen handelt, sondern die Mittel des Lagebildprojekts wesentlicher Maßstab sind, wird das Ergebnis wesentlich vom Resultat bezüglich des Kriteriums der Verfügbarkeit abweichen. Allerdings ist das Ergebnis dieses Kriteriums wesentlich für die Umsetzung eines Lagebildes, speziell in Hinblick auf Quellen hoher Kritikalität.

Beispiel:

Das Problem der Beschaffung von Informationen aus öffentlichen Quellen im Rahmen der Auswertung von Internetseiten ist eine klassische Version dieses Problems. Für die meisten Dienste besteht eines der Hauptprobleme von OSINT-Anwendungen in der benötigten Reduktion der gecrawlten Inhalte zum Zweck der Verarbeitbarkeit der Datenmengen.

Kategorisierung nach Kontinuität
In Ergänzung zum Kriterium der Dynamik ist ein wesentliches Kriterium die Kontinuität der Datenquellen: Stellt eine Datenquelle kontinuierlich Daten bereit oder nur zu gewissen Zeitpunkten (diskrete Verfügbarkeit), oder lediglich bei gewissen Ereignissen (anlassbezogene Verfügbarkeit)? Dies ist vom Kriterium der Dynamik abzugrenzen, da auch anlassbezogene Quellen sehr hohe Dynamik aufweisen können. Beispielsweise könnte eine Datenquelle sehr schnell auf Ereignisse reagieren, die jedoch nur selten auftreten, bspw. Sensoren zur Messung von Grenzwertüberschreitungen bezüglich des Auftretens von Substanzen.

Beispiel:

Im Bereich der Messung der Netzwerkauslastung existieren Sensoren, die kontinuierlich Werte messen und in Echtzeit übermitteln, sowie Alarmsensoren, die lediglich auf eine Grenzwertüberschreitung reagieren.

Kategorisierung nach Flexibilität
Dabei geht es vor allem darum, inwieweit die Daten einer Quelle noch auf die individuellen Bedürfnisse des Lagebildes abgestimmt werden können. Dies betrifft zum einen Kriterien wie die Anreicherung um zusätzliche Datenattribute, aber auch Änderungen in der Art der Quelle selbst, bspw. bezüglich Taktung der Datenlieferung, Detailgrad, Meldung verworfener Datensätze und dergleichen. Dem gegenüber steht eine Quelle, die lediglich passiv konsumiert werden kann und keinerlei Einfluss des Lagebildbetreibers auf die Daten besteht. Dieser Einfluss ist insofern nicht mit dem Kriterium der Kontrolle zu verwechseln, als dass es aufgrund von technischen oder rechtlichen Gegebenheiten auch bei

Datenquellen, die unter der vollen Kontrolle des Lagebildbetreibers stehen, zu geringer Flexibilität kommen kann.

Beispiel:

Die Änderung der eruierten Daten aus einem Mobilvermittlungszentrum basierend auf Standardprotokollen kann nur sehr schwer geändert werden, auch das Hinzufügen von in Switches vorhandenen Informationen zu den Datenströmen ist komplex und bedeutet massive Aufwände. Die Bereitstellung von vorhandenen Attributen aus Anreicherungstabellen ist hingegen relativ einfach zu bewerkstelligen.

Kategorisierung nach Typisierung

Wesentlich für die weitere Betrachtung im Rahmen eines Lagebildes ist der Typ der Daten, die angeliefert werden, bzw. das benötigte Hintergrundwissen zur Analyse und Isolierung der Informationen aus den Daten, aber auch der Analyse der Auswirkung von Änderungen in den Daten. Dies betrifft auch die Frage, welches zusätzliche Know-How für die Betreiber eines Lagezentrums durch Experten zur Verfügung stehen muss, um etwaige Ausfälle und anderweitige Effekte hinreichend verstehen zu können.

Beispiele:

Mögliche Kategorien für den Datentyp können bspw. Messdaten, andere technische Daten, Daten aus dem Betrieb, Daten aus der Abrechnung, Wirtschaftsdaten und dergleichen sein. Mögliche Datentypen sind in Zusammenarbeit mit den Bedarfsträgern und in Hinblick auf reale Quellen zu diskutieren und abzustimmen.

6.5 Beispiel Bewertung der Quellen

6.5.1 Bewertungsschema

Die aus Lagebildern abgeleiteten Entscheidungen basieren auf der Auswertung verschiedener Daten und Informationen aus sehr unterschiedlichen Quellen. Daher ist die Qualität der einzelnen Informationsquellen und der Daten und Informationen selbst von großer Bedeutung. Die Qualität von Informationsquellen kann unter Zuhilfenahme eines Evaluierungsschemas bestimmt werden. Es gibt zahlreiche Methoden zur Bewertung von Informationen. Doch die Gemeinsamkeit ist, dass alle Methoden Qualitätskriterien als Grundlage zur Qualitätsbestimmung nutzen. Eine sehr verbreitete Methode ist die *CRAAP Methode* (Wichowski und Kohl 2012). Diese Technik nutzt 5 ausgewählte Qualitätskriterien zur Bewertung der Qualität der Quellen; nämlich Currency, Relevance, Authority, Accuracy und Purpose. Diese Kriterien überlappen sich mit den Qualitätskriterien aus

Abschn. 6.4.1: *Currency* entspricht der Aktualität, *Relevance* der Relevanz (oder Kritikalität), *Authority* der Kontrolle, *Accuracy* der Vollständigkeit und *Purpose* dem Vertrauen und der Zweckmäßigkeit. Bei der Erstellung von Lagebildern und Situationsbewusstsein sind diese Datenqualitätskriterien auch unerlässlich.

Bei der Beispiel-Evaluierung von Daten- und Informationsquellen im Falle eines DDoS-Angriffs und eines Ransomware-Angriffs wurde die CRAAP Methode verwendet. Die Qualitätskriterien aus der CRAAP Methoden wurden mit zwei zusätzlichen relevanten Qualitätskriterien ergänzt, nämlich mit der Verfügbarkeit und Sensibilität. Die Datenqualitätskriterien sind von 1 (trifft nicht zu) bis 10 Punkte (trifft zu) bewertet. Es wird eine Skala von 1 bis 10 Punkte verwendet, damit auch geringfügige Unterschiede zwischen zwei Quellen verdeutlicht werden können. Die Beispiele für die folgenden Kategorien enthalten exemplarisch je eine konkrete Quelle und zeigen wie das in diesem Dokument beschrieben Bewertungsschema zur Anwendung gebracht wird. Vertreter gewählter Daten- und Informationsquellen kommen aus den folgenden Gruppen:

- Datenbank: Schwachstellen Datenbank
  - Konkretes Beispiel: CVE Datenbank von MITRE
- Mailing: Mailinglist
  - Konkretes Beispiel: Mailinglist von Recorded Future[16]
- Themenrelevante Plattformen: Blogging Funktion
  - Konkretes Beispiel: deutschsprachiges Webportal Heise Security Online[17]

In den weiteren Abschnitten folgt die Darstellung der exemplarischen Anwendung des in diesem Kapitel beschriebenen Bewertungsschemas.

6.5.2 Anwendung des Bewertungsschemas

Diagramm 1 gibt eine Übersicht über die Ergebnisse der Bewertung der verschiedenen Informationsquellen. Die vorher ausgewählten Qualitätskriterien dienen als Basis für die Evaluierung. Dazu folgt eine kurze Erklärung und Definition der verwendeten Qualitätskriterien, um sie zur jeweiligen Daten-und Informationsquelle anzupassen. Die Qualitätskriterien können in Bezug auf die verschiedenen Informationsquellen ganz unterschiedlich gewichtet werden. Das Kriterium Aktualität mit 9 oder 10 Punkten kann bezogen auf Monitoring-Systeme in Sekunden oder Minuten gemessen werden, aber bezogen auf Meldeprozesse von Betreibern kritischer Infrastrukturen in Stunden. Die folgenden Kriterien sind im nachfolgenden Beispiel allgemein gewichtet für alle Informationsquellen.

[16] Recorded Future, https://www.recordedfuture.com/ (Letzter Zugriff: 21.05.2018)

[17] Heise.de, http://www.heise.de/security/ (Letzter Zugriff: 21.05.2018)

Qualitätskriterium	Punkte	Erklärung
Aktualität Die Aktualität bezieht sich auf den Zeitpunkt und die Dauer der Datengewinnung bis zur Veröffentlichung oder Publikation.	1–2	mehrere Monate bis zur Veröffentlichung
	3–4	von 3 Wochen bis zu ein Monat
	5–6	von 5 Tagen bis zu 14 Tagen
	7–8	von 3 Tagen bis zu 5 Tagen
	9–10	von Minuten bis zu 3 Tagen zwischen der Datengewinnung und Veröffentlichung
Kritikalität Die Kritikalität (oder anders genannt Relevanz) bezieht sich auf die Bedeutung der Informationsquelle zur Erstellung eines Lagebildes.	1–2	irrelevant
	3–4	ergänzende Informationen
	5–6	benötigte Informationen
	7–8	sehr relevante Bausteine
	9–10	unerlässlich, bildet die Grundlage
Kontrolle Das Kriterium Kontrolle umfasst die Informationen über den Eigentümer/Betreiber der Informationsquelle und den Autoren der Informationen.	1–2	nicht qualifizierter Autor, keine Kontrolle über die Quelle, keine Erreichbarkeit
	3–4	nicht qualifizierter Autor, keine Kontrolle, aber Kontaktdaten vorhanden
	5–6	entweder keine Kontrolle, Qualifikation oder Kontaktdaten
	7–8	qualifizierter Autor mit Kontrolle über die Quellen, keine Kontaktdaten
	9–10	qualifizierter Autor und erreichbarer Eigentümer der Informationsquelle
Vollständigkeit Ein Datensatz muss alle notwendigen Attribute enthalten. Ist dies nicht der Fall, müssen Ergänzungsquellen herangezogen werden.	1–2	nicht nutzbare Informationen
	3–4	Informationen ohne zusätzlichen Informationen oder technischen Angaben
	5–6	Informationen, die als Hintergrundinformation dienen oder nur technische Daten
	7–8	ausführliche Informationen mit wenig Hintergrundinformatoin
	9–10	ausführliche Informationen mit Hintergrundinformatione und technischen Angaben
Vertrauen Das Qualitätskriterium Vertrauen misst die Vertrauenswürdigkeit der Informationsquellen. Dieses Kriterium ist schwer objektiv zu beurteilen. Es hängt von der jeweiligen Bewertungseinheit ab, wie die Vertrauenswürdigkeit gemessen und bewertet wird.	1–2	nicht vertrauenswürdig
	3–4	beschränkt vertrauenswürdig
	5–6	bedingt vertrauenswürdig
	7–8	vertrauenswürdig
	9–10	sehr vertrauenswürdig (zum Beispiel die eigenen Informationsquellen)

Qualitätskriterium	Punkte	Erklärung
Verfügbarkeit Die Verfügbarkeit bezieht sich auf die Erreichbarkeit der Informationen aus technischer, finanzieller und rechtlicher Sicht. Die Verfügbarkeit kann beispielsweise durch die Verarbeitung der Daten verzögert werden (technische Verfügbarkeit).	1–2	technisch, finanziell und rechtlich nicht erreichbare Informationsquelle
	3–4	nur eine der drei Anforderungen erfüllt
	5–6	zwei Anforderungen von den drei erfüllt
	7–8	
	9–10	technisch, finanziell und rechtlich erreichbare Informationsquellen
Sensibilität Die Sensibilität beschreibt das notwendige Schutzbedürfnis im Bezug auf die in einer Quelle enthaltenen Informationen und Daten, bspw. bei personenbezogenen Daten.	1–2	wenig sensitive Daten (< 20 %)
	3–4	kaum sensitive Daten vorhanden (20–50 %)
	5–6	moderat sensitive Daten (~ 50 %)
	7–8	viele sensitive Daten (50–80 %)
	9–10	die Quelle enthält hauptsächlich sensitive Daten (> 80 % des Inhalts)

Durch rigorose Anwendung der oben beschriebenen Qualitätskriterien im Zuge einer gewissenhaften Evaluierung ergeben sich die folgenden Ergebnisse für die zuvor ausgewählten Daten- und Informationsquellen (Abb. 6.7).

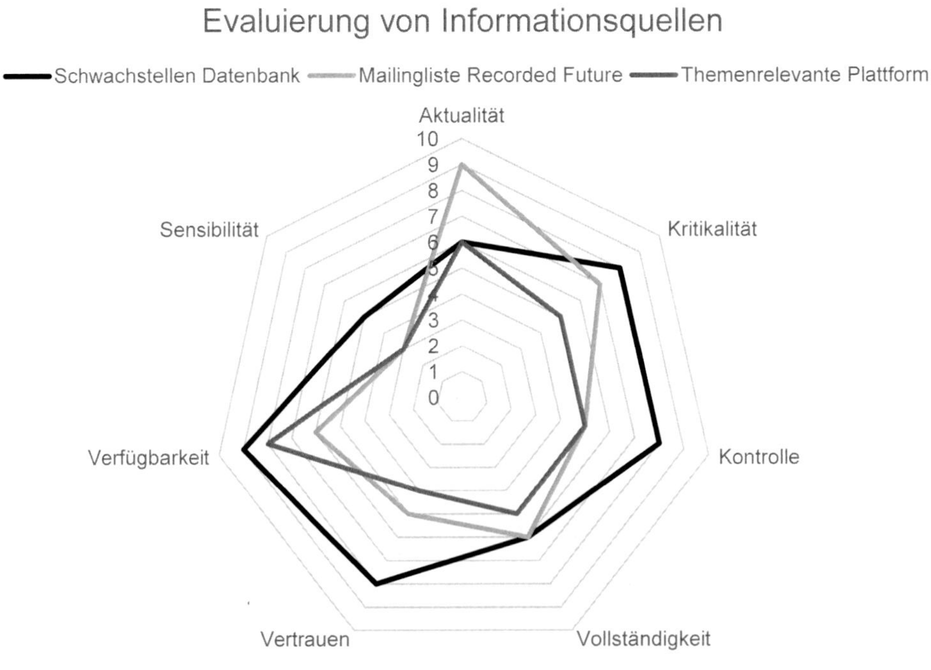

Abb. 6.7 Evaluierung von Informationsquellen

Das Diagramm veranschaulicht deutlich, dass die gewählten Informationsquellen sehr unterschiedliche Eigenschaften besitzen und keine davon eine vollständige und ausreichende Informationsquelle darstellt. Daher werden für die Erstellung von Lagebildern immer mehrere unterschiedliche Quellen, die einander ergänzen, verknüpft. Es gibt beispielsweise Informationsquellen, die eher technische Inhalte, wie z. B. Informationen über Verwundbarkeiten, liefern, dann jedoch eventuell mit Kontextdaten, wie dem Wissen wer potenziell betroffene Systeme betreibt, ergänzt werden müssen.

6.5.3 Beispielhafte Evaluierungen von Informationsquellen

6.5.3.1 CVE Datenbank von MITRE

Die Common Vulnerabilities and Exposures (CVE) Datenbank der MITRE Corporation ist eine in der Industrie breit anerkannte Quelle. Deren Ziel ist die Einführung einer einheitlichen Namenskonvention für Sicherheitslücken und andere Schwachstellen in Computersystemen.

Qualitätskriterien	Schwachstellen Datenbank: CVE Database (MITRE)[a]	
Aktualität	6	Es vergehen zwischen 5 und 14 Tagen von der Datengewinnung bis zur Veröffentlichung. Die externen Informationen müssen vom CVE Content-Team verifiziert werden, welches die RSS Vulnerability Feeds in einem Acht-Tage-Fenster einpflegt und auch aufgrund der Responsible Disclosure Policy kurzfristig zurückgehalten werden (Cavusoglu 2005),
Kritikalität	8	Die CVE Schwachstellen Datenbank ist ein sehr relevanter Baustein zur Erstellung von Lagebildern. Schwachstellen zählen in Kombination mit Exploits zu den größten Gefährdungen.
Kontrolle	8	CVE ist durch das US-CERT gefördert (durch das Amt für Cybersecurity und Kommunikation des DHS), so ist die Qualifikation der Autoren gewährleistet. Die CVE Liste ist von MITRE urheberrechtlich geschützt. Der Inhalt und externe Informationen, zum Beispiel zur Aktualisierung der Daten, müssen vom CVE Content-Team verifiziert werden. Daher haben sie selbst die Kontrolle über die Informationsquelle. CVE selbst erstellt keine Daten. Die Informationen über die neue Schwachstellen sind von externen Ressourcen zur Verfügung gestellt (zum Beispiel von der National Vulnerability Database).
Vollständigkeit	6	Die CVE Datenbank enthält eher technische Angaben und die Bewertung der einzelnen Schwachstellen mit wenigen Kontextdaten.
Vertrauen	8	Die Datenbank als Informationsquelle gilt als vertrauenswürdig aufgrund der engen Zusammenarbeit mit staatlichen Organisationen, wie U.S National Vulnerability Database, US-CERT and U.S Department of Homeland Security.[b] Da sie aber nicht unter eigener Kontrolle liegt, wurde sie mit 8 Punkte bewertet.

Qualitätskriterien	Schwachstellen Datenbank: CVE Database (MITRE)[a]	
Verfügbarkeit	9	Die CVE Liste ist von MITRE urheberrechtlich geschützt, aber die CVE Datenbank ist kostenlos zugänglich für jeden Benutzer. Daher ist die rechtliche und finanzielle Verfügbarkeit garantiert. Die technische Verfügbarkeit ist durch das Tool CVE-Compatible optimiert. Es erlaubt die Informationen mit anderen Produkten zusammenzuführen und so eine flexiblere Datenverarbeitung.
Sensibilität	5	Die Datenbank selbst enthält sensitive Daten über ausnutzbare Sicherheitslücken, die für Hacker hilfreich sein können, aber keine vertraulichen Daten über Organisationen oder Privatpersonen, daher wird das Attribut Sensibilität mittel bewertet.

[a]CVE MITRE, https://cve.mitre.org/ (Letzter Zugriff: 21.05.2018)
[b]U.S. Department of Homeland Security, https://www.dhs.gov/ (Letzter Zugriff: 21.05.2018)

6.5.3.2 Mailingliste von Recorded Future

Die Firma *Recorded Future – Real-time Threat Intelligence* analysiert kontinuierlich das Web und identifiziert Bedrohungen und Threat Indicators. Aus den real-time Threat Intelligence-Informationen leitet die Firma Trends mit unterschiedlichen Schwerpunkten ab. Die Mailingliste von Recorded Future ermöglicht somit einen Überblick über die aktuellsten Bedrohungen im Cyberspace zu erhalten. Die tägliche Nachricht enthält fünf Link mit Top Cyber News, Zusammenfassung über die Top Zielindustrien, über die Aktivität der Threat Actors, über die am meisten ausgenutzten Schwachstellen mit CVE-ID, über die am meisten benutzte Schadsoftware und die Top verdächtigen IP-Adressen.

Qualitätskriterien	Mailinglist: Cyber Daily von Recorded Future[a]	
Aktualität	9	Die Firma bietet ein zeitnahes Monitoring von öffentlichen Quellen im Web. Sie nennen es Real-time Threat Intelligence. Die Nachrichten werden täglich mit den aktuellsten Statistiken und Zusammenfassungen ausgeschickt.
Kritikalität	7	Die Mailing Liste ist eine sehr relevante Informationsquelle für die Erstellung von Lagebildern, insbesondere wegen der hohen Aktualität der Informationen.
Kontrolle	5	Die Firma arbeitet vor allem mit öffentlichen Informationen (Open Intelligence). Aber die abgeleitete Erkenntnisse und Ergebnisse gehören der Firma selbst, die sie als Service verwerten können. Das Team von Recorded Future besteht aus Software-Ingenieuren, Linguisten, technischen Geschäftsleuten mit tiefen Know-how in der Informationssicherheit, Datenanalyse und Visualisierung. Man hat aber keinen Überblick darauf wie welche Daten von wem bearbeitet werden.

Qualitätskriterien	Mailinglist: Cyber Daily von Recorded Future[a]	
Vollständigkeit	6	Die tägliche Nachrichten sind eher Top-Ranglisten in den folgenden Themenbereichen: aktuellste Cyber News, Zielunternehmen, Top Threat Actors, meist ausgenutzten Schwachstellen, Top Schadsoftware und verdächtige IP-Adressen. Die Ranglisten enthalten Links entweder zu einem bestimmten Artikel oder zu der Visualisierungsoberfläche von Recorded Future, die die wesentliche Informationen veranschaulicht und zusammenfasst. Diese Informationsquelle gilt als ein sehr guter Ausgangspunkt für weitere Recherche.
Vertrauen	5	Recorded Future ist ein amerikanisches Unternehmen mit zahlreichen Partnern, zu den Investoren gehören Google und die CIA.[b] Politische Interessen sind daher nicht eindeutig ausschließbar.
Verfügbarkeit	6	Die Mitgliedschaft bei der Mailing Liste ist kostenlos. Für weitere technische Angaben oder ausführlichere Kontextdaten muss man bezahlen. Der Bezug von vollständigen Daten und Informationen kann kostenintensiv sein.
Sensibilität	3	Im Gegensatz zu den speziell an Kunden angepassten Dienstleistungen von Recorded Future, enthalten die kostenlosen und frei verfügbaren Nachrichten keine persönlichen oder sensiblen Daten.

[a]Recorded Future, https://www.recordedfuture.com/ (Letzter Zugriff: 21.05.2018)
[b]Spiegel Online, Big-Data-Vorhersagen: „Wir nennen das den Unterleib des Netztes“, Marcel Rosenbach, http://www.spiegel.de/netzwelt/netzpolitik/recorded-future-christopher-ahlberg-ueber-zukunftsprognosen-a-1090125.html (Letzter Zugirff: 21.05.2018)

6.5.3.3 Webportal Heise Security Online

Die Webplattform von Heise Security liefert einen kompakten Überblick zur aktuellen Bedrohungslage. Das deutschsprachige Security-Portal veröffentlicht aktuelle Neuigkeiten aus dem Bereich IT und Telekommunikation, sowie Hintergrundartikel und Foren seit 1996.

Qualitätskriterien	Themenrelvante Plattform: Heise Security[a]	
Aktualität	6	Die Webplattform veröffentlicht Nachrichten mit unterschiedlicher Regelmäßigkeit, zirka 1 bis 3 Nachrichten pro Tag. Die Nachrichten sind oft schon ein paar Tage alt und vorher von englischsprachigen Portalen veröffentlich worden (Cavusoglu et al. 2005).
Kritikalität	5	Das Portal gilt als eine nicht besonders kritische Informationsquelle, da sie leicht durch andere Quellen substituiert werden kann. Wegen der hohen Besucherzahlen hat diese themenrelevante Webseite jedoch mehr Bedeutung als andere ähnliche Nachrichten-Webseiten in diesem Themenbereich. Die Kommentare in den Nutzerforen enthalten weitere Informationen, sowie nützliche weiterführende Links, als auch Bestätigungen von Artikeln oder kritische Bewertungen, die mit sachlichen Argumenten manche Artikel widerlegen.

Qualitätskriterien	Themenrelvante Plattform: Heise Security[a]	
Kontrolle	5	Die Verfasser von Nachrichten sind auf der Webseite auffindbar. Die Beurteilung der ausreichenden Qualifikation der Autoren ist schwierig. Das angeschlossene Forum bietet jedoch die Möglichkeit Kommentare zu schreiben oder ein neues Thema zu eröffnen.
Vollständigkeit	5	Die Nachrichten sind einfach verständlich und überschaubar. Technische Einzelheiten sind selten auffindbar (eher in den Foren).
Vertrauen	4	Das Portal ist mit über 26 Millionen Besucher der meistbesuchte deutschsprachige IT-Nachrichtenticker und gehört zu den erfolgreichsten deutschsprachigen Nachrichten-Portalen.
Verfügbarkeit	9	Die Webseite ist kostenlos, technisch und rechtlich problemlos erreichbar.
Sensibilität	3	Die Webplattform enthält keine persönlichen oder sensiblen Daten.

[a]Heise.de, http://www.heise.de/security/ (Letzter Zugirff: 21.05.2018)

6.6 Zusammenfassung und Ausblick

In Cyber-Lagezentren erfolgt die Erstellung von Lagebildern durch die Auswertung zahlreicher gesammelter Daten und Informationen. Die Etablierung der Lagebilder benötigt die Kombination und Korrelation eines breiten Spektrums unterschiedlicher Daten; von Vorfalls-bezogenen Informationen im Cyberbereich, wie den Meldungen der IKT-Betreiber an das Cyber-Lagezentrum, bis zu generellen Kontextinformationen, wie z. B. der aktuellen politischen Lage.

Die erforderlichen Informationen für Lagebilder und das darauf aufbauende Situationsbewusstsein gewinnt man durch Analyse umfangreicher Daten und Informationen aus unterschiedlichen Quellen. Durch Analyse und Korrelation der unterschiedlichen Daten werden wertvolles Wissen und daraus abgeleitete Erkenntnisse erzeugt. In diesem Kapitel wurden die Dateien und Informationen in zwei Kategorien unterteilt, in das Kernlagebild und den Lagebildkontext. Das Kernlagebild besteht dabei aus zwei Unterkategorien: Kerndaten und Kerninformationen; der Lagebildkontext hingegen aus Kontextdaten und Kontextinformationen. Kerndaten (z. B. einfache Rohdaten von Cyber Security Sensoren) und Kerninformationen (z. B. aufbereitete Informationen über Assets und Netzstrukturen) bilden zusammen die Grundlage zur Erstellung eines Kernlagebildes. Durch die Interpretation dieses Kernlagebildes unter Zuhilfenahme von Kontextdaten und Kontextinformationen (z. B. wirtschaftliche Abhängigkeiten von Organisationen, aktuelle politische Lage etc.) wird Situationsbewusstsein erzeugt, welches die Grundlage für effektives Handeln ist. Das Kapitelt zeigt eine mögliche Klassifizierung von Kern- und Kontextinformationen.

Im Bezug auf Cyber-Vorfälle werden überwiegend elektronische Quellen verwendet. Diese Quellen können nach verschiedenen Aspekten kategorisiert werden, insbesondere nach deren Zugänglichkeit, Eigentümer der Information, Erfassungsart oder Strukturierung von Daten und Informationen und deren Relevanz. In diesem Kapitel wurden auch Qualitäskriterien für Informationen und deren Quellen vorgestellt, so wie eine beispielhafte Auswahl von Informations- und Datenquellen in zwei verschiedenen Agriffsszenarien: einem DDoS Angriff und einer Ransomware-Kampagne. Nach der detaillierten Beschreibung von Qualitätskriterien wurde ein mögliches Bewertungsschema und seine Anwendung im Cyber Bereich durch konrkete Beispiele vorgestellt.

Fehlentscheidungen und nicht realitätsnahe Lageeinschätzungen, aufgrund Informationen mit schlechter Qualität, können erheblichen Schaden verursachen. Daher ist die Bestimmung der Qualität von Daten und Informationen ein zentraler Themenbereich für Cyber-Lagezentren. Die Daten- und Informationsqualität bildet außerdem einen kritischen Aspekt im Bereich der nationalen Sicherheit. Beispielsweise haben Daten minderer Qualität beim Air France Vorfall 2013 im Einsatz zu einem falschen Alarm geführt. Auch die 9/11 Anschläge zeigten eine weitere Schwierigkeit der wachsenden Datenmenge, nämlich die rechtzeitige Datenaggregation und Korrelation. Laut 9/11 Abschlussbericht gehören die inkonsequente Prioritätensetzung bei der Datenaggregation und die schlechten oder nicht vorhandenen Kommunikationswege zwischen den Behörden zu den kritischsten Bereichen. Um eine bestimmte Daten- und Informationsqualität gewährleisten zu können, ist also eine konsequente Qualitätsbewertung essenziell.

Abkürzungsverzeichnis

CDR	Call Detail Records
CERT	Computer Emergency Response Team
CobiT	Control Objectives for Information and Related Technologies
COMINT	Communication Intelligence
CVE	Common Vulnerabilities and Exposures
DDoS	Distributed Denial of Service
DHS	U.S. Department of Homeland Security
DNS	Domain Name Server
EDA	Europäische Verteidigungsagentur
ELINT	Electronic Signals Intelligence
ENISA	European Network and Information Security Agenc<
FISINT	Foreign Instrumentation Signals Intelligence
HTTP	Hypertext Transfer Protocol
HUMINT	Human Intelligence
IDS	Intrusion Detection System
IKT	Informations- und Kommunikationstechnologie
IPS	Intrusion Prevention System
ISO	International Organization for Standardization
ITIL	IT Infrastructure Library
KI	Kritische Infrastrukturen
KSÖ	Das Kuratorium Sicheres Österreich

LDAP	Lightweight Directory Access Protocol
MNP	Mobile Rufnummermitnahme/Mobile Number Portability
MSC	Mobilvermittlungszentrum/Mobile Switching Centre
NIS	Netz- und Informationssicherheit
NIST	National Institute of Standards and Technology
NVD	National Vulnerability Database
NW	Netzwerk
OSINT	Open Source Intelligence
PSTN	Public Switched Telephone Network
RTR	Rundfunk und Telekom Regulierung
SCADA	Supervisory Control and Data Acquisition
SIGINT	Signals Intelligence
STIX	Structured Threat Information Expression
TECHINT	Technical Intelligence
TOR	The Onion Router
TTP	Tactics, Techniques, and Procedures

Literatur

Alavi, M., & Leidner, D. E. (2001). Knowledge management and knowledge management systems: Conceptual foundations and research issues. MIS quarterly, 107-136.

Bantukul, A., & Marsico, P. J. (2015). U.S. Patent No. 9,043,451. Washington, DC: U.S. Patent and Trademark Office.

BKA. (2013) Österreichische Strategie für Cyber Sicherheit. https://www.bundeskanzleramt.gv.at/cyber-sicherheit-egovernment (Letzter Zugriff: 21.05.2018)

Bundesamt für Sicherheit in der Informationstechnik. (2012). Abwehr von DDoS-Angriffe, https://www.allianz-fuer-cybersicherheit.de/ACS/DE/_/downloads/BSI-CS_002.pdf?__blob=publicationFile&v=2 (Letzter Zugriff: 21.05.2018)

Bundesministerium des Innern. (2009). Nationale Strategie zum Schutz Kritischer Infrastrukturen (KRITIS-Strategie). https://www.bbk.bund.de/SharedDocs/Downloads/BBK/DE/Publikationen/PublikationenKritis/Nat-Strategie-Kritis_PDF.pdf?__blob=publicationFile (Letzter Zugriff: 21.05.2018)

Cavusoglu, H., Cavusoglu, H., & Raghunathan, S. (2005). Emerging Issues in Responsible Vulnerability Disclosure. In WEIS.

CERT.at. (2017). NIS-Richtlinie: Umsetzung aus österreichischer Sicht, https://www.cert.at/reports/report_2016_chap04/content.html (Letzter Zugriff: 21.05.2018)

Conroy, N. J., Rubin, V. L., & Chen, Y. (2015). Automatic deception detection: Methods for finding fake news. Proceedings of the Association for Information Science and Technology, 52(1),1-4.

Eckerson, W. (2002) Data Quality and the Bottom Line: Achieving Business Success through a Commitment to High Quality Data/The Data Warehousing Institute. 2002.

Eis, D., & Wolf, U. (2008). Qualitätssicherung beim Lymphozytentransformationstest–Addendum zum LTT-Papier der RKI-Kommission „Methoden und Qualitätssicherung in der Umweltmedizin". 51, 1070-1076.

English, L. P. (2005). Information quality: Critical ingredient for national security. Journal of Database Management, 16(1), 18.

ENISA. (2015). Guideline on Threats and Assets - Technical guidance on threats and assets in Article 13a, https://resilience.enisa.europa.eu/article-13/guideline_on_threats_and_assets (Letzter Zugriff: 21.05.2018)

Europäische Kommission. (2001) Sicherheitsvorschriften der Kommission. (2001). http://eur-lex.europa.eu/LexUriServ/LexUriServ.do?uri=OJ:L:2001:317:0001:0055:DE:PDF (Letzter Zugriff: 21.05.2018)

Europäisches Parlament. (2016).Richtlinie (EU) 2016/1148 des Europäischen Parlaments und des Rates vom 6. Juli 2016 über Maßnahmen zur Gewährleistung eines hohen gemeinsamen Sicherheitsniveaus von Netz- und Informationssystemen in der Union, http://eur-lex.europa.eu/legal-content/DE/TXT/?uri=CELEX%3A32016L1148 (Letzter Zugriff: 21.05.2018)

Ferstl, O. K., & Sinz, E. J. (2001). Grundlagen der Wirtschaftsinformatik (Vol. 5). München: Oldenbourg. S.131

Deshpande, Tushar, et al. "Formal analysis of the DNS bandwidth amplification attack and its countermeasures using probabilistic model checking". *High-Assurance Systems Engineering (HASE), 2011 IEEE 13th International Symposium on*. IEEE, 2011.

John Walker, S. (2014). Big data: A revolution that will transform how we live, work, and think.

Kim, D., & Kim, S. (2015). Design of quantification model for ransom ware prevent. World Journal of Engineering and Technology, 3(03), 203.

Köck, H., Krumböck, M., Ebner, W., Mandl, T., Fiedler, R., Skopik, F., & Lendl, O. (2015). Evaluierung von CAIS im praktischen Einsatz. In Cyber Attack Information System (pp. 119-147). Springer Vieweg, Berlin, Heidelberg.

Kuratorium Sicheres Österreich. (2012). Cyber Sicherheit in Österreich. https://kuratorium-sicheres-oesterreich.at/wp-content/uploads/2015/02/Cyberrisikoanalyse.pdf (Letzter Zugriff: 21.05.2018)

Layadi, A. (2000). Kosovokrieg und die Rolle der NATO & UNO.

Lee, J., Bagheri, B., & Kao, H. A. (2015). A cyber-physical systems architecture for industry 4.0-based manufacturing systems. Manufacturing Letters, 3, 18–23.

Luo, X., & Liao, Q. (2007). Awareness education as the key to ransomware prevention. Information Systems Security, 16(4),195–202.

Machanavajjhala, A., Kifer, D., Abowd, J., Gehrke, J., & Vilhuber, L. (2008). Privacy: Theory meets practice on the map. In Proceedings of the 2008 IEEE 24th International Conference on Data Engineering (pp. 277–286). IEEE Computer Society

MELANI. (2016). Technical Report about the Malware used in the Cyberespionage against RUAG. https://www.melani.admin.ch/melani/en/home/dokumentation/reports/technical-reports/technical-report_apt_case_ruag.html (Letzter Zugriff: 21.05.2018)

National Commission On Terrorist Attacks Upon the Unites States. (2014) The 9/11 Commission Report, http://www.9-11commission.gov/report/911Report_Exec.htm (Letzter Zugriff: 21.05.2018)

Naumann, K. (2004). Die Organisation der Sicherheit unter neuen Herausforderungen und die Zukunft der Bundeswehr. In Herausforderung Terrorismus (pp. 99-135). VS Verlag für Sozialwissenschaften.

Ntanos, C., Botsikas, C., Rovis, G., Kakavas, P., & Askounis, D. (2014). A context awareness framework for cross-platform distributed applications. Journal of Systems and Software, 88, 138–146.

NIST Special Publication 800-53. (2013). http://nvlpubs.nist.gov/nistpubs/SpecialPublications/NIST.SP.800-53r4.pdf (Letzter Zugriff: 21.05.2018)

Pahi T., Leitner M., Skopik F. (2017). Data Exploitation at Large: Your Way to Adequate Cyber Common Operating Pictures, Academic Conferences and Publishing International Limited Reading, UK, ISBN 978-1-911218-43-2

Spiegel Online. (2007). Wer steckt hinter dem Cyberangriff auf Estland?, http://www.spiegel.de/spiegel/print/d-51644730.html (Letzter Zugriff: 21.05.2018)

Steinhoff, C. (2008). Quantifizierung operationeller Risiken in Kreditinstituten: eine Untersuchung unter besonderer Berücksichtigung von Szenarioanalysen im Rahmen von Verlustverteilungsmodellen. Cuvillier Verlag.

Sweeney, L. (2002). k-anonymity: a model for protecting privacy'International Journal on Uncertainty, Fuzziness and Knowledge-based Systems 10, 5 (2002) 557–570.

Symantec. (2016). Internet Security Threat Report, Volume 21. Version: April 2016, https://www.symantec.com/content/dam/symantec/docs/reports/istr-21-2016-en.pdf, Daten aus der Symantic Quelle abgebildet (Letzter Zugriff: 21.05.2018)

TrendMicro. (2015). Below the Surface: Exploring the Deep Web, TrendLabs Research Paper. https://www.trendmicro.de/cloud-content/us/pdfs/security-intelligence/white-papers/wp_below_the_surface.pdf (Letzter Zugriff: 21.05.2018)

U.S. Department of Homeland Security. (2013). NIPP 2013 – Partnering for Critical Infrastructure Security and Resilience, https://www.dhs.gov/sites/default/files/publications/NIPP%202013_Partnering%20for%20Critical%20Infrastructure%20Security%20and%20Resilience_508_0.pdf (Letzter Zugriff: 21.05.2018)

US-CERT. (2017). UDP-Based Amplification Attacks. https://www.us-cert.gov/ncas/alerts/TA14-017A (Letzter Zugriff: 21.05.2018)

Wichowski, D. E., & Kohl, L. E. (2012). Establishing Credibility in the Information Jungle: Blogs, Microblogs, and the CRAAP Test. Online Credibility and Digital Ethos: Evaluating Computer-Mediated Communication, 229-251.

Ye, Hua, WeiChao Dai, and Xiaodong Huang. (2016). „File backup to combat ransomware“. U.S. Patent 9,317,686, issued April 19

Zargar, S.T., Joshi, J., Tipper, D. (2013) A Survey of Defense Mechanisms Against Distributed Denial of Service (DDoS) Flooding Attacks. IEEE Communications Surveys & Tutorials, vol.15, no.4, pp.2046,2069.

Informationsanalysekonzept zur Erstellung von Cyber-Lagebildern in PPPs

7

Peter Kieseberg, Florian Skopik, Timea Pahi, Maria Leitner und Roman Fiedler

Zusammenfassung

Jedes informationsverarbeitende System ist in seiner Qualität sehr stark von der Verarbeitung der gesammelten Informationen abhängig. Speziell zur Konstruktion eines sinnvollen Lagebilds ist die Bewertung und Aggregierung von Daten von besonderer Bedeutung, um Muster und Gemeinsamkeiten scheinbar isolierter Incidents erkennen und darstellen zu können. Zusätzlich wird durch die potenzielle Einbindung automatisiert gesammelter Informationen, wie bspw. durch Sensoren in kritischen Netzabschnitten und wichtigen Infrastrukturen, die Informationsmenge exponentiell erhöht.

Im Rahmen dieses Kapitels stellen wir eine Architektur vor, die den Ansprüchen eines modernen Lagezentrums genügt, wobei auch auf österreichische Spezifika, wie die Einbindung von sog. „First Respondern", Rücksicht genommen wird. Die vorgestellte Architektur integriert dabei die Informationssammlung direkt bei den Zuständigen in den kritischen Infrastrukturen mit der Unterstützung durch die First Responder bei der Behandlung von Incidents, sowie die weitere Anreicherung erhobener Daten und Informationen in den Lagezentren. Dazu werden die benötigten Datenartefakte spezifiziert, sowie die Kommunikationsschnittstelle definiert. Basierend auf den Rahmenbedingungen wird die grundlegende Architektur, sowie die Informationswege und Datenverarbeitung vorgestellt, wobei besonders auf die frühzeitige Integration von Security-Mechanismen Wert gelegt wird. Speziell die Datenanreicherung des in

P. Kieseberg (✉)
SBA Research, Wien, Österreich
e-mail: pkieseberg@sba-research.org

F. Skopik · T. Pahi · M. Leitner · R. Fiedler
Center for Digital Safety & Security, AIT Austrian Institute of Technology, Wien, Österreich
e-mail: florian.skopik@ait.ac.at; timea.pahi@ait.ac.at; maria.leitner@ait.ac.at; roman.fiedler@ait.ac.at

F. Skopik et al. (Hrsg.), *Cyber Situational Awareness in Public-Private-Partnerships*,
https://doi.org/10.1007/978-3-662-56084-6_7

diesem Kapitel vorgestellten Systems zielt nicht auf eine lediglich rein durch manuelle (Pflicht-)Meldungen entstehende Datenbasis ab, sondern dient der effizienten Einbindung potenziell großer Mengen an sensorischer Information. Zusätzlich zu diesen originären Informationen, ist auch die Einbindung von Hintergrundinformationen und Expertenwissen vorgesehen, womit nicht nur die Generierung eines rein reaktiven, Incident-basierten, sondern eines proaktiven wissensbasierten Lagebilds ermöglicht wird. Dies ermöglicht es den Zuständigen, nicht nur rein auf der Basis von gemeldeten Angriffen Entscheidungen zu treffen, sondern auf der einen Seite die eigenständige Erkennung von Angriffen auf kritische Komponenten und Systeme, sowie, auf der anderen Seite, die Einschätzung der Sicherheitslage in Bezug auf mögliche Angriffe und Schwachstellen, die potenzielle Auswirkungen auf kritische Infrastrukturen nach sich ziehen, durchzuführen.

Wesentlich für die effiziente Generierung eines Lagebilds ist nicht nur die reine Sammlung und Aggregierung von Informationen, sondern der gesamte Datenlebenszyklus, speziell auch die Erkennung und Entfernung widersprüchlicher alter oder falscher Informationen aus dem System. Zusätzlich müssen einfache Hilfsmittel zur schnellen Spezifikation neuer Auswertungsstrategien definiert werden können, die es ermöglichen, dynamisch auf neue Bedrohungsszenarien eingehen zu können.

Des Weiteren stellt ein derartiges System selbst auch ein wesentliches Ziel für mögliche Angreifer dar, wobei vor allem die unbemerkte Einflussnahme auf Entscheidungsträger durch Manipulation des Lagebilds der wesentlichste betrachtete Angriffsvektor ist. Essenziell ist daher auch die Absicherung des Systems auf architektonischer Ebene gegen diese Art der Manipulation. Dabei muss sowohl auf extern Angreifer Rücksicht genommen werden, die bspw. durch gefälschte Daten Einfluss auf das Ergebnis zu erlangen versuchen als auch auf interne Angreifer, die direkt die Datenbasis zu manipulieren versuchen könnten. Letztere sind speziell problematisch, da sie auch Ergebnisse von Anreicherungsprozessen entsprechend manipulieren können. Zusätzlich unterstützt das vorgestellte System das im Rahmen der Datenschutzgrundverordnung (DSGVO) „Regulation 2016/679" und abgeleiteter nationaler Regularien geforderte „Recht auf Vergessen", d. h. die Löschung etwaiger sensibler Daten Unbeteiligter.

Abgerundet wird das Kapitel durch einen Ausblick auf weitere erforderliche Arbeiten in diesem Forschungsfeld, wobei speziell die tatsächliche Rechtsprechung zur DSGVO und abgeleiteten nationalen Gesetzen wesentliche Inputgeber sind.

7.1 Einleitung & Rahmenbedingungen

Im Rahmen dieses Kapitels stellen wir ein technisches Inforamtionsanalysekonzept zum Aufbau einer sinnvollen und effizienten Kommunikationsstruktur zum Zweck der Erstellung von Lagebildern vor. Dieser Vorschlag bewegt sich dabei auf der abstrakten, konzeptionellen Ebene um eine möglichst hohe Technologieunabhängigkeit zu erreichen, wobei jedoch eine größtmögliche Konkretisierung der technischen Aspekte angestrebt wird. Zusätzlich werden sehr konkrete Definitionen für Protokolle und Vorgangsweisen im Rahmen der Implementierung gegeben, damit die Umsetzung des vorgeschlagenen Konzepts möglichst einfach durchgeführt werden kann.

In einer vorangestellten Analyse haben wir dabei die folgenden organisatorischen Rahmenbedingungen festgestellt (vgl auch Kap. 2 bis Kap. 5 dieses Buches) und entsprechend als Basis für die Konzeptionierung angenommen:

- ***Meldepflicht und freilwillige Meldung***: Grundsätzlich besteht für kritische Infrastrukturen eine Meldepflicht nach der NIS-Richtlinie „Directive 2016/1148", d. h. Vorfälle eines gewissen Schweregrads müssen an eine (vom Staat einzurichtende) NIS-Behörde, gemeldet werden. Diese muss nicht direkt als Behörde implementiert werden, die entsprechenden Aufgaben können auch an Private übergeben werden, so diese die entsprechenden Voraussetzunge erfüllen. Im Rahmen unseres Konzepts gehen wir davon aus, dass kritische Infrastrukturen mit vorgelagerten sog. „First Responder" (bspw. CERTs[1]), gut zusammenarbeiten und entsprechend die kritischen Infrastrukturen auch freiwillig Informationen zu (möglichen) Zwischenfällen und Ereignissen weitergeben, zu deren Meldung sie grundsätzlich nicht verpflichtet sind. Eine derartige Freiwilligkeit bedeutet natürlich auch, dass Informationen entsprechend vertraulich behandelt werden und grundsätzlich nur eingeschränkt weitergeleitet, oder gar publiziert werden.
- ***Rückhalten von Informationen***: Die First Responder sollen in einem Konzept nicht nur die Rolle als reine Weiterleiter von Informationen besitzen, sie geben der kritischen Infrastruktur auch Feedback und Hilfeleistungen, bzw. sind für mehrere eng definierte kritische Infrastrukturen zuständig. Zusätzlich sollen die kritischen Infrastrukturen ermutigt werden, auch unvollständige informationen oder reine Verdachtsmomente möglichst rasch und ohne Gewähr melden zu können. Dies muss es ihnen ermöglichen festzulegen, dass die Informationen aus einer solchen freiwilligen Meldung nicht in ein Lagezentrum weitergeleitet werden, speziell auch um das Lagebild nicht mit falschen Informationen zu fluten.
- ***Sensorik***: Obwohl derzeit in vielen Ländern nicht vorgesehen, muss das Konzept auch die Möglichkeit inkludieren, automatisch generierte Sensorinformationen zu verarbeiten. Die Herkunft dieser Daten kann dabei aus eigener, dem First Responder zugeordneter, Sensorik stammen, bspw. wenn dieser auch Betreiber von Backbones oder anderen Infrastrukturkomponenten ist. Die Sensorik kann aber auch eigenen Stellen unterstehen, bzw. auch direkt von den kritischen Infrastrukturen betrieben werden. Informationen aus Sensoren müssen dabei immer mit eienr gewissen Vorsicht behandelt werden, zum einen können diese Sensoren auch Fehlfunktionen besitzen, auf der anderen Seite Angriffsziel geworden sein. Diese Diskrepanz in der Zuverlässigkeit in Hinblick auf manuell getätigte Meldungen muss im Konzept entsprechend berücksichtigt werden.

[1] Computer Emergency Response/Readiness Teams

- ***Mehrere Lagezentren***: Grundsätzlich soll das Konzept die Existenz mehr als eines Lagezentrums vorsehen, d. h. verschiedene Bedarfsträger besitzen jeweils ihre eigenen Lagebilder, die entsprechend mit Informationen aus ihrem Wirkbereich, sowie Lageinformationen aus alternativen Informationsquellen beschickt werden. Kritische Infrastrukturen können dabei an mehrere Lagezentren ihre Informationen (via First Responder) schicken, es besteht hier keine n:1-Relation, d. h. kein für eine Infrastruktur dezidiert und alleinig zuständiges Lagezentrum. Kommunikation zwischen den Lagezentren ist nicht geplant, speziell da die angereicherten Informationen Informationspartikel aus vertraulichen Quellen enthalten können, allerdings sind alle Schnittstellen hinreichend zu standardisieren, um einen Austausch grundsätzlich möglich zu machen.
- ***Indirekte Kommunikationswege***: Grundsätzlich soll das Konzept keinerlei direkte Kommunikation zwischen den Lagezentren und den kritischen Infrastrukturen vorsehen, obwohl diese im Fall einer echten Krise natürlich weiterhin geschehen würde. Im normalen Tagesgeschäft jedoch wird die Kommunikation immer über den jeweils zuständigen First Responder geführt. Dies ist insofern wichtig, als dass die First Responder Hintergrundwissen zu ihren kritischen Infrastrukturen (bspw. als Branchen-CERT) besitzen und Informationen auch für andere kritische Infrastrukturen wichtig und relevant sein können, die First Responder also nicht aus dem Informationsfluss entfernt werden sollen. Für den Fall einer echten Krise sind jedoch abstrakte Kommunikationswege zu definieren.
- ***Rückfragen und Folgemeldungen***: Das Konzept muss in der Lage sein, zusammengehörige Meldungen entsprechend darzustellen. Diese können entweder dadurch entstehen, dass der First Responder Fragen zu den Inhalten der Originalmeldung an die kritische Infrastruktur schickt und entsprechende Antworten bekommt, aber auch unaufgefordert dadurch, dass eine kritische Infrastruktur neue Informationen zu einem bereits von ihr gemeldeten Vorfall in Erfahrung bringt und diese, mit einem entsprechenden Vermerk versehen, einmeldet.
- ***Nachvollziehbarkeit***: Wesentlich für das Vertrauen in ein Lagebild ist die Möglichkeit, alle Informationsmeldungen und Anreicherungen, die zur Erstellung des Lagebilds geführt haben, eindeutig nachvollziehen zu können. Dies betrifft nicht nur die intern vorliegenden Informationen, sondern im Fall von (komplexen) Anreicherungen mit externen Daten auch diese Anreicherungsdaten, deren Änderungen über die Zeit ebenfalls entsprechend nachvollziehbar dokumentiert werden müssen.
- ***Lagebilder als Angriffsziele***: Lagezentren sind für einen fähigen Angreifer ein hochrelevantes Ziel, da auf der einen Seite die Manipulation des Lagebilds die Möglichkeit bietet, Angriffe zu verschleiern, auf der anderen Seite Falschinformationen Angriffe vortäuschen könnten, die in der Realität nicht stattfinden und so das ganze System unglaubwürdig machen. Wesentlich ist auch die passive Beobachtung von Lagezentren auf Angriffe, um Reaktionen zu beobachten und künftiges Verhalten antizipieren zu können. Daher ist das Lagezentrum selbst unbedngt gegen Manipulationen zu schützen, wobei nicht nur Angreifer von Außen über Schnittstellen angenommen werden

müssen, sondern auch die Existenz manipulierter Meldungen, sowie Insider-Attacken möglich sind.

- ***Skalierbarkeit***: Die rein über die Pflichtmeldung eingemeldeten Daten sind aufgrund des hohen Meldeaufwands derzeit in ihrer Anzahl limitiert, allerdings ist vorzusehen, dass auch Sensoren an das Lagebild angeschlossen werden sollen, die wesentlich mehr Daten liefern. Das System muss also entsprechend skalieren, wobei auf der einen Seite Aggregationsmechanismen vorzusehen sind, die es ermöglich eine Vielzahl einzelner Meldungen zum gleichen Vorfall effizient automatisiert zusammenzufassen, auf der anderen Seite müssen Ausreißer entsprechend zielsicher erkannt werden. Dies wird noch durch die Tatsache erschwert, dass Sensoren potenziell fehleranfällig sind und daher auch falsche Informationen in den Meldungsablauf eingespeist werden könnten. Auch das Thema des DDoS (Lau 2000) des Systems durch eine korrumpierte Kritische Infrastruktur, die entsprechend das System mit gefälschten Melduangen flutet, kann in Zukunft wesentliche Bedeutung erlangen.

Basierend auf den vorangestellten Anforderungen und Rahmenbedingungen wurde ein Konzept erstellt, dass sich sowohl für kleine, als auch große Datenmengen eignet und somit sowohl die heutige Lage der Dinge, als auch künftige Entwicklungen berücksichigt.Grundsätzlich existiert bereits einiges an Literatur, sowie einige Standards zum Austausch von Informationen, wobei diese üblicherweise nicht auf die Meldepflicht nach der NIS-Richtlinie eingehen, bzw. unterschiedliche Rahmenbedingungen zugrunde liegen: Beispielsweise wurde die Ma^{3}tch-Technologie (Balboni 2013), (Kroon 2013) entwickelt, um sensible Informationen zwischen gleichgestellten Institutionen, in diesem Fall im Bereich Geldwäsche und Finanzbetrug, zu ermöglichen und gleichzeitig zu verhindern, dass Partner unberechtigterweise Informationen zu Personen erhalten, die ihnen bis dato unbekannt waren. In den letzten Jahren wurden einige Surveys erarbeitet, z. B. (Tadda 2010; Mepham 2014), welche die typischen Ansätze für Situational Awareness diskutieren – dabei steht meist auf die reine „Incident Response"-Arbeit im Vordergrund, jedoch weniger die Erstellung eines globalen Lagebilds. Beide Arbeiten eignen sich aber sehr gut als Literaturüberblick, eine weitaus detailliertere Darstellung zur Literatur zu Lagebildern und deren Erstellung findet sich in den Kap. 2 und 3 dieses Buchs.

In den folgenden Abschnitten geben wir eine detaillierte Beschreibung des Informationsanalysekonzepts wieder, wobei wir mit einer Übersichtsbeschreibung beginnen und stetig Teilaspekte verfeinern.

7.2 Technischer Meldungsablauf

Im folgenden Abschnitt stellen wir den technischen Meldungsabaluf basierend auf den Anforderungen in Abschn. 7.1 dar. Dabei werden wir zunächst die beteiligten Akteure definieren, um anschließend die Kommunikationsebenen beschreiben. Der detaillierte Weg einer Meldung durch die gesamte Anreicherungsmaschinerie findet sich in Abschn. 7.4.

7.2.1 Grundaufbau

Grundsätzlich werden die Akteure (vgl Kap. 3 dieses Buchs) in diesem Konzept in drei Typen eingeteilt, die jeweils mehr oder weniger gleichartig in Hinblick auf ihre organisatorische Struktur, ihre Zielsetzungen und ihre finanzielle Ausstattung sind (siehe Abb. 7.1). Die kritischen Infrastrukturen nehmen dabei die Rolle der grundlegenden Datenlieferanten ein, sie melden allerdings nicht direkt an die Lagezentren, sondern an die sog. „First Responder". Wer die Rolle eines First Responders einnimmt ist grundsätzlich nicht spezifiziert, in vielen Fällen wird es sich um das jeweils zuständige Branchen-CERT handeln.

Die kritischen Infrastrukturen melden dabei, freiwillig und durch die Meldepflicht abgedeckt, wesentliche Vorkommnisse an genau einen First Responder – bspw. ein Branchen-CERT oder dergleichen. Dieser First Responder ist für die weitere direkte Kommunikation mit der kritischen Infrastruktur zuständig und gibt auch direkte Ratschläge an die meldende kritische Infrastruktur zurück. Auch Nachfragen zu einem Vorfall laufen über die First Responder. Es können natürlich auch mehrere kritische Infrastrukturen an den gleichen First Responder melden.

Eine weitere Aufgabe der First Responder liegt in der Weiterleitung der Informationen an die Lagezentren. Hierbei können die kritischen Infrastrukturen festlegen, welche Informationen an welches Lagezentrum weitergeleitet werden können – außerdem ist die Weiterleitung für die kritischen Infrastrukturen transparent zu halten, d. h. die kritischen Infrastrukturen müssen Auskunft darüber bekommen können, welche Informationen an welches Lagezentrum weitergeleitet wurden.

Die Lagezentren treten in diesem Ablauf nicht direkt in Kontakt mit den kritischen Infrastrukturen, wobei sie natürlich unter Umständen Informationen an etwaige nachgeschaltete

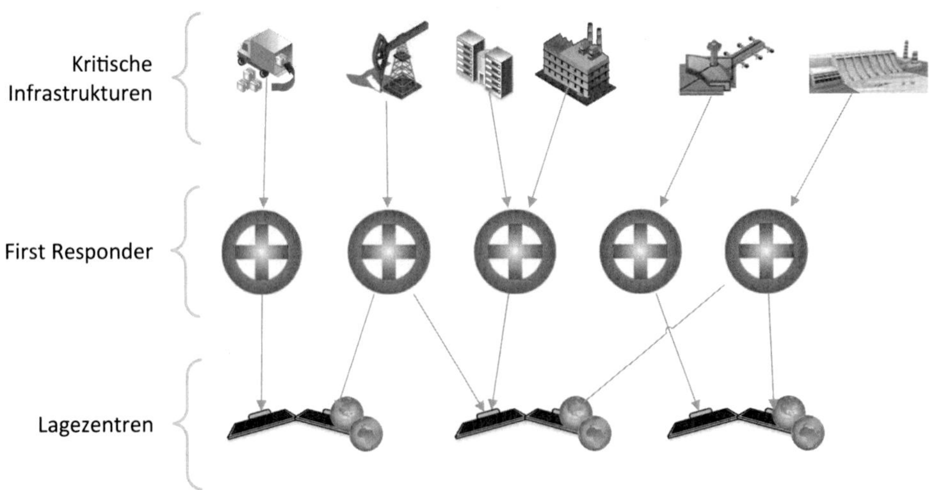

Abb. 7.1 Grundstruktur der Informationsverteilung

Behörden weiterleiten, welche wiederum bspw. im Rahmen der Strafverfolgung mit den kritischen Infrastrukturen in Kontakt treten können.

Das wesentliche Ziel eines Informationsanalysekonzepts liegt in der Konzeption der strukturierten und kontrollierten Verarbeitung der Daten über alle Entitäten hinweg – was natürlich im Rahmen der Implementierung durch (ebenfalls zu definierende) Schnittstellen technisch und organisatorisch getrennt wird. Die folgenden Kapitel beschäftigen sich mit der Gestaltung aller wesentlichen Anreicherungs- und Verarbeitungsschritte, sowie der Definition der Interfaces zwischen den Akteuren.

7.2.2 Meldungsablauf

Es folgen ein grober Überblick über den Ablauf der Meldung, inklusive der involvierten Stellen (Kritische Infrastruktur(en), First Responder und Lagezentren). Dabei wurde festgelegt, dass der Nachrichtentransport zwischen den einzelnen Stellen auf dem STIX-Format (Barnum 2012) beruht und entsprechend standardisiert wird. Wir verwenden dazu STIX in der Version 2.1.[2]

Wesentlicher Teilaspekt ist die Trennung zwischen Informationsanreicherung mit Erster Hilfe für das Unternehmen (FR) und der weiteren Anreicherung, sowie Erstellung der Lage (LZ), wie auch aus Abb. 7.2 ersichtlich (Trennung in Aufgaben der Kritiscen Infrastrukturen (KI), First Responder (FR) und Lagezentren (LZ)). Hintergrund für diese Trennung sind vor allem unterschiedliche Interessenslagen zwischen Lagenzentren und First Respondern, die zu deutlich unterschiedlicher Priorisierung von Nachrichten und unterschiedlicher Gewichtung führen können. Auch die in Punkt 6 in Abb. 7.2 dargestellte Anreicherung der Meldung mit externen Informationen verlangt eine Trennung, da die Lagezentren ihre Informationen nicht immer mit den First Respondern teilen können. Es ist daher sinnvoll, diese nachgelagerten Analysen erst im Kontrollbereich der Lagezentren durchzuführen, eine erste Anreicherung mit Informationen, die direkt auf den Daten und dem Vorfall beruhen, wir dabei bereits vom First Responder im Data Cleaning vorgenommen.

Die ankommenden Daten werden einem ***Data Cleaning*** (Punkt 2 in Abb. 7.2) unterworfen (siehe auch (Rahm 2000) für eine detaillierte Beschreibung von Data Cleaning). Im Fall von automatisierten Sensordaten können dieser Stelle auch Mechanismen zur Unterdrückung niedrigpriorärer Meldungen automatisiert implementiert werden. Für Meldungen mit Freitext ist hierbei eine manuelle Bearbeitung vorgesehen, da die maschinelle Extraktion potenziell heikler und wichtiger Informationen fehleranfällig sein kann. Im Zuge dieses Cleanings werden zusätzlich vom First Responder die folgenden Informationen angereichert:

[2] https://oasis-open.github.io/cti-documentation/

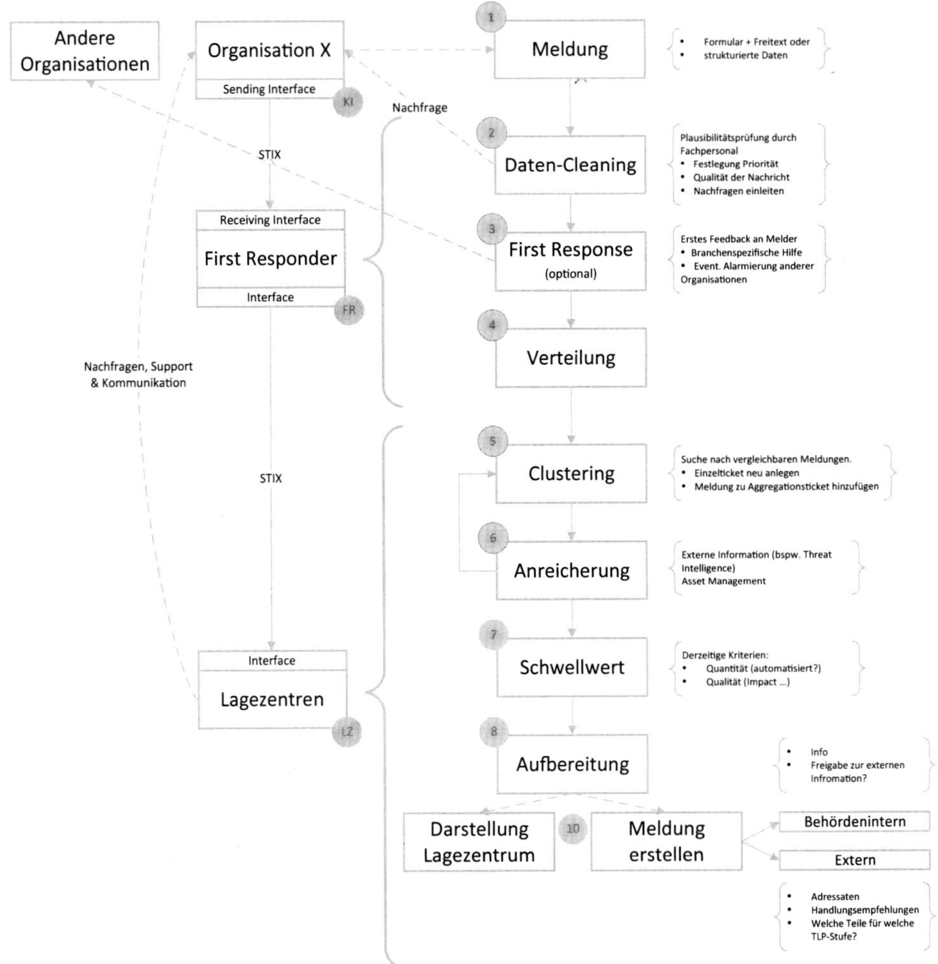

Abb. 7.2 Grundkonzept anhand einer Textmeldung

Informationsfeld	Wertebereich
Sektor	{Spezifisch, Branche, Alle}
Status der Meldung	{Neue Meldung, Folgemeldung}
Priorität aus der Sicht des First Responders	Nach TLP: white, green, amber, red
Rating der Quelle	„0" … sehr unzuverlässig bis „10" … sicher
Link zu CVE	Link zur CVE-Datenbank von Mitre[a]
Zuordnung zu anderen Meldungen	ID der zugeordneten Meldung (UUID)
Link zu Empfehlungen	Möglichkeit der Verlinkung zu externen Ressourcen.

[a] https://cve.mitre.org/

Speziell im Fall einer niedrigen Qualität der Meldung kann in diesem Schritt eine Nachfrage an den Sender zur Klärung von Unklarheiten durchgeführt werden. Zusätzlich kann die Meldung bereits in diesem Schritt mit weiteren Informationen, wie bspw. einer Ersteinschätzung, Verbindung zu anderen Meldungen und dergleichen, angereichert werden.

Wesentlich für die Akzeptanz des Meldeprozesses ist auch die ***Bereitstellung eines (kurzfristigen) Nutzens für die kritischen Infrastrukturen*** – speziell in Hinblick auf die zeitnahe Unterstützung durch Experten im Angriffsfall. Durch die vorgeschlagene Aufteilung in First Responder und Lagezentren werden die entsprechenden Aufwendungen gebündelt und eine Mehrfachmeldung vermieden – die Rolle des First Responders ist entsprechend in den (vielfach auch bisher) zuständigen Stellen wie bspw. CERT.at und Branchen-CERTs angesiedelt. Aus Sicht der kritischen Infrastruktur ändert sich also am Meldeprozess oftmals relativ wenig, abgesehen davon, dass einheitliche Schnittstellen zu einer entsprechenden Vereinfachung des Meldeprozesses führen: Die kritischen Infrastrukturen kontaktieren die, aus ihrer Sicht verantwortlichen Stellen für weiterer Hilfe im Bedrohungsfall und erhalten die notwendige Hilfe.

Dieser Fokus auf First Response (siehe Punkt 3 in Abb. 7.2) ist essenziell, um die Mitarbeit der Betreiber kritischer Infrastrukturen auch über den meldepflichtigen Fall hinaus zu motivieren und entsprechend frühzeitig wesentliche Informationen zur Lagedarstellung erhalten zu können.

Die First Response führt in vielen Fällen zu einer weiteren Anreicherung der Meldungsinformationen, die entsprechend in der Meldung vermerkt werden muss, oder gar in Form von sog. ***Folgemeldungen*** über die gleiche Schnittstelle wie die Originalmeldung eingemeldet werden. Diese Folgemeldungen können von der kritischen Infrastruktur als solche definiert werden und werden entsprechend über einen sog. ***Message-Link*** miteinander verbunden. Zusätzlich kann sich auch herbei die Kritikalität der Meldung noch wesentlich ändern. Diese Änderungen sind auch in der Meldung zu hinterlegen, um für eine weitere Auswertung durch die Lagezenten zur Verfügung zu stehen.

Auch die Kontaktaufnahme zwischen First Responder und kritischer Infrastruktur ist zu vermerken. Diese Kontaktaufnahme kann auf unterschiedlichen Wegen stattfinden, wobei neben der branchenspezifischen Hilfe für die betroffene Infrastruktur auch die Weiterleitung der Informationen und die Alarmierung weiterer Organisationen im Vordergrund stehen. Diese weitere Alarmierung ist wesentlich von der Vertraulichkeit der übermittelten Meldung abhängig und entsprechend zu beachten. Zusätzlich kann die genaue Modalität der Weiterleitung (nur Firmen aus der gleichen Branche, Hersteller, aber auch andere Verteiler) direkt im Rahmen der Rückfrage geklärt werden

Entsprechend der festgelegten Vertraulichkeit der Informationen, wird die Meldung im Anschluss an die Lagezentren verteilt (siehe Punkt 4 in Abb. 7.2). Dabei werden die Informationen wieder über eine standardisierte Schnittstelle versandt. Hierbei sind vor allem auch Themen der Informationssicherheit, so wie auch bei den anderen Schnittstellen, von großer Bedeutung, da die Meldungen vertrauliche Informationen über die kritischen Infrastrukturen enthalten.

Der Versand ist auch entsprechend, zur Sicherstellung der Nachvollziehbarkeit, im Audit & Control des First Responders abzubilden (siehe auch Abschn. 7.5.1).

Ein wesentlicher Aspekt eines Lagezentrums liegt in der Aggregierung und dem Abgleich, dem ***Clustering*** (siehe Punkt 5 in Abb. 7.2), von Informationen: Meldungen stehen im Allgemeinen nicht für sich alleine, sondern in Verbindung mit anderen Meldungen. Diese Meldungen werden daher in sog. ***Tickets*** geclustert, wobei die Regeln für dieses Clustering vom Lagezentrum definiert werden. Dabei gibt es grundsätzlich zwei Möglichkeiten, wie die Meldungen miteinander zusammenhängen können:

- ***Updates aus der gleichen Quelle***: Nach Absetzen einer Meldung zu einem Vorfall beschließt die kritische Infrastruktur weitere Updates und neue Erkenntnisse an den First Responder/das Lagezentrum zu schicken. Diese können weitere Details zur Attacke, Klärung von Irrtümern, oder auch eine Entwarnung enthalten. Das Matching dieser Meldungen erfolgt mithilfe eines Message-Links, einer ID die bereits bei der kritischen Infrastruktur im Rahmen der Erstellung einer Meldung gesetzt wird (siehe oben). Zur genauen Definition des Message-Links siehe Abschn. 7.3.2.
- ***Meldungen aus unterschiedlichen Quellen***: Speziell im Fall eines großflächigen Angriffs werden verschiedene Betreiber kritischer Infrastrukturen Informationen an das Lagezentrum berichten. Diese sollen miteinander abgeglichen werden, um etwaige Zusammenhänge klar darstellen zu können. Mögliche Matchkriterien sind dabei Referenzen auf CVEs, Angriffsinformationen, sowie manuelle Zusammenlegung in der Data Cleaning Phase.

Beim ersten Eintreffen einer einen Vorfall beschreibenden Meldung wird dazu ein Ticket bestehend aus der Meldung erstellt, das alle wesentlichen Informationen enthält. Wird eine neue Meldung in das Lagezentrum eingespeist, so wird versucht, diese mit den derzeit im System enthaltenen Tickets zu matchen. Sollten Matches durchführbar sein, so wird die neue Meldung den entpsrechenden Tickets hinzugefügt. Dieses (aggregierte) Ticket enthält:

- die Meldungen mit allen Details.
- die gematchte Information, sowie durch das Matching durchgeführte Aggregate (bspw. Matchen aller Meldungen, die eine bestimmte Infrastruktur betreffen führt bspw. zu der Anzahl der Meldungen und dem Zeitintervall der Angriffe als aggregierte Information).
- statistische Informationen, wie Zahl der angetroffenen Vorfälle (dies ist besonders gut durch automatisierte Nachrichten aus bspw. „Intrusion Detection Systemen" anreicherbar),
- Scoring-Information – die Berechnng von Scores dient der Priorisierung von Meldungen im Fall einer Überlastung und ist hochgradig vom Zweck des Lagebildes, sowie auch der Gestalt der tatsächlich eingebrachten Informationen abhängig und muss daher für jedes Lagebild, teilweise sogar für einzelne kritische Infrastrukturen, separat definiert werden (siehe Kap. 1).

Zusätzlich zur automatisierten Aggregierung der Informationen ist auch noch eine händische Aggregierung vorgesehen. Dies kann direkt durch eine Schnittstelle zu den Tickets gelöst werden, die Schnittstelle ermöglicht eine Abfrage zur Übersicht über alle gespeicherten Tickets, sowie die effektive Verwaltung, bspw. durch Suchen und Sortieren. Weitere Details dazu finden sich in Abschn. 7.4.5.

Zusätzlich wird für jedes erstellte Ticket ein Kritikalitätswert K (K-Wert) errechnet, der für die weitere Bearbeitung und die Lebensdauer der Meldung im System relevant ist. Dieser Wert kann sich durch die Aggregierung von Meldungen, oder das Hinzufügen neuer Meldungen zu einem aggregierten Ticket laufend ändern. Übertrifft der K-Wert eines Tickets einen vorher festgelegten Schwellwert, so ist die im Ticket gespeicherte Information relevant genug für die Lageerstellung und das Ticket wird zur weiteren Anreicherung weitergereicht (Punkt 7 in Abb. 7.2). Wichtige Kriterien für die Errechnung des K-Werts sind:

- ***Quantität***: Wie oft wurde der Vorfall gemeldet?
- ***Qualität***: Impact oder spezielle Eigenschaften des Vorfalls.
- ***Gesamtscore*** des Tickets

Zusätzlich muss es möglich sein, den K-Wert bereits im Rahmen des Data Cleanings manuell durch den Bearbeiter festlegen zu lassen.

Tickets, deren K-Werte unterhalb des festgelegten Schwellwerts liegen, werden eine gewisse Zeit im System behalten und eventuell mit nachfolgenden Meldungen aggregiert. Erfolgt einige Zeit lang keine weitere Aggregierung, so werden die Tickets archiviert und aus dem Clustering-Mechanismus (Punkt 5 in Abb. 7.2) ausgeschieden (siehe auch die Abschnitte zum Lebenszyklus der Meldungen (Abschn. 7.4), sowie der Archivierung (Abschn. 7.5.4)).

Zusätzlich zur Anreicherung im Rahmen des Cleanings und des Clusterings, können die Tickets mit weiteren Informationen aus Referenztabellen angereichert werden Dies betrifft bspw. vorhandene Metainformationen zu Assets in derzeit nicht betroffenen Infrastrukturen, die als potenzielle Ziele angesehen werden können, aber auch branchen- oder infrastrukturspezifische Informationen, die dem Lagezentrum bekannt sind.

Diese Analyse bietet mannigfaltige Möglichkeiten zur weiteren Automatisierung, beispielsweise in Hinblick auf die Modellierung des Vorgehens der Angreifer, oder der Gefahren- und Bedrohungsabschätzung, aber auch der automatisierten Prüfung des Vorhandenseins von Notallplänen und deren Betroffenheit durch den Angriff.

Zusätzlich werden die Informationen zur weiteren Darstellung im Rahmen des Lagezentrums, aber auch zur Erstellung von spezifischen Meldungen und eine Auswahl an Adressaten vorbereitet.

Die Meldungen können dabei rein behördenintern, aber auch an Externe gerichtet sein, je nachdem bedarf es unterschiedlicher Freigaben. Im Fall einer Weitergabe an Externe, ist auch eine (manuell zu erfolgende) Aufbereitung der Handlungsempfehlungen vorgesehen, sowie die Aufteilung in TLP-Stufen (Luiijf 2015). Außerdem sind die entsprechenden Stellen in das notwendige Freigabe-Procedere einzubinden, wobei die Freigaben hierbei ebenfalls Tool-gestützt stattfinden sollen.

7.3 Schnittstellen

Wie in Abschn. 7.2 detaillierter dargelegt wurde, sind mehrere verschiedene Akteure an der Erstellung, Bearbeitung und Weiterleitung der Meldungsinformationen beteiligt. Um einen reibungslosen Kommunikationsbaluf zu gewährleisten ist es also unumgänglich vereinheitlichte Schnittstellen zu etablieren, die von allen beteiligten Partenrn genutzt werden. Zusätzlich ist die Unterscheidung der Quellen essenziell, speziell in Hinblick auf manuelle (oder teilautomatisierte) Meldungen (freiwillig und verpflichtend nach der Meldepflicht), sowie automatisch generierte Sensorinformationen.

7.3.1 Meldungstypen

Im entworfenen Konzept unterscheiden wir die folgenden Meldungstypen, die je nach ihren spezifischen Eigenschaften unterschiedlicher Nachbehandlung bedürfen. Alle Meldungstypen werden dabei im Sinne der Aggregierung gleich behandelt, d. h. sie werden untereinander und miteinander aggregiert, lediglich in der weiteren (manuellen) Nachbearbeitung werden sie unterschiedlich behandelt. Allerdings kann die Berechnung des K-Werts einer Meldung vom Meldungstyp abhängen, bspw. kann ein einzelner Sensorwert als nicht vertrauenswürdig genug in Hinblick auf Fehlfunktionen und False Positives deklariert werden, sodass erst eine Kombination aus verschiedenen anschlagenden Sensoren als echter Zwischenfall wahrgenommen wird. Dem gegenüber muss eine Pfichtmeldung im Rahmen der Meldepflicht immer weitergeleitet und prozesskonform (siehe Kap. 3) behandelt werden. Die folgenden Meldungstypen werden berücksichtigt:

- ***Textmeldung***: Strukturierte Informationen, die zusätzlich noch freien Text enthalten können, der wesentliche Informationen liefert (z. B. manuelle Interpretation). Die Extraktion der Information ist üblicherweise komplex und muss oftmals manuell durchgeführt werden.
- ***Automatisierte Sensordaten***: Elemente der Netzwerksensorik, sowie Security-Appliances sind in der Lage, Informationen weiterzugeben, wie bspw Syslog (Downward 1980; Gerhards 2009), SNMP (Case 1990) oder Intrusion Detection Systeme (Heady 1990; Lee 1998). Diese sind entsprechend einfach vollautomatisch zu bearbeiten und können schnellen Überblick über großflächiges auffälliges Verhalten des Netzwerkes wiedergeben. Die Anlieferung von Sensordaten ist im Vorhinein durch die Organisation entsprechend freizugeben.

Bedingt durch die Möglichkeit der Weiterleitung von Informationen an die Lagezentren müssen die Meldungen seitens der meldenden Organisation auch entsprechend ihrer weiteren Verwendung markiert werden: Dabei kann die kritische Infrastruktur festlegen, ob die Meldungsinformationen an die Lagezentren weitergeleitet werden dürfen, oder ob sie rein an den First Responder gerichtet sind. Dies liegt vor allem darin begründet, dass die First Responder eine spezielle Vertrauensstellung einnehmen und dabei auch frühzeitig informiert werden sollten, d. h. es soll ermöglicht werden, dass die kritischen Infrastrukturen die First Responder (bspw. Branchen-CERTs) auch im Fall von Anfangsverdachten informieren, die sich u. U. gar nicht zu meldepflichtigen Zwischenfällen erhärten. Dabei sind die folgenden Granularitätsstufen festgelegt:

- ***First Responder only***: Die Informationen werden nicht an die Lagezentren weitergereicht, sondern verbleiben rein beim First Responder. Dieser informiert die Behörden erst, sollte sich eine weitergehende rechtliche Verpflichtung dazu ergeben, und dann nur in Rücksprache, bzw. Information der kritischen Infrastruktur.
- ***Selektive Weitergabe***: Die kritische Infrastruktur entschließt sich, diejenigen Lagezentren zu benennen, an welche die Informationen weitergegeben werden dürfen. Der First Responder leitet die Informationen entsprechend der übergebenen Liste zur Bearbeitung weiter.
- ***Lagezentren (default)***: Der First Responder leitet die Meldungen an alle an ihn angeschlossenen Lagezentren weiter. Da eine möglichst vollständige Beschreibung der Lage für alle (an einer kritischen Infrastruktur) interessierten Lagezentren von großem Interesse ist, sollte dies als Default-Einstellung gewählt werden.

Zusätzlich können die Informationen auch noch interessant für andere kritische Infrastrukturen aus dem gleichen, aber auch anderen Bereichen sein. Auch hierbei muss dem First Responder bekanntgegeben werden, ob die Informationen einer speziellen Geheimhaltung unterliegen, oder ob entsprechend aufbereitete Informationen weitergegeben werden können. Diese Möglichkeit ist sehr wertvoll, um es den anderen kritischen Infrastrukuren zu ermöglichen, direkt Informationen von der betroffenen kritischen Infrastruktur einzuholen, bzw. auch gleich selbst einzuschätzen, inwieweit sie Ziel eines gleichartigen Angriffs sein könnten. Dabei kann auch eine Bennennung der betroffenen kritischen Infrastruktur sehr wertvoll sein, birgt jedoch gegenüber der anonymisierten Weitergabe von Bedrohunsinformationen die Gefahr der Weitergabe interner Informationen. Dabei sind die folgenden Granularitätsstufen festgelegt:

- ***Vertraulich***: Die Informationen werden nur an den First Responder, sowie ggf. den Lagebildprozess, weitergeleitet.
- ***Branche***: Die in der Meldung enthaltenen Daten werden, möglichst anonymisiert, nur innerhalb der Branche zur Information weiterer potenzieller Opfer durch den First Responder (bspw. Branchen-CERT) weitergegeben.
- ***Weitergabe möglich***: Der First Responder kann die entsprechend aufbereiteten Informationen zur Information anderer möglicher Betroffener nutzen.

Zusätzlich ist noch festzulegen, ob die kritische Infrastruktur Unterstützung bei der Bewältigung des Vorfalls benötigt, oder ob die Meldung lediglich zu Informationszwecken erfolgt. Außerdem soll dem First Responder angezeigt werden, ob es sich um eine freiwillige Meldung, oder eine Meldung im Rahmen der vorgeschriebenen Meldepflicht handelt.

7.3.2 Sending Interface (Kritische Infrastruktur)

Wesentlich für den Erfolg eines First Responders, sowie eines Lagezentrums ist die stetige und vor allem rechtzeitige Befüllung mit Informationen, im Folgenden auch „Meldungen“ genannt (hierbei wird nicht unbedingt immer von meldepflichtigen Informationen im Sinne der gesetzlichen Meldepflicht ausgegangen). Einer der wesentlichen Erfolgsfaktoren für diese Befüllung ist die Einführung von einheitlichen Schnittstellen, die allen kritischen Infrastrukturen zur Verfügung gestellt werden und die Daten in einer speziellen vordefinierten Form an ein Lagezentrum liefern können. Dies ermöglicht insbesondere auch eine einfache Erweiterung der Informationsgewinnung auf zusätzliche Quellen, ohne extreme Kostenaufwände zu erzeugen.

Es ist unumgänglich für die Sicherstellung eines sinnvollen Meldewesens, dass die Informationseingabe durch die kritischen Infrastrukturen so einfach und sicher wie möglich gestaltet wird. Dabei sind vor allem die folgenden Kriterien zu berücksichtigen:

- ***Einfache Bedienbarkeit***: In einem Notfall muss schnell gehandelt werden, d. h. die notwendigen Informationen sollen möglichst schnell eingebbar sein. Zusätzlich sollen Unklarheiten (Eindeutigkeit) und dadurch notwendig werdendes Nachfragen möglichst vermieden werden. Die Bedienung des Interfaces muss daher möglichst simpel sein, alle vorausfüllbaren Informationen sollen automatisiert erstellt und eingebunden werden und die jeweiligen Oberflächen müssen möglichst einfach gehalten werden. Dabei ist vor allem auch darauf zu achten, dass die Oberflächen in Stresssituationen und gesteigerter Nervosität handhabbar sind.
- ***Flexibilität***: Zusätzlich zur Erfassung strukturierter Informationen muss auch die Möglichkeit geschaffen werden, dass kritische Infrastrukturen nichtvorhersehbare Ereignisse melden können, bspw. durch Freitext. Diese Freitextfelder sind natürlich u. U. problematisch in Hinblick auf die automatisierte Auswertung, allerdings konnte bisher kein ausreichender Ersatzmechanismus dafür gefunden werden, der auf der einen Seite die Breite möglicher Angriffe abdeckt und auf der anderen Seite die Eingabe nicht zu komplex gestaltet.
- ***Berücksichtigung unterschiedlicher Policies***: Firmen, und speziell Betreiber kritischer Infrastrukturen, haben unterschiedliche Vorgaben an die zu verwendende Software in ihren Systemen. Während manche den Zugriff auf Webportale verbieten, sind andere wiederum speziell sensibel in Hinblick auf Applikationen, die innerhalb ihres Systems installiert werden müssen. Zusätzlich existieren noch viele andere Faktoren, die die Verwendbarkeit eines bestimmten Softwaredesigns einschränken können. Diesen unterschiedlichen Anforderungen ist in Hinblick auf das Design eines Produktivsystems Rechnung zu tragen.
- ***Redundante Zugänge***: Im Fall eines Ausfalls kann es für die Firma unmöglich sein, das Melde-Interface in Betrieb zu nehmen, bspw. im Rahmen einer großangelegten DDOS-Attacke. Es müssen daher redundante Zugänge und, nach Analyse entsprechender Notfallszenarien, alternative Meldewege geschaffen werden. Diese Alternativen

sollten auf jeden Fall auch Offline-Möglichkeiten enthalten, da bei einem koordinierten Angriff die Kommunikation mit einem Lagezentrum, bzw. dem First Responder, ein wesentlicher Angriffspunkt sein kann.

- ***Eindeutigkeit***: Die auszufüllenden Informationen müssen möglichst eindeutig gegliedert werden. Wenn möglich sollen vordefinierte Felder statt Freitext verwendet werden, die weiteres Nachfragen reduzieren. Dies dient speziell auch der Möglichkeit der automatisierten Auswertung und Aggregierung.
- ***Sicherheit***: Da es sich bei den übermittelten Daten um streng vertrauliche Informationen handelt, ist die Absicherung der Übermittlung in Hinblick auf Vertraulichkeit, Verfügbarkeit und Integrität (CIA) notwendig. Speziell in Hinblick auf sog. Targeted Attacks (siehe bspw. Thonnard (2012)) ist davon auszugehen, dass Angreifer auch eine eventuelle Kontaktaufnahme des Meldesystems mit dem Lagezentrum zu verhindern versuchen. Zusätzlich könnten Angreifer auch versuchen, das Meldesystem durch Flutung mit Meldungen oder durch gezielte Falschmeldungen zu korrumpieren.
- ***Vereinheitlichung des Informationsaustausches auf Basis einer gemeinsamen Sprache***: Da die Informationen, die an den First Responder geschickt werden von diesem nicht nur zur Unterstützung der kritischen Infrastruktur selbst, sondern auch zur weiteren Information von Lagezentren und anderen Infrastrukturen genutzt werden sollen, ist es unumgänglich, das Austauschformat zu vereinheitlichen. Im Rahmen dieses Konzepts wird in den folgenden Abschnitten die Definition eines Austauschformats auf Basis von STIX (Barnum 2012) vorgestellt, da dieses Basisformat weit verbreitet ist und auch entsprechend von vielen Frameworks unterstützt wird wie bspw. durch ATP von Check Point Software Technology Ltd.,[3] vom Threat Intelligence Director for Firepower Management Center von Cisco Systems[4] oder der Malware Information Sharing Platform (MISP)[5] vom Computer Incident Response Center Luxembourg (CIRCL).[6] Zusätzlich besitzt das Format ausreichend Flexibilität, um entsprechend neuer Anforderungen erweitert werden zu können.

Speziell durch die Möglichkeit verschiedener Unternehmensvorgaben, aber auch im Sinne der Redundanz stehen die folgenden Möglichkeiten zur Implementierung eines sog. *Sending Interfaces,* d. h. einer Schnittstelle zur Meldung von Vorkommnissen, zur Verfügung:

- ***Webapplikation***: Eine auf einem Server gehostete Eingabemaske, der Betreiber der kritischen Infrastruktur besitzt einen Account und kann diese mittels einer gesicherten Verbindung benutzen. Dies kann auch in weiterer Folge als Service eines Drittanbieters betrieben werden.

[3] https://www.checkpoint.com/products-solutions/zero-day-protection/

[4] https://www.cisco.com/c/dam/en/us/products/collateral/security/firesight-management-center/at-a-glance-c45-738455.pdf

[5] https://github.com/MISP/MISP

[6] http://stixproject.github.io/about/#who-is-using-stix

- ***Serverapplikation***: Der Betreiber der kritischen Infrastruktur installiert eine Meldeapplikation auf einem Server innerhalb seiner eigenen Infrastruktur.
- ***Automatisierte Sensoren***: Netzwerksensorik wie bspw. IDSen, Firewalls und Netzwerk-komponenten könnten strukturierte Informationen direkt an das Lagezentrum melden Hierbei ist jedoch vor allem darauf zu achten, dass eine entsprechende Freigabe erfolgt. Zusätzlich sind die Schwellwerte so zu wählen, dass das Lagezentrum nicht mit unnötiger Information geflutet wird.

Die Aufgabe des Sending Interfaces ist nicht nur die Erfassung der Informationen, sondern auch die Kodierung in ein entsprechendes Austausch- und Anlieferungsformat. Aufgrund der weiten Verbreitung und hochgradigen Standardisierung wurde im Rahmen dieses Konzepts das **STIX-Format gewählt**. Um die entsprechende Zielsetzung einer effizienten Meldung zu erreichen, muss zusätzlich darauf geachtet werden, die Menge und Komplexität der zu liefernden Informationen möglichst einfach und gering zu halten. Wir beschränken uns daher im komplexesten Fall, der Freitextmeldung, auf die folgenden Informationspartikel, die vom Sending Interface in STIX kodiert werden müssen (siehe Tab. 7.1):

7.3.3 Mapping auf STIX-Attribute

Die in Abschn. 7.3.2 in Tab. 7.1 definierten Objekte müssen entsprechend der Wahl von STIX als Basisformat auf entsprechende STIX-Attribute gemappt werden. Die folgende Tab. 7.2 gibt eine Zusammenfassung dieses Mappings wieder.

7.3.4 Receiving-Interface (First Responder)

Das Receiving Interface ist auf der Seite des First Responders für die Dekodierung der eingehenden STIX-Nachrichten und der entsprechenden Weiterleitung in die Aufbereitung zuständig. Die STIX-kodierten Informationen werden dabei in ein internes Datenformat umgewandelt und in einer Datenbank gespeichert. Die extrahierten Informationen werden im Freitextfall zur weiteren manuellen Evaluierung, insbesondere zur inhaltlichen Aggregation/Zusammenfassung, vorbereitet.

Zusätzlich können die Informationen mit entsprechenden Metainformationen, wie Zeitstempel des Eintreffens, versehen werden, die eine weitere Nachvollziehbarkeit, wie von vielen Regularien wie bspw. SOX (Sarbanes 2002) gefordert, ermöglichen.

Der First Responder unterwirft im Anschluss die erhaltenen Informationen dem Data Cleaning und der weiteren Anreicherung, sowie der Nutzung als Ausgangspunkt für Hilfestellungen an die meldende kritische Infrastruktur.

Wesentlich für die weitere Verarbeitung durch die Lagezentren ist für den First Responder das Datenfeld „Vertraulichkeit", welches Auskunft darüber erteilt, ob und an welche Lagezentren die Meldung weitergeleitet werden soll. Allerdings kann der First Responder

Tab. 7.1 Festgelegte Informationspartikel einer Meldung

	Feld/Objekt	Beschreibung
Absender-Informationen	Titel	Aussagekräftiger Nachrichtentitel
	Absender	Absender der Nachricht
	Sektor	Eine kritische Infrastruktur könnte Sektor-übergreifend tätig sein
Zeit-informationen	Meldezeitpunkt	Zeitpunkt des Meldens des Vorfalls (Zeitstempel)
	Zeitpunkt des ersten Auftretens	Zeitpunkt des ersten Auftretens des Vorfalls (Zeitstempel)
	Zeitdauer des Angriffs	Dauer des Vorfalls (nur sinnvoll, wenn schon abgeschlossen, sonst „Zeitpunkt des ersten Auftretens" bis „Meldezeitpunkt")
Meldungstyp	Pflichtmeldung	Meldung auf Basis der Meldepflicht: Ja/Nein
	Unterstützung erbeten	Wird Unterstützung der kritischen Infrastruktur durch den First Responder erbeten? Ja/Nein
	Vertraulichkeitsstufe (TLP)	Ist die Nachricht vertraulich, d. h. nur für den First Responder und/oder das Lagezentrum bestimmt, darf sie innerhalb der Branche weitergegeben werden, oder ist keinerlei Vertraulichkeit zu wahren? Werte: „white", „green", „amber", „red"
	Weitergabe Lagezentrum	Soll der First Responder die Informationen an die angeschlossenen Lagezentren weiterleiten, so es sich nicht sowieso um eine Meldung im Rahmen der Meldepflicht handelt?: Ja/Nein
	Priorität (aus Sicht der kritischen Infrastruktur)	Setzen der Priorität der Nachricht: 0 = Nur Statusinformation 1 = Niedrig 2 = Mittel 3 = Hoch
	Personenbezogene Daten	Gibt an, ob die Meldung sensible, personenbezogene Daten enthält, die im Rahmen des Datenschutzgesetzes beachtet werden müssen. (Ja/Nein)
Angriffs-informationen	Systemlevel	Auf welchem Systemlevel findet der Vorfall statt: Hardware-, Betriebssystems-, Datenbank-, Netzwerk-, oder Applikationsebene?
	Richtung	Ist der Angriff gerichtet oder ungerichtet?
	Beschreibung	Beschreibung der ausgenutzten Verwundbarkeit bzw. Des initialen Angriffsvektors als Freitext.
	CVE-Link	Möglichkeit des Setzens eines Links zu einer Vulnerability-Datenbank.
	Betroffene Komponenten	Textuelle Beschreibung der betroffeneen Komponenten.

Tab. 7.1 (Fortzetzung)

	Feld/Objekt	Beschreibung
	Abschätzung der Auswirkungen	Deskriptive Beschreibung der ausfallenden Services (auch extern als Lieferant für andere Unternehmen) und des geschätzten Schadens.
	Ähnliche Ziele	Nennung von ähnlichen Zielen, die dem Betreiber der kritischen Infrastruktur bekannt sind, die ebenfalls betroffen sein können.
	Fortschrittsgrad	Grad des Fortschritts in der Bekämpfung des Vorfalls.
Größe der Auswirkungen	Ökonomisch	Schätzung der ökonomischen Auswirkungen (Freitext).
	Technisch	Schätzung der technischen Auswirkungen (Freitext).
	Zeitlich	Schätzung der zeitlichen Auswirkungen (Freitext).
Zusätzliche Informationen	Freitext	Freitext für die Beschreibung weiterer Details, wie bspw. Analyseergebnisse oder getätigte Maßnahmen.
	Anhänge	Anfügen von Anhängen wie bspw. Grafiken, User-Manuals, Netzwerktopologien und dergleichen.
Metainformationen	Unique Message ID	Automatisch generierte ID für jede Message, die sie eindeutig identifizierbar macht. Diese wird auch bei der Nachmeldung neuer Zwischenergebnisse oder bei der Beantwortung und Klarstellung von Nachfragen neu berechnet. Vorgeschlagener Algorithmus: ID = <KKK><YYYY><N>, wobei <KKK>eine dreistellige Kennzahl jeder kritischen Infrastruktur ist, <YYYY>das Jahr bezeichnet und <N>eine fortlaufende Nummer beliebiger Länge innerhalb des Jahres darstellt.
	Folgemeldung	Handelt es sich um die erste Meldung zu diesem Vorfall, oder nimmt sie Bezug auf eine vorangegangene Meldung? (Ja/Nein)
	Message Link	Wenn es sich bei der Meldung um eine Folgemeldung handelt, steht in diesem Feld die Unique Message ID der direkt vorangegangenen Meldung. Dadurch können auch Ketten von Meldungen gut dargestellt werden.
	Antwort	Internes Feld, welches beschreibt, ob es sich bei der Meldung um eine „echte" Meldung durch die kritische Infrastruktur handelt, oder ob es sich hierbei um eine Ergänzung im Rahmen einer Nachfrage handelt.

in gewissen (noch zu definierenden) Fällen auf Basis rechtlicher Vorgaben dazu gezwungen sein, die Meldungen auch bei eingeschränkter Vertraulichkeit weiterleiten zu müssen. Dies ist der kritischen Infrastruktur auf externen Pfaden zeitnah mitzuteilen.

Tab. 7.2 Mapping der STIX-Attribute

Daten-feld	STIX data category	STIX Obj. Type	STIX data Type	STIX property	Core object	Core data name
Absender	Metadata-Header	SDO	String	created_by_ref	Infor-mant	Name
Sektor	Metadata-Header	SDO	String	sector		Sector
Meldezeit-punkt	Metadata-Header	SDO	Timestamp	created	Date-Time Metadata	createdDate
Zeitpunkt des ersten Auftretens	Metadata-Header	SDO	Timestamp	first_oc-currence		firstOccur-rence
Zeitdauer des An-griffs	Metadata-Header	SDO	Number	duration		Duration
Pflicht-meldung	Metadata-Header	SDO	Boolean	required	Report-Metadata	Required
Unter-stützung erbeten	Metadata-Header	SDO	Boolean	support_needed		supportNee-ded
Vertrau-lichkeits-stufe	Metadata-Header	SDO	String	trust_level		trustLevel
Weiterga-be Lage-zentrum	Metadata-Header	SDO	Boolean	to_situa-tion_room		toSituation-Room
Priorität	Metadata-Header	SDO	Number	Priority		Priority
Personen-bezogene Daten	Metadata-Header	SDO	Boolean	contains_perso-nal_data		containsPer-sonalData
Systemle-vel	Metadata-Header	SDO	string	system_level	Incident-Descriptor	systemLevel
Richtung	Metadata-Header	SDO	list	attack_type		attackType
Beschrei-bung	TTP	SDO	string	Descrip-tion		Description
CVE-Link	TTP,Inci-dent,Header	SDO	external-reference	cve_links		cveLinks
Betroffene Kompo-nenten	TTP	SDO	list<ob-ject>	affec-ted_com-ponents		affected-Components

Tab. 7.2 (Fortzetzung)

Daten-feld	STIX data category	STIX Obj. Type	STIX data Type	STIX property	Core object	Core data name
Estimated Impact	Metadata-Header	SDO	list<object>	estimated_impact		estimatedImpact
Ähnliche Ziele	Incident	SDO	list<string>	similar_targets		similarTargets
Fortschrittsgrad	Incident	SDO	string	mitigation_stage		mitigationStage
Business	Metadata-Header	SDO	string	economic_impact	Impact-Analysis	Economic
Technical	Metadata-Header	SDO	string	technical_impact		Technical
Temporal	Metadata-Header	SDO	string	temporal_impact		Temporal
Freitext	TTP	SDO	string	Comments	Audit-Descriptor	extraInformation
Attachments	TTP	SDO	list<File>	Attachments		Attachments
Nist control descriptor	Metadata-Header	SDO	string	control_descriptor		controlDescriptor
Folgemeldung	TTP,Incident,Header	SDO	Boolean	follow_up		followUpReport
Message Link	Header	SRO	object	referece_object		messageLink
Version	Header	SDO	Number	version		Version
Type [Ersetz Response]	Metadata-Header	SDO	string	type		Type
Identifikation UUID	Metadata-Header	SDO/SRO	Identifier	id	Data-Identifier	dataId
Data intergrität	Metadata-Header	SDO	Boolean	Revoked		Revoked
Data marking definition	Metadata-Header	SDO/SRO	object	marking_refs		markingRefs

7.3.5 Receiving-Interface (Lagezentrum)

Das Receiving Interface des Lagezentrums arbeitet grundsätzlich analog zu dem des First Responders, allerdings darf davon ausgegangen werden, dass das Daten-Cleaning bereits stattgefunden hat, die Daten werden also direkt an das Clustering weitergeleitet. Zusätzlich können natürlich vorher (auf Meldungsbasis) und nachher (auf Ticketbasis) noch Anreicherungen mit zusätzlichen Informationen (bspw. in Form von Referenztabellen) durchgeführt werden.

7.3.6 Rückfragekanäle (First Responder & Lagezentrum)

Die Möglichkeit der Einholung weiterer benötigter Informationen ist wesentlich für die Funktionalität eines Lagezentrums, d. h. es muss möglich sein, die vorhandenen Informationen gezielt durch weitere Details anzureichern.

Wie bereits in Abb. 7.2 dargestellt, ist die Möglichkeit der Meldungsverifikation und der Nachfrage fix im Rahmen des Data Cleanings durch den First Responder vorgesehen, speziell für freie Textmeldungen. Für automatisierte Datenanlieferung, bspw. aus IDSen und Firewalls können natürlich Schwellwertmechanismen und Sanity-Checks eingeführt werden, die zu einer manuellen Bearbeitung führen und dadurch ebenfalls in einer Nachfrage resultieren können.

Zusätzlich sind noch Nachfragemöglichkeiten für die folgenden Verarbeitungsschritte vorgesehen, wobei die Nachfragen direkt über den entsprechenden First Responder kanalisiert werden um die zusätzliche Arbeitslast für die betroffene kritische Infrastruktur möglichst gering zu halten, d. h. die Nachfrage erfolgt an den First Responder, der, wen notwendig, die kritische Infrastruktur gebündelt anspricht:

- ***Anreicherungsphase***: Je nach Ausgestaltung der Anreicherungsverfahren wird ein Abgleich mit Ursprungskonfigurationen des originären Einmelders, aber auch mit Daten anderer Quellen notwendig. Die entsprechenden Nachfragen sind in diesem Schritt durchzuführen und die Daten entsprechend für die Darstellung im Lagezentrum aufzubereiten. Die Anreicherung durch externe Daten ist hierbei im Sinn der Nachvollziehbarkeit (bspw. Sarbanes-Oxley Act (SOX)) unbedingt zu markieren.
- ***Iterationsphase***: Speziell im Rahmen der Analyse und Diskussion der Lage im Rahmen des Lagezentrums ist die Etablierung eines sinnvollen und effizienten Rückkanals von entscheidender Bedeutung. Zur korrekten Beurteilung mögen wesentliche zusätzlich Fragen auftauchen, auch können Informationen für das Gesamtlagebild wichtig sein, die für den Einmelder irrelevant erschienen oder ihm zum Zeitpunkt der Einmeldung noch nicht bekannt waren.

Grundsätzlich bestehen zwei Gründe zur Interaktion mit den Meldern:

- ***Einholung von Information***, bspw. Details über die Gefährlichkeit einer Attacke oder eines eventuellen Branchenbezugs. Hierbei soll der ursprüngliche Melder weitere Informationen liefern, ohne dass er vom Lagezentrum angeleitet wird.
- ***Aktive Informationsbeschaffung***, d. h. das Lagezentrum leitet den Melder in der weiteren Informationsgewinnung an, bspw. durch Hinweise wie weitere Informationen aus Logdaten zu extrahiert sind oder welche Analysesoftware zur Anwednung kommen soll.

Speziell auch in Hinblick auf die benötigte Flexibilität, die ein Lagezentrum, das den Ansprüchen der Erstellung eines taktischen/operativen Lagebilds genügen muss, benötigt, muss es möglich sein, rasch, effizient und sicher weitere Informationen in das Lagebild bringen zu können. Dies bedeutet nicht nur einen einfachen Rückkanal, sondern auch die Einbringung neuer Informationen in eine späte Phase des Lagebildprozesses. Dabei gibt es zwei grundsätzliche Möglichkeiten, wie mit der neuen eingemeldeten Information umgegangen wird:

- ***Anreicherung der Tickets*** durch den normalen Informationseinbringungsablauf, d. h. die benötigte Information wird im Rahmen einer weiteren Meldung über die Schnittstellen in die Lagezentrumsinformationsverarbeitung eingebracht, es folgt der Schritt des Daten-Cleanings, Clusterings und dergleichen (siehe Abb. 7.2). Am Ende steht die neue Information im Lagezentrum zur Verfügung. Der Vorteil dieses Ablaufs besteht darin, dass die Information in allen Ebenen der Datenhaltung vorhanden (Nachvollziehbarkeit) und auch entsprechend aufbereitet ist. Nachteil ist die Geschwindigkeit, speziell bei Hinzuschaltung manueller Prozesse, wie bspw. im Daten-Cleaning.
- ***Direkte Einmeldung*** in das Lagezentrum. Hierfür sind Methoden vorzusehen, wie die Informationen Top-Down, d. h. direkt in das Lagebild und von dort aus quasi rückwirkend in das Lagezentrum „hinunter" eingebracht werden können. Der Vorteil liegt in einer extrem raschen Verfügbarkeit der neuen Informationen, nachteilig sind die hohe Komplexität, falls die Anreicherungsphase ausgelassen werden muss und die schwierige Nachvollziehbarkeit der Informationsanreicherung und Aggregation. Speziell die Sicherstellung der Manipulationssicherheit ist dabei problematisch.

7.3.7 Weiterleitung in des CKM

Basierend auf dem Lagebild müssen einzelne Informationen an vorher spezifizierte Stellen weitergeleitet werden. Im Lagebildprozess ist eine derartige Weiterleitung entsprechend vorzusehen und muss organisatorisch etabliert werden.

Dabei ist ein zentrales Interface, dass die Erstellung möglicher Kontakte von Information ermöglicht und diese verwaltet, sinnvoll. Dabei sollten die folgenden Informationen festgelegt werden:

- Kontaktierungstyp (bswp. Mail)
- Kontaktname und Unique ID
- Kontaktadresse (Mailadresse)
- Kryptoinformation (Verfahren, bspw. PGP und Key)
- Status of classification (Default: „Release to public“) – Basierend auf den Angaben in der Meldung (TLP). Im Fall von aggregierten Tickets muss natürlich organisatorisch ein Ablauf gefunden werden, wie die Klassifizierung von aggregierten Informationen zu handhaben ist.

Im Rahmen der Meldungserstellung wird einem Ticket eine beliebige Zahl an Kontakten (oder Gruppen) zugeordnet und das Ticket in einen sog. ***Meldeworkflow*** eingebracht. Diese Zuordnung erfolgt entweder manuell mittels eines Interfaces, oder aber automatisiert.

Der Meldeworkflow ist für die weitere Verteilung der Meldungen verantwortlich, dabei werden die Tickets in gut lesbare Form formatiert und ihren Adressaten verteilt. Sollte eine Freigabe erforderlich sein, so ist diese automatisiert abzuholen. Dazu wird ein passender Request an eine Freigabestelle erstellt und diese zusätzlich informiert (Mail, SMS), dass eine Freigabeaufforderung vorliegt.

7.4 Datenanreicherung & Informationslebenszyklus

Die Anreicherung der Daten aus den Meldungen kann beliebig komplex gestaltet werden, speziell die Einbindung von Sensoren erfordert jedoch eine gewisse Automatisierung im Umgang mit den angelieferten Informationen. Speziell bei einer hohen Sensordichte ist auch zu berücksichtigen, dass Sensoren u. U. falsche Informationen liefern, sei es durch einfache Fehlfunktion, aber auch durch Falschinterpretation/Überinterpretation von Informationen entweder auf der Sensorseite, oder aber in einem nachfolgenden Bearbeitungsschritt. Daher ist es wesentlich, dass mit derartiger Information entsprechend vorsichtig umgegangen wird, will man das Lagezentrum und die First Respondern nicht mit einer Unzahl an Informationen fluten, die bestenfalls zweifelhaften Nutzen besitzen.

Zusätzlich kann man davon ausgehen, dass ein Lagezentrum nicht nur jene Informationen abbilden soll, die es rein auf Meldungen basierend erhält, sondern es wird ein gewisses Hintergrundwissen, bzw. alternative Informationsquellen, besitzen. Eine Anreicherung der Meldungsinformationen mit solchen alternativen Quellen/alternativem Wissen ist extrem wertvoll für die Einschätzung der Lage in Hinblick auf die realen Auswirkungen von Angriffen. Dies betrifft vor allem auch Informationen zu sog. kaskadierenden Effekten, d. h. die Berücksichtigung der Abhängigkeiten von (kritischen) Infrastrukturen von anderen kritischen Infrastrukturen. Dies kann auch zur Erkennung eigentlicher Angriffsziele dienen, wenn bspw. alle Zulieferer unterschiedlicher Branchen eines verarbeitenden Betriebs angegriffen werden.

Im Rahmen dieses Abschnitts wird das usprünglich dargestellte Konzept verfeinert, indem die einzelnen Komponenten detaillierter beschrieben und ausgeführt werden.

Zusätzlich wird ein Konzept zur Wartung von Anreicherungsinformationen erarbeitet, dass es ermöglicht, ein sog. Reprocessing durchzuführen. Dies bedeutet, dass die Daten nachträglich so verarbeitet werden, wie es zum originalen Zeitpunkt der Fall war, d. h. auch mit dem entsprechendem (reduzierten) Informationsstand und ermöglicht so die Analyse des Verarbeitungs- und Einschätzungsprozesses.

7.4.1 Überblick

In Abschn. 7.2 wurde eine Grobdarstellung des strukturellen Ablaufs, inklusive der involvierten Stellen und deren Beschreibung dargestellt. Wesentlich für das Verständnis des Ablaufs ist jedoch der Weg einer Meldung durch das System. Abb. 7.3 gibt einen Überblick, welche Partei (Kritische Infrastruktur, First Responder und Lagezentrum) direkt mit welcher anderen Partei kommuniziert. Dabei sind strichlierte Linien optionale Informationsflüsse.

Wird ein Vorfall erkannt, so läuft im Wesentlichen der folgende Prozess ab wobei Meldungen, die von der meldenden kritischen Infrastruktur explizit als nicht weiterzugeben markiert wurden beim First Responder verbleiben:

- Die kritische Infrastruktur meldet den Vorfall an den First Responder.
- Dieser bearbeitet die Meldung im Rahmen des Data Cleanings.
- Sollten dabei Nachfragen auftauchen, so werden diese gestellt und die Antworten als Folgemeldungen der Originalmeldung zugewiesen (message_link).
- Dies gilt auch für Folgemeldungen, die ursächlich durch die kritische Infrastruktur gemeldet werden und von dieser direkt einer alten Meldung zugeordnet werden.
- Der First Responder leitet die angereicherte Meldung an das Lagezentrum weiter.
- Dort werden die ankommenden Meldungen geclustert und bearbeitet.
- Im Fall von Fragen kontaktiert das Lagezentrum nicht die kritische Infrastruktur direkt, sondern den beauftragten First Responder.

7.4.2 Meldung an den First Responder

Im Rahmen der Datenanlieferung werden die Informationen am Sender Interface in ein STIX-Format umgewandelt und sicher an das Lagezentrum geschickt (siehe Abschn. 7.3). Dabei bedienst sich dieser Ansatz Standardtechniken wie TLS (Dierks 2008), aber auch end-to-end-Verschlüsselung mittels moderner Algorithmen wie AES (Daemen 2013) oder Twofish (Schneier 1998), sowie digitaler Signaturen (bspw. Johnson (2001)). Am dortigen Receiver Interface werden die STIX-Daten in ein standardisiertes internes Rohdatenformat umgewandelt und entsprechend archiviert. Zusätzlich werden notwendige Metainformationen, wie bspw. ein Zeitstempel der Ankunft, aber auch Informationen zum Partner und dergleichen ergänzt.

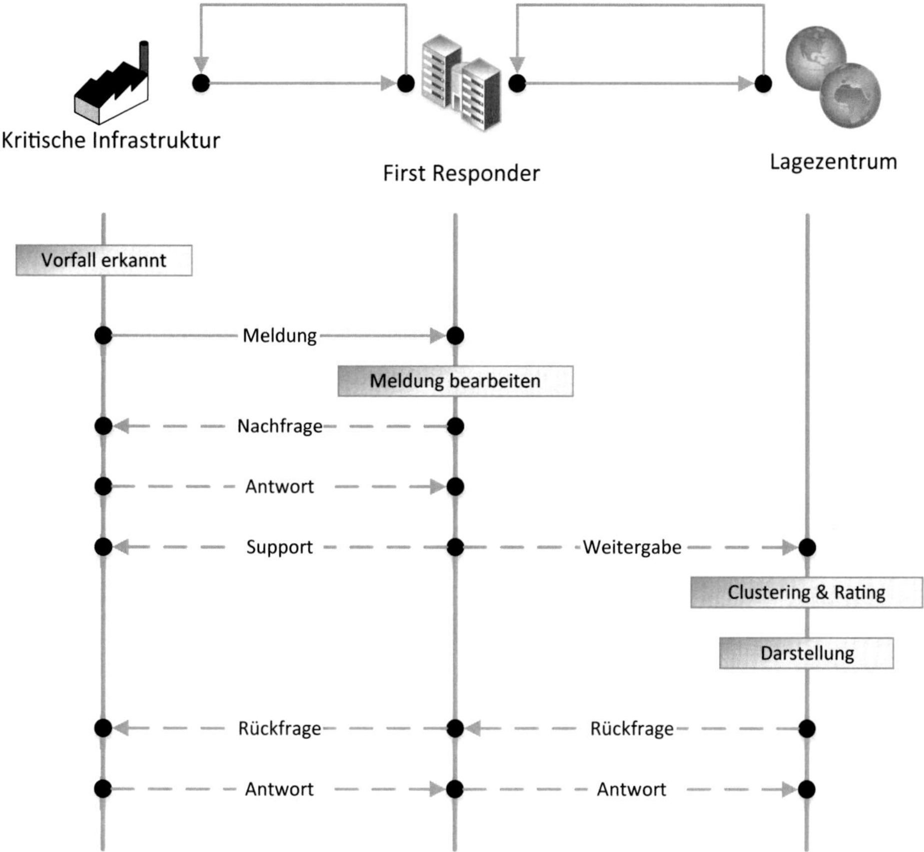

Abb. 7.3 Meldungen zwischen den Parteien

Handelt es sich um ein Folgeticket aus dem gleichen Vorfall, so wird dies bereits im Sender Interface entsprechend markiert, hier ist für eine intuitiven Oberfläche und Bedienung zu sorgen. Metainformationen werden ebenfalls entsprechend archiviert.

Die ankommende „Rohmeldung" wird zur ersten Verifikation in den Data Cleaning Prozess weitergeleitet (siehe Abb. 7.4).

7.4.3 Data Cleaning

Der Prozess des Data Cleanings dient der Sicherstellung der Meldungsqualität, sowie der möglichen manuellen Ergänzung durch weitere Informationen, teils durch interne Bearbeiter, teils auch im Zuge einer Nachfrage bei der kritischen Infrastruktur.

Grundsätzlich wird jede Meldung in Hinblick auf ihre Struktur verifiziert, d. h. ob alle strukturierten (nicht freien) Felder entsprechend befüllt sind. Hier können auch

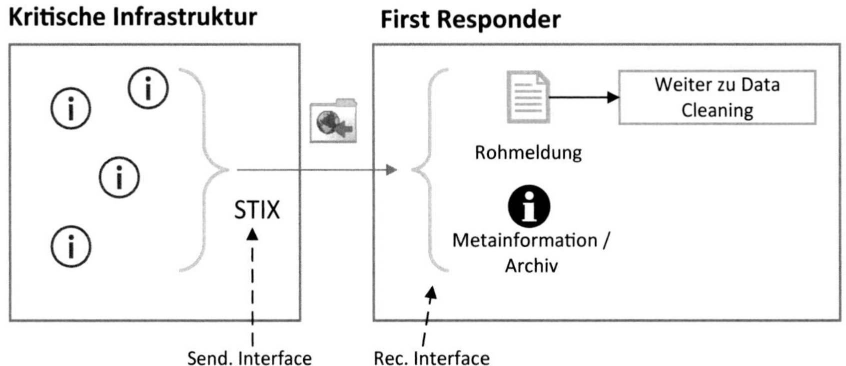

Abb. 7.4 Übermittlung

Sanity-Checks eingebaut werden, bspw. für Zeitangaben und Branchenzugehörigkeit. Werden hierbei strukturelle Fehler festgestellt, so wird ein Bediener alarmiert und eine entsprechende Kontaktaufnahme mit der meldenden kritischen Infrastruktur eingeleitet. Die strukturierten Daten werden dazu entsprechend der internen weiteren Verarbeitung gemappt, d. h. die STIX-Felder werden entsprechend dekodiert. Der wesentliche Grund dafür liegt auf der einen Seite darin, dass Sensoren, aber auch Nutzer unter Stress, fehlerhafte und/oder unvollständige Informationen liefern können. Auf der anderen Seite ist der Meldeprozess ein interessantes Angriffsziel, bspw. für Spoofing oder Injection-Angriffe, weswegen die Informationen entsprechend zu kontrollieren sind, bevor sie in das Lagezentrum weitergeleitet werden.

Die weitere Verarbeitung im Cleaning-Schritt hängt stark vom Typ der Meldung ab. Im Fall einer Sensormeldung, d. h. einer automatisch erstellten Meldung die lediglich strukturierte Informationen enthält, werden entsprechend automatisiert weitere Informationen angereichert. Dies betrifft vor allem Prioritäten, Links zu Vulnerability-Datenbanken und dergleichen aus Sicht des First Responders.

Im Fall von reinen Freitextmeldungen wird zusätzlich eine manuelle Anreicherung durchgeführt, wobei Metadaten wie Score, Priorität, Status und dergleichen direkt vom Bearbeiter festgelegt werden. Wichtige strukturelle Informationen betreffen dabei vor allem auch den Angriffsvektor. Hierbei kann es zu wesentlichen Unklarheiten kommen, speziell wenn die meldende kritische Infrastruktur Bezug auf ihre internen Systeme oder Prozesse nimmt. Daher ist ein effizientes Interface zur Nachfrage bei der kritischen Infrastruktur vorzusehen. Hierbei muss festgehalten werden, dass solche Freitextmeldungen auch automatisiert erstellt worden sein können, bspw. durch Sensoren, die entsprechende unstrukturierte Daten mitliefern.

Abb. 7.5 gibt einen Überblick über den Prozess des Data Cleanings, so wie er in diesem Kapitel dargestellt wurde.

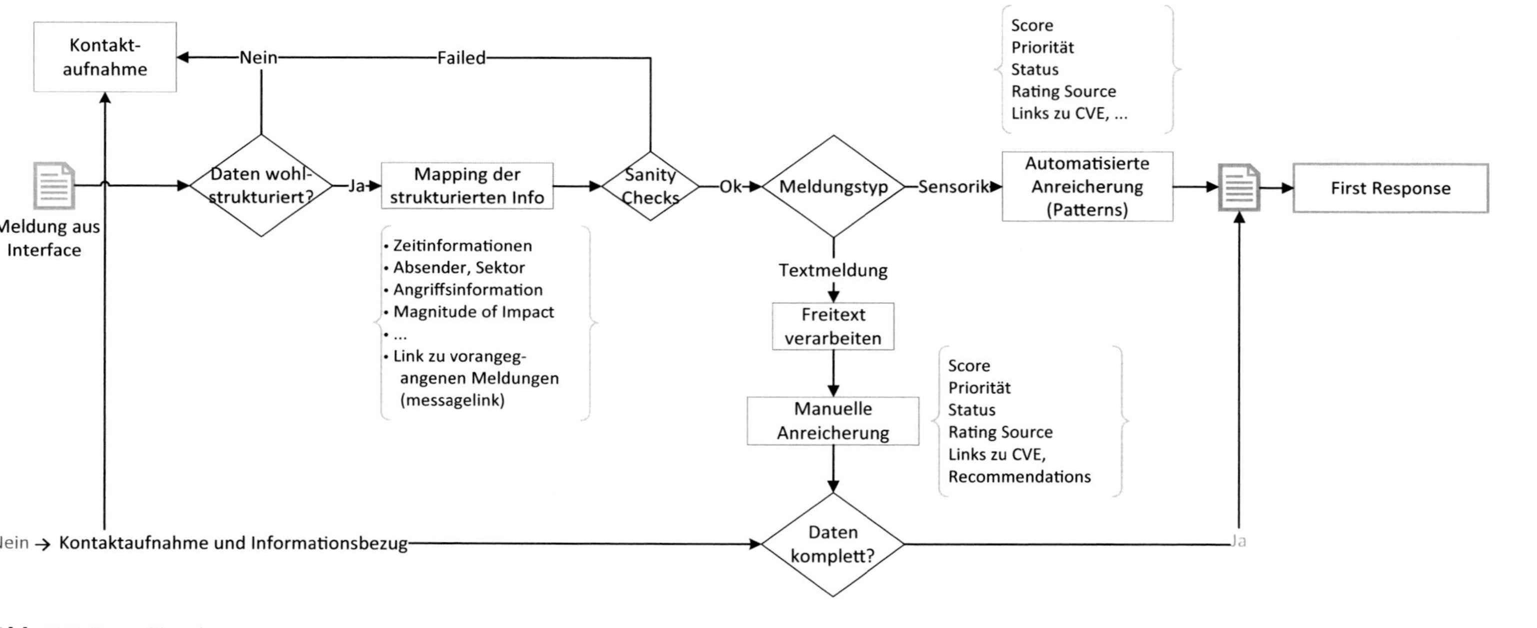

Abb. 7.5 Data Cleaning

7.4.4 Weiterleitung durch den First Responder

Die resultierende Meldung ist entsprechend syntaktisch und semantisch korrekt und verarbeitbar, die wesentlichen Unklarheiten wurden in diesem Schritt beseitigt. Basierend auf den Daten aus dem Data Cleaning kann im Anschluss die weitere Bearbeitung durch den First Responder durchgeführt werden (siehe Abb. 7.6). Hierbei werden grundsätzlich die folgenden drei Entscheidungen getroffen:

- ***Hilfe für die kritische Infrastruktur***: Hat die kritische Infrastruktur angegeben, dass sie Unterstützung zur Lösung des Vorfalls benötigt, so wird der First Responder die entsprechenden Schnittstellen kontaktieren. Da die genauen Abläufe sehr stark von den jeweiligen Infrastrukturen abhängen, wird diese Nachfrage unter Umständen außerhalb eines standardisierten Tools durchgeführt werden. Daher ist dieser Informationspfad, sowie die zu verwendenden Werkzeuge, vorher genau zu spezifizieren und zu warten, damit keinerlei Zeit auf nicht funktionierende Prozesse vergeudet wird.
- ***Information der Lagezentren***: Grundsätzlich wäre es wünschenswert, wenn die Meldungen an die entsprechenden Lagezentren weitergeleitet werden können. Im Fall von Meldungen nach der Meldepflicht kann dies, je nach Rechtsstatus des First Responders oder rechtlicher Rahmenbedingungen, direkt erfolgen. Für alle anderen Fälle ist

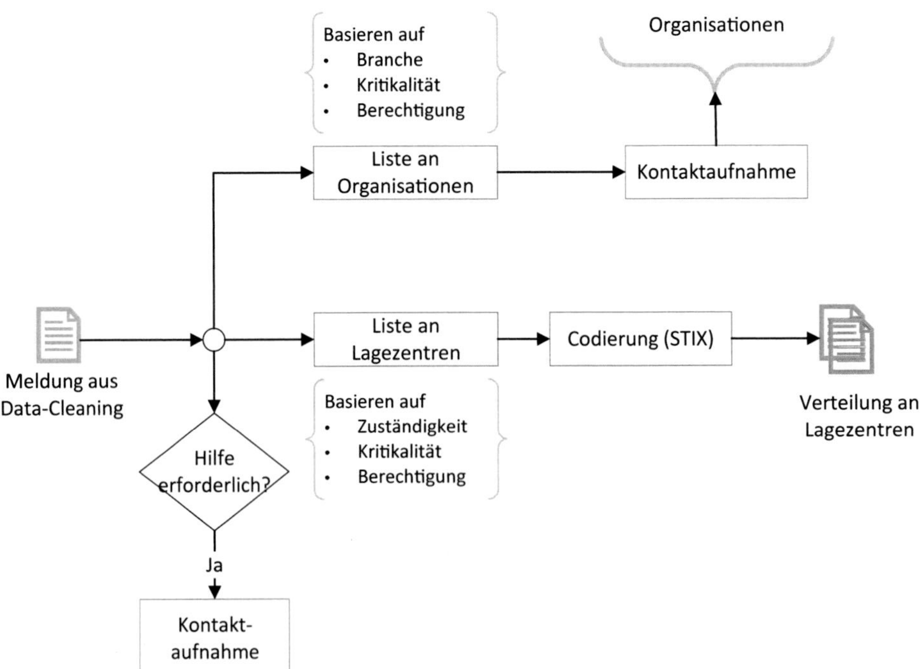

Abb. 7.6 First Response

es notwendig, dass die kritische Infrastruktur Informationen zur Möglichkeit der Weitergabe der Meldung an die Lagezentren mitschickt (siehe auch Abschn. 7.3.2). Meldungen, die im Rahmen der Meldepflicht getätigt wurden, werden auf jeden Fall direkt weitergeleitet.

- ***Information verwandter Organisationen***: Grundsätzlich können die aus einer Meldung über einen Störfall oder Angriff gewonnenen Informationen auch für andere Vertreter der gleichen Branche, aber auch branchenübergreifend interessant sein, speziell wenn es sich um gezielte Angriffe gegen Angehörige einer spezifischen Branche, oder aber an Nutzer spezieller Infrastrukturkomponenten handelt. Es ist daher zu spezifizieren, inwieweit Informationen aus den Meldungen weitergeleitet werden dürfen. Dies sollte im Rahmen der Meldung durch die betroffene Infrastruktur näher spezifiziert werden, grundsätzlich kann der First Responder natürlich immer allgemeine Warnmeldungen zu einem spezifischen Thema an kritische Infrastrukturen schicken.

Mit dem Schritt der Verteilung der Information an die Ladenzentren, bzw. mit Durchführung der „First Response"–Maßnahmen, endet der Bereich der Meldungsverarbeitung der in unserer Architektur beim First Responder verortet ist und die Meldung wird an die jeweiligen Lagezentren weitergeleitet. Während die Verteilung der Informationen an andere Organisationen technologisch nicht näher betrachtet wird, werden für die Kommunikation mit den Lagezentren die Informationen aus den (gesammelten) Meldungen wieder zu einer Meldung im STIX-Format kodiert und mithilfe einer Schnittstellen-Komponente an die jeweiligen Lagezentrenschnittstellen geschickt.

7.4.5 Clustering im Lagezentrum

Im Lagezentrum wird die Meldung weiter zum Clustering-Schritt geleitet (siehe Abb. 7.7). Die grundsätzliche Aufgabe des Clusterings besteht in der Aggregierung von Einzelmeldungen zu einem großen Ganzen – speziell in Hinblick auf Kritikalität und Mustererkennung.

Im Folgenden werden die einzelnen Meldungen zu Tickets aggregiert. Dies ist notwendig, da auf der einen Seite durch den Einsatz automatisierter Werkzeuge viele Meldungen zum gleichen Vorfall zu erwarten sind, andererseits ein breit angelegter Angriff auf mehrere kritische Infrastrukturen entsprechend viele gleichartige Meldungen erzeugt, die es zu erkennen gilt. Zusätlich kann eine kritische Infrastruktur mehrere Tickets zu dem gleichen Vorfall mit zusätzlichen Informationen, zeitlichen Fortschritten oder Bekämpfungsergebnissen schicken, diese sollen entsprechend im Lagezentrum dargestellt werden.

Kern der Clustering-Phase ist der sog. „Ticketstore", eine schnelle und effiziente Datenbank, die alle im System vorgehaltenen Tickets verwaltet. Bei Ankunft einer neuen Meldung wird diese automatisiert mit existierenden Tickets im Ticketstore verglichen, bspw. basierend auf einem Zeitstempel und der kritischen Infrastruktur, oder eines CVE-Links.

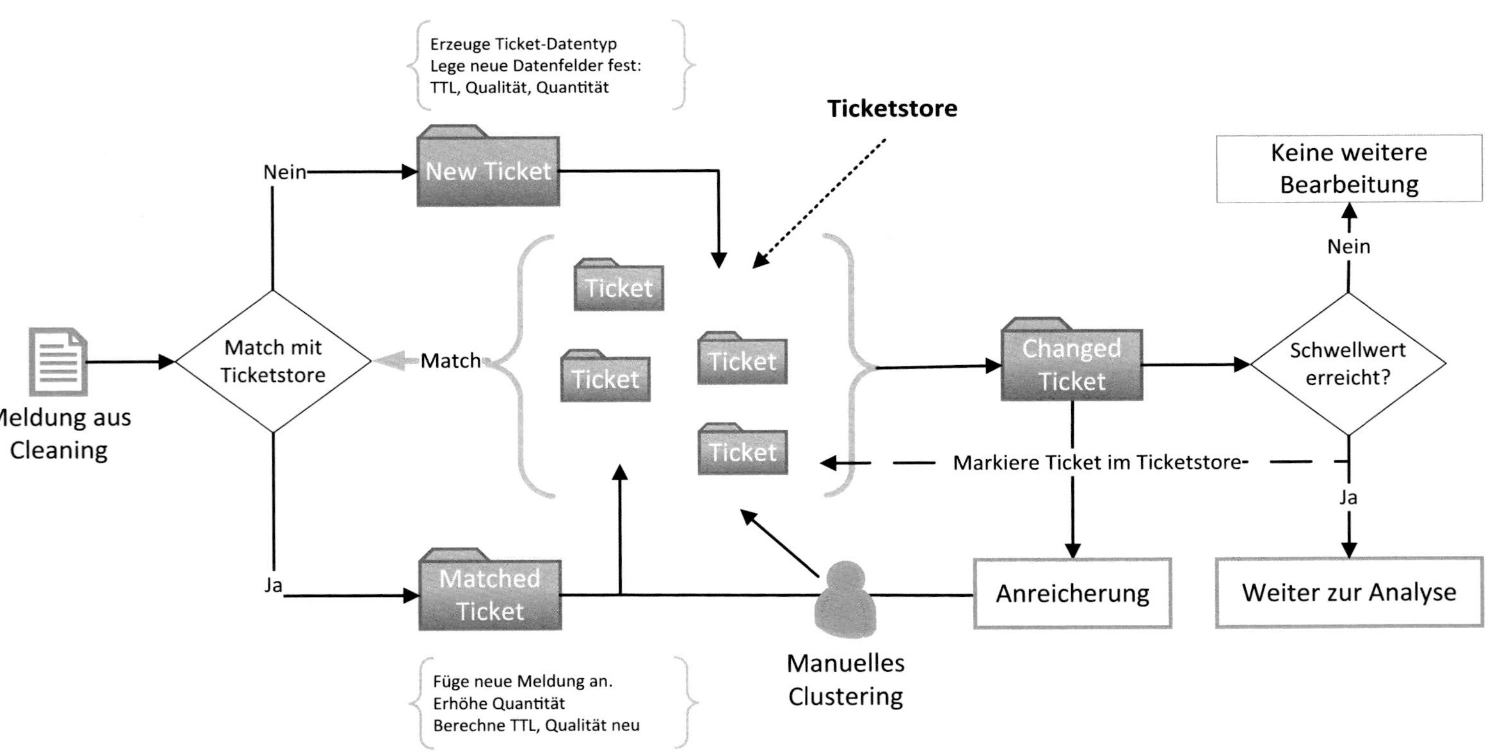

Abb. 7.7 Clustering

- Wird kein passendes Ticket im Ticketstore gefunden, so wird ein neues Ticket mit der Priorität der Meldung, die durch den First Responder definiert wurde, erstellt.
- Existiert bereits ein Ticket im Ticketstore, so wird die neue Meldung entsprechend angefügt. Dabei kann ein Ticket als Sammlung verschiedener zusammengehöriger Meldungen aufgefasst werden.

Das Matching kann hierbei automatisiert, oder manuell durch einen Bearbeiter durchgeführt werden. Der automatisierte Match wird hierbei nach den folgenden Kriterien durchgeführt:

- Wird im Ticketstore ein Ticket mit einem passenden message-link gefunden, so wurden diese Meldungen vom Sender als zusammengehörig markiert. Der message-link besteht aus einer eindeutigen ID, die sich aus dem Kürzel des Senders (der kritischen Infrastruktur) und einer fortlaufenden Nummer zusammensetzt. Diese Markierung erfolgt bereits im Sender Interface auf Seite der kritischen Infrastruktur.
- Das Matching kann auch vorfallsübergreifend anhand anderer Parameter erfolgen:
  - CVE/Attack-Vector
  - Zeitraum (Start und Dauer), Achtung, hierbei handelt es sich um einen unscharfen Match
  - Sektor

Die Matchingregeln werden als „SELECT … GROUP BY"-Statements definiert, die im Rahmen einer Referenztabelle (REF_MATCHES) gewartet werden. Dabei hat jedes Regelelement die folgenden Eigenschaften:

- ***Regel-ID***: Eindeutig zuordenbare Identifikationsnummer für jede Regel. Primary Key für die entsprechende Tabelle.
- ***Name der Regel***: Aussagekräftiger Name für die Regel.
- ***Regelcode***: SQL-Statement, das die Regel implementiert.
- ***Beschreibung***: Zusatztext zur Beschreibung der Matchingregel.
- ***Wert***: Wert eines Matches, kann bspw. durch das Filtering verwendet werden.

Um die Nutzbarkeit dieses Konzepts zu erhöhen, ist die Implementierung eines Matching-Interface, dass das Setzen dieser Regeln entsprechend graphisch aufbereitet um nicht reine SQL-Statements schreiben zu müssen, extrem sinnvoll.

Für die Filterung wird ein verwandtes Konzept verwendet, das auf der Wartung durch eine Referenztabelle beruht: Dabei können einfach für jede Matchingregel Werte definiert werden, die entsprechend den Werteverfall und Zugewinn, als auch die Threshold steuern. Zusätzlich gibt es eine „local Threshold", die für alle Regeln gilt.

- Gewinn pro Meldung:
  - Pflichtmeldung: SCORE oder <Wert>
  - Freiwillige Meldung: SCORE oder <Wert>

  - Sensormeldung: SCORE oder <Wert>
  - Feldabhängig: Für <Wert> in <Feld>: Plus <Wert>
- Verlust pro Tag: <Wert>

Zusätzlich zum reinen Matchen von über den Meldeweg gelieferten Tickets, werden die Tickets noch mit zusätzlichen Informationen angereichert. Diese liegen dem Lagezentrum in einer eigenen Anreicherungsdatenbank vor und werden extern gewartet. Dabei kann es sich um Information aus dem Asset Management handeln, aber auch um externe Informationen zu Angriffen, Angreifern und der Auswirkung von Ausfällen (kaskadierende Effekte). Diese wiederum können zu einer Änderung im Clustering führen, da unter Umständen auf Basis der neuen Informationen Matches durchgeführt werden können, die vorher nicht ersichtlich waren. Ein Beispiel für Anreicherungsdaten wäre die CVE-Datenbank von Mitre, die es erlaubt, die Tickets auf Basis der CVE-Nummern automatisiert mit Informationen zu Exploits und Patches anzureichern.

7.4.6 Time to Live (TTL) der Information

Meldungen können schon in Hinblick auf die dazu benötigten Ressourcen nicht für immer im System verbleiben. Dies gilt vor allem für Tickets, die den Schwellwert für die Weiterverwendung im Lagebild nicht überschreiten und daher niemals weitergeleitet werden. Speziell in großen Systemen die viele Informationspartikeln erhalten, die niemals weitergereicht werden, da sie den Schwellwert nicht überschreiten, kann dies sonst zu großen Problemen führen. Daher ist für jedes Ticket ein Zeitpunkt festzulegen, ab dem es aus dem System entfernt wird. Wir legen dabei das folgende Konzept zu Grunde:

> Wichtigere Informationen sollen schneller weitergeleitet werden und länger im System verbleiben.
> Wenige wichtige Informationen sollen nicht stören und relativ rasch entfernt werden.

Die genaue Funkionsweise der Time to Live eines Tickets wird in Abb. 7.8 überblicksmäßig beschrieben. Speziell das Änderungsverhalten der TTL ist ein maßgeblicher Parameter zur Steuerung des Systems und muss mit steigender Anzahl an Meldungen und Informationen laufend angepasst werden um auf der einen Seite keine wichtigen Informationen zu verlieren und auf der anderen Seite die Performance nicht zu vergeuden.

- Periodisch oder nach festgelegten Rahmenparametern (bspw. Anzahl der Tickets im System) werden alle Tickets durch den Scheduler ausgewählt.
- Die TTL der Tickets wird basierend auf dem ausgewählten Algorithmus angepasst. Bei regelmäßigen Schedulern kann die TTL bspw. jeden Tag/jede Woche um einen gewissen Betrag reduziert werden, bei mengengesteuerten Schedulern nach Dringlichkeit eine Reduktion, aber auch Erhöhung der TTL eingeführt werden. Zusätzlich

Abb. 7.8 Überprüfung der TTL und Ausphasen von Tickets

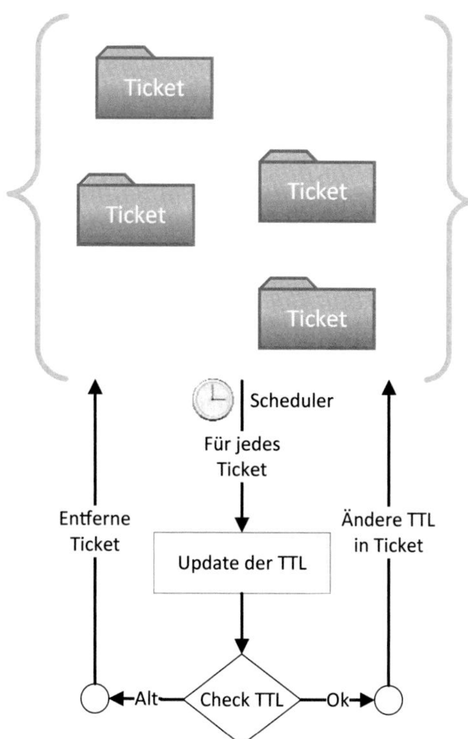

sollen markierte oder als wichtig erachtete Records unter Umständen in ihrer TTL erhöht werden.

- Liegt die TTL über einem vor festgelegten Schwellwert, so wird das Ticket im Ticketstore geändert, d. h. die TTL wird entsprechend angepasst.
- Liegt die TTL unter einem zuvor festgelegten Schwellwert, so wird das Ticket aus dem Ticketstore entfernt.

Wesentlicher Aspekt ist die Festlegung der TTL auf einen numerischen Wert. Prinzipiell kann zur Festlegung der Wichtigkeit eines Tickets dessen (im Fall von aggregierten Tickets ebenfalls aggregierter) K-Wert dienen, wie dies auch schon in Abschn. 7.2.2 beschrieben wurde. Dieser K-Wert wird bei der Erstellung des Tickets auf Basis der Priorität festgelegt, jede Aggregierung mit einer weiteren Meldung erhöht den K-Wert des Tickets und damit auch die TTL des Tickst im System. Zusätzlich können aber auch andere Metriken angewendet werden, bspw. um Tickets, die weitergeleitet wurden länger im System zu halten. Metriken für Situational Awareness finden sich dabei auch in der Literatur, bspw. gibt (Tadda 2006) einen guten Überblick.

Um das System schlank zu halten, sollte die TTL aller Nachrichten regelmäßig verringert werden, bspw. um einen Punkt pro Tag. Tickets, für die regelmäßig neue Meldungen anfallen, bspw. Die den Schwellwert zur weiteren Verarbeitung entsprechend überschreiten, besitzen dadurch mehrere Punkte und werden entsprechend länger vorgehalten, Tickets, die mit niedrigerer Priorität gestartete sind, niemals ins Lagebild integriert wurden und auch keine weiteren Meldungen dazubekommen, verschwinden relativ rasch wieder aus dem Ticketstore.

Die Änderung der TTLs wird dabei durch Regeln abgebildet, die in der Referenztabelle REF_TTLRULES definiert sind. Die Felder dieser Tabelle sind dabei folgendermaßen definiert:

- ID der Regel
- Name der Regel
- Auswahlregel definiert als SQL
- Effekt definiert als SQL (dynamische, inhaltsabhängige Werteberechnung möglich)
- Metadaten für Referenztabellen (Siehe Abschn. 7.4.8).

7.4.7 Thresholds und interne Werte

Im Rahmen dieser Architektur wurden einige Thresholds und interne Werte festgelegt, die die weitere Verarbeitung wesentlich beeinflussen, bspw.:

- TTL (Time to live) von Tickets
  - Initiale TTL
  - Zeitliche Reduktion
  - Eventgesteuerte Reduktion und Erhöhung
- Schwellwert nach dem Clustering, der darüber entscheidet, ob die Informationen eines Tickets wertvoll genug sind, um sie im Lagebild zu berücksichtigen.

Die Festlegung dieser Schwellwerte ist wesentlich vom Einsatzgebiet und der realen Umgebung abhängenund können nicht auf Dauer fix festgelegt werden, sondern werden sich stetig im Wandel befinden, getrieben von diversen Rahmenbedingungen. Daher ist es unumgänglich, sie in Form einer Referenztabelle REF_THRESHOLDS (siehe auch Abschn. 7.4.8 zur Struktur dieser Tabellen) möglichst einfach wartbar zu machen.

Die Struktur dieser Tabelle wird folgendermaßen definiert („:=" ist hierbei der mathematische Zuweisungsoperator):

- Referenzvariable : = ID_Threshold (number) zur eindeutigen Zuordnung.
- Wertespalten : =
  - Threshold_Name (string), Beschreibender Name der Referenzvariable
  - Value_num (number), Wertefeld für einen numerischen Wert
  - Value_str (string), Wertefeld für einen String-Wert
- VALID_FROM (siehe Abschn. 7.4.8)
- VALID_TO (siehe Abschn. 7.4.8)

7.4.8 Referenztabellen

Oftmals liegen in der Organisation, die ein Lagebild betreibt, im Idealfall bereits interne Informationen zu einer bestimmten meldenden kritischen Infrastruktur, aber auch anderweitige Informationen vor, die im Rahmen einer Anreicherung dem Ticket hinzugefügt werden können. Im Rahmen der vorgestellten Architektur werden diese sog. ***Referenzvariablen*** in ***Referenztabellen*** gespeichert.

Diese Tabellen weisen im Allgemeinen die folgende Struktur auf (siehe Tab. 7.3), wobei natürlich beliebig viele Wertespalten existieren können (im Allgemeinen kann auch die Referenzvariable aus einer Kombination mehrerer Spalten bestehen, im Sinne der Performance empfiehlt es sich jedoch, aus diesen Spalten eine einzige, kombinierte Spalte zu erzeugen). Diese können auch einen rein erklärenden Charakter besitzen, wie beispielsweise den erklärenden Namen zu einer ID enthalten:

Diese Tabellen, deren Namen immer mit „REF_" beginnen, weisen eine besondere Eigenschaft auf: Um die Anreicherungsschritte möglichst nachvollziehbar zu gestalten, werden die Altdaten nicht gelöscht, sondern lediglich ihr Gültigkeitsbereich eingeschränkt. Dies geschieht mithilfe zweier Datumsfelder (Datentyp Timestamp), die angeben, von wann bis wann eine Anreicherungsinformation gültig ist: VALID_FROM und VALID_TO.

VALID_FROM muss bereits beim ersten Eintrag der Anreicherungsinformation gesetzt werden, VALID_TO kann dabei entweder einen bestimmten Wert besitzen, oder aber leer sein, in diesem Fall gilt der Wert vorerst für immer. Wird der Wert einer Referenzvariable geändert, so wird der aktuelle Wert nicht mithilfe eines Updates überschrieben, sondern lediglich die Gültigkeit des aktuellen Eintrages in der Referenztabelle mithilfe des Feldes VALID_TO beschränkt und ein neuer Eintrag mit anschließender Gültigkeitsdauer für die gleiche Referenzvariable mit dem neuen Wert eingetragen. Dadurch kann auch im Fall eines Reprocessings, bspw. um nachträglich festzustellen, ob grob falsche Entscheidungen auf Basis der damaligen Datenlage getroffen wurden, mit den damals gültigen Werten gearbeitet werden, außerdem kann die Anreicherung entsprechend nachvollziehbar gestaltet werden.

Beispiel: Tabelle zur Anreicherung der Kosten eines Ausfalls pro Stunde einer Infrastruktur REF_Kosten, die Spalte „Infrastruktur" bezeichnet dabei den Namen der Referenzvariable, die Spalte „Kosten" die einzige vorhandene Wertespalte (siehe Abb. 7.9):

Tab. 7.3 Struktur der Referenztabellen

Spalte	Beschreibung
ID	Primary Key
Name	Name der Referenzvariable/Wert nach dem gematcht wird
Wert	Wert der Referenzvariable (es können beliebig viele Wertespalten definiert werden).
VALID_FROM	Start des Gültigkeitsbereichs (Zeitstempel)
VALID_TO	Ende des Gültigkeitsbereichs (Zeitstempel)

ID	Infrastruktur	Kosten	VALID_FROM	VALID_TO
1	Zuckerfabrik	20.000 €	01.01.2000	01.01.2012
2	Kuchenfabrik	30.000 €	01.01.2000	-
3	Zuckerfabrik	25.000 €	01.01.2012	-

Abb. 7.9 Referenztabellenkonzept

Zur exakten Definition legen wir hier außerdem noch die folgende Regel fest: Die Werte VALID_FROM und VALID_TO beschreiben immer das einseitig offene Zeitintervall **[VALID_FROM;VALID_TO[**, d. h. im obigen Beispiel ist am 01.01.2012 00:00:00 schon der neue Wert gültig. Dadurch lassen sich einfach Ketten an Gültigkeitsdauern definieren, die bspw. tageweise gelten.

Diese Regel hat auch den Effekt, dass Werte komplett ungültig gemacht werden können, beispielsweise wenn ein Irrtum bei der Eintragung vorliegt: Wird VALID_FROM = VALID_TO gesetzt, so wird die Gültigkeitsdauer durch das Intervall [VALID_FROM;VALID_TO[= [VALID_FROM;VALID_FROM[beschrieben, dass wir als leer definieren, d. h. nicht einmal zum exakten Zeitpunkt VALID:FROM liegt der Wert innerhalb des Intervalls.

Wesentlich für die Sicherstellung eines nachvollziehbaren Processings ist die Sicherstellung, dass die Wartungsworkflows lediglich die folgenden zwei Operationen ermöglichen:

1. Erstellung einer komplett neuen Referenzvariablen.
2. Update einer Variablen, wobei lediglich das Feld VALID_TO gesetzt werden kann und automatisch der neue Eintrag mit einem entsprechend fortsetzenden VALID_FROM startet. Dabei dürfen die Gültigkeitsdauern des aktuellen Eintrags öfters geändert werden, es muss allerdings automatisch darauf geachtet werden, dass entsprechende Folgeeinträge dadurch keinerlei Überlappungen oder Lücken erzeugen.

Grundsätzlich gilt, dass zwischen den Gültigkeitsdauern mehrere Einträge für die gleiche Referenzvariable weder Lücken, noch Überlappungen entstehen dürfen, die Wertzuweisung muss also immer eindeutig sein.

Ein entsprechendes Wartungsinterface muss dieser Anforderung Rechnung tragen, d. h. es muss speziell der Anforderung genügen, dass im Nachhinein jederzeit feststellbar ist, welche Werte zu welchem Zeitpunkt gültig waren. Es müssen daher die folgenden Regelungen bei der Änderung der Gültigkeitswerte (VALID_FROM und VALID_TO) eingehalten werden:

- VALID_FROM darf nur verändert werden, wenn der Wert in der Zukunft liegt. Dies bedeutet, dass auf der einen Seite Fehler in der Eingabe für zukünftige Werte noch korrigiert werden können, ohne die Referenztabellen mit schlechten Daten zu füllen, auf der anderen Seite kann dadurch die Verwendung des alten Werts im Fall eines Reprocessings und im Sinne der Nachverfolgbarkeit erreicht werden.

- VALID_TO darf ebenfalls nur verändert werden, wenn der Wert in der Zukunft liegt.
- Besitzen VALID_FROM und VALID_TO den gleiche Wert, und liegt dieser Wert in der Zukunft, so kann der Datensatz aus der Referenztabelle gelöscht werden.
- Jedwede Änderung an den Referenztabellen wir mit einem Zeitstempel versehen in einer A&C-Tabelle (AC_Reftables) gespeichert.

7.5 Manipulationssicherheit und Nachvollziehbarkeit

Wie bereits in der Einleitung kurz umrissen, ist das Lagezentrum nicht nur ein wertvolles Instrument zur Erfassung und Analyse von Vorfällen, sondern auch ein wertvolles Angriffsziel, sowohl von außen, als auch durch interne Angreifer. Zusätzlich ist es von essenzieller Bedeutung, dass das Lagezentrum in der Lage ist, umfassende und vollständige Auskunft über Datenverarbeitung, Anreicherungsschritte und Entscheidungen zu geben, die zu einer bestimmten Darstellung und damit zu den definierten Entscheidungen durch die Bearbeiter geführt hatten. Dies ist nicht nur in Hinsicht auf die spätere Aufarbeitung im Nachgang von Vorfällen zur weiteren Steigerung der Effizienz und Funktionalität des Meldeprozesses wichtig, es ist auch wesentlich zur Erhöhung des Vertrauens der Meldenden, sowie der Entscheidungsträger in das System.

Diese Nachvollziehbarkeit darf dabei nicht nur auf die Referenztabellen und deren Inhalte reduziert werden, sondern muss die gesamte Verarbektungskette umfassen. Zusätzlich müssen nicht nur die Verarbeitungsschritte gesichert werden, sondern auch die grundlegenden Informationen und Daten müssen archiviert werden, da ansonsten zwar die Schritte der Anreicherung kontrolliert werden können, allerdings nicht die Richtigkeit der Ergebnisse nachvollzogen werden kann, da die Ausgangsdaten der Verarbeitung fehlen.

Im Rahmen dieses Abschnitts werden wir Konzepte vorstellen um mit diesen Anforderungen umgehen zu können und das System so zu gestalten, dass eine möglicht starke Absicherung der gespeicherten Daten möglich ist, ohne die Verarbeitung zu beeinträchtigen. Die Konzepte sind abstrakt und plattformunabhängig, sie basieren auf einer Härtung des Grundsystems und aller Schnittstellen/Interfaces (Bragg 2004), die hierbei allerdings nicht extra erwähnt wird, da sie oftmals sehr Plattform- und Implementierungsspezifisch ist.

Während die drei angeführten Aspekte, (i) die Nachvollziehbarkeit der Anreicherung, (ii) die Archivierung der Daten und (iii) die Absicherung der grundlegenden Infrastruktur, und dabei speziell der Datenbanken, gegen Manipulationen wesentlich auf die großangelegte Speicherung von Daten und Informationen abzielen, ist auch das Thema der Löschung zu beachten. Viele der gespeicherten Informationen können auch personenbezogene oder anderweitig sensible Informationen enthalten, die nach Abschluss der Analysetätigkeiten auf Bass der DSGVO gelöscht werde müssen. Auch mit dieser Anforderung werden wir uns im Rahmen dieses Abschnitts auseinandersetzen.

7.5.1 Audit & Control

Techniken des Audit & Controls werden in unterschiedlichsten Industrien, wie bspw. der Telekommunikationsindustrie oder dem Bankensektor, angewandt, um die Authentizität der Daten, aber auch der Anreicherungsschritte selbst garantieren zu können. Dies ist insofern von besonderer Bedeutung, da dies grundlegend für die Einhaltung diverser Regularien, wie SOX (Sarbanes 2002) oder Basel II (Richtlinie 2013/36/EU) ist. Audit & Control (A&C) Systeme garantieren, dass Daten in der in der Datenhaltung dargestellten Form gesammelt und ausgewertet wurden, sie dienen der Manipulationssicherheit gegenüber (speziell internen) Angreifern und ermöglichen eine vollständige und (im besten Fall) fälschungssichere Nachvollziehbarkeit aller Arbeitsschritte entlang der Timeline. Dabei werden, im Gegensatz zur Archivierung, nicht die Daten grundsätzlich im Rahmen eines Archivs vorgehalten, sondern es wird der Prozess der Anreicherung nachvollziehbar gemacht, d. h. es geht im Wesentlichen um die Metainformationen, aus welchen Daten die Informationen erstellt wurden. Im Zusammenspiel mit einem Archiv kann damit natürlich erreicht werden, dass auch alte Vorfälle analysiert und aufbereitet werden können. Grundsatz für das entwickelte Konzept ist im Wesentlichen die zentrale Frage

> Wer hat Was, Wann und Wie gemeldet oder geändert?

Folgend werden wir ein Konzept zur Sammlung der wesentlichen Daten über die Anreicherung der kritischen Informationen vorstellen. Das vorgestellte Konzept ist dabei sehr detailliert und komkret genug dargestellt, um quasi als Blaupause für solche Systeme dienen zu können und auch eine Beurteilung in Bezug auf Sicherheitsstandards und anderweitige Rahmenbedingungen zuzulassen. Es kann dabei sowohl beim First Responder, als auch im Lagezentrum etabliert werden und ermöglicht so grundsätzlich auch eine ganzheitliche Kontrolle über deren Grenzen hinweg. Es basiert auf Sammlung von Prozessinformationen in den folgenden Tabellen:

- ***AC_Aggregation*** – Erfasst Änderungen in den Aggregierungsregeln, die Meldungen zu Tickets zusammenfassen (nur Lagezentrum).
- ***AC_Meldungen*** – Erfasst alle eingebrachten Meldungen.
- ***AC_Processing*** – Erfasst, wenn Tickets oder Meldungen einem Workflow in der Middleware unterworfen werden.
- ***AC_Reftables*** – Katalogisiert die Referenztabellen und erfasst Änderungen.
- ***AC_Ticketmeldungen*** – Erfasst die Zuordnung von Meldungen zu Tickets.
- ***AC_Tickets*** – Erfasst Änderungen an den Tickets.
- ***AC_TTL*** – Historie der „Time To Live“ eines Tickets (nur Lagezentrum).
- ***AC_Workflows*** – Verwaltet die Workflows in der darunterliegenden Middleware.
- ***AC_User*** – Erfasst Änderungen an den Usern.

Das Grundkonzept einer A&C-Tabelle besteht darin, dass nichts gelöscht oder durch einen späteren Verarbeitungsschritt geändert werden darf, Daten werden lediglich neu hinzugefügt. Im Gegensatz zu Referenztabellen, bei denen die Gültigkeitsdaten entsprechend verändert werden dürfen, legen wir fest, dass in A&C-Tabellen auch kein Teil eines Datensatzes verändert werden, wodurch eine sehr hohe Resilienz gegenüber Fehlern in der Wartung, aber auch die Möglichkeit der Nachverarbeitung und Wiederherstellung eines alten Datenstandes erreicht werden kann Diese Unveränderlichkeit ist sowohl organisatorisch, als auch technisch abzusichern. Entsprechende technische Möglichkeiten der Absicherung, speziell auch Neuerungen im Verhältnis zu existierenden Mechanismen, die auf intrinsisch vorhandenen Informationen und Eigenschaften statt auf reinem Logging beruhen, werden im Anschluss in Abschn. 7.5.3 vorgestellt.

AC_User: Diese Tabelle (siehe Tab. 7.4) dient der Sicherstellung der Nutzerhistorie und deren Berechtigungen. Die dient vor allem dazu festzustellen, wann welcher Nutzer welche Rechte hatte, bzw. zur Sammlung von Änderungen an den Nutzern.

AC_Meldungen: Diese Tabelle (siehe Tab. 7.5) dient der Sicherstellung der korrekten Verarbeitung der einzelnen Meldungen, zusammen mit den Rückmeldungen und der Zusammengehörigkeit. Wird eine Meldung im Rahmen einer Anreicherung verändert, so wird intern in neuer Eintrag angelegt, der mit dem alten Antrag verknüpft wird (<null>, sollte es keinen Vorgängereintrag geben). Jede Meldung, die im System einlangt, erzeugt automatisch einen solchen Eintrag, der in den weiteren A&C-Tabellen referenziert wird. Grundsätzlich werden nur in Ausnahmefällen neue Einträge aus alten erstellt bspw. wenn die Anreicherung nicht durch eine Referenztabelle generiert wird und somit deutlich

Tab. 7.4 AC_User

Spalte	Beschreibung
ID	Primary Key
UserID	ID des Nutzers (Foreign Key auf die Tabelle der Nutzer)
Event_Type	1 … New User -1 … Deleted User 0 … Changed Privileges
New_Privileges	Neue Wert für die Privileges
AdminID	Administrator, der die Änderung veranlasst hat
Change_time	Zeitpunkt der Änderungenen

Tab. 7.5 AC_Meldungen

Spalte	Beschreibung
ID	Primary Key
MeldungsID	ID der Meldung – Key zu den Daten der Meldungen in der Datenbank
Previous_Message	Link zu vorangegangenen Messages
Link_time	Zeitstempel der Anlage der Meldung

gemacht werden muss, dass hier ein Bruch in der Nachvollziehbarkeit entstehen kann, und es sich hierbei in gewisser Weise um eine neue Meldung handelt.

AC_Tickets: Diese Tabelle (siehe Tab. 7.6) dient dem Audit aller erstellten Tickets. Die Zuordnung der Meldungen zu den Tickets wird in der Tabelle AC_Ticketmeldungen abgebildet. Der zugehörige Eintrag in dieser Tabelle wird erstellt, sobald durch die Anwendung einer Regel (AC_Aggregation) ein entsprechendes Ticket erstellt wird – zusätzlich kann hierdurch nachvollzogen werden, durch die Anwendung welcher Aggregationsregeln ein Ticket erstellt wurde.

AC_Ticketmeldungen: Diese Tabelle (siehe Tab. 7.7) dient der Verknüpfung der Tickets mit den Meldungen – welche Meldungen wurden wann welchen Tickets zugeordnet und aufgrund welcher Aggregationsregel(n). Dabei kann eine Meldung von mehreren Regeln betroffen sein. Zusätzlich kann eine Meldung mehreren Tickets zugeordnet werden.

Für jede Zuordnung wird dabei genau ein Eintrag in der Tabelle erstellt, d. h. werden bspw. zwei Meldungen (M_1, M_2) beide durch die Anwendung zweier Regeln (R_1, R_2) zwei Tickets (T_1, T_2) zugeordnet, so können bspw. die folgenden vier Einträge entstehen:

(ID, TicketID, MeldungsID, RegelID)

- (1, M_1, T_1, R_1)
- (1, M_1, T_2, R_2)
- (2, M_2, T_1, R_1)
- (3, M_2, T_2, R_2)

Tab. 7.6 AC_Tickets

Spalte	Beschreibung
ID	Primary Key
Ticket	ID des Tickets – Key zu den Daten des Tickets in der Datenbank
RegelID	Durch die Anwendung welcher Aggregationsregel wurde das Ticket erstellt
Match_time	Wann wurde die Zuordnung durchgeführt – Zeitstempel der Erzeugung des Tickets

Tab. 7.7 AC_Ticketmeldungen

Spalte	Beschreibung
ID	Primary Key
TicketID	ID des Tickets dem die Meldungen zugeordnet sind
MeldungsID	ID der Meldung, die dem Ticket zugeordnet ist.
RegelID	Welche Regel wurde genutzt, um die Meldung dem Ticket zuzuordnen
Match_time	Wann wurde die Zuordnung durchgeführt

AC_Aggregation: Diese Tabelle (siehe Tab. 7.8) dient zur Umsetzung des Audits der Veränderung der Aggregierungsregeln, die zur Erstellung der Tickets aus den Meldungen verwendet werden. Dabei wird auf die Referenztabelle REF_MATCHES verwiesen, die in Abschn. 7.4.5 definiert wurde.

AC_TTL: Diese Tabelle (siehe Tab. 7.9) dient der Nachverfolgung der TTL eines Tickets. Dabei wird gespeichert, aufgrund welcher Maßnahme (Regel) die TTL verändert wurde und wann dies geschah. Grundsätzlich wird bei der Erstellung eines neuen Tickets auch ein erster Eintrag in diese Tabelle für das Ticket angelegt, wobei die TTLOld auf <null> und die TTLNew auf den vordefinierten fixen Startwert gesetzt wird.

AC_Processing: Diese Tabelle (siehe Tab. 7.10) dient der Nachverfolgung der Anreicherung der Tickets und Meldungen durch Workflows. Die Workflow_ID verweist dabei auf die Tabelle AC_Worflows.

AC_Workflows: Diese Tabelle (siehe Tab. 7.11) dient der Katalogisierung der Workflows, die verwendet werden, um Anreicherungen durchzuführen.

Dabei wird für jeden angelegten Workflow in der Workflow-Engine ein Eintrag in der Tabelle angelegt. Die interne Verwaltung und Veränderung der Workflows wird an die Workflow-Engine übergeben, da die zu speichernden Daten je nach Engine sehr unterschiedlich sein können. Diese Verwaltung wird mithilfe des Felds „Link" in der Workflow-Engine dargestellt.

Tab. 7.8 AC_Aggregation

Spalte	Beschreibung
ID	Primary Key
OldID	ID alten Regel – Key zu den Daten in REF_MATCHES
NewID	ID neuen Regel – Key zu den Daten in REF_MATCHES
Change_time	Zeitstempel der Änderung

Tab. 7.9 AC_TTL

Spalte	Beschreibung
ID	Primary Key
TicketID	ID des betroffenen Tickets
TTLOld	TTL vor der Änderung
TTLNew	TTL nach der Änderung
Change_time	Zeitstempel der Änderung
RuleID	ID der Regel – Link in die entsprechende Referenztabelle

Tab. 7.10 AC_Processing

Spalte	Beschreibung
ID	Primary Key
Type	0 … Ticket 1 … Meldung
ObjectID	ID des betroffenen Tickets oder der betroffenen Meldung
WorkflowID	ID des Workflows
Execution_time	Zeitstempel der Durchführung
RuleID	ID der Regel – Link in die entsprechende Referenztabelle

AC_Referencetables: Diese A&C-Tabelle (siehe Tab. 7.12) dient dazu, Änderungen an den Referenztabellen noch besser nachvollziehen zu können. Die Referenztabellen dienen grundsätzlich der Anreicherung der Tickets mit weiterführenden, intern bekannten Informationen und sind entsprechend kritisch hinsichtlich ihrer Aktualität und auch in Bezug auf Manipulationen, sei es böswilliger Natur, aber auch im Zuge einer irrtümlichen Änderung. Diese A&C-Tabelle sammelt Informationen darüber, wer wann einen neuen Eintrag erstellt hat, bzw. welche Änderungen am Gültigkeitsbereich durchgeführt wurden.

7.5.2 Zusammenspiel zwischen A&C- und Referenztabellen

Die Audit&Control-Tabellen (AC_ …) spielen eng mit vier vordefinierten Referenztabellen zusammen, bzw. verweisen auch direkt aufeinander, wie in Abb. 7.10 ersichtlich. Die vier Referenztabellen besitzen dabei die folgenden Aufgaben, die genauen Definitionen wurden, bis auf REF_REFTABLES, bereits in den vorangegangenen Abschnitten dargestellt:

- ***REF_MATCHES*** beinhaltet die Regen, die verwendet werden, um Meldungen zu Tickets zu aggregieren. Die Regeln sind dabei in dem vorliegenden Ansatz als SQL-Statements implementiert (siehe Abschn. 7.4.5).
- ***REF_TTLRULES*** definiert die Regeln für die Veränderung von TTLs von Tickets. Dabei sind pro Regel zwei SQL-Statements definiert: Eines, um festzustellen, ob die Regel auslöst und ein zweites zur Modifikation der TTL (siehe Abschn. 7.4.6).

Tab. 7.11 AC_Workflows

Spalte	Beschreibung
WorkflowID	Primary Key
Type	0 … Tickets 1 … Meldungen
Link	Link in die Workflow-Engine, die die Anreicherung durchführt

Tab. 7.12 AC_Referencetables

Spalte	Beschreibung
ID	Primary Key
RefTable	Name der Refenztabelle
VALID_OLD	Alter Wert für VALID_TO, <null> wenn es ein neuer Eintrag ist. (nicht unbedingt notwendig)
VALID_NEW	Neue Wert für VALID_TO
Change_time	Zeitstempel der Änderung
User	Nutzer, der die Änderung veranlasst hat
Chain	Löst eine Änderung eine weitere Änderung aus, so können diese kaskadierend miteinander verknüpft werden.

- ***REF_THRESHOLDS*** ist eine Sammeltabelle für alle in der Aggregierung, Weiterleitung und Anreicherung verwendeten Thresholds. Diese werden über Identiifer referenziert (siehe Abschn. 7.4.7).

Die Tabelle ***REF_REFTABLES*** dient dazu, beliebige weitere Referenztabellen zu definieren und in das System, sowohl operativ, als auch das A&C-System, einbinden zu können. Diese Referenztabellen dienen vor allem der Anreicherung von Meldungen und Tickets durch externe Informationen und sind nach dem gleichen Schema aufgebaut, wie die standardmäßig vorhandenen Referenztabellen, d. h. es werden ebenfalls keine Daten gelöscht und die Gültigkeit von Werten wird mittels der beiden Felder VALID_FROM und VALID_TO definiert. REF_REFTABLES enthält dabei die folgenden Spalten:

- ***ID***: Eine eindeutige ID der zu referenzierenden Tabelle (Primary Key).
- ***Name***: Kurzer Name der Referenztabelle (Kein Primary Key).
- ***Beschreibung***: Kurzbeschreibung der Inhalte und des Zwecks der Tabelle.
- ***Qualifizierter Name***: Verweis auf die Referenztabelle in der Datenbank mithilfe eines qualifizierten Namens.
- ***VALID_FROM***: Start des Gültigkeitsintervalls der Referenztabelle.
- ***VALID_TO***: Ende des Gültigkeitsintervalls der Referenztabelle.

Ein weiterer wesentlicher Aspekt ist das Zusammenspiel des A&C-Systems und der Referenztabellen mit der zugrunde liegenden Middleware. Diese Middleware ist für die eigentliche Durchführung der Meldungs- und Ticketoperationen zuständig, sie ist das sog. „Workhorse" des Systems. Da die vorliegende Architektur Produkt- und Systemagnostisch definiert wurde, entsteht hier in der Darstellung eine Schnittstelle zu den Daten in der Middleware, d. h. dem echten Datenstore. Das A&C-System dient nicht der Speicherung der Inhalte der Meldungen und Tickets, dafür ist die Middleware selbst zuständig, auch die weiteren Referenztabellen, die im Rahmen von REF_REFTABLES definiert werden,

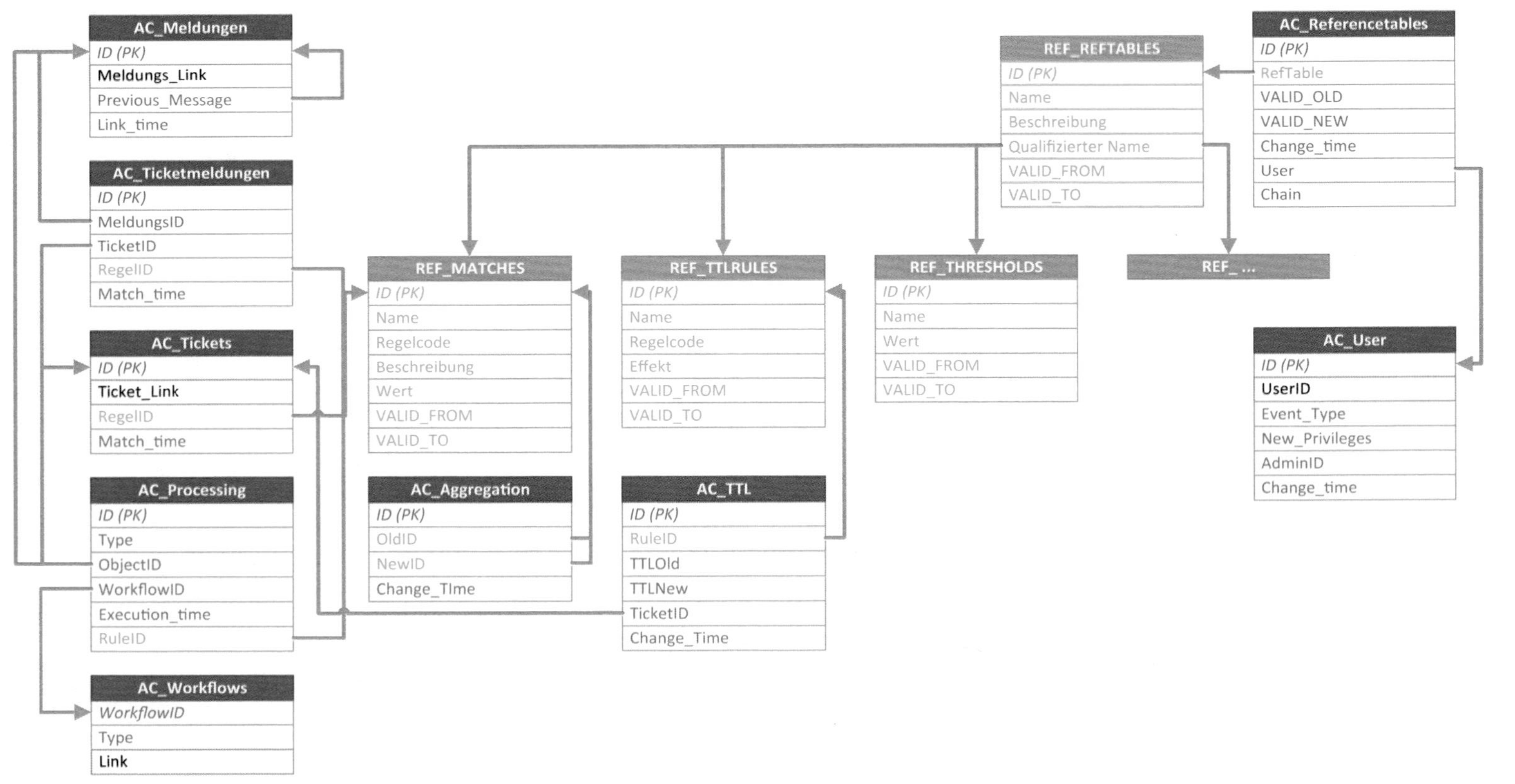

Abb. 7.10 Das A&C-System und die Referenztabellen

sind Teil der Middleware. A&C-Tabellen verweisen immer wieder auf Daten, die direkt in der Middleware (bzw. in der Datenbank liegen, die der Middleware zugrunde liegt), diese sind in Abb. 7.10 schwarz geschrieben. Grüne Einträge in den A&C-Tabellen bezeichnen Verweise auf Referenztabellen, blaue Felder, die eingetragene Werte besitzen. Kursiv hervorgehoben sind Felder, die Primary Keys darstellen.

7.5.3 Absicherung der Datenbanken gegen Manipulationen

Die Absicherung der Datenbanken gegen Manipulation ist ein wesentlicher Aspekt der Herstellung von Informationssicherheit und Vertrauen in das Lagezentrum. Dem liegt zugrunde, dass das Lagezentrum selbst ein wesentliches Ziel feindlicher Mächte und krimineller Organisationen darstellen kann und entsprechend geschützt werden muss. Dabei muss davon ausgegangen werden, dass Angreifer hohe Privilegien erhalten können, sei es durch Korruption, Erpressung oder Bestechung echten Personals (Insider-Angriff) (Krombholz 2015), oder aber durch die Ausnutzung einer Schwachstelle in den Werkzeugen (bspw. der Datenbank oder der Middleware), die es erlaubt, eine sog „Privilege Escalation" (siehe (Provos 2003) oder (Monshizadeh 2014)) durchzuführen, d. h. der Angreifer erhält durch einen Fehler in der Software die Möglichkeit, sich selbst Rechte zuzuweisen, die er/sie eigentlich nicht besitzt.

Zusätzlich könnten die im Lagezentrum gespeicherten Informationen wesentlicher Inhalt von Gerichtsverfahren werden bspw. wenn nachgewiesen werden muss, ob Meldungen rechtzeitig und vollständig durchgeführt wurden, oder aber, wenn die Arbeit des Lagezentrums selbst infrage gestellt wird. Auch in diesen Fällen muss das Lagezentrum sicherstellen und nachweisen können, dass die in den Datenbanken gespeicherten Informationen richtig und unverfälscht sind.

Dieser Nachweis ist auch ein wesentlicher Aspekt der A&C-Tabellen im Rahmen des Audit&Controls: Auch hier beruht die Aussagekraft des Systems darauf, dass die jeweiligen Tabellen garantiert unverfälscht sind.

Um diese Aussagekraft garantieren zu können, nutzen wir Erkenntnisse aus der digitalen Forensik, speziell der Datenbankforensik (Fasan 2012). Unser Ansatz basiert dabei auf der Nutzung interner Mechanismen der Datenbank, die selbst nur sehr schwer manipuliert werden können, ohne die Integrität der gesamten Datenbank zu gefährden (Frühwirt 2013): Zusätzlich werden diese Mechanismen, bzw. die darin enthaltenen Informationen, kryptographisch abgesichert, um Unverfälschbarkeit, auch in Hinblick auf das Einfügen neuer Ereignisse und die Entfernung alter Log-Einträge garantieren zu können.

Die Aufgabe des Transaktionsmechanismus besteht darin, Rollbacks und Crash-Recovery durchführen zu können, es ist daher ein wesentlicher Bestandteil eines modernen, das ACID-Prinzip[7] (Haerder 1983) erfüllenden, Datenbankmanagementsystems.

[7] Atomicity, Consistency, Isolation und Durability

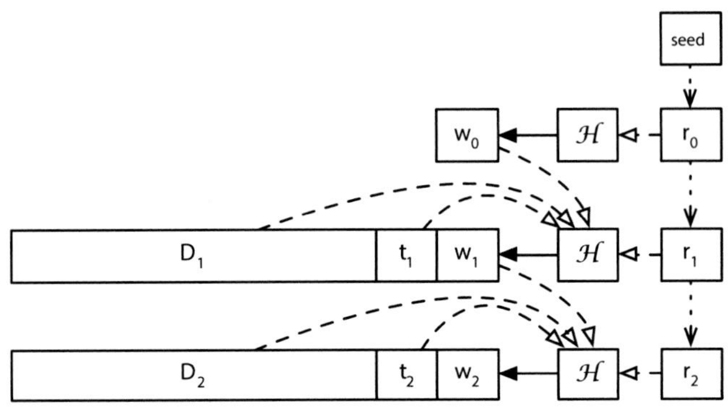

Abb. 7.11 Chaining im Transaktionsmechanismus (Fruehwirt 2014)

In MySQL[8] wird der Transaktionsmechanismus bspw. als sog. „Transaction Log“ implementiert, dies ist, im Gegensatz zu dem was der Name suggeriert, ein nicht für Menschen lesbares System aus Logdateien, in denen die Datenbank alle Informationen redundant und gesichert abspeichert, die sie im Fall eines Crash Recoveries benötigt. Eine Verfälschung wäre im Rahmen von sehr komplexen forensischen Methoden möglich, kann allerdings die Stabilität der gesamten Datenbank gefährden (siehe Frühwirt (2010), Frühwirt (2012)). Zusätzlich werden diese Einträge daher noch mithilfe einer Hash-Chain abgesichert. Dies mitigiert auch einen speziellen, wesentlich leichter durchführbaren Angriff, die Einfügung von gefälschten Operationen direkt in den Transaktionsmechanismus. Dieser Technik beruht darauf, die Einträge miteinander derart zu verknüpfen, dass die gesamte Verarbeitungskette unfälschbar wird. Abb. 7.11 zeigt die Funktionsweise dieser Verkettung.

Dabei wird für jeden Eintrag im Transaktionsmechanismus ein sog „Witness“, ein Zeuge für die Korrektheit des Datensatzes, bzw. des Eintrages, errechnet. Dieser setzt sich zusammen aus einem Hashwert aus den Daten selbst, einem Zeitstempel, einer Pseudozufallszahl (Knuth 1997), sowie dem Witness des vorangegangenen Eintrags. Die Hashfunktion H ist dabei eine kryptographische Hashfunktion (Menezes 1996), d. h. sie ist grundsätzlich nicht (effizient) umkehrbar. Diese wird auf eine Verknüpfung der Eingabewerte angewandt:

$$w_i = H\left(w_{i-1} \,\|\, D_i \,\|\, t_i \,\|\, r_i\right)$$

Der Parameter D_i bezeichnet dabei den Inhalt des i-ten Logeintrags zum Zeitpunkt t_i. Das Symbol r_i ist der i-te Wert eines mit einem geheimen Seed initialisierten Pseudozufallszahlengenerators, die doppelten senkrechten Striche bezeichnen die Stringoperation „Concatenation“, d. h. die einzelnen Parameter werden in Zeichenketten (Strings) umgewandelt und miteinander verknüpft.

[8] https://www.mysql.com/

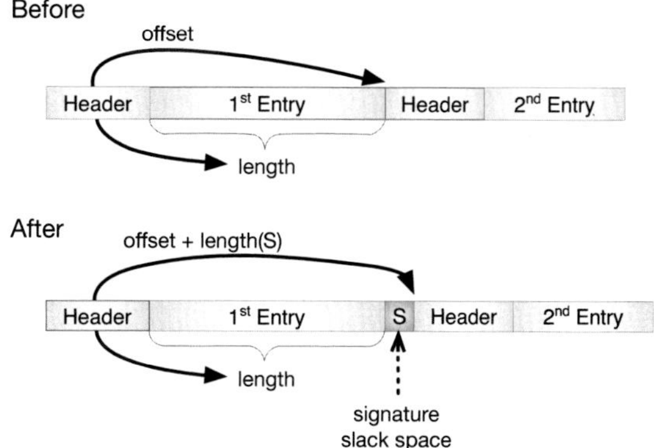

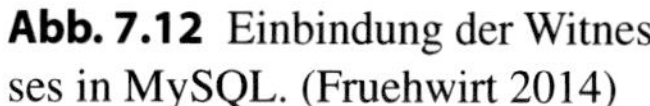
Abb. 7.12 Einbindung der Witnesses in MySQL. (Fruehwirt 2014)

In Abb. 7.12 wird dargestellt, wie diese Witnesses direkt in das Log eingebunden werden können. Diese Einbindung beruht darauf, dass das Log in MySQL Felder variabler Länge vorsieht, die einzeln definiert werden. Zusätzlich wird am Anfang des Logeintrags die Gesamtlänge des Logs definiert, es ist also möglich, in dieser Definition der Gesamtlänge die benötigte Zeichenzahl hinzuzufügen und somit Platz für den Witness zu schaffen.

Eine detaillierte Darstellung des Verfahrens, zusammen mit Vorteilen, Angreiferanalyse und Limitierungen findet sich in (Fruehwirt 2014).

7.5.4 Archivierung

Speziell im Rahmen der Nachvollziehbarkeit und des Aufarbeitens älterer Vorfälle ist es unabdingbar, die Daten nach ihrer Verwendung und Entfernung aus dem System in einer Weise vorrätig zu halten, die später trotzdem noch Zugriff ermöglicht. Dazu wird eine Archivierungsstrategie vorgeschlagen, die alle wesentlichen Dateninhalte, aber vor allem auch die Prozessketten, umfasst. Wesentliche Aspekte eines funktionierenden Archivierungskonzepts umfassen dabei:

- Vollständigkeit des Archivs
- Möglichst geringe Größe der Datenhaltung
- Effizienz in der Abspeicherung
- Möglichkeit des Durchsuchens und Wiederherstellens alter Daten und Prozesse
- Berücksichtigung dynamischer Prozesse
- Berücksichtigung des Datenschutzes und speziell des Löschens von Informationen aus dem System.

Der wesentliche Unterschied zum A&C-System liegt darin begründet, dass es sich hierbei nicht um die Erkennung von Manipulationen, sondern die Aufbewahrung aller Daten handelt. Dies bedeutet, dass Techniken wie Checksums und dergleichen nicht ausreichend sind, sondern die echten Daten gespeichert werden, müssen. Auf der anderen Seite, stellt das Archiv keinerlei Ansprüche an eine etwaige Manipulationssicherheit.

Im Rahmen dieses Abschnitts und des Folgeabschnitts stellen wir zuerst dar, welche Objekte und Prozesse archiviert werden müssen und wie dies zu geschehen hat. Zusätzlich definieren wir einen neuen Prozess zur Nachvollziehbarkeit der Fortpflanzung von Informationspartikeln. Dies ist besonders für die Probleme der Informationsweitergabe aggregierter Daten auf Quellen unterschiedlicher Vertraulichkeit, aber auch der Umsetzung des Löschens von großer Bedeutung. Abschließend beschäftigen wir uns mit dem Problem der Umsetzung des Rechts auf Vergessenwerden (Rosen 2011) im Rahmen von Archiven, die eine Löschung, sowohl in logischer, als auch physikalischer Hinsicht, nicht gestatten.

Die zu archivierenden Daten unterteilen sich konzeptionell in die folgenden Datenströme:

- **Nutzdaten**, d. h. Meldungen und Tickets, sowie externe Datenströme, die den Tickets zugeordnet und mit ihnen aggregiert werden.
- **Anreicherungsdaten**, d. h. die Inhalte von Referenztabellen, die als statisches Wissen für die Anreicherung in der Wissensbasis gespeichert sind und via externer Schnittstellen gewartet werden.
- **Audit & Control-Informationen**, d. h. die Inhalte der AC-Tabellen. Dies ist vor allem für die Nachvollziehbarkeit des A&C-Prozesses notwendig.

Audit & Control-Daten sind in regelmäßigen Abständen zu sichern, allerdings sind die meisten AC-Tabellen sehr klein, lediglich für AC_Meldungen wird pro Meldung (auch Folgemeldungen und Antworten) je ein neuer Eintrag angelegt. Das Speicheraufkommen kann mit wenigen Bytes, je nach Datentyp der IDs und der Links in die Middleware, abgeschätzt werden. Ebenso wird für jedes Ticket ein eigener Eintrag in der Tabelle AC_Tickets benötigt, sowie für jede Meldung mindestens eine Zuordnung zu einem Ticket in der Tabelle AC_Ticketmeldungen (oder auch mehrere). Alle diese Einträge bestehen aber hauptsächlich aus Verweisen und IDs, besitzen also einen sehr geringen Speicherbedarf. Die A&C-Tabellen sollten zumindestens täglich als Komplettbackup gesichert werden, um sie einfach und schnell wederherstellen zu können.

Der Speicherbedarf der Referenztabellen hängt hauptsächlich vom Umfang und der Komplexität der bezweckten Anreicherungen und der Daten ab. Dies kann von einigen wenigen Bytes pro Tabelle, die sich de facto nie ändern, bis hin zu hochvolatilen großen Anreicherungstabellen reichen, es ist daher an dieser Stelle nicht möglich oder sinnvoll generelle Angaben zu Archivierungsintensität und Speicherbedarf zu geben.

Bezüglich der Nutzdaten sind drei Faktoren für deren Speicherung und dem daraus resultierenden Platzbedarf wesentlich:

- Die ***Menge der Nutzdaten*** ist ein wesentlicher Faktor, der direkt in die Komplexität der Archivierung in Hinblick auf den bereitzustellenden Speicherplatz und der effizienten Verwaltung hineinspielt. Basiert das Lagebild lediglich auf den Pflichtmeldungen nach der NIS-Richtlinie, so wird die Menge dieser Daten eher gering sein und die

Archivierung sehr einfach, problematisch wird dies jedoch, sobald große Mengen an Sensorinformationen in das Lagebild einfließen, die Archivierung muss daher eng auf den Anwendungszweck des Lagebilds abgestimmt werden.
- Die ***Zahl und Komplexität der Anreicherungsschritte***: Je komplexer die Anreicherungsschritte und je zahlreicher die Zwischenergebnisse, desto größer wird die Menge der zu archivierenden Daten werden.
- Die benötigte ***Geschwindigkeit der Wiederherstellung***. Dies trifft vor allem die Wiederherstellung komplexer Aggregate. Durch die Sicherung der Referenzdaten, sowie der A&C-Information und der Prozessdaten, muss es an sich möglich sein, diese aus den gespeicherten Rohdaten im Rahmen eines Reprocessings erneut zu berechnen, allerdings kann dies zeitliche problematisch werden, wodurch es wünschenswert sein kann, möglichst viele Zwischen- und Endergebnisse zu archivieren, um die Daten möglichst rasch wiederherstellen zu können.

Wesentlich bei der Archivierung der Nutzdaten ist, dass vor allem alle manuellen Änderungen, bspw. durch den First Responder, aber auch das Lagezentrum, sowie die Ergebnisse des Data Cleanings und etwaige damit einhergehende Veränderungen gespeichert werden, sodass nachvollziehbar bleibt, wie die Änderungen durchgeführt wurden. Dasselbe gilt auch für die Zuordnung von Meldungen zu anderen Meldungen, Folgemeldungen und Antworten auf Fragen durch den First Responder.

Zusammengefasst kann gesagt werden, dass vor allem die Erfassung aller wichtigen Daten, speziell auch von Zwischenergebnissen zur raschen Wiederherstellung, die in solchen Analysen gerne vergessen werden, ein wichtiger Schritt zur tatsächlichen Implementierung eines Archivs für einen Lagebildprozesses darstellt. Zusätzlich sind auch die auf Basis des Lagebilds und der vorhandenen Informationen getroffenen Entscheidungen zu dokumentieren und zu archivieren.

Ein wesentlicher Aspekt für die Archivierung der Prozesse ist vor allem die Gestaltung der zugrunde liegenden Workflowengine, die die Verarbeitung durchführt und dabei auch die Spezifikation von Workflows. Dies kann bei sehr einfachen Ticketingsystemen eine kurze Konfiguration durch ein GUI sein, bis hin zu Programmen in eigenen Workflow-Engines, wie bspw. Mediationzone.[9] Speziell bei ersteren ist eine automatisierte Archivierung und Wiederherstellung oftmals nicht möglich, hier muss stattdessen eine detaillierte Dokumentation zu allen Änderungen durchgeführt werden.

Wesentliche Aspekte, die archiviert werden müssen, umfassen dabei:

- Die entsprechende Definition der Workflows, d. h. die Umsetzung der in den vorangegangenen Abschnitten dargestellten Architektur, angefangen bei der Decodierung des angelieferten STIX-Formats, über das Data Cleaning und die Aggregation zu Tickets, bis hin zur Anreicherung und der Verwaltung interner Steuerungsmechanismen wie der TTL.

[9] http://www.digitalroute.com/technology

- Etwaige intern verwendete Datenformate samt Spezifikation und nachvollziehbarer Versionierung.
- Steuerungsdaten der Middleware, wie bspw. Verzeichnisstrukturen, Konfigurationen, Deploymentdaten und andere Metadaten.
- Die exakte Version der verwendeten Middleware, sowie alle eingespielten Patches mit Zeitstempel, die es erlauben nachzuvollziehen, welche Versionen mit welchem Patchstatus für die Verarbeitung welcher Daten verwendet wurden.
- Etwaige verwendete Skripte und andere Zusatzprogramme.
- Daten zu der zugrunde liegenden Plattform mit Informationen zu Betriebssystem, Servertyp und dergleichen.
- Etwaige verwendete Datenbanken mit genauen Konfigurationseinstellungen, Versionen und der definierten Struktur (Schemata, Tabellen, Views …)

Zusammengefasst müssen es die im Archiv gespeicherten Daten erlauben, das System 1:1 wiederherzustellen und zwar für jeden beliebigen Zeitpunkt in der Verarbeitung Dies ist auch deshalb hochrelevant, da komplexe Programme sich oftmals in ihren Versionen grundlegend unterscheiden, bspw. abhängig vom zugrunde liegenden Betriebssystem. Daher ist es für die Nachvollziehbarkeit unabdingbar, dass diese Konfigurationen nachgestellt werden können.

7.5.5 Nachvollziehbarkeit & Löschen von Informationen

Die Nachvollziehbarkeit der Fortpflanzung von Informationspartikeln im Anreicherungsprozess ist ein wesentlicher Aspekt der Kontrolle über die Datenbestände und dient zwei Hauptzwecken:

1. Der korrekten Durchführung der Löschung von Daten, bspw. bedingt durch die DSGVO, wobei vor allem die Löschung und das Reprocessing der weiterverarbeiteten Daten betroffen ist.
2. Der kontrollierten Weitergabe von Informationen, die aus verschiedenen Quellen unterschiedlicher Vertraulichkeit stammen, an andere Partner, bspw. im Rahmen des Informationsaustauschs zwischen verschiedenen Lagezentren oder mit anderen Behörden, oder gar mit privatwirtschaftlichen Partnern.

Um diese Tätigkeiten sinnvoll und effizient durchführen zu können ist es essenziell, Datensätze etwaigen Personen zuordnen zu können. Dies wird mithilfe eines Markierungsalgorithmus durchgeführt:

- Bei Erhalt von Daten, die sensible Informationen enthalten können, im datenverarbeitenden System, werden diese entsprechend mit einer Markierung versehen.
- Diese Markierung kann bspw. aus der Quelle und dem Zeitstempel bestehen und muss im System eindeutig definiert sein.

- Die Markierung wird zusammen mit der identifizierenden Information in einer Tabelle zur weiteren Zuordnung gespeichert, der ***Markertabelle***. Speziell wenn die Löschung aufgrund der DSGVO und nicht aufgrund der Geheimhaltungspflicht gegenüber der Quelle erfolgt, muss darauf geachtet werden, dass diese Information auch zur Verfügung steht, d. h. es muss anhand der Markertabelle erkennbar sein, wenn eine Person die Löschung ihrer Daten verlangt, welche Markierungen von dieser Löschung betroffen sind.
- Diese Markierung wird durch die Verarbeitungskette mitgeschleppt und mit jedem Zwischenergebnis gespeichert. Sie sollte daher möglichst klein in Hinblick auf die Nutzung des Speicherplatzes sein.
- Im Fall von Aggregationen und anderen Operationen werden alle Ergebnisse, die durch einen Datensatz betroffen sind entsprechend markiert. Unter Umständen kann es sinnvoll sein, Summenmarkierungen einzufügen, d. h. zusätzliche Einträge in der Markertabelle, die auf eine Menge von Markierungen verweisen.
- Speziell im Fall von sehr komplexen Operationen kann es sein, dass die Zuordnung von Input-Datensatz zu einem Ergebnisdatensatz nicht mehr möglich ist. In diesem Fall muss das gesamte Ergebnis im Fall einer Löschung neu berechnet werden, in die Markertabelle werden entsprechend die in das Ergebnis eingeflossenen Daten notiert.

Zusätzlich zur Möglichkeit der Löschung, eröffnet dieses System auch die Möglichkeit zu bestimmen, welche Informationen, und speziell welche abgeleiteten Informationen, mit anderen Stellen geteilt werden können, ohne eine etwaige Geheimhaltungspflicht zu verletzen, und kann auch zur Entwicklung von Informationsfiltern genutzt werden. Die Idee hinter diesen Filtern ist, dass es u. U. unmöglich sein kann, Daten echt aus Backups zu löschen und diese daher vorhanden bleiben müssen. Dies birgt die Gefahr, bereits im Echtsystem gelöschte Daten im Rahmen eines Wiederherstellungsprozesses wiederherzustellen. Die definierten Filter werden im Rahmen des Wiederherstellungsprozesses angewandt, d. h. es werden alle Informationspartikel, deren Marker sich im Filter befindet nicht zurückgespielt. Wesentlich ist dabei, dass diese Marker keinerlei Rückschlüsse auf die Person, oder andere sensible Daten, zulassen, da sonst das Vorhandensein im Filter selbst bereits ein datenschutzrechtliches Problem wäre.

Zu diesem Zweck wird der Filter so definiert, dass aus ihm nicht auf die Originaldatensätze, bzw. Teile davon, zurückgeschlossen werden kann. Dies kann am Einfachsten durch eine Abstraktion von Markierung und sensiblen Daten geschehen, d. h. die Marker werden nicht auf der Basis von Inhalten des Datensatzes errechnet, sondern einfach unabhängig davon erzeugt und bspw. mithilfe einer Tabelle als Pseudonyme gespeichert. Dabei ist zu beachten, dass Pseudonymisierung keine zulässige Anonymisierungsprozedur im Sinne der DSGVO ist. Da dies jedoch nicht aus Datenschutzgründen passiert, sehen wir kein relevantes rechtliches Problem. Dieses Pseudonym kann daher bspw. durch reines Hochzählen eines Primary Keys erstellt werden.

Wesentlich ist die Schaffung des Filter-Layers, der absolut vertrauenswürdig sein muss und die Filterung im Fall des Restores durchführt. Dieser besitzt keinerlei Informationen, außer der Liste der nicht wiederherzustellenden Marker. Im Fall eines Restores muss der

Filter-Layer jeden Datensatz, den er wiederherstellt, auf das Vorhandensein dieser Markierungen überprüfen und dann entsprechend vorgehen:

- Handelt es sich bei den Daten um Aggregate, Statistiken oder sonstige abgeleitete Werte, so müssen diese neu berechnet werden. Hierzu sind vor allem die gespeicherten Prozess- und Referenzinformationen relevant, die ein Reprocessing der Informationen in einer Form ermöglichen, die den Ursprungsprozess möglichst detailgetreu nachstellt und somit auf die gleichen Ergebnisse, unter Berücksichtigung der Verfälschung durch die Löschungen, kommt.
- Handelt es sich um reine (originäre) Daten, so werden diese einfach nicht wiederhergestellt.

Die genaue Umsetzung hängt dabei noch sehr stark von der praktischen Rechtsprechung in Hinblick auf das Löschen von Daten (Villaronga 2017) bzw. spezieller, der Löschung von Daten aus Backups und Archiven.

Speziell das Thema des Löschens von Daten ist technisch äußerst herausfordernd, da viele komplexe Systeme wie Datenbanken oder Cluster grundsätzlich nicht dafür ausgelegt sind, Daten endgültig, oder gar forensisch sicher zu löschen. Hier ist unter Umständen auch noch sehr viel technische Forschungsarbeit notwendig, wie dies effizient umgesetzt werden kann, bzw. welche Änderungen an den Grundsoftwareprodukten notwendig werden, um diesen neuen Regularien zu begegnen.

7.6 Schlussbetrachtung

In diesem Kapitel haben wir eine abstrakte Architektur eines Informationsanalysekonzepts für die Sammlung von Meldungen zur Erstellung eines Lagebilds vorgestellt. Dabei wurden die folgenden Akteure unterschieden: (i) die kritische Infrastruktur, (ii) unabhängige First Responder, deren Aufgabe der direkte Kontakt mit den kritischen Infrastrukturen ist und die Informationen vorfiltern und (iii) die Lagezentren, die das Lagebild erstellen und die Lagebeurteilung durchführen.

Basierend auf dem abstrakten Aufbau wurden konkrete Schnittstellen für die Kommunikation zwischen diesen Akteuren und ein konkretes, auf STIX basierendes, Datenformat für den Informationsaustausch definiert.

Wesentlicher Aspekt der Architektur ist der „Lebenszyklus" der Informationen, angefangen von der Meldung durch die kritische Infrastruktur, über die Datenverifikation (Data Cleaning), Nachfrage und der Anreicherung mit externen Informationen, bis hin zur Evaluierung der Wichtigkeit, Weiterleitung in das Lagebild und schließlich der Löschung nicht mehr benötigter Informationen. Ein weiterer Designfaktor war auch die Möglichkeit der Nachvollziehbarkeit von Anreicherungen und Entscheidungen, im Rahmen von Lessons Learned kann jederzeit ein alter Zustand des Gesamtsystems wiederhergestellt werden, der eine genaue Analyse der Entscheidungsfindung ermöglicht.

Zusätzlich stellt ein Lagezentrum auch ein attraktives Angriffsziel dar, das entsprechend gegen Manipulationen und Angriffe von innen und außen geschützt werden muss. Entsprechende Mechanismen zur Erkennung von Manipulationen in der Informationsanalyse wurden daher ebenfalls besprochen. Ein weiterer Aspekt ist die Compliance mit dem neuen, durch die DSGVO definierten, Datenschutzregime, das Transparenz der Verarbeitung und die Möglichkeit der Löschung von Daten verlangt.

Der vorgestellte Ansatz dient als Grundlage für die Implementierung eigener Informationsanalysesysteme, ist daher grundsätzlich plattformunabhängig definiert. Seine Modularität erlaubt den Austausch und die Erweiterung einzelner Komponenten und ermöglicht so die Implementierung eines maßgeschneiderten Systems für den jeweiligen spezifischen Einsatzzweck.

Abkürzungsverzeichnis

A&C	Audit & Control
ACID	Atomicity, Consistency, Isolation and Durability
CERT	Computer Emergency Response Team
CSA	Cyber Situation Awareness
CVE	Common Vulnerabilities and Exposures
DDOS	Distributed Denial of Service
DSGVO	Datenschutzgrundverordnung
FR	First Responder
IDS	Intrusion Detection System
K-Wert	Kritikalitätswert
KI	Kritische Infrastruktur
LZ	Lagezentrum
PoC	Point of Contact
SIEM	Security Information and Event Management
SOX	Sarbanes-Oxley Act
STIX	Structured Threat Information eXpression
TAXII	Trusted Automated eXchange of Indicator Information
TLP	Traffic Light Protocol
TTL	Time to Live

Literatur

(Balboni, 2013) Balboni, Paolo, and Milda Macenaite. "Privacy by Design and anonymisation techniques in action: Case study of Ma3tch technology". Computer Law & Security Review 29, no. 4 (2013): 330-340.

(Barnum, 2012) Barnum, Sean. "Standardizing cyber threat intelligence information with the Structured Threat Information eXpression (STIX™)". MITRE Corporation 11 (2012): 1-22.

(Bragg, 2004) Bragg, R., 2004. Hardening windows systems. McGraw-Hill/Osborne.

(Case, 1990) Case, Jeffrey D., Mark Fedor, Martin L. Schoffstall, and James Davin. Simple network management protocol (SNMP). No. RFC 1157. 1990.

(Daemen, 2013) Daemen, Joan, and Vincent Rijmen. The design of Rijndael: AES-the advanced encryption standard. Springer Science & Business Media, 2013.

(Dierks, 2008) Dierks, Tim. "The transport layer security (TLS) protocol version 1.2". (2008).

(Directive 2016/1148) Directive (EU) 2016/1148 of the European Parliament and of the Council of 6 July 2016 concerning measures for a high common level of security of network and information systems across the Union

(Downward, 1980) Downward, J. G. SYSLOG: an accounting and performance measurement system for RSX11M V3. 2. No. KMSF-U-970; CONF-800414-4. KMS Fusion, Inc., Ann Arbor, MI (USA), 1980.

(Fasan, 2012) Fasan, Oluwasola Mary, and Martin Olivier. "Reconstruction in database forensics". In IFIP International Conference on Digital Forensics, pp. 273-287. Springer, Berlin, Heidelberg, 2012.

(Frühwirt, 2010) Frühwirt, Peter, Marcus Huber, Martin Mulazzani, and Edgar R. Weippl. "Innodb database forensics". In Advanced Information Networking and Applications (AINA), 2010 24th IEEE International Conference on, pp. 1028-1036. IEEE, 2010.

(Frühwirt, 2012) Frühwirt, Peter, Peter Kieseberg, Sebastian Schrittwieser, Markus Huber, and Edgar Weippl. "Innodb database forensics: Reconstructing data manipulation queries from redo logs". In Availability, Reliability and Security (ARES), 2012 Seventh International Conference on, pp. 625-633. IEEE, 2012.

(Frühwirt, 2013) Frühwirt, Peter, Peter Kieseberg, Sebastian Schrittwieser, Markus Huber, and Edgar Weippl. "InnoDB database forensics: Enhanced reconstruction of data manipulation queries from redo logs". Information Security Technical Report 17, no. 4 (2013): 227-238.

(Fruehwirt, 2014) Peter Fruehwirt and Peter Kieseberg and Katharina Krombholz and Edgar R. Weippl, "Towards a forensic-aware database solution: Using a secured database replication protocol and transaction management for digital investigations," Digital Investigation, vol. 11, pp. 336-348, 2014

(Gerhards, 2009) Gerhards, Rainer. "The syslog protocol". (2009).

(Haerder, 1983) Haerder, Theo, and Andreas Reuter. "Principles of transaction-oriented database recovery". ACM Computing Surveys (CSUR) 15, no. 4 (1983): 287-317.

(Heady, 1990) Heady, Richard, George F. Luger, Arthur Maccabe, and Mark Servilla. The architecture of a network level intrusion detection system. University of New Mexico. Department of Computer Science. College of Engineering, 1990.

(Johnson, 2001) Johnson, Don, Alfred Menezes, and Scott Vanstone. "The elliptic curve digital signature algorithm (ECDSA)". International Journal of Information Security 1, no. 1 (2001): 36-63.

(Knuth, 1997) Knuth, Donald E. "The art of computer programming, volume 2: seminumerical algorithms". Chapter 3 "Random Numbers" (1997).

(Krombholz, 2015) Krombholz, Katharina, Heidelinde Hobel, Markus Huber, and Edgar Weippl. "Advanced social engineering attacks". Journal of Information Security and applications 22 (2015): 113-122.

(Kroon, 2013) Kroon, Udo. "Ma3tch: Privacy and knowledge:'Dynamic networked collective intelligence'". In Big Data, 2013 IEEE International Conference on, pp. 23-31. IEEE, 2013.

(Lau, 2000) Lau, Felix, Stuart H. Rubin, Michael H. Smith, and Ljiljana Trajkovic. "Distributed denial of service attacks". In Systems, Man, and Cybernetics, 2000 IEEE International Conference on, vol. 3, pp. 2275-2280. IEEE, 2000.

(Lee, 1998) Lee, Wenke, and Salvatore J. Stolfo. "Data mining approaches for intrusion detection". In USENIX Security Symposium, pp. 79-93. 1998.

(Luiijf, 2015) Luiijf, H. A. M., and A. C. Kernkamp. Sharing Cyber Security Information: Good Practice Stemming from the Dutch Public-Private-Participation Approach. TNO, 2015.

(Menezes, 1996) Menezes, Alfred J., Paul C. Van Oorschot, and Scott A. Vanstone. Handbook of applied cryptography. CRC press, 1996.

(Mepham, 2014) Mepham, Kevin, Panos Louvieris, Gheorghita Ghinea, and Natalie Clewley. "Dynamic cyber-incident response". In Cyber Conflict (CyCon 2014), 2014 6th International Conference On, pp. 121-136. IEEE, 2014.

(Monshizadeh, 2014) Monshizadeh, Maliheh, Prasad Naldurg, and V. N. Venkatakrishnan. "Mace: Detecting privilege escalation vulnerabilities in web applications". In Proceedings of the 2014 ACM SIGSAC Conference on Computer and Communications Security, pp. 690-701. ACM, 2014.

(Provos, 2003) Provos, Niels, Markus Friedl, and Peter Honeyman. "Preventing Privilege Escalation". In USENIX Security Symposium. 2003.

(Rahm, 2000) Rahm, Erhard, and Hong Hai Do. "Data cleaning: Problems and current approaches". IEEE Data Eng. Bull. 23, no. 4 (2000): 3-13.

(Regulation 2016/679) Regulation (Eu) 2016/679 Of The European Parliament And Of The Council Of 27 April 2016 on the protection of natural persons with regard to the processing of personal data and on the free movement of such data, and repealing Directive 95/46/EC (General Data Protection Regulation)

(Richtlinie 2013/36/EU) RICHTLINIE 2013/36/EU DES EUROPÄISCHEN PARLAMENTS UND DES RATES vom 26. Juni 2013 über den Zugang zur Tätigkeit von Kreditinstituten und die Beaufsichtigung von Kreditinstituten und Wertpapierfirmen, zur Änderung der Richtlinie 2002/87/EG und zur Aufhebung der Richtlinien 2006/48/EG und 2006/49/EG

(Rosen, 2011) Rosen, Jeffrey. "The right to be forgotten". Stan. L. Rev. Online 64 (2011): 88.

(Sarbanes, 2002) Sarbanes, Paul. "Sarbanes-oxley act of 2002". In The Public Company Accounting Reform and Investor Protection Act. Washington DC: US Congress. 2002.

(Schneier, 1998) Schneier, Bruce, John Kelsey, Doug Whiting, David Wagner, Chris Hall, and Niels Ferguson. "Twofish: A 128-bit block cipher". NIST AES Proposal 15 (1998).

(Tadda, 2006) Tadda, George, John J. Salerno, Douglas Boulware, Michael Hinman, and Samuel Gorton. "Realizing situation awareness within a cyber environment". In Multisensor, Multi-source Information Fusion: Architectures, Algorithms, and Applications 2006, vol. 6242, p. 624204. International Society for Optics and Photonics, 2006.

(Tadda, 2010) Tadda, George P., and John S. Salerno. "Overview of cyber situation awareness". Cyber situational awareness (2010): 15-35.

(Thonnard, 2012) Thonnard, Olivier, Leyla Bilge, Gavin O'Gorman, Seán Kiernan, and Martin Lee. "Industrial espionage and targeted attacks: Understanding the characteristics of an escalating threat". Research in attacks, intrusions, and defenses (2012): 64-85.

(Villaronga, 2017) Villaronga, Eduard Fosch, Peter Kieseberg, and Tiffany Li. "Humans forget, machines remember: Artificial intelligence and the right to be forgotten". Computer Law & Security Review (2017).

Evaluierung des Cyber Lagebildkonzepts im praktischen Einsatz

8

Miriam Kaundert, Louis Ziegler, Timea Pahi, Florian Skopik, Maria Leitner, Peter Kieseberg, Bernhard Schwanzer und John Kojo Ampia-Addison

Zusammenfassung

Der im Rahmen des CISA Projektes erstellte technische Demonstrator wurde in einer eintägigen, iterativen Planspielübung analysiert und für einen möglichen Realeinsatz evaluiert. Die praktische Anwendung des Demonstrators durch die Teilnehmenden stellte einen Abgleich der entwickelten Cyber Incident Situational Awareness (CISA) -Definition mit einer möglichen Anwendungsrealität dar und agierte als Feuerprobe für die Nützlichkeit der dargestellten Datentypen und -verknüpfungen zur Lagebeurteilung durch Identifikation von Schwachstellen in den verwendeten Visualisierungsoptionen. Diese Tauglichkeitsprüfung soll zur Schärfung der Bedürfnisse – einerseits für die Nutzung von Daten zur Lagebeurteilung, andererseits für die Schulung zukünftiger Operateure – beitragen. Hierbei wurde vor allem der Bedarf nach intensivem Training und klarer Rollendefinition einerseits für die Operateure eines Lagezentrums, andererseits für das Lagezentrum selbst, aufgezeigt. Eine der Kernbeobachtungen waren die

M. Kaundert (✉) · L. Ziegler
Infraprotect, Gesellschaft für Risikoanalyse, Notfall- und Krisenmanagement GmbH, Wien, Österreich
e-mail: m.kaundert@infraprotect.com; l.ziegler@infraprotect.com

T. Pahi · F. Skopik · M. Leitner
Center for Digital Safety & Security, AIT Austrian Institute of Technology, Wien, Österreich
e-mail: timea.pahi@ait.ac.at; florian.skopik@ait.ac.at; maria.leitner@ait.ac.at

P. Kieseberg
SBA Research, Wien, Österreich
e-mail: pkieseberg@sba-research.org

B. Schwanzer · J. Kojo Ampia-Addison
Thales Austria, Wien, Österreich
e-mail: bernhard.schwanzer@thalesgroup.com; john.addison@thalesgroup.com

F. Skopik et al. (Hrsg.), *Cyber Situational Awareness in Public-Private-Partnerships*,
https://doi.org/10.1007/978-3-662-56084-6_8

unterschiedlichen Wünsche einerseits nach „mehr“ Daten und mehr Information und andererseits nach aggregierterer Darstellung und ausgeprägterer Interpretation durch die Software. Der Umgang mit Informationsunsicherheit in der Lagebeurteilung wird daher einen besonders prominenten Fokus für zukünftige Operateure darstellen. Eine vollautomatisierte Darstellung eines Lagebildes, in welcher das Softwaretool selbst eine Beurteilung der Lage erstellt und ausgibt, konnte mit den vorliegenden Mitteln nicht erreicht werden und es muss in Zukunft beurteilt werden, in welchem Ausmaß eine maschinelle Interpretation von Daten zur Lagebilderstellung einerseits möglich und andererseits erwünscht ist. Nach Auswertung des durchgeführten Planspiels ist die Aufwendung menschlicher „Übersetzungsleistung“ für die Entwicklung einer Lageeinschätzung unabdingbar.

8.1 Das Projekt CISA und das CISA Planspiel

Zielsetzung des im FFG Sicherheitsforschungsproggramm KIRAS[1] geförderten Projektes CISA[2] („Cyber Incident Situational Awareness“) war die Erarbeitung und Definition des Begriffs der „Cyber Situational Awareness“ (CSA; Lageverständnis), und eine konkrete Ausarbeitung welche Entscheidungen aufgrund einer erhobenen Cyber-Lage getroffen werden können/müssen und wie die Informationen aus den technisch/operativen Datenquellen aufbereitet und dargestellt werden müssen, damit Behörden und Bedarfsträger optimal agieren können. Das Projekt CISA stellte eine konsequente Zusammenführung der bisherigen Forschungsaktivitäten dar, um in einem wissenschaftlich fundierten Konzept den Prozess zur Etablierung allumfassender Cyber Situational Awareness aus technisch-operativen Informationen aus dem Cyberspace zu erarbeiten. Neben der Methodenentwicklung wurden auch Demonstrationsszenarien aufgebaut, um die Methodik der Etablierung von Cyber Situational Awareness und dessen Verwendbarkeit in einer Real-World Umgebung testen und evaluieren zu können.

Der im Rahmen des KIRAS Sicherheitsforschungsprojekts CISA erstellte technische Demonstrator wurde in einer eintägigen, iterativen Planspielübung analysiert und für einen möglichen Realeinsatz evaluiert. Das Konzept „Übung“ ist als Trainingsinstrument für Personen welche mit der Bewältigung außergewöhnlicher Ereignisse betraut sind, etabliert (Hofinger et al. 2016) und wird im europäischen Kontext auch intensiv angewendet. Eine weitere Anwendungsmöglichkeit einer Übung ist die Überprüfung einer Organisation oder eines Entwurfes (Boin et al. 2004), was auch ihr Einsatzzweck im vorliegenden Zusammenhang war. Eine Leistungsbewertung der Teilnehmenden wurde nicht durchgeführt und war auch zu keinem Zeitpunkt Ziel des Planspiels.

[1] KIRAS, http://www.kiras.at/ (Letzter Zugriff: 21.05.2018)

[2] CISA, http://www.kiras.at/gefoerderte-projekte/detail/d/cisa-cyber-incident-situational-awareness/ (Letzter Zugriff: 21.05.2018)

Die praktische Anwendung des Demonstrators durch die Teilnehmenden stellte vielmehr einen Abgleich der entwickelten Cyber Situational Awareness (CSA)-Definition (vgl. Kap. 1) mit einer möglichen Anwendungsrealität dar und agierte als Feuerprobe für die Nützlichkeit der dargestellten Datentypen und Datenverknüpfungen (vgl. Kap. 7) zur Lagebeurteilung durch Identifikation von Schwachstellen in den verwendeten Visualisierungsoptionen. Der praktischen Anwendung des Tools durch Teilnehmende mit unterschiedlichen professionellen Backgrounds kam hier besondere Bedeutung zu, vertritt ein potenzielles Lagezentrum doch den Anspruch, ein gemeinsames Lagebild für alle Akteuere bieten zu können. Diese Tauglichkeitsprüfung soll zur Schärfung der Bedürfnisse, einerseits für die Nutzung von Daten zur Lagebeurteilung, andererseits für die Schulung zukünftiger Operateure, beitragen.

Zur Überprüfung der Leistungsfähigkeit des Demonstrators wurden Indikatoren festgelegt, welche im Rahmen der Durchführung erhoben und im Anschluss ausgewertet wurden. Der Anspruch in diesem Kontext kann keine Beherrschung einer Krise sein – dies ist eine unrealistische Erwartung, da den Teilnehmenden die nötigen Ressourcen nicht zur Verfügung standen. Umso größere Bedeutung kam der Darstellung des Lagebildes zu, welches zur Lagebeurteilung genutzt wurde und das einen effizienten Umgang mit eingehender Information und deren Aufbereitung und Weitergabe an Entscheidungsträger ermöglicht (Clarke 1999).

Das vorliegende Kapitel beschreibt Aufbau, Konzeption und Ablauf des Planspiels, seine methodischen Ansätze und Evaluierungsschritte und bietet eine Interpretation der Ergebnisse.

8.1.1 Konzept der Pilotumgebung

Das Ziel des CISA Planspiels bestand in erster Linie in der Evaluierung des CSA Konzepts und der Etablierung der Methodik zur Bildung einer CSA. Im Zuge einer Stabsrahmenübung wurden die möglichen Lagebilddarstellungen (siehe Cyber-Lagebilder in Kap. 2) in einem simulierten Cyber-Lagezentrum evaluiert. Die Ergebnisse und Erkenntnisse aus dem Planspiel sollen bei der Ableitung von Anforderungen an Cyber-Lagebilder, bei der Auswahl von Visualisierungen zur Cyber-Lagebilddarstellung und der Nutzung der Tools in Szenarien, als auch bei der Entwicklung eines Curriculums für Operateure des Lagezentrums unterstützen.

Ziel der Evaluierung waren daher weder die Fähigkeiten, noch das technische Verständnis der Übenden zu bewerten. Die Evaluierung bezog sich auf die Visualisierungs-Software (Demonstrator) und ihre Möglichkeiten, Datentypen und Datenverknüpfungen darzustellen. Dabei stand die Flexibilität bei der Anpassung auf konkrete Anforderungen der Lagezentren (LZ) im Fokus.

Es wurde ein iterativer Ansatz gewählt, bei dem die Teilnehmenden (TN) als Operateure in einem fiktiven Lagezentrum über drei Runden mit Inputs zu einem möglichen Cyberangriff auf kritische Infrastrukturen in Österreich konfrontiert wurden. Jede Iteration dauerte zwischen eineinhalb und zwei Stunden und war als eigenes Szenario zu verstehen, welches losgelöst von den anderen im Rahmen einer Lagebeurteilung eingeschätzt werden musste.

Die dem Planspiel zugrunde liegende Konzeption soll zwar insbesondere auf die Lagebilddarstellung im Rahmen eines Cyber-Sicherheitsszenarios abzielen, sie kann aber auch für fast alle anderen Übungstypen herangezogen werden. Selbstverständlich ist dies nur bei einer entsprechend zu erwartenden, hohen Übungskomplexität sinnvoll.

In der maßgeblichen deutschen Literatur des Bundesamts für Sicherheit in der Informationstechnik BSI (2008) sind mehrere Übungstypen beschrieben. Die Übungstypen sind in Tab. 8.1 den Grundlagen von BMI (2008, 2017) gegenübergestellt:

Diese Übersicht zu den definierten Übungstypen gibt einen Einblick in die Übungskomplexität für die aktiv teilnehmenden Organisationen und Unternehmen. Mit Blick auf die Übungsleitung bzw. Übungsplanung sind jedoch noch zwei weitere Aspekte wichtig:

- Übungsausprägung
- Übungscharakter

Bei der Übungsausprägung wird festgelegt, ob die Übung verteilt, also disloziert, an mehreren Standorten durchgeführt werden soll oder ob alle Organisationen oder Unternehmen an einem Ort zusammen üben. Selbstverständlich sind auch hier wieder Mischformen möglich. Der Übungscharakter beschreibt den Ankündigungsgrad der Übung. Sicherlich stellt eine unangekündigte Übung die höchsten Anforderungen an die übenden Unternehmen/Organisationen, aber auch an die Übungsleitung, dar. Der Prozess der Übungskonzeption wird in drei Phasen eingeteilt. Er folgt den Vorgaben der NATO Collective Training and Exercise Directive (2013) der auf Basis der langjährigen Übungserfahrung von Infraprotect für zivile Anwendungen stark vereinfacht wurde und in Tab. 8.2 zusammengefasst ist:

8.1.2 Zieldefinition für die Pilotierung

8.1.2.1 Planung und Festlegung der Ziele

Die generellen Ziele des Planspiels wurden in Abschn. 8.1.1 bereits angesprochen. Aufgrund der Wichtigkeit der Aus- bzw. Bewertbarkeit der Übungsziele wird deren Beschreibung in einem eigenen Abschnitt behandelt. Grundsätzlich sollten folgende Sichten auf die Übungsziele, die dem TOP-Prinzip folgen, ermöglicht werden:

- Technische Sichtweise auf die zur Verfügung stehende zur Lagedarstellung (**T**echnische Ziele)
- Prozessuale Sichtweise auf die internen und externen Kooperations- und Kollaborationsverfahren zur „Ereignisbewältigung“ (**O**rganisatorische Ziele)
- Individuelle Sichtweise auf die persönlichen Herausforderungen zur „Ereignisbewältigung“ (**P**ersönliche Ziele)

Tab. 8.1 Gegenüberstellung verschiedener Übungstypen

Übungsart KRITIS BMI	Beschreibung Übungsart KRITIS BMI	Beschreibung BSI	Übungsart BSI
	Keine explizite Erwähnung oder Entsprechung	Um die Angemessenheit und die Funktionsfähigkeit der technischen Lösungen sicherzustellen, müssen diese getestet werden. Hierzu zählen beispielsweise Tests von redundant ausgelegten Leitungen, der Stromversorgung, der Wiederherstellung von Datensicherungen, der Ausfallsicherheit von Clustern, der eingesetzten Meldetechnik, der technischen Infrastruktur oder einzelner IT Komponenten. Einzelne Komponenten und ihre Funktion sollten regelmäßig sowie anlassbezogen bei größeren Veränderungen der Systeme oder der jeweiligen Systemumgebung getestet werden, um das Zusammenspiel zu überprüfen.	Test der technischen Vorsorgemaßnahmen
	Keine explizite Erwähnung oder Entsprechung	Mit dieser Übungsart werden die Prozeduren, Teilprozesse und Systemgruppen auf ihre Funktionalität überprüft, die in den verschiedenen Teilplänen des Notfallhandbuchs festgelegt sind. Dabei werden zum einen Abläufe, aber vor allem auch das Zusammenspiel und die Abhängigkeiten verschiedener Komponenten oder Maßnahmen überprüft. Dazu zählen Wiederanlaufpläne, Wiederherstellungspläne, wie auch die Notfallpläne für die Sofortmaßnahmen (z. B. zur Evakuierung der Belegschaft bei Feueralarm).	Funktionstest
	Keine explizite Erwähnung oder Entsprechung	Ziel von Plan-Reviews ist, die einzelnen Pläne der Notfall- und Krisenbewältigung zu überprüfen. Die Teilnehmer gehen bei dieser Übungsart die Pläne theoretisch durch und überprüfen die Plausibilität der Inhalte und der getroffenen Annahmen. Die Funktionsfähigkeit der beschriebenen Inhalte wird dabei augenscheinlich bewertet.	Plan-Review

Tab. 8.1 (Fortzetzung)

Übungsart KRITIS BMI	Beschreibung Übungsart KRITIS BMI	Beschreibung BSI	Übungsart BSI
Planbesprechung/Planübung	Eine Planbesprechung/Planübung dient der gemeinsamen Entwicklung und Überprüfung von Reaktionsmustern auf ein vorgegebenes Szenario sowie dem Aufdecken der gegenseitigen Abhängigkeiten von Betreibern Kritischer Infrastrukturen. Es handelt sich um eine moderierte Besprechung mit Leitfragen zur konstruktiven Diskussion, gegebenenfalls auch ergänzt durch Fachvorträge, die Hintergründe zum behandelten Szenario vermitteln. Die Reaktionen auf das Szenario werden dabei in der Regel nicht wirklich durchgeführt, sondern nur theoretisch besprochen.	Die Planbesprechung wird dazu verwendet, am „grünen Tisch“ – daher auch der Name „Table Top Exercise“ – Probleme und Szenarien durchzudenken. In dieser Übungsart wird ein Szenario vorgegeben und theoretisch durchgespielt. Diese Übungsart ist noch relativ einfach umzusetzen und dient einer ersten Validierung. Unstimmigkeiten und Missverständnisse können so aufgedeckt werden, bevor ein kostenintensiver operativer Aufwand betrieben wird. Während der Etablierungsphase des Notfallmanagements sollte diese Überprüfungsart häufiger wiederholt werden.	Planbesprechung
		Eine besondere Form von Planbesprechung sind die sogenannten Stabsübungen. Dabei wird die Zusammenarbeit im Krisenstab geübt.	Stabsübungen
		Eine weitere Form der Planbesprechung sind die Stabsrahmenübungen. Sie stellen eine erweiterte Form der Stabsübung dar. Sie dienen dazu, neben der Zusammenarbeit im Krisenstab auch die Zusammenarbeit zwischen dem Krisenstab und den operativen Teams zu überprüfen und zu üben. In der Regel werden die stabsnahen Strukturen praktisch geübt, während die operative Umsetzung theoretisch simuliert wird.	Stabsrahmenübungen

Tab. 8.1 (Fortzetzung)

Übungsart KRITIS BMI	Beschreibung Übungsart KRITIS BMI	Beschreibung BSI	Übungsart BSI
Kommunikationsübung	Bei einer Kommunikationsübung handelt es sich um die Überprüfung der Kommunikationsmittel und -verfahren, die für die Alarmierung vereinbart sind, der Kommunikationsmittel und -verfahren, die für den Austausch zwischen den Partnern in Not- und Krisenfällen vorgesehen sind. Mögliche Kommunikationsmittel können zum Beispiel Telefon, Telefax, E-Mail, Messaging-Systeme, Internetportale und/oder Videokonferenzen sein.	Ein neuralgischer Punkt der Notfall- und Krisenbewältigung ist die Meldung und Alarmierung des Krisenstabs und weiterer Verantwortlicher. Daher sind die Verfahren zur Meldung, Eskalation und Alarmierung regelmäßig zu überprüfen. Dieser Test umfasst einfache Überprüfungen der Kommunikationsmittel bis hin zum Zusammentreten des Krisenstabs im Krisenstabsraum. Es werden dabei die in den Plänen hinterlegten Zuständigkeiten und Rufnummern wie auch die Verfahren, die Eskalationsstrategie, die Erreichbarkeiten und die Stellvertreterregelungen getestet. Es wird überprüft, ob die vorliegenden Pläne aktuell, verständlich und handhabbar, die Verfahren praktikabel und die zu nutzende Technologien (z. B. Alarmierungssystem, Notfall-Telefon, SMS, Pager, Internet, Funk- oder Satellitenkommunikationsgeräte) funktionsbereit, effektiv und angemessen sind.	Kommunikations- und Alarmierungsübung
Koordinationsübung	Eine Koordinationsübung hat zwei Schwerpunkte. Sie dient zum einen der Überprüfung der technischen und organisatorischen Voraussetzungen, die für eine effiziente Abarbeitung aller anstehenden Aktionen und Aspekte der Krise benötigt werden (wie zum Beispiel das IT-Lage- und Krisenreaktionszentrum des BSI). Zum anderen wird auch die Bewältigung eines Notfalls beziehungsweise einer Krise inhaltlich geübt. Für eine Koordinationsübung ist ein Szenario unabdingbar. Im Gegensatz zur Planbesprechung/Planübung wird dieses nicht nur diskutiert, sondern unter Zuhilfenahme der zur Verfügung stehenden Pläne und Kriseneinrichtungen durchgespielt.	Durch eine realitätsnahe Simulation werden die festgelegten Prozeduren und Maßnahmen für die Bewältigung von Notfallszenarien oder -ereignissen auf ihre Zweckmäßigkeit, Angemessenheit und Funktionalität getestet. Dabei werden sowohl die Alarmierung und Eskalation, die Notfallbewältigungsorganisation, die Arbeit des Krisenstabs und die Zusammenarbeit aller beteiligten Stellen erprobt. Solche Übungen könnten als Funktions- oder Bereichsübungen und in einer weiteren Stufe bereichsübergreifend organisiert werden.	Simulation von Szenarien

Tab. 8.1 (Fortzetzung)

Übungsart KRITIS BMI	Beschreibung Übungsart KRITIS BMI	Beschreibung BSI	Übungsart BSI
Erweiterte Koordinationsübung	Die erweiterte Koordinationsübung ist die höchste Stufe der Übungsarten und besitzt den größten Komplexitäts- und Realitätsgrad. Die gesamte Reaktion auf eine Krise wird, überwiegend in Echtzeit und daher gegebenenfalls über einen längeren Zeitraum, mit möglichst allen Personen, die auch in einer realen Krise beteiligt wären, durchgespielt.		
		Die aufwendigste Art einer Simulation ist die Ernstfall- oder Vollübung. Je nach Szenario sind dabei auch Externe, wie beispielsweise die Feuerwehr, Hilfsorganisationen, Behörden etc., einzubeziehen. Diese Übungsart kann und sollte erst in einem fortgeschrittenen Stadium durchgeführt werden. Die Vollübung orientiert sich an der Wirklichkeit und bezieht alle Hierarchieebenen vom Management bis zum einzelnen Mitarbeiter mit ein. Der Vorbereitungs-, Durchführungs- und Nachbereitungsaufwand ist nicht zu unterschätzen. Dennoch sollte bei hohen Anforderungen der Institution an das Notfallmanagement nicht darauf verzichtet werden. Auch Ernstfallübungen sollten regelmäßig in größeren zeitlichen Abständen durchgeführt werden.	Ernstfall- oder Vollübung

Tab. 8.2 Prozess der Übungskonzeption

Phasen	Phase I Spezifikation und Übungskonzept	Phase II Übungs-vorbereitung und -planung	Phase III Übungsdurchführung	Phase IV Auswertung und Bericht
Ergebnisse	• Übungskonzept • Übungsteilnehmer	• Übungszweck • Übungsziele • Übungsszenario • Drehbuch • Übungssetting	• Evtl. Trainings und Vorübungen • Übungs-durchführung • Evaluation	• Auswertung der Evaluierung • Übungsbericht • Handlungs-empfehlungen

Diese drei Zielkategorien wirken primär intraorganisational und betrachten die internen Abläufe an den Schnittstellen nach außen. Grundsätzlich sollten nach BSI „wenige, klar definierte und für die vorgesehene(n) Zielgruppe(n) überzeugende Ziele festgelegt werden" (BSI 2014: 16). Die dort beispielhaft genannten Aspekte beziehen sich jedoch zum Großteil auf ein bereits existierendes System der Ereignisbewältigung. Das Konzept des „Lagezentrums" ist jedoch (noch) fiktiv und bedarf daher in seiner Evaluierung eines anderen Fokus. Die Zielsetzungen des CISA Planspiels im Sinne der Beurteilung einer Cyber-Bedrohungslage lauten deswegen wie folgt:

- Stärkung des **Bewusstseins** für die Notwendigkeit der übergreifenden Zusammenarbeit und die gegenseitigen Abhängigkeiten
- Erhebung, welche Daten**typen** für die Lagebeurteilung relevant sind
- Erhebung, welche Daten**verknüpfungen** für die Lagebeurteilung relevant sind
- Erhebung, welche Daten**darstellungen** (Visualisierungen) für die Lagebeurteilung relevant sind
- Abgleich der entwickelten **Definition** des Cyber-Lagebildbegriffes

Die Evaluierung dieser Punkte wurde mittels entsprechend konzipierter Fragestellungen während des Planspiels abgefragt.

8.1.2.2 Festlegung der Nicht-Ziele

Zur Abgrenzung des Projektes wurden eindeutige Nicht-Ziele für die Evaluierung des Demonstrators formuliert. Der Rahmen des Forschungsprojektes zielte auf eine Evaluierung der obengenannten Aspekte im Planspiel ab. Die daraus abgeleiteten Nicht-Ziele sind:

- Optische/ästhetische Einschätzungen des Demonstrators (Skalierungen, Farbgebungen, Font usw.)
- Reale Verfügbarkeit von Daten (z. B. Sensor-/Auditdaten)
- Ereignisbewältigung der teilnehmenden Personen in den Lagezentren

8.1.3 Anwendungsfall für die Pilotierung

Das dem Planspiel zugrunde liegende Szenario wurde darauf abgestimmt, den Zweck aus technisch-organisatorischer Sicht bestmöglich und plausibel zu unterstützen. Es nimmt die Existenz eines österreichischen Lagezentrums zur Auswertung von Cyber-Bedrohungsszenarien an, sowie die Umsetzung der NIS-Richtlinie in geltendes Recht. Es wurde den Teilnehmenden in Form eines Arbeitsbuches bereits vorab zur Verfügung gestellt, um eine Auseinandersetzung mit dieser gemeinsamen Ausgangslage zu ermöglichen.

Aus technischer Sicht baut es auf den Fall Petya (alias „GoldenEye", „NotPetya", „ExPetr") auf. Seit 27. Juni 2017 beobachteten IT-Security Experten einen weltweiten Ransomware-Angriff mittels einer neuen Variante der schon zuvor als „Petya" bekannten Schadsoftware. Die vermeintlich neue Variante von Petya, jener Schadsoftware, die Windows-Computer in mehr als 64 Ländern befallen hatte, war mehr als nur eine einfache Ransomware. Bei der aktuellen Version der Schadsoftware handelte es sich um einen „Wiper", welcher sich vom Original deutlich unterscheidet und dessen einziger Zweck Zerstörung zu sein schien. Wie bei Ransomware wurde zwar der Datenträger verschlüsselt, doch im Gegensatz zu WannaCry und Co. bestand keinerlei Hoffnung auf Wiederherstellung. Experten vermuteten eine Ablenkungsaktion eines Staates und sahen dies als Hinweise darauf, dass die Angreifer eher auf Chaos und weniger auf Profit aus waren. Für Betroffene bestand keine Möglichkeit zur Wiedererlangung ihrer Daten, weshalb sich auch bei diesem Vorfall die Wichtigkeit der zeitnahen Einspielung aktueller Sicherheitsupdates und Patches, der Anfertigung regelmäßiger Sicherungen (Backups) sowie der Einsatz entsprechender Sicherheitssoftware, erneut bestätigte (Anonymous 2017a; Frenkel et al. 2017).

Vor allem Unternehmen und Anwender in zahlreichen EU-Mitgliedsstaaten, der Ukraine sowie Russland waren maßgeblich von diesem Angriff betroffen. Es wurde vermutet, dass der initiale Vektor der Schadsoftware über ein Software-Update eines ukrainischen Softwareherstellers (MeDoc) für Buchhaltungssoftware erfolgte, welcher vermutlich von Kriminellen unbemerkt gehackt wurde. Berichten zufolge wurde für die Wiederherstellung der Systeme die Zahlung von jeweils 300 Dollar in der Cyberwährung Bitcoin gefordert. Vor allem die Ukraine, Russland, England und Indien sind nach Einschätzung von Schweizer Experten Opfer von Hackerangriffen geworden (Anonymous 2017b)

Betroffene Unternehmen weltweit:

- Die Schweizer Vermarktungsfirma Admeira
- Der russische Ölkonzern Rosneft
- Die dänische Reederei Maersk
- Das britische Werbeunternehmen WPP
- Der französische Industriekonzern Saint-Gobain
- Der US-Nahrungsmittelkonzern Mondelez International
- Das Computersystem des deutschen Beiersdorf-Konzerns
- Das ukrainischen Katastrophen-Atomkraftwerk Tschernobyl

8.1.3.1 Die Funktionsweise von Petya

Eine Untersuchung einer früheren Version von Petya durch die Firma F-Secure[3] ergab, dass Petya, anders als andere Ransomware, nicht Dateien verschlüsselt, sondern **die Indextabelle des Dateisystems**. Ohne diese Tabelle ist für den Computer nicht erhebbar, wo auf der Festplatte welche Teile welcher Dateien abgelegt sind.

Die Malware kann sich über mehrere Wege in Netzwerken ausbreiten und verschlüsselt Dateien auf infizierten Rechnern. Für die Verbreitung werden teilweise Sicherheitslücken genutzt, die auch schon bei der Ransomware „WannaCry" ausgenutzt wurden. Es wird automatisch ein Neustart durchgeführt, wobei das Betriebssystem dann nicht mehr korrekt hochfährt. Auf dem Bildschirm erscheint nur noch die Information, dass der Computer infiziert ist und wie das Lösegeld überwiesen werden soll (siehe Abb. 8.1).

Die Kommunikation mit dem Server läuft über das anonymisierte Netzwerk TOR und die Zahlung wird in Bitcoins verlangt, die ebenfalls fast anonym sind. Fachleute zogen Parallelen zu dem Angriff mit dem Schadprogramm „WannaCry", das Mitte Mai rund um den Globus Computer lahmgelegt hatte (Hay Newman 2017).

Petya ist auf den ersten Blick ein klassischer Erpressungstrojaner: Ein infizierter PC lässt sich nicht mehr hochfahren; ein stilisierter Totenkopf und Information zur Verschlüsselung sämtlicher Daten und zur Lösegeldzahlung erscheinen. Es existieren jedoch markante Unterschiede zur Urform von Petya, welche erstmals 2016 auftrat. Kaspersky stützt diese Annahme, denn auch das Unternehmen konnte in seinen Untersuchungen

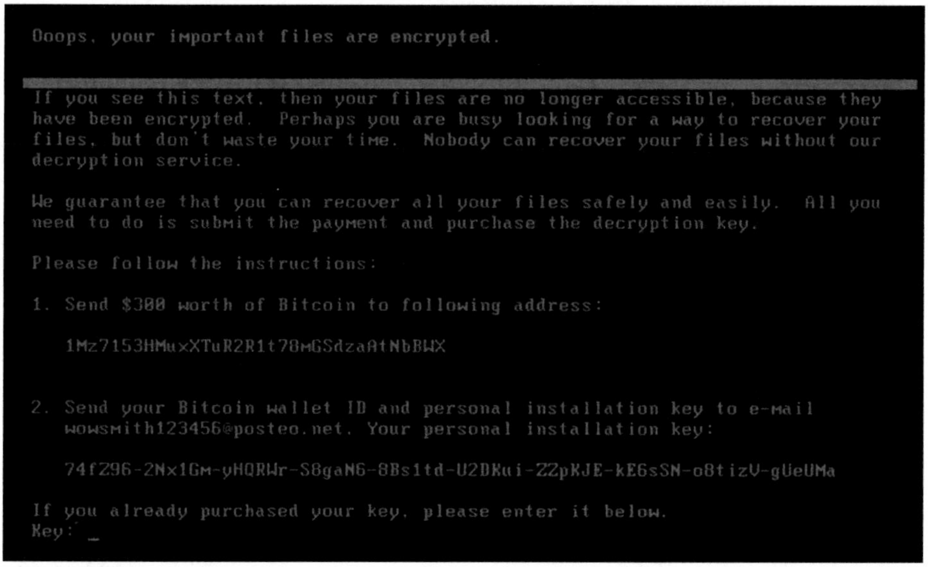

Abb. 8.1 Infizierter Computer

[3] Petya, https://www.f-secure.com/en/web/business_global/petya (Letzter Zugriff: 21.05.2018)

ein entscheidendes Detail nicht finden: Die Installations-ID, mit welcher der Freigabe-Schlüssel erstellt werden kann, fehlt. Normalerweise müssen diese Installations-IDs an die Angreifer verschickt werden, um die Daten wiederherzustellen. Die Angreifer können den Decryption Key mit ihrem dazugehörigen Schlüssel extrahieren. Petya ähnelt jedoch einem anderen Wiper, der vor fünf Jahren als Shamoon die Runde machte und primär Energiekonzerne in Saudi-Arabien und Katar befiel (Anonymous 2017c). Die Experten rieten Unternehmen, ein Update ihrer Windows-Software durchzuführen und Back-ups anzulegen. Nutzer von Windows XP und Windows 7 konnten sich durch Installation des Sicherheits-Patches MS17-010 schützen.

Die folgenden Nachrichten wurden im Zusammenhang mit dem Sicherheitsfall in Österreich veröffentlicht.

Vom Kurier veröffentlicht am 28.06.2017:

> … Von der neuen Cyberattacke durch eine bisher nicht bekannte Erpresser-Software sind auch Firmen in Österreich betroffen. Bisher wurden zwei Unternehmen dem Bundeskriminalamt (BK) gemeldet, hieß es Mittwochmittag. Es handelt sich um internationale Unternehmen mit Standort in Wien. Diese Erpresser-Software sei „noch übler", sagte Bundeskriminalamtssprecher Vincenz Kriegs-Au. Es wurden mehrere Computer der beiden Unternehmen in Wien infiziert, für jeden einzelnen fordern die Erpresser 300 Dollar. Kriegs-Au wies auf die Wichtigkeit hin, dass etwaige weitere Betroffene Anzeige erstatten: Nur so erhalten die Ermittler wichtige Informationen, um den digitalen Spuren im Netz folgen zu können. Alle österreichischen Ransomware-Fälle werden zentral von einer Sonderkommission übernommen. Die Soko CLAVIS bearbeitet diese und steht diesbezüglich auch im laufenden internationalen Kontakt mit den ermittelnden Behörden anderer Staaten und mit Europol, berichtete das Bundeskriminalamt (Anonymous 2017d).

FutureZone Online Portal am 29.06.2017:

> … Bei den geschädigten Unternehmen in Österreich handelt es sich um drei international agierende Firmen mit Niederlassungen bzw. Standorten in Wien … (Anonymous 2017e).

Aufforderung auf Meldung:

> Betroffene sind dazu aufgefordert, eine entsprechende Meldung beim Cyber Crime Competence Center (C4) des Bundeskriminalamtes (24h Telefon: +43-1-24836-986500; E-Mail: against-cybercrime@bmi.gv.at) zu erstatten.
>
> Weitere aktuelle Informationen erhalten Sie zusätzlich beim österreichischen Computer Emergency Response Team (CERT.at) unter http://cert.at/warnings/all/20170628.html

8.1.3.2 Anwendungsfall beim CISA Planspiel

Im Planspiel wird von 100 Unternehmen der kritischen Infrastruktur ausgegangen. Davon sind 29 Unternehmen vulnerabel für Petya Ransomware. Bei 16 Unternehmen wurde die Vulnerabilität ausgenutzt, d. h. sie sind schon von zumindest einer Infektion betroffen. 61 Unternehmen sind nicht betroffen und über 10 Unternehmen liegt keine Information vor.

In den drei Iterationen ändert sich die für die Lagezentren (LZ) zugängliche Informationsdichte bezüglich dieses Szenarios von LOW auf HIGH.

Aus der Liste mit 800 österreichischen kritischen Unternehmen wurden 100 Unternehmen für das Planspiel ausgewählt. Diese 100 Unternehmen bildeten die Grundlage für die drei Iterationen. Das zugrunde liegende Szenario blieb in allen drei Iterationen gleich, jedoch wurde die Dichte der Information, welche den Lagezentren für die Beurteilung und Einschätzung der Lage zur Verfügung gestellt wird, geändert.

Um eine Vergleichbarkeit der Visualisierungen zwischen den Iterationen herzustellen und um zur Nutzung des Demonstrators auf möglichst zuverlässige Art und Weise Daten zu erheben, wurden alle drei Iterationen an einem Tag abgehalten und lediglich durch kurze Pausen getrennt. Dies war von Bedeutung für die Befragung der Teilnehmenden mittels der vorbereiteten Fragebögen, denn je kürzer das Zeitintervall einer Befragung gehalten wird, desto geringer ist die Wahrscheinlichkeit, dass eine Änderung der persönlichen Einstellung/Ansichten der Teilnehmenden stattfindet, welche das Antwortverhalten beeinflusst (Krosnick und Fabrigar 1997).

Im Planspiel wurden Informationen in verschiedener Form eingespielt, wie etwa Pflichtmeldungen, freiwillige Meldungen, Cybersecurity-Auditdaten und Sensordaten (siehe detaillierte Erklärung in Abschn. 8.1.4). Sie wurden zeitlich versetzt im Demonstrator in visueller Form zur Verfügung gestellt, um das fortschreitende Szenario zu simulieren. Die Auditdaten in Iteration drei wurden gesammelt zu Beginn der Iteration eingespielt. Die Einspielungen erfolgten über die vorbereitete Visualsierungssoftware (siehe Abschn. 8.2.1) und wurden in den Lagezentren in Form von verschiedenen Verknüpfungen und Darstellungsarten gezeigt. Die Teilnehmenden hatten den Auftrag, die Bedrohungslage anhand der gezeigten Visualisierungen einzuschätzen und diese bei Bedarf anzupassen (z. B. durch Setzen von Filtern). Hierdurch ergab sich eine grafisch variierende Darstellung ein- und derselben Lage in den unterschiedlichen Lagezentren.

Die Teilnehmenden in den Lagezentren wurden zu vordefinierten Zeitpunkten in allen drei Iterationen des Planspiels aufgefordert:

- Eine Warnung an kritische Infrastrukturen zu erstellen und auszugeben
- Fragebögen hinsichtlich der Nutzung/Anpassung der Visualisierungen auszufüllen
- Einen Endbericht zum Ereignis (=der Iteration) zu erstellen

Für eine detaillierte Beschreibung der Evaluationsmethodik wird auf Abschn. 8.3.2 verwiesen.

Entsprechend der zur Verfügung stehenden Datengrundlage pro Iteration verringerte sich die Ungewissheit (siehe graue Balken „keine Information“ in Abb. 8.2. Die Datentypen, welche von einer konkreten Anzahl von Unternehmen pro Iteration in die Lagezentren eingespielt wurden, sind in Tab. 8.3 dargestellt und zeigen, dass die für das Lagezentrum verfügbaren Daten sich mit jeder Iteration der Realität näherten.

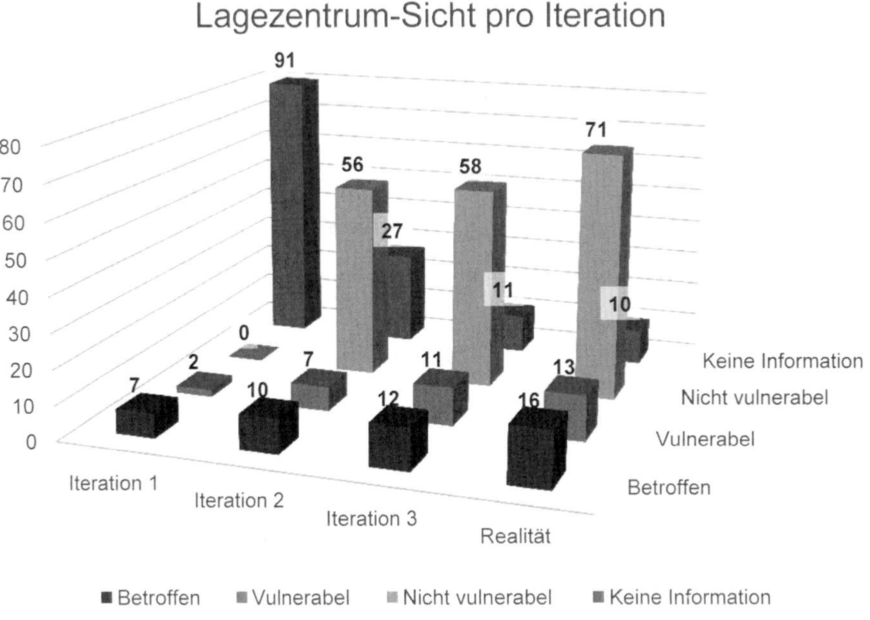

Abb. 8.2 Datengrundlage pro Iteration

Tab. 8.3 Verwendete Datentypen pro Iteration

	Iteration 1	Iteration 2	Iteration 3
Phase I.	Auditdaten: keine Meldungen: 5 U Sensordaten: keine	Auditdaten: keine Meldungen: 5 U Sensordaten: 36 U	Auditdaten: 71 U Meldungen: 5 U Sensordaten: 36 U
Phase II.	Auditdaten: keine Meldungen: 4 U Sensordaten: keine	Auditdaten: keine Meldungen: 4 U Sensordaten: 37 U	Auditdaten: bereits eingespielt Meldungen: 4 U Sensordaten: 37 U
Phase III.	Auditdaten: keine Meldungen: 3U Sensordaten: keine	Auditdaten: keine Meldungen: 3 U Sensordaten: 7 U	Auditdaten: bereits eingespielt Meldungen: 3 U Sensordaten: 7 U

U = Unternehmen

8.1.4 Dargestellte Datentypen

Die Informationen zur Bedrohungslage wurden den Lagezentren durch den Demonstrator in unterschiedlich aufbereiteter Form zur Verfügung gestellt:

- Darstellung von Basisdaten
- Verknüpfung verschiedener Daten
- Darstellung unterschiedlicher Diagrammtypen
- Darstellung unterschiedlicher Zeitspannen

Dargestellt wurden folgende Datensätze:

- Meldungen (in Form von freiwilligen Meldungen oder Pflichtmeldungen)
- Sensordaten: dienen der Sammlung von Informationen zu möglichen Incidents. Ihre Darstellung erfolgt automatisiert, unabhängig von Meldungen. Sie stellen eine Übungskünstlichkeit dar.
- Auditdaten: Darstellung von Hintergrundinformationen zu potenziellen Zielen, soll Einschätzung der Gefährdung potenzieller Ziele ermöglichen, genauso Einschätzung von Dauer und Gefährlichkeit eines Incidents und die Vertrauenswürdigkeit von Informationen. Wird dargestellt durch ausgewählte NIST-Controls (5) und stellen eine Übungskünstlichkeit dar.
- Organisationsdaten (Organisationsname, -standort, -sektor, Firmenkritikalität)

Die Teilnehmenden waren angehalten, die Darstellungen im Demonstrator während der Iterationen aktiv anzupassen, um unterschiedlichste Aspekte von Interesse abzudecken und darstellen zu lassen. Größere Menge an Informationen sollten so interaktiv und strukturiert als Lagebild dargelegt und ihre Rolle bei der Entscheidungsfindung und Lageeinschätzung bewertet werden.

8.1.4.1 Freiwillige Meldungen und Pflichtmeldungen

Die Freiwilligen Meldungen und Pflichtmeldungen wurden entlang des Structured Threat Information eXpression (STIX) Schemas aufgebaut, welches als Standard für die strukturierte Erhebung von komplexer Information zu Cyber-Bedrohungslagen gilt. STIX entstand ursprünglich aus dem Bedürfnis heraus, eine standardisierte Repräsentation für Cyber-Bedrohungs-Indikatoren zu entwickeln und festzuhalten, welche Informationsart und –umfang hierfür nötig ist. STIX (OASIS-Standard STIX 1.2) stellt eine gemeinsame Herangehensweise an die Darstellung von sicherheitsrelevanten Informationen dar und beinhaltet:

- Cyber Observables
- Indikatoren
- Vorfälle
- Taktiken, Techniken und Angriffsprozesse des Gegners (inkl. Malware, Angriffsmuster, Exploits usw.)
- Exploit targets (Schwachstellen, Bedrohungern usw.)
- Handlungsanweisungen

- Cyberangriffs-Kampagnen
- Bedrohungsakteure

Für mehr Details zum Informationsanalyse-Konzept siehe Kap. 7.

8.1.4.2 Sensordaten

Einer der wesentlichen Aspekte, die im Rahmen des Planspiels eruiert und analysiert wurden, war die Frage, ob die Anbindung von Sensorsystemen und automatischen Analysewerkzeugen den Wert des Lagebildes erhöhen kann. Durch Nutzung von Sensoren kann eine einfache und schnelle Erkennung und Spezifizierung von Angriffen erreicht werden, sowie auch eine rasche Erkennung alternativer Ziele und eine qualifizierte Einschätzung zu deren Gefährdung. Dies ist unabdingbar bei der Transition des Begriffs „Lagebild" von einer rein passiven, reaktiven Instanz hin zu einem proaktiven Werkzeug.

Im Planspiel wurden zwei Sensorsysteme eingesetzt: eines an der Peripherie (bspw. netzwerkseitig), sowie eines im Zentrum der jeweiligen kritischen Infrastruktur. Der Aufbau der gesendeten Informationen war analog zu jenem der freiwilligen Meldungen und Pflichtmeldungen, jedoch mit weniger detaillierter Information.

Bezüglich der Sensoren wurden folgende Annahmen für das Planspiel getroffen:

- Nicht bei allen Organisationen/kritischen Infrastrukturen sind beide Sensorsysteme installiert
- Beide Sensoren ändern in der Weiterentwicklung des Szenarios ihre Werte.
- Die Organisationen selbst kennen ihre Sensorzustände nicht; nur den Lagezentren ist bekannt, welche Werte die Sensoren ausgeben. So wurde das Einbringen von nicht-szenario-relevanten Informationen ermöglicht, was die Darstellung einer Art „Hintergrundrauschen" gestattete, welches das Lagezentrum von den Einspielungen der Bedrohungslage zu unterscheiden hatte.

Hinsichtlich der Sensoren ergab sich für die Lagezentren also ein diverses Bild der Betroffenheit. Tab. 8.4 zeigt eine grobe Übersicht über die installierten Sensoren und ihre Wertebereiche. Alle vorhandenen Sensoren wurden zum Zweck der Übung am Anfang mit „init" belegt. Dadurch zeigen diese Sensoren noch nichts an und werden auch nicht in

Tab. 8.4 Übersicht der Sensoren und ihrer Wertebereiche

Sensor	Wertebereich	Relevant Petya	Default
SensorNessus	{init, nil, „CVE-2017–0144", „CVE-2017–0145", „CVE-2017–12896", „CVE-2017–0676", „CVE-2017–0234"}	„CVE-2017–0145", „CVE-2017–0145"	nil
SensorTraffic	{„init", „normal", „TOR"}	„TOR"	„normal"

Statistiken des Demonstrators angezeigt, was eine Verzerrung der Grafiken durch die Initialisierung und somit Missverständnisse auf Seiten der Teilnehmenden bei der Lagebeurteilung verhindert.

Eingesetzte Sensoren

SensorNessus: Dieser Sensor simuliert einen Nessus-Scan wichtiger Endsysteme und liefert eine Liste an gefundenen Schwachstellen zurück. Dieser Sensor, der im Zentrum der kritischen Systeme agiert, ermöglicht einige interessante Übungsaspekte:

- Darstellung und Erkennung betroffener Systeme, ohne dass diese angegriffen werden.
- Einbringen von verwirrenden, für das gespielte Szenario irrelevanten, Informationen, die aber dennoch keine Falschinformationen sind. Dies simuliert ein „Hintergrundrauschen", welches beabsichtigt ist, da ein Lagezentrumim Anlassfall nicht ausschließlich Sensorinformationen zu einem konkreten Ereignis erhalten würde und sich mit der Unterscheidung, welche Informationen für das zu untersuchende Ereignis relevant sind, befassen muss.
- Übungskünstlichkeit: Um die Übung dennoch übersichtlich zu halten, gibt der Sensor lediglich eine Liste an angetroffenen CVEs zurück. Dies wird noch weiter vereinfacht, indem der Sensor immer genau einen CVE-Code zurückgeben kann.

SensorTraffic: Dieser Sensor sitzt an der Peripherie und erkennt verschlüsselten Traffic und speziell TOR-Verkehr. Auch dieser Sensor ermöglicht die Einbringung von für das Übungssze-nario nicht unmittelbar relevanten Informationen.

- Übungskünstlichkeit: Die Erkennung von TOR ist eine Übungskünstlichkeit, nicht weil TOR nicht erkannt werden kann (außer bei der Nutzung von Hidden Services ist das mittels Verbindungsdaten gut möglich), sondern weil die Frage natürlich bestehen bleibt, ob so ein Sensor in der Realität sinnvoll ist.

8.1.4.3 Auditdaten

Als zusätzliche Informationsquelle standen den Lagezentren Informationen von IT-Sicherheitsaudits der Organisationen zur Verfügung. Die Auditdaten richteten sich nach den Security und Privacy Controls des National Institute of Standards and Technology (2013). In der Übung wurden 5 ausgewählte Maßnahmen (= NIST Controls) genutzt. Jede Maßnahme kann den Wert *low, medium* oder *high* annehmen und ist vom Reifegrad der Umsetzung in der jeweiligen Organisation abhängig. Die Auditdaten waren als Unterstützung zur Einschätzung des technischen und organisatorischen Know-Hows und der Bewältigungsbereitschaft einer Organisation im Fall eines Sicherheitsvorfalls gedacht.

Die fünf verwendeten Controls sind:

- RA-5 Vulnerability Scanning
- SI-2 Flaw Remediation

- SI-4 Information System Monitoring
- SI-7 Software, Firmware, and Information Integrity
- IR-1 Incident Response Policy and Procedures

Während des Planspiels haben die Teilnehmer die folgenden Informationen über die ausgewählten NIST Maßnahmen gesehen. Siehe Tab. 8.5 als Beispiel mit RA-5-Maßnahme.

Tab. 8.5 Kontrollbeschreibung

Control Nummer	
RA-5	**Vulnerability Scanning** In Risk Assessment
Control Description	
The organization: a. Scans for vulnerabilities in the information system and hosted applications [Assignment: organization-defined frequency and/or randomly in accordance with organization-defined process] and when new vulnerabilities potentially affecting the system/applications are identified and reported; b. Employs vulnerability scanning tools and techniques that facilitate interoperability among tools and automate parts of the vulnerability management process by using standards for: 1. Enumerating platforms, software flaws, and improper configurations; 2. Formatting checklists and test procedures; and 3. Measuring vulnerability impact; c. Analyzes vulnerability scan reports and results from security control assessments; d. Remediates legitimate vulnerabilities [Assignment: organization-defined response times] in accordance with an organizational assessment of risk; and e. Shares information obtained from the vulnerability scanning process and security control assessments with [Assignment: organization-defined personnel or roles] to help eliminate similar vulnerabilities in other information systems (i. e., systemic weaknesses or deficiencies).	
Supplemental Guidance	
Security categorization of information systems guides the frequency and comprehensiveness of vulnerability scans. Organizations determine the required vulnerability scanning for all information system components, ensuring that potential sources of vulnerabilities such as networked printers, scanners, and copiers are not overlooked. Vulnerability analyses for custom software applications may require additional approaches such as static analysis, dynamic analysis, binary analysis, or a hybrid of the three approaches.	
Control Enhancements : • Update tool capability • Update by frequency • Depth of coverage • Discoverable information	
References	
NIST Special Publications 800-40, 800-70, 800-115	

8.1.4.4 Firmenkritikalität

Die Firmenkritikalität fungierte als eine angenommene Größe, die dem Lagezentrum. Bei Der Bewertung von Incidents als Hilfestellung dienen sollte. Sie setzte sich fiktiv aus Elementen wie der Substituierbarkeit, Abhängigkeit von anderen Organisationen und dergleichen zusammen. Die Firmenkritikalität wurde in 10 Stufen (1 bis 10) angegeben. 1 stellte dabei die niedrigste und 10 die höchste Stufe dar (10 wurde als entsprechend schwer substituierbar angenommen, andere Organisationen sind in besonderem Maße abhängig, etc.). Diese Größe wurde als Übungskünstlichkeit eingeführt, um den Lagezentrum eine Orientierung zur Auswirkung von betroffenen Organisationen zu geben, ohne dass die Teilnehmenden alle für das Planspiel ausgewählten Organisationen in ihren Abhängigkeiten und Kooperationen genau kennen müssen.

8.2 Ablauf des Planspiels

Je nach Komplexität, Anzahl der Teilnehmenden und Übungstyp bzw. Übungsausprägung[4] müssen Tests der zur Verfügung stehenden Übungstechnik geplant und durchgeführt werden. Der Aufwand für Teststellungen von weit verteilten Übungen sollte nicht unterschätzt werden. Hier sollte je nach Übungstyp auch ein Vorlauf von mehreren Tagen bis Wochen eingeplant werden. Die Visualisierungsmöglichkeiten des Demonstrators wurden seit Mitte des Jahres 2017 angepasst und wiederholt getestet. Die resultierenden Widgets sowie der iterative Ansatz des Planspiels wurden im Dezember 2017 im Rahmen eines Probedurchlaufes geprüft. Darauf aufbauend wurden Optimierungen hinsichtlich Organisation, Schulungsunterlagen und Software erhoben und zeitgerecht für den Planspieltermin umgesetzt.

Um alle beim Planspiel Anwesenden im Vorfeld auf das Szenario und auf die für sie vorgesehene Rolle einzustimmen, wurden durch Infraprotect ab Mitte Jänner Vorabinformationen ausgesendet, wie z. B. das Arbeitsbuch für Teilnehmende, welches Hintergrundinformationen zum Szenario bot (siehe auch Abschn. 8.1.3). Beobachtende für das Planspiel wurden bereits ein Tag zuvor in technische und organisatorische Grundlagen der Übung eingewiesen.

Um die Teilnehmenden in die Handhabung des Demonstrators und genauer in ihre Rolle in den Lagezentren einzuführen, wurden die ersten beiden Stunden am Planspieltag für entsprechende Einweisungen verwendet, bevor mit den drei Iterationen gestartet wurde. Während der Iterationen erfolgte die Betreuung der Teilnehmenden in den Lagezentren in erster Linie durch die Beobachtenden, welche den Lagezentren zugeordnet waren. Nach dem Ende der letzten Iteration und der letzten durch die Teilnehmenden auszufüllenden Bewertung erfolgte ein gemeinsames Debriefing anhand vorbereiteter Leitfragen, bei welchem ein Sprecher pro Lagezentrum das Feedback des gesamten Lagezentrums vortrug.

[4] Disloziert oder an einem Ort

8.2.1 Technisches Setting

Das Übungssetting mit seinen Kommunikationskanälen ist in Abb. 8.3 dargestellt. Die Einspielungen an die Lagezentren erfolgten mittels des Demonstrators (blauer Pfeil), welcher verschiedene, durch die Teilnehmenden flexibel anpassbare Visualisierungen („Widgets“) zur Darstellung der Daten bot. Jedes Lagezentrum war daher in der Lage, unterschiedliche Widgets zur Darstellung ein- und derselben Lage zu nutzen.

Alle weiteren Kommunikationswege im Planspiel wurden mittels eines von T-System Austria eingerichteten und vorkonfigurierten Chatsystems (mattermost) durchgeführt. Ebenso wurden Rückfragen aus den Lagezentren in die von der fachlichen Übungsleitung dargestellte „Außenwelt“ (CERT, kritische Infrastruktur, dem Lagezentrum übergeordnete Ebene; schwarze Pfeile) von den Teilnehmenden durchgeführt.

Die organisatorische Übungsleitung kommunizierte, ebenfalls per Chat, mit den Beobachtenden in den Lagezentren, um bspw. die Zeitpunkte für die Beantwortung der Fragebögen jeder Iteration bekanntzugeben und andere organisatorische Absprachen zu treffen und weiteren (technischen) Unterstützungsbedarf an die technische Übungsleitung

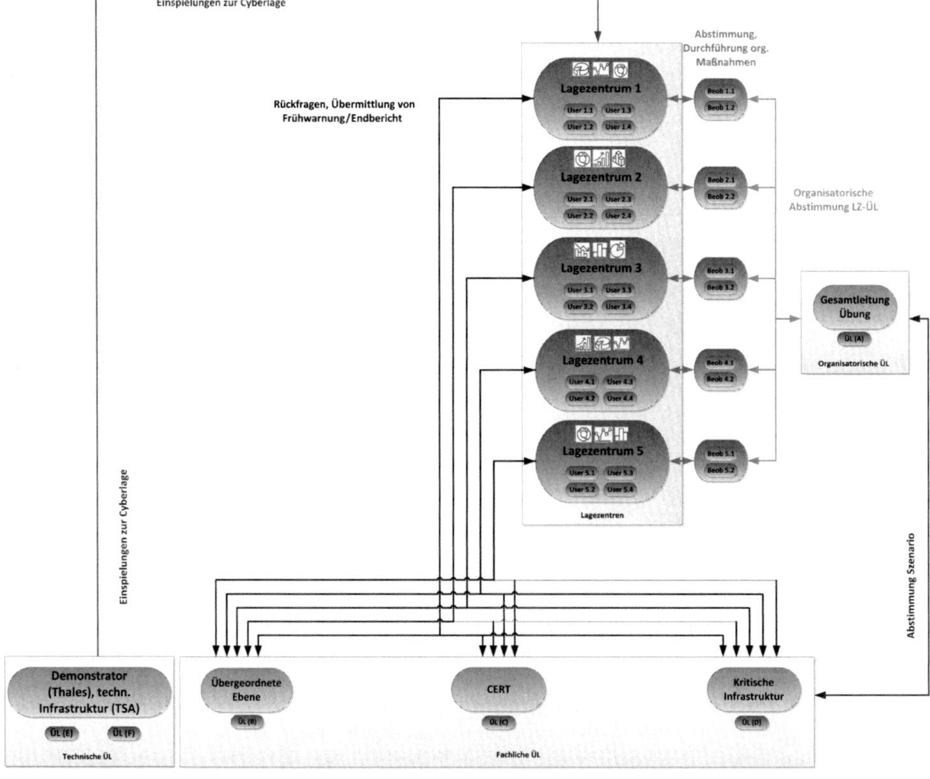

Abb. 8.3 Kommunikationskanäle im Übungssetting

weiterzuleiten. Die fachliche, organisatorische und technische Übungsleitung hielten sich weiters im selben Raum auf, was direkte Abstimmungen zum Szenario vereinfachte.

Das Planspiel selbst war aus Teilnehmendensicht größtenteils digital mit einzelnen analogen Teilbereichen gestaltet. Mit anderen Worten, wurden Lagebildaspekte und Handlungen in den Lagezentrennicht ausschließlich papierbasiert dargestellt oder umgesetzt. Die Teilnehmenden konnten einerseits die Visualisierungen im Demonstrator äußerst flexibel den eigenen Bedürfnissen anpassen, um die durch das Drehbuch vorgegebenen Dateneinspielungen darzustellen. Auch Warnungen und Endberichte konnten digital über eine im Demonstrator eingearbeitete Plattform verfasst werden. Die Erhebung des Feedbacks der Teilnehmenden zu den einzelnen Visualisierungen erfolgte in Papierform.

8.2.2 Drehbuch

Das in Abschn. 8.1.1 dargestellte Planspielszenario als Haupthandlungsstrang (Event) gibt Rahmenbedingungen, Ausgangssituation und grobe Auswirkungsmöglichkeiten auf die kritische Infrastruktur vor und damit auch Datensätze, welche für die Visualisierung dieser Auswirkungen herangezogen werden können. Die Handlung einer Übung wird, wie in Abb. 8.4 gezeigt, auf drei Ebenen entwickelt:

Das Drehbuch jeder Iteration war in drei Phasen gegliedert (siehe Abb. 8.5). Die Phasen enthalten mehrereIncidents, also Situationen oder Geschehnisse im Rahmen des Handlungsstranges, die diesen weiter detaillierten. Injects (Einspielungen) waren letztlich jene Informationen, die in Form von freiwilligen Meldungen, Pflichtmeldungen, Sensordaten und Auditdaten bei den Teilnehmenden einlangten.

Abb. 8.4 Hierarchieebenen der Drehbuchentwicklung

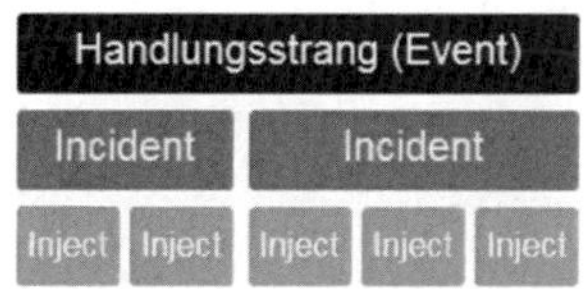

- Handlungsstränge (Events),
- Incidents und
- Injects.

Abb. 8.5 Phasen jeder Iteration

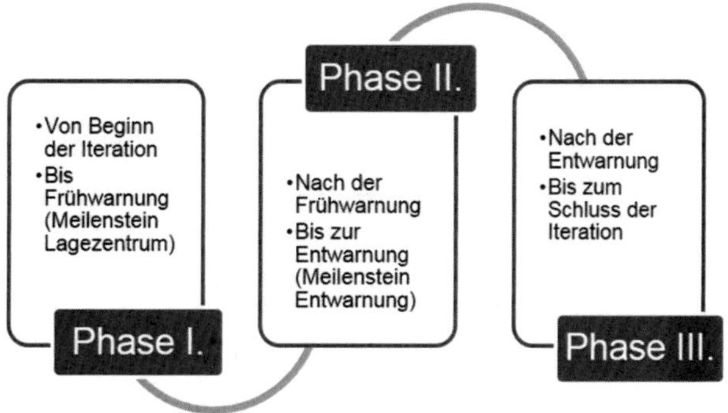

Die einzuspielenden Daten jeder Iteration wurden in jeweils einem eigenen Drehbuch aufbereitet und über den Demonstrator visualisiert. Zwischen den Phasen waren längere Zeitintervalle ohne Einspielungen vorgesehen, während derer Fragebögen (Evaluationen, siehe auch Abschn. 8.3) durch die Teilnehmenden ausgefüllt wurden. Diese Evaluationen wurden als Meilensteine im Ablauf vermerkt.

8.2.3 Akteure

Drei Personengruppen wurden während des Planspiels unterschieden:

- Übungsleitung
- Teilnehmende Organisationen in Lagezentren
- Beobachtende

In den folgenden nächsten Abschnitten erfolgt die detaillierte Beschreibung der Aktueren.

8.2.3.1 Übungsleitung

Die Übungsleitung wurde, um den Kommunikations- und Steueraufgaben einer komplexen Übung gerecht zu werden, in drei Rollen unterteilt und bestand aus Mitarbeitern von AIT, CERT, Infraprotect, Repuco Unternehmensberatung, SBA Research, Thales und T-Systems Austria. Für die Übungsleitung war ein Übungsleitungs-internes, umfassendes Lagebild über die eingespielten Injects wichtig, um auf allfällige nichtvorhersehbare Entwicklungen des Gesamtkollektivs rasch und effizient reagieren zu können.

Die Aufgabe der Übungsleitung während des Planspiels lautete wie folgt:

- Steuerung des Szenarios durch Einspielungen welche im Demonstrator visualisiert wurden
- Darstellung der Außenrealität für die Übenden (Behörden, First Responder, nicht betroffene und betroffene Unternehmen etc.)

Die Verantwortlichkeiten in der Übungsleitung gliederten sich wie in Tab. 8.6 gezeigt.

8.2.3.2 Teilnehmende Organisationen in Lagezentren

Das Lagezentrum war daher in seiner Definition für das Planspiel zu verstehen als ein fiktives Konstrukt dessen Aufgaben im Hinblick auf die „Cyberlage" in Österreich sich grob in drei Punkten zusammenfassen lassen:

- Analyse eingehender Daten zur Beurteilung der aktuellen Sicherheitslage und Ausstellung von Warnungen für kritische Infrastrukturen
- Beratende Tätigkeit (=Erstellung von Empfehlungen) für die übergeordneten Behörden/die übergeordnete politische Ebene

Tab. 8.6 Verantwortlichkeiten der Übungsleitung

Rolle	Aufgaben
Organisatorische Übungsleitung (Gesamtleitung)	Gesamtsteuerung des Szenarios
Technische Übungsleitung	Einspielungen an die Lagezentren via Demonstrator, (technische) Infrastruktur
Fachliche Übungsleitung	Rückfragemöglichkeit für Teilnehmer durch Darstellung von CERT kritischer Infrastruktur dem Lagezentrum übergeordneter Ebene

- Erkennen von Zusammenhänge/Abhängigkeiten im Lagebild und bei Bedarf Rückfrage an kritische Infrastrukur/übergeordnete Ebene/CERT

Auf die Darstellung exakter Meldewege wurde bewusst verzichtet, da diese einerseits im Vorfeld durch die Bedarfsträger nicht freigegeben wurden und andererseits nicht im Scope des Planspiels lagen. Stattdessen wurde der Fokus auf die verwendeten Datentypen und -visualisierungen für die Lagebeurteilung gelegt. Im Detail wurde von den Lagezentren während des Planspiels erwartet:

- Die Situation und ihre Entwicklung zu beobachten
- Informationen zu sammeln, auszuwerten, zu aggregieren und so zu visualisieren, dass dadurch ein Lagebild und eine Lageeinschätzung entwickelt werden kann, die bspw. folgende Punkte umfasst:
  - Handelt es sich um einen Angriff? Welche Methoden werden hierfür verwendet, erfolgt er gerichtet oder ungerichtet?
  - Welche Infrastrukturen sind aktuell betroffen und können aller Wahrscheinlichkeit nach in Zukunft betroffen sein?
  - Wie sieht ein worst case aus und welche Auswirkungen können im worst case erwartet werden?
  - Welche Handlungsempfehlungen können Entscheidungsträgern gegeben werden?

Die teilnehmenden Organisationen stellten Personal für die Besetzung der Lagezentren zur Verfügung, welche den Demonstrator zur Lagebilddarstellung verwendeten. Im Planspiel wurden alle vorhandenen Ressourcen ausgeschöpft und insgesamt fünf Lagezentren (LZ) mit jeweils 3–4 Personen betrieben. LZ wurden von Teilnehmern von T-Systems Austria, BMI und BMLV gespielt.

Jedes Lagezentrum erhielt weitergeleitete Freiwillige Meldungen und Pflichtmeldungen, First Responder agierten als Proxy und Quelle zugleich. Jedes Lagezentrum wurde gleichzeitig mit denselben Informationen zur Lage konfrontiert. Es wurde erwartet, dass die Darstellung via der im Demonstrator bereitgestellten Widgets im Sinne einer umfassenden Evaluation des Demonstrators von Lagezentrum zu Lagezentrum variierte.

8.2.3.3 Beobachtende

Zwei Beobachtende waren jedem Lagezentrum zugeteilt und erfüllten dort folgende Aufgaben:

- Technischer Support (Demonstrator Handling, Unterstützung bei der Visualisierung)
- Mitprotokollieren von Aktionen/Eindrücken der Übenden (z. B. Entscheidung zur Frühwarnung)
- Klarstellen von unter Umständen unklaren Fragestellungen der Evaluierungsbögen
- Kommunikationsschnittstelle zur organisatorischen Übungsleitung zur Abstimmung der Evaluierungszeitpunkte im Szenario

Zur optimalen Vorbereitung der Beobachtenden auf ihre Rolle wurden diese bereits am Vortag durch Thales und Infraprotect in die Handhabung des Demonstrators und die organisatorischen Abläufe des Planspiels eingeführt. Es war das Ziel, einen Beobachtenden vorrangig als Unterstützung für die Teilnehmenden einzusetzen, den anderen als Protokollführer zur Erfassung von Eindrücken aus der Beobachtenden-Perspektive. Daher liegt zumindest ein Beobachtenden-Protokoll pro Lagezentrum vor.

8.3 Evaluierung

Dieser Abschnitt beschreibt die Evaluationsprozesse, die diesen Ergebnissen zugrunde liegen.

Die Datendarstellungen wurden von den Teilnehmenden bewertet nach:

- Nutzen der grafischen Darstellung (Diagrammtyp, Informationsdichte, Hervorheben besonderer Aspekte udgl.)
- Verknüpfung von Informationen: Welcher Mehrwert wird durch die Verknüpfung der einzelnen Daten erzielt? (z. B. Verknüpfung der Nachricht einer einmeldenden Organisation mit den Audit-Daten der letzten Audit-Periode)
- Nutzen in Bezug auf den „Erkenntnisgewinn" und Unterstützung zur Entscheidungsfindung

Diese Bewertung erfolgte durch die teilnehmenden Personen in den Lagezentren während der Iterationen auf zwei Wege:

1. Als analoger Fragebogen welcher zu vordefinierten Zeitpunkten im Szenario durch die Teilnehmenden ausgefüllt wird (getriggert durch die Beobachtenden)
2. Durch Erstellen einer Frühwarnung (für kritische Infrastrukturen) und eines Endberichtes zum Ereignis anhand vorgefertigter Templates. Diese werden nach dem Ausfüllen direkt via Übungschat an die Übungsleitung übermittelt.

Die Gliederung jeder Iteration in 3 Phasen ermöglicht eine Bewertung jeder Iteration anhand dreier Evaluierungsschritte, wie in Tab. 8.7 gezeigt:

Die Evaluierungen wurden anhand von Fragebögen in analoger Form den Teilnehmenden durch die Beobachtenden vorgelegt. Bei den Evaluierungsschritten A und C wurden zusätzlich die Möglichkeit, eine Warnung für kritische Infrastruktur auszufüllen (A) und das Verfassen eines Endberichtes zum Ereignis (C) gepromptet. Der Einspielungen der Injects via Demonstrator waren derart getimt, dass für das Ausfüllen der entsprechenden Fragebögen und das Ausstellen von Warnung und Endbericht ausreichend Zeit zur Verfügung stand.

Die Fragestellung für jeden Evaluierungsschritt konzentriert sich im Wesentlichen auf folgende Punkte:

- Was ist Ihre nächste Aktion?
- Auf welche Daten/Infos des Lagebildes stützen Sie diese Aktion?
- War die Art der Darstellung hilfreich oder würden Sie eine andere/erweiterte Darstellung bevorzugen?
- Welche Daten/Informationen fehlen Ihnen im Interface bzw. würden Sie in der Realität erfragen?
- Welche Daten/Informationen waren für die Entscheidungsfindung in der aktuellen Phase nicht nützlich?

8.3.1 Rahmendatenerfassung: anonymisierte und personalisierte Fragebögen

Um den Input jeder einzelnen teilnehmenden Person zu sammeln und Dominanzeffekten in der Gruppendynamik vorzubeugen, erhielten die Übenden nach jeder Phase einer

Tab. 8.7 Evaluierungsschritte in den drei Iterationen

Iteration	Evaluierungsschritt	Evaluierte Phase
1	1A	Beginn bis Frühwarnung
	1B	Frühwarnung bis Entwarnung
	1C	Entwarnung bis Ende
2	2A	Beginn bis Frühwarnung
	2B	Frühwarnung bis Entwarnung
	2C	Entwarnung bis Ende
3	3A	Beginn bis Frühwarnung
	3B	Frühwarnung bis Entwarnung
	3C	Entwarnung bis Ende
Allgemeiner Block	4	Vergleichsfragen zwischen allen 3 Iterationen

Iteration einen Fragenbogen, der nicht in der jeweiligen Lagezentrum-Gruppe auszufüllen war, sondern der den Blickwinkel und die Meinung der Einzelperson erfassen sollte.

Vollständig anonymisierte Fragebögen erheben ausschließlich Antworten und lassen den Kontext der Übenden (Rolle in der Organisation, technischer Background etc.) außer Acht. Dieser positivistische Ansatz (della Porta und Keating 2008) vernachlässigt jedoch die Art und Weise wie Übende aus ihrem jeweiligen Kontext heraus das Planspiel wahrnehmen, das Lagebild entwickeln und die Situation einschätzen – der eigene Background bzw. der eigene Kontext ist daher eine essenzielle Variable in der Evaluierung des Demonstrators. Obwohl unter vollständiger Anonymisierung, besonders bei sensitiven Themen, in der Regel ehrlichere Antworten zu erwarten sind (Dunbar et al. 2001) wird der Wissensgewinn aus dem jeweiligen Kontext der übenden Personen als zu wichtig eingeschätzt um ihn außer Acht zu lassen. Es werden daher folgende Rahmeninformationen pro Fragebogen erhoben:

- Rolle in der Organisation: technisch oder organisatorisch
- Nummer des Lagezentrums: 1–5

Die Organisation, welche das Lagezntrum betrieb, musste nicht eigens erhoben werden, da die Lagezentren mit homogenen Gruppen besetzt wurden. Dies ermöglichte zwar eine grundsätzliche, *annähernde* Identifikation der Übenden, die jedoch nicht mit einer definitiven namentlichen Zuordnung des Fragebogens zu einer Person vergleichbar ist und somit einer Anonymisierung beinahe gleichkommt. Zusätzlich wurde mehrmals (bereits ab Aussendung der Vorinformation an die Teilnehmenden) betont, dass nicht die Teilnehmenden im Zentrum der Evaluierung des Planspiels standen, sondern die Visualisierungsoptionen des Demonstrators. Dies sollte den Fokus weg vom Gefühl einer persönlichen Verantwortung/Rechenschaft der Übenden hin zu den eigentlichen Übungszielen lenken und somit die Auskunftsfreudigkeit bzw. Antwortbereitschaft beim Ausfüllen der Fragebögen verstärken. Die Beobachtenden in den LZ wurden vorab zu den Fragebögen eingewiesen und trugen Sorge für die Klärung von Formulierungen, welche für die Übenden u. U. trotz sorgfältiger Vorbereitung missverständlich waren.

8.3.2 Methodik der Evaluierung

Die Erfassung der Aktivitäten der Teilnehmenden und somit die Datensammlung für die Evaluierung des Demonstrators erfolgte auf vier unterschiedlichen Wegen:

1. Durch die Kommunikation der Übenden mit der „Außenwelt" (=Übungsleitung) im Rahmen des Planspiels (z. B. Rückfragen an CERT)
2. Durch die Beobachtenden
3. Durch das Ausfüllen der Fragenbögen durch die Übenden selbst
4. Durch Abfragen zweier konkreten Handlungen im Rahmen des Planspiels (Warnung und Endbericht)

Auf diese Weise wurden Eindrücke zur Demonstratornutzung auf verschiedenen Wegen gesammelt und können im Rahmen der Auswertung abgeglichen und kontextualisiert werden. Eine Selbsteinschätzung zur Handhabung der Visualisierungen (Fragebogen) und eine Fremdeinschätzung (Beobachtung) wurden erhoben, was zu zusätzlicher Anreicherung der Auswertung des Planspiels führte.

Im Rahmen von komplexen Übungen ist eine Bewertung von organisations-/unternehmensinternen, technisch-organisatorischen Zielsetzungen grundsätzlich von „Eigenpersonal" vorzunehmen, welches vergleichbare Aufgaben in der Regelorganisation bzw. Aufbau und Ablauforganisation der jeweiligen Organisation wahrnimmt. Da die Übungsziele des CISA Planspieles jedoch nicht auf die Bewertung der technisch-organisatorischen Aspekte (wie z. B. Stabsarbeit) abzielten, sondern ausschließlich auf die Einschätzung der Übenden bezüglich des konkreten Nutzens des Demonstrators (siehe Abschn. 8.1.1), konnten die Blickwinkel „externer" Beobachtender in die Erstellung des Fremdbildes sinnvoll miteinbezogen werden, indem diese die Interaktion der Teilnehmenden mit dem Demonstrator und Aspekte der Entscheidungsfindung im Handling des Tools mitprotokollierten. Für eine Darstellung der Ergebnisse, siehe Abschn. 8.4

8.3.3 Warnung an kritische Infrastrukturen, Verfassen Endbericht

Die Warnung an kritische Infrastrukturen ebenso wie der Endbericht konnten auf Basis der Informationsdichte unterschiedlich detailliert/konkret gestaltet werden, im Hinblick auf den Informationsgehalt der Warnung oder der Szenariobeschreibung im Endbericht selbst, als auch bezogen auf den Adressatenkreis (pro Sektor/Unternehmensgröße) oder im Einsatz befindliche Assets etc). Die Warnung und der Endbericht wurden von den Teilnehmenden praktisch während der Durchführung des Planspiels gestaltet (Warnung: 1x pro Iteration am Ende von Phase I – Evaluationsschritt A, Endbericht: 1x pro Iteration am Ende von Phase III, vgl. Tab. 8.7 und Abb. 8.6) und auf zwei Wegen dokumentiert:

- durch die Beobachtende (Dokumentation der Entscheidungsfindung)
- durch das Ausfüllen eines vorgefertigten Templates.

Somit wurde spezifisch anhand der Durchführung von Handlungen welche auf den Informationen, ihrer Darstellung und ihrer Bewertung im Lagebild beruhen, die Lageeinschätzung der Teilnehmenden erhoben. Warnung und Endbericht wurden digital während des Planspiels erfasst und ebenfalls qualitativ ausgewertet.

8.3.4 Datenerhebung im Fragebogen: Methode und Skalierung

Für die Datenerhebung der Fragebögen, welche an die Teilnehmenden ausgegeben wurden, wurden folgende Antwortmethoden eingesetzt:

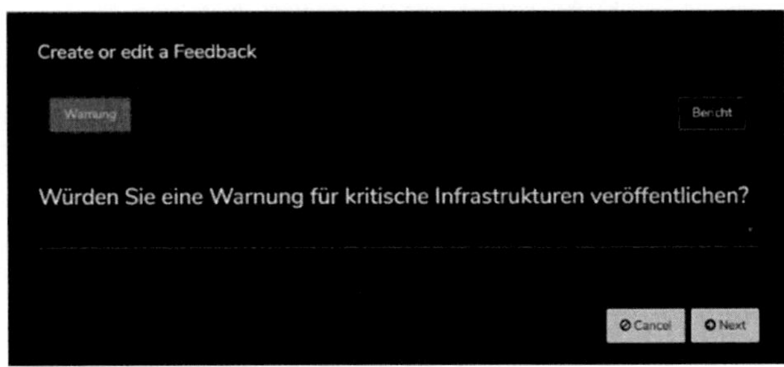

Abb. 8.6 Erstellen einer Warnung im Demonstrator

- Vermerk auf einer vierteiligen Beurteilungsskala („Likert“)
- Beantwortung mittels Multiple Choice Fragen
- Freitextantworten

Generell gesprochen zielen die im Planspiel zur Datenerhebung verwendeten Methoden darauf ab, zwei Aspekte zu erheben:

1. Korrelation unterschiedlicher Wahrnehmungen von Visualisierungen (Konvergenzvalidität)
2. Unterschiede in der Wahrnehmung von Visualisierungen (Diskriminanzvalidität)

Dies erinnert oberflächlich an einen Multitrait-Multimethod-Ansatz (Campbell und Fiske 1959), jedoch wurde auf die Erstellung einer entsprechenden Matrix zur Auswertung verzichtet, da diese einerseits äußerst aufwendig in der Erarbeitung ist und andererseits aufgrund der unklaren Auszählregelungen das Ergebnis fragwürdig erscheinen lässt (Bagozzi 1980; Peter 1981). Stattdessen erfolgt eine quantitative und qualitative Aggregation der erhobenen Antworten, sowie eine qualitative Inhaltsanalyse der Freitextantworten auf Basis der induktiven Kategorienentwicklung, die stark vereinfacht in Abb. 8.7 dargestellt ist.

Die Fragenbeantwortung wurde jeweils zum Ende einer Phase durch die Beobachtenden eingeleitet; daraus folgt, dass die Teilnehmenden *während* des Szenarioablaufes Fragen zur eben vergangenen Phase beantworteten und nicht etwa einen gesammelten Fragebogen am Ende jeder Iteration bearbeiteten. Dieser Ansatz ermöglichte eine gleichmäßige Abfrage zur Einschätzung der verwendeten Visualisierungsoptionen und beugt dem Primacy-Recency-Effekt (Murdoch 1962) vor. Bei diesem Effekt würden Informationen, die zu Beginn bzw. zum Schluss der Übung aufgenommen wurden, überproportional repräsentiert werden. Die entwickelten Fragebögen wurden im Rahmen des CISA Probedurchlaufes im Dezember 2017 gemeinsam mit dem Drehbuch und dem Demonstrator getestet, um einerseits durch Austestung an einer externen Personengruppe etwaige, offensichtliche Missverständnisse in der Formulierung offenzulegen, andererseits, um die Zeitdauer, welche für die Beantwortung eingeplant war, praktisch zu überprüfen. Die Beobachtenden, welche den Teilnehmenden während des Planspiels zur Seite gestellt bekamen, waren zu einem großen Teil aus den Test-Teilnehmenden dieses Probedurchgangs, was die

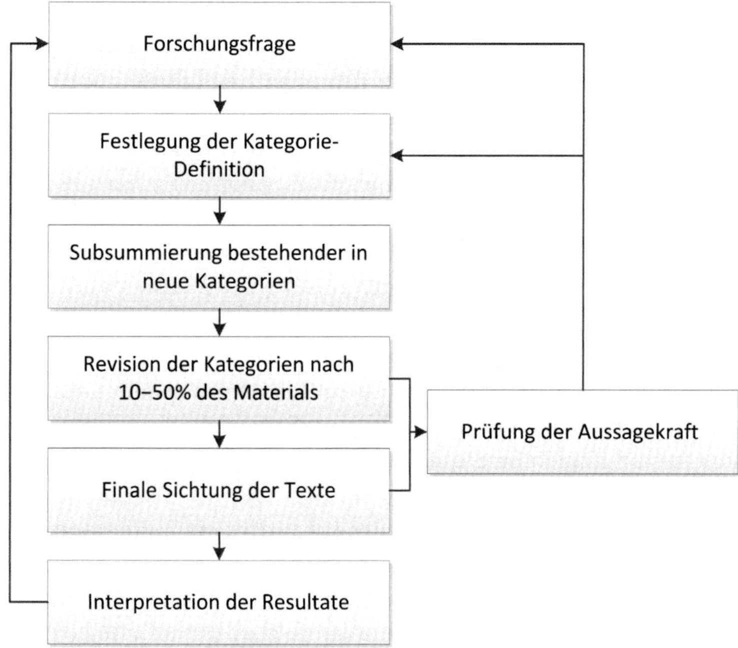

Abb. 8.7 Induktive Kategorienentwicklung nach Mayring (2000)

Einschulung der Beobachtenden in ihre Rolle ressourcenschonend gestaltete und vereinfachte. Ein bedeutender Teil dieser Rolle war die Vorbeugung von unbeabsichtigten Interpretationen aller Fragenmethoden (Beurteilungsskala, Multiple Choice, Freitext) durch die Teilnehmenden.

In Folge werden die Aspekte, welche zu einer Auswahl der jeweiligen Methode für das Planspiel geführt haben, aufgeführt.

Beurteilungsskalen wurden erstmals im frühen 20. Jahrhundert eingesetzt (Likert 1932, Thurstone und Chave 1929) und stellen seither ein häufig genutztes Instrument der Sozialwissenschaften zur Messung von Meinungen und Einstellungen dar. „Einstellungen" sind höchst subjektive, individuelle Konstrukte, deren absolute Messung de facto nicht möglich ist, da die Antwort des Teilnehmenden immer ein Resultat des Zusammenwirkens äußerer Faktoren darstellt (Krosnick und Fabrigar 1997). Dies bedeutet, dass die Nutzung einer Beurteilungsskala immer nur eine Momentaufnahme, gefärbt durch viele verschiedene Faktoren, ergibt, und bei längeren Befragungspausen sich der individuelle Referenzrahmen des Probanden ändern kann, was die Zuverlässigkeit und Vergleichbarkeit der Daten negativ beeinflusst. Um dem vorzubeugen wurden einerseits alle drei Iterationen des Planspiels an einem Tag abgehalten, andererseits wurden die Iterationen und auch die Fragebögen so straff wie möglich gestaltet. Ein Nebeneffekt einer solchen Straffung ist jedoch, dass Probanden sich an ihre gegebenen Antworten exakter erinnern können und dazu tendieren, diese zu wiederholen. Die gewählte Skalierung (4-teilig) sollte einerseits den Teilnehmenden die Möglichkeit geben, auch weniger extreme Meinungen angeben zu können, ohne dabei die Klarheit der Standpunkte durch zu detaillierte Abstufungen aufzuweichen, da mit höherer Anzahl der möglichen Abstufungen die Bedeutung und Abgrenzung der einzelnen Antwortoption abnimmt (Krosnick und Fabrigar 1997). Der Nutzen einer neutralen Antwortmöglichkeit (wie z. B. die Antwortoption „keine Tendenz“ im Beispiel in Abb. 8.8) und ihre Auswirkungen auf die erhobenen Daten werden in der Literatur kontroversiell diskutiert und können nicht als abschließend geklärt betrachtet werden (Andrews 1984; Krosnick et al. 1996; Madden und Klopfer 1978). Ein besonders relevanter Kritikpunkt an einer fehlenden neutralen Antwortmöglichkeit wird von Larossi (2006) erwähnt: Sind eine Antwortoption bzw. die Fragestellung unklar, tendieren Probanden dazu, nicht ihrer Einstellung tatsächlich entsprechende Antworten zu geben (*satisficing*), was zur Verfälschung der Daten führt. Insbesondere in einem derart technischen Setting wie dem CISA Planspiel ist so die Gefahr zur Datenverfälschung gegeben, wenn Teilnehmende mit wenig technischem Background zu den technischen Aspekten des Demonstrators befragt werden. Beim Entwurf der Fragebögen für das Planspiel wurde aufgrund des Einsatzes der Beobachtenden als Klärungs-Instanz für die Teilnehmenden von der Option einer neutralen Antwort Abstand genommen.

Multiple Choice Fragen zwingen Probanden zu einer (oder mehreren) Antworten unter Verwendung eines geschlossenen Fragenformats. Während das Format für Tests aller Art eingesetzt wird (beginnend bei IQ-Tests bis hin zu Aufnahmetests an Universitäten) und hierbei das Erheben von „richtigem“ und „falschem“ Wissen und somit die Eignung von Probanden im Vordergrund steht, lag im Rahmen des CISA Planspiels das Hauptaugenmerk auf der Evaluierung des Demonstrators. Hier konnte es naturgemäß keine absolut richtige oder falsche Antwort, sondern lediglich eine individuelle Bewertung von Visualisierungen und Datentypen durch die Teilnehmenden geben. Das Multiple Choice Format wurde im Planspiel in erster Linie eingesetzt, um eine rasche, vergleichbare Auswertung der Antworten durchführen zu können.

Freitextantworten wurden zum Teil als Zusatzfeld angeboten, um gegebene Multiple Choice Antworten genauer zu spezifizieren, zum Teil handelte es sich auch um alleinstehende Antworten. Freitextantworten beinhalten einerseits die Möglichkeit für Probanden, ohne vorgegebenes Gerüst der eigenen Meinung Ausdruck verleihen zu können, andererseits liegt genau darin auch ihre größte Schwäche da sich hierdurch die Auswertung der Daten verkompliziert, weil Freitext nicht quantitativ wie Multiple Choice Fragen ausgewertet werden kann. Probanden können unter gewissen Umständen auch dazu tendieren, in Freitextantworten zu detaillierte oder zu oberflächliche Information zu geben, bzw. in ein vom Fragensteller unbeabsichtigtes Thema „abzurutschen“.

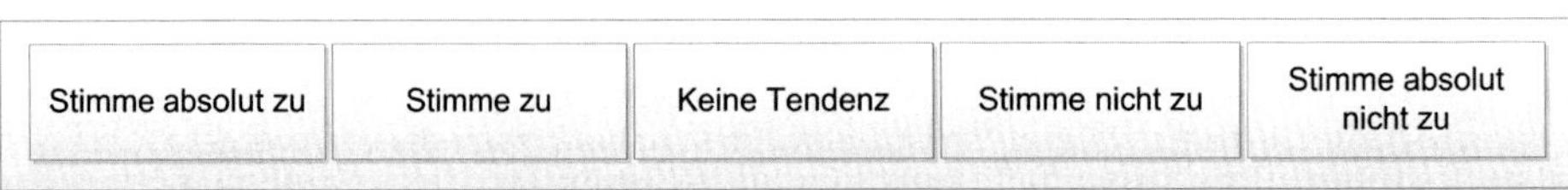

Abb. 8.8 Beispiel einer 5-teiligen Likert-Skala

8.3.5 Debriefing

Die im Debriefing der Teilnehmenden und Beobachtenden eingeholten Informationen wird anhand von Leitfragen gegliedert um eine gemeinsame Struktur zu erarbeiten. Diese Leitfragen lauteten:

- Was hat Sie im Demonstrator bei der Lagebeurteilung besonders unterstützt?
- Was hat Sie im Demonstrator besonders abgelenkt/verunsichert?
- Haben Sie sonstige Anmerkungen zur Übung bzw. Wünsche für den Demonstrator?

Die resultierenden Anmerkungen können in mehrere Typen (und übergeordnete Kategorien) gegliedert werden wie in Tab. 8.8 dargestellt.

8.4 Gesamtinterpretationen der Ergebnisse und Erkenntnisse

Folgend werden die Ergebnisse der Evaluation dargelegt. Hierbei werden die Rückmeldungen in Hinblick auf ihre Auswirkungen aufbereitet: Welche Charakteristika des Demonstrators (Datenvi-sualisierungen und –verknüpfungen) zeigten unter Umständen Auswirkungen auf die Lagebeur-teilung durch die Teilnehmenden (bezüglich Erstellung einer Warnung, Sicherheit in der Lage-beurteilung usw.)?

Tab. 8.8 Kategorien der Rückmeldungen

Übergeordnete Kategorie	Typ Rückmeldung	Definition
Daten	Visualisierung	Visualisierung von Daten (-verknüpfungen) im Demonstrator
	Verknüpfung	Verknüpfung von Datentypen im Demonstrator
	Auditdaten	Auditdaten/-scores und deren Anwendung betreffend
	Sensoren	Anm. zu Sensordaten und deren Anwendung
Technik	Filter	Anm. zu Filterfunktionen des Tools
	Annotations	Anm. zu Annotationsfunktionen
	Technik sonstiges	Andere technische Aspekte des Demonstrators und seine Features
Teilnehmende	Reaktion	Teilnehmer-bezogenes Feedback, Anm. der Teilnehmer zu bestimmten Punkten des Planspiels
	Kommunikation	Anm. zu Kommunikation im Lagezentrum bzw. zwischen LZ und „Außenwelt“
Sonstiges	Methodik	Anm. zu methodischem Aufbau des Planspiels

8.4.1 Ergebnisse Szenariobeurteilung

8.4.1.1 Einschätzung der Sicherheit bei Lagebeurteilung und Einschätzung der Gefährdungslage

Der konkrete Nutzen des Lagebildes zur Lageeinschätzung stellte eine integrale Frage des CISA Projektes dar. Daher ist es relevant, inwiefern sich durch Anwendung des Demonstrators die Lageeinschätzung und -beurteilung im Lauf des Planspiels veränderte. Dies ist in Abb. 8.9 dargestellt. Hier ist einerseits die Sicherheit bei der Lagebeurteilung als auch die Einschätzung der Bedrohungslage gezeigt, wobei Stufe vier als das Maximum von Sicherheit bei Bedrohungseinschätzung und Sicherheit der Lagebeurteilung gilt. Die Sicherheit der Einschätzung ist durch alle drei Iterationen hindurch relativ gleichbleibend. Der leichte Abstieg zu Beginn von Iteration zwei wirkt nicht signifikant, kann aber unter Umständen mit der Informations-„Flut“ durch die Sensordaten zu Beginn von Iteration zwei korrespondieren. Die Einschätzung der Bedrohung ist in Phase 1 von Iteration I vergleichsweise gering, wohl, weil es sich um die erste Anwendung des Tools nach der Einschulungsveranstaltung für die Teilnehmenden handelte und sie sich erst mit dem Szenario und den Darstellungsvarianten im Dashboard vertraut machen mussten. Ansonsten ist auch die Einschätzung der Bedrohungslage relativ konstant durch alle Runden, was darauf fußen kann, dass sich das Basisszenario nicht änderte. Die Erhöhung der Informationsdichte hatte hier auf die Gefährdungseinschätzung anscheinend keine Auswirkung.

8.4.1.2 Ausgabe von Warnungen

Auf Basis der vorliegenden Informationen wurden die Teilnehmenden gebeten, einzuschätzen, ob sie eine Warnung an kritische Infrastruktur erstellen würden und diese bei Bedarf als Lagezentrum zu erstellen. Dies spiegelt die Einschätzung der Bedrohlichkeit der Lage wider. Der zeitliche Verlauf der Warnungsausgabe durch die Lagezentren (LZ) ist in Abb. 8.10 gezeigt.

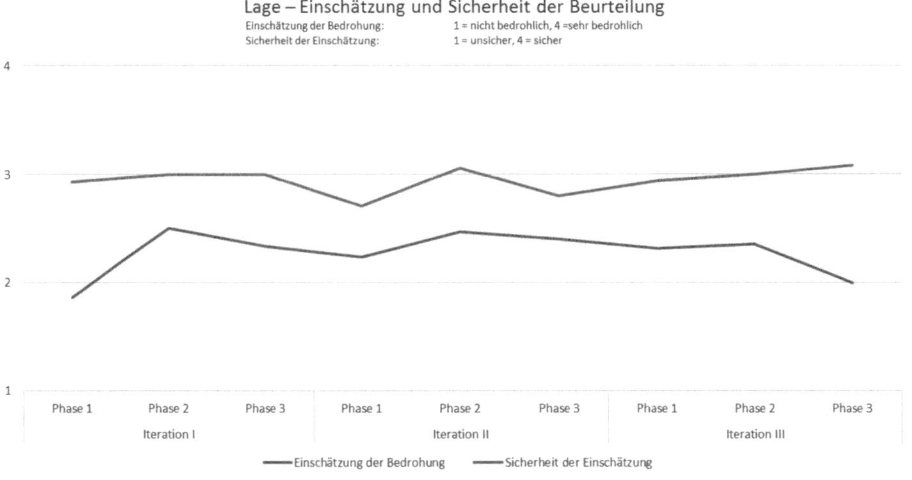

Abb. 8.9 Lage-Einschätzung und Sicherheit der Lagebeurteilung

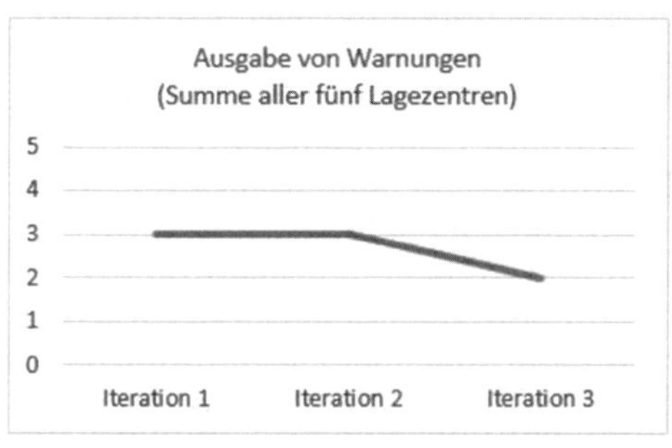

	Iteration 1	Iteration 2	Iteration 3
LZ-1	Nein	Ja	Nein
LZ-2	Ja	Ja	Ja
LZ-3	Ja	Nein	Nein
LZ-4	Nein	Nein	Nein
LZ-5	Ja	Ja	Ja

Abb. 8.10 Ausgabe von Warnungen im Planspiel

8.4.1.3 Analyse des Inhalts von Warnungen und Endberichten

Die Analyse des Inhalts der von den Lagezentren ausgegebenen Warnungen und Endberichte ergab, dass die Inhalte der einspielten Meldungen prinzipiell wahrgenommen wurden: das Vorhandensein von Sicherheitslücken und Schadsoftware wurde ebenso festgestellt wie das Auftreten von TOR Traffic (siehe Abb. 8.11)

Die möglichen Auswirkungen des Ereignisses sind in erster Linie mit der aufgetretenen Schadsoftware verknüpft (Erpressung und Verschlüsselung), eine Definition hinsichtlich möglicher weitreichender oder kaskadierender Effekte ist größtenteils nicht erfolgt (nicht näher spezifiziert bzw. keine Auswirkungen).

8.4.1.4 Getroffene Gegenmaßnahmen der Lagezentren

Tab. 8.9 zeigt die Auswertung der Templates Warnungen an die kritische Infrastruktur und Endberichte an die übergeordnete Ebene. Die Rückmeldungen der Templates aller Lagezentren wurden in der Reihenfolge entsprechend der Struktur der Vorlagen gruppiert. Abb. 8.12 zeigt, welche Gegenmaßnahmen von allen Lagezentren in den Endberichten genannt wurden.

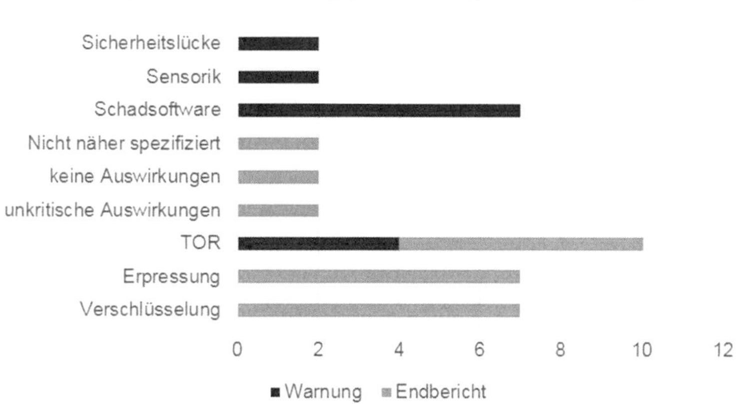

Abb. 8.11 Aspekte des Lagebildes nach Warnung/Endbericht

Tab. 8.9 Gruppierung der Auswertung von Warnungen und Endberichten

Warnungen

Gruppierung/Frage	Nennung der LZ
Begründung (für nicht Ausstellen einer Warnung)	Weitere Beobachtung nötig
	Einbindung anderer Stellen
	Unkritische Lage
	Beschreibung Angriff (Schadsoftware)
	Beschreibung Angriff (TOR Traffic)
	Beschreibung Angriff (Sensorik)
	Beschreibung Angriff (Sicherheitslücken)
Beschreibung der Lage	Beschreibung Betroffene (Nicht näher genannte Org.)
	Beschreibung Betroffene (Gesundheitssektor)
	Beschreibung Betroffene
	Beschreibung Betroffene (Behörden)
	Beschreibung Betroffene (Lebensmittelversorgung)
	Beschreibung zeitl. Aspekte (Angriff in engem Zeitintervall)
Prognose	Verbreitung
Auswirkungen des Angriff	Verschlüsselung
	TOR Traffic
	Erpressung
	Gefährdung
Auswirkungen auf Risikogruppen	Lebensmittelversorgung
	Gesundheitssektor
	Behörden
	Banken
	Institutionen
	Nicht spezifiziert
Handlungsempfehlungen	Analyse
	Beobachtung
	Kommunikation
	Technik

Endberichte

Gruppierung	Untergruppe 1
Auswirkungen Angriff	Verschlüsselung

Tab. 8.9 (Fortzetzung)

	Erpressung
	TOR Traffic
	Unkritische Auswirkungen
	Keine Auswirkungen
	Auswirkung nicht näher spezifiziert
Zeitl. Auswirkungen des Angriffs	5-24h
	24h und mehr
	Keine Angabe
	Keine Auswirkungen
	Nicht näher spezifiziert
Getroffene Maßnahmen	Technische Maßnahmen
	Kommunikation
	Warnung
	Analyse/Monitoring
	keine
Empfehlungen	Analyse/Monitoring
	Kommunikation
	Handlungsempfehlungen
	Technische Maßnahmen
Worst-Case Auswirkungen	Ausfall von Sektoren
	Geringe Ausfälle
	Restrisiko
	Ausbreitung Schadsoftware
Risikogruppen nach Sektor	Behörden
	Lebensmittelversorgung
	Gesundheitssektor
	Energie
	Transport
	Finanzsektor
	Banken
	Digitale Infrastruktur
	Industrie

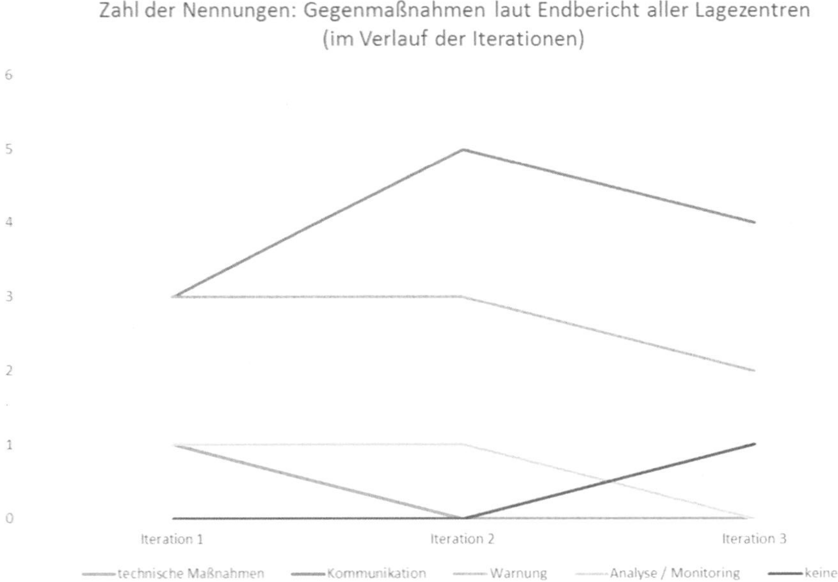

Abb. 8.12 Zahl und Art der Gegenmaßnahmen im zeitlichen Verlauf

Prominent ist hier vor allem die Zunahme der Nennung von Kommunikationsmaßnahmen zwischen Iteration 1 und 2, der Abfall der Ausstellung einer Warnung als Gegenmaßnahme und die Zunahme von „keinen Gegenmaßnahmen".

8.4.2 Ergebnisse zu verwendeten Datentypen und Visualisierungen

Es kann zusammengefasst werden, dass alle angebotenen Datentypen (Meldungen, Sensordaten und Auditdaten) von den Teilnehmenden im Rahmen des Szenarios angenommen wurden, wobei nicht alle Datentypen und -verknüpfungen als gleichermaßen sinnvoll zur Lagebeurteilung eingeschätzt wurden. Die Abfrage der Nützlichkeit der einzelnen Visualisierungen erfolgte hierbei in den Fragebögen für die Teilnehmenden. Grundlage ist die Summe der Bewertungen „eher hilfreich" und „hilfreich" aller Lagezentren in allen Iterationen für die Visualisierungen in den Fragebögen. Eine Zusammenfassung der Ergebnisse zeigt Abb. 8.13. In Folge werden die „Top Ten" der in Abb. 8.13 angeführten Visualisierungen kurz beschrieben.

1. Als zentrales Element im Demonstrator wurde von Teilnehmenden und Beobachtenden gleichermaßen Vis-12* (Abb. 8.14) angegeben, welche tabellarisch den Verlauf und ausgewählte Inhalte der einzelnen Meldungen anzeigt. Die Meldungskritikalität wurde hier von einigen Teilnehmenden als besonders hilfreich angegeben.

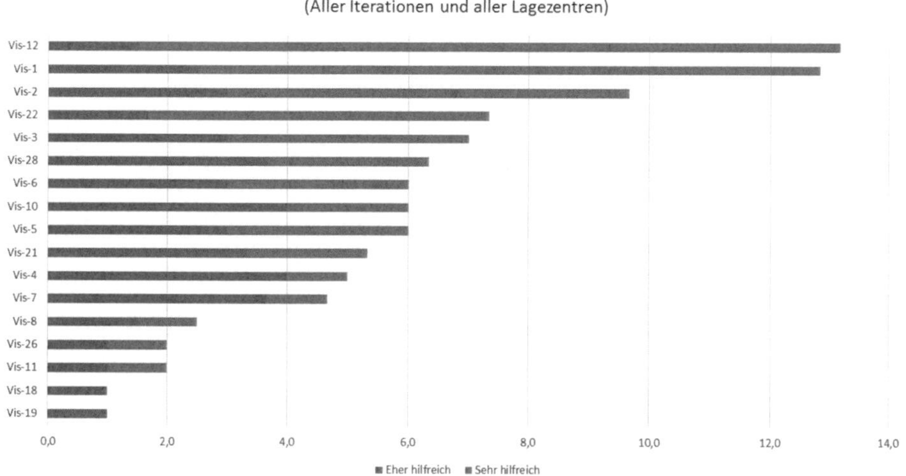

Abb. 8.13 „eher hilfreiche" und „hilfreiche" Visualisierungen

2. Auf Platz zwei wurde Vis-01 gereiht, welche den Eingang von ausschließlich Pflichtmeldungen (unten) und freiwilligen Meldungen (oben) im zeitlichen Verlauf zeigt (Abb. 8.15). Ein Herausfiltern eines konkreten Zeitbereiches war möglich.
3. Ab Iteration zwei verfügbare Sensordaten wurden in Vis-02 (Abb. 8.16) bevorzugt angezeigt, welche die Sensorinputs nach CVE auf einer Timeline darstellte.
4. Vis-22 (Abb. 8.17) stellte erneut einen tabellarischen Meldungsverlauf dar, der jedoch nur Sensordaten und Meldungsdaten inklusive einer Vorfallsbeschreibung darstellte. Im Unterschied zum Meldungsverlauf sind hier weniger Informationen dargestellt.
5. Vis-03 (Abb. 8.18) zeigt die Meldungen und Sensordaten nach Auditscore eingefärbt. Dargestellt wird die Anzahl der Einträge auf einer Timeline.
6. Vis-28 zeigt den Fortschritt der Gegenmaßnahmen, welche durch die betroffene kritische Infrastruktur zu Ereignisbewältigung ergriffen wurden. Der Fortschrittsgrad (rechts in Abb. 8.19) wird dabei von der kritischen Infrastruktur selbst angegeben und im Demonstrator dargestellt. Gegenmaßnahmen mit einem Fortschritt von 100 % (= gelöstes Problem) wurden in dieser Darstellung ausgeblendet.
7. Vis-06 zeigt die Meldungskritikalität LOW/MEDIUM/HIGH (welche von den kritischen Infrastrukturen selbst vergeben wird) pro Sektor als Treemap an (Abb. 8.20). Die Zahlenangabe in den jeweiligen gefärbten Bereichen bezieht sich auf die Anzahl der getätigten Meldungen.
8. Die Word-Cloud in Vis-10 (Abb. 8.21) welche die häufigsten CVEs zeigte, stellte einerseits einen sehr kritisch beurteilten Punkt im Debriefing dar, bei dem einige Teilnehmende anmerkten, die Darstellung nur eingeschränkt sinnvoll zu finden. Andererseits wurde diese Visualisierung häufig genug als „sehr hilfreich" oder „eher hilfreich" eingestuft, um eine Platzierung in den „Top Ten" zu erreichen.

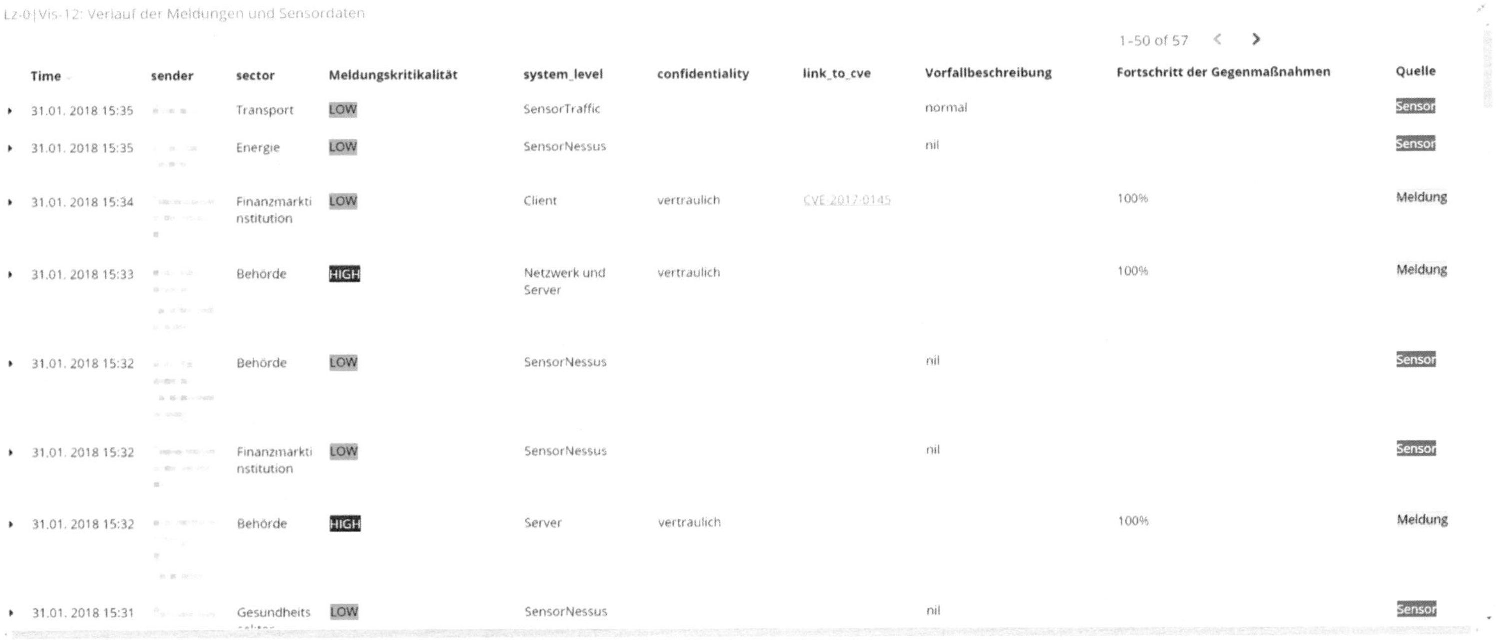

Lz-0 | Vis-12: Verlauf der Meldungen und Sensordaten

1-50 of 57

Time	sender	sector	Meldungskritikalität	system_level	confidentiality	link_to_cve	Vorfallbeschreibung	Fortschritt der Gegenmaßnahmen	Quelle
31.01. 2018 15:35		Transport	LOW	SensorTraffic			normal		Sensor
31.01. 2018 15:35		Energie	LOW	SensorNessus			nil		Sensor
31.01. 2018 15:34		Finanzmarkti nstitution	LOW	Client	vertraulich	CVE-2017-0145		100%	Meldung
31.01. 2018 15:33		Behörde	HIGH	Netzwerk und Server	vertraulich			100%	Meldung
31.01. 2018 15:32		Behörde	LOW	SensorNessus			nil		Sensor
31.01. 2018 15:32		Finanzmarkti nstitution	LOW	SensorNessus			nil		Sensor
31.01. 2018 15:32		Behörde	HIGH	Server	vertraulich			100%	Meldung
31.01. 2018 15:31		Gesundheits	LOW	SensorNessus			nil		Sensor

Abb. 8.14 Vis-12: Meldeverlauf

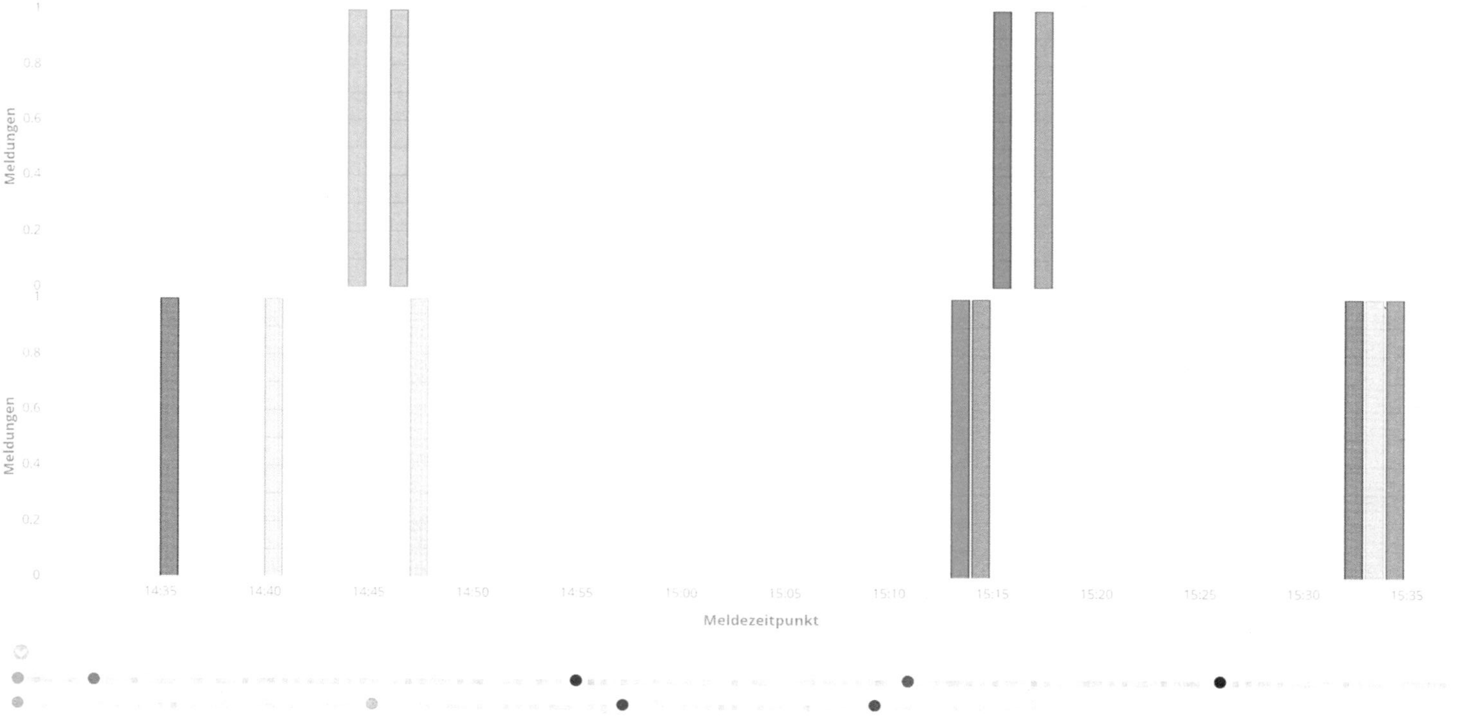

Abb. 8.15 Vis-01: Pflichtmeldungen und Freiwillige Meldungen im zeitlichen Verlauf

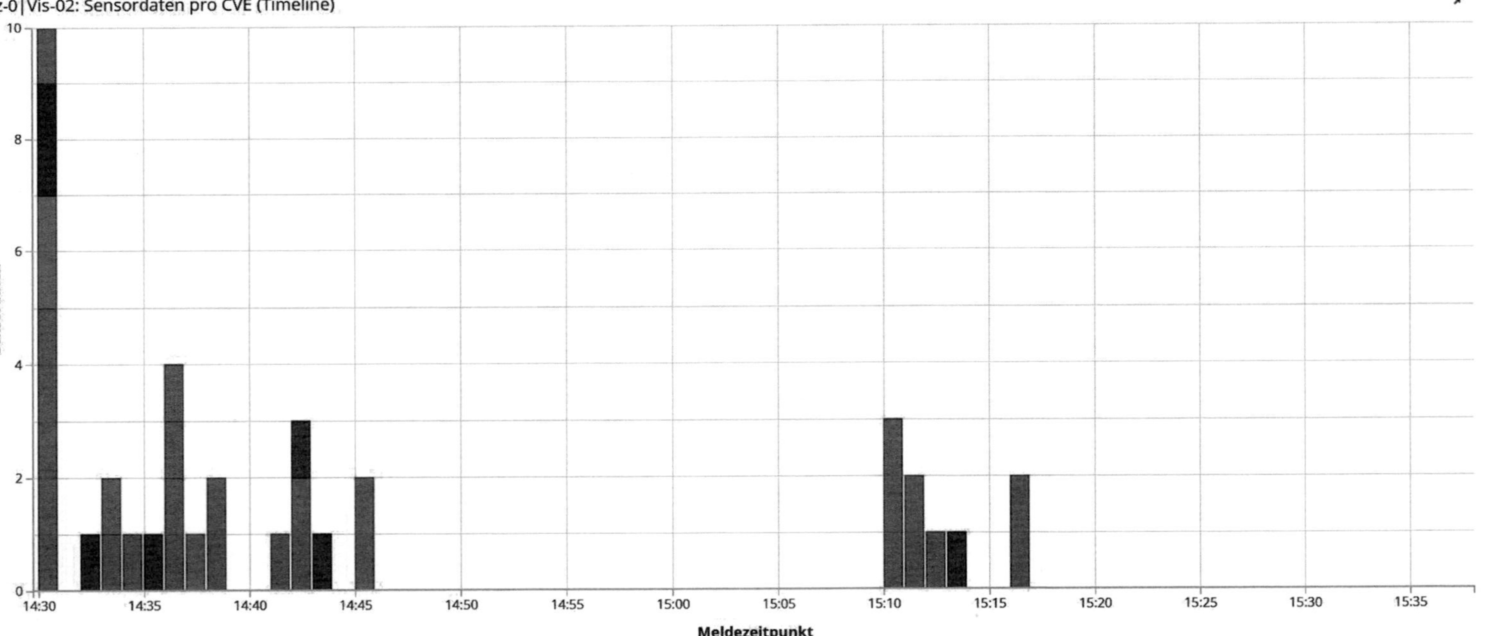

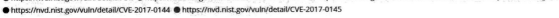

Abb. 8.16 Vis-02: Sensordaten pro CVE im zeitlichen Verlauf

Lz-0 | Vis-22: Verlauf der Meldungen und Sensordaten nur mit Vorfallbeschreibung

1–47 of 47

Time	sender	sector	system_level	Vorfallbeschreibung
31.01. 2018 15:17	[illegible]	Digitale Infrastruktur	Netzwerk, Server und Client	Wir wurden über eine Petya-Attacke basierend auf einer Lücke informiert. Bei uns konnten keine Systeme festgestellt werden, die von der angegebenen Sicherheitslücke betroffen sind.
31.01. 2018 15:16	[illegible]	Industrie	SensorTraffic	TOR
31.01. 2018 15:16	[illegible]	Energie	SensorTraffic	TOR
31.01. 2018 15:15	[illegible]	Behörde	Netzwerk, Server und Client	Wir wurden über eine Petya-Attacke informiert und wollen mitteilen, dass wir nicht von dieser Lücke betroffen sind.
31.01. 2018 15:14	[illegible]	Finanzmarkti nstitution	Client	Wir melden, dass wir die folgende Vulnerabilität bei uns feststellen mussten.
31.01. 2018 15:13	[illegible]	Energie	Server	Mehrere unserer Festplatten sind nicht mehr lesbar, es wird Lösegeld verlangt um diese wieder lesbar zu machen.
31.01. 2018 15:13	[illegible]	Energie	SensorNessus	CVE-2017-0144
31.01. 2018 15:12	[illegible]	Digitale Infrastruktur	SensorTraffic	TOR
31.01. 2018 15:11	[illegible]	Gesundheitss ektor	SensorTraffic	TOR
31.01. 2018 15:11	[illegible]	Banken	SensorTraffic	TOR
31.01. 2018 15:10	[illegible]	Energie	SensorTraffic	TOR

Abb. 8.17 Vis-22: Meldungsverlauf (nur Sensor- und Meldungsdaten)

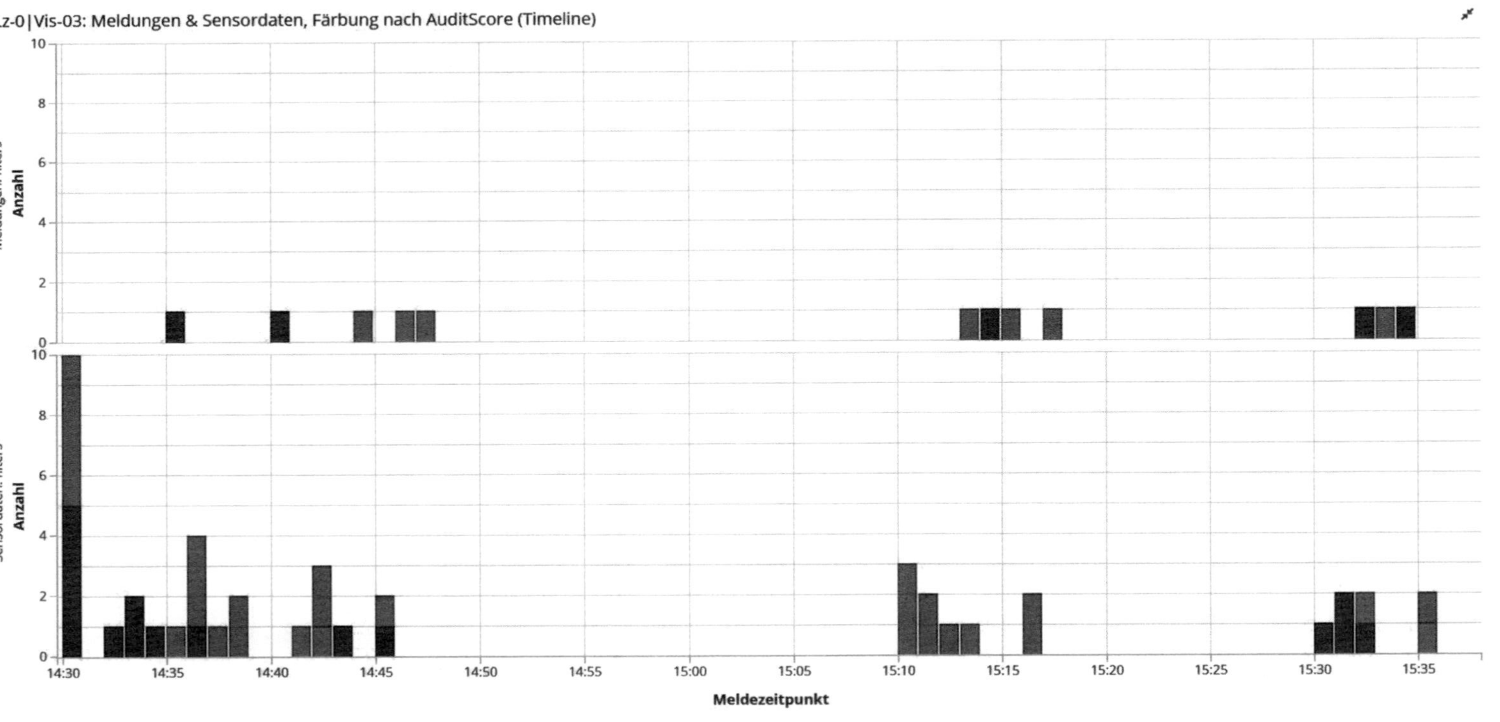

Abb. 8.18 Vis-03: Meldungen und Sensordaten gefärbt nach Auditscore

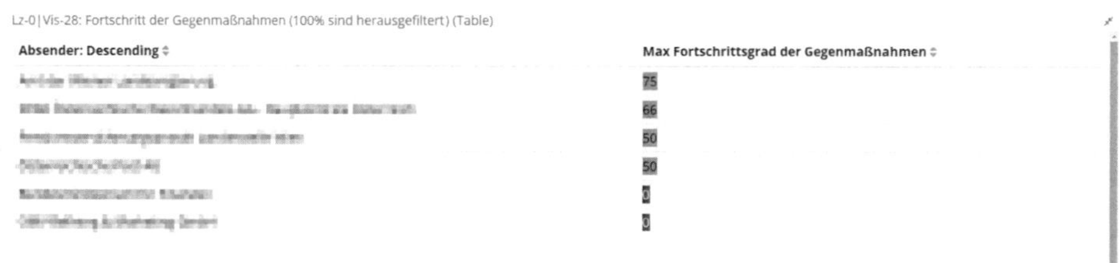

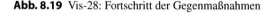

Abb. 8.19 Vis-28: Fortschritt der Gegenmaßnahmen

9. Vis-05 (Abb. 8.22) zeigt die Auditbewertung pro NIST Maßnahme pro Sender an (siehe Beschreibung der Auditdaten in Abschn. 8.1.4.3). Hierbei gilt die Aufschlüsselung: grün = hoher Reifegrad, gelb = mittlerer Reifegrad, rot = niedrigere Reifegrad, blau = keine Information.
10. Eine Verteilung der von CVEs betroffenen (rot) und nicht betroffenen Unternehmen (grün) pro Sektor wird in Vis-21 gezeigt, wobei ein PieChart einen Sektor darstellt. Im Vis-21 Beispiel in Abb. 8.23 wird zum Beispiel abgebildet, dass die Sektoren im ersten und zweiten PieChart von rechts von allen gezeigten Sektoren am stärksten durch die relevanten CVEs betroffen sind.

Darstellungen und Widgets

In Bezug auf die im Demonstrator benutzten Visualisierungen lässt sich große Affinität zu bekannten und weniger komplexen Darstellungsformaten erkennen, einerseits basierend auf Aussagen der Teilnehmenden („Listen sind am besten", „Word Cloud lieber als Tabelle darstellen"), andererseits auch nach Auswertung der Fragebögen und dem resultierend „Top-Ten" Ranking der hilfreichen Visualisierungen (siehe Abb. 8.13). Drei der zehn Visualisierungen sind tabellarisch, drei weitere sind klassische Balken-/Säulendiagramme, eines ist ein PieChart. Komplexere Darstellungen wie Treemaps, Heatmaps oder Trenddiagramme kommen wenig bis gar nicht in den zehn beliebtesten Darstellungen vor. Dies ist sicherlich einerseits den technischen Optionen des Demonstrators geschuldet, der nicht jede angedachte Diagrammart optisch ansprechend abbilden konnte, andererseits auch dem Szenario, das durch die Komprimierung auf Iterationen von etwa eineinhalb Stunde Länge auch auf einer gewissen Einfachheit gehalten werden musste.

Dennoch kann der Großteil der beliebtesten Visualisierungsarten durchaus als „klassische" oder „typische" Darstellungen gewertet werden. Dies ist auch ein Symptom des „entschleunigten" Übungsablaufes: die Teilnehmenden hatten ausreichend Zeit, um Text (z. B. Freitexteinträge in den Pflichtmeldungen) zu lesen und darüber zu diskutieren, was im Sinne des Planspielzieles war. Eine intensivere Bespielung der Lagezentren mit Information würde auch den Bedarf nach aggregierteren Grafiken erhöhen (im Vergleich zu textbasierten Listen), da schnellere Erfassung einer komplexeren Situation unter Druck erfolgen müsste.

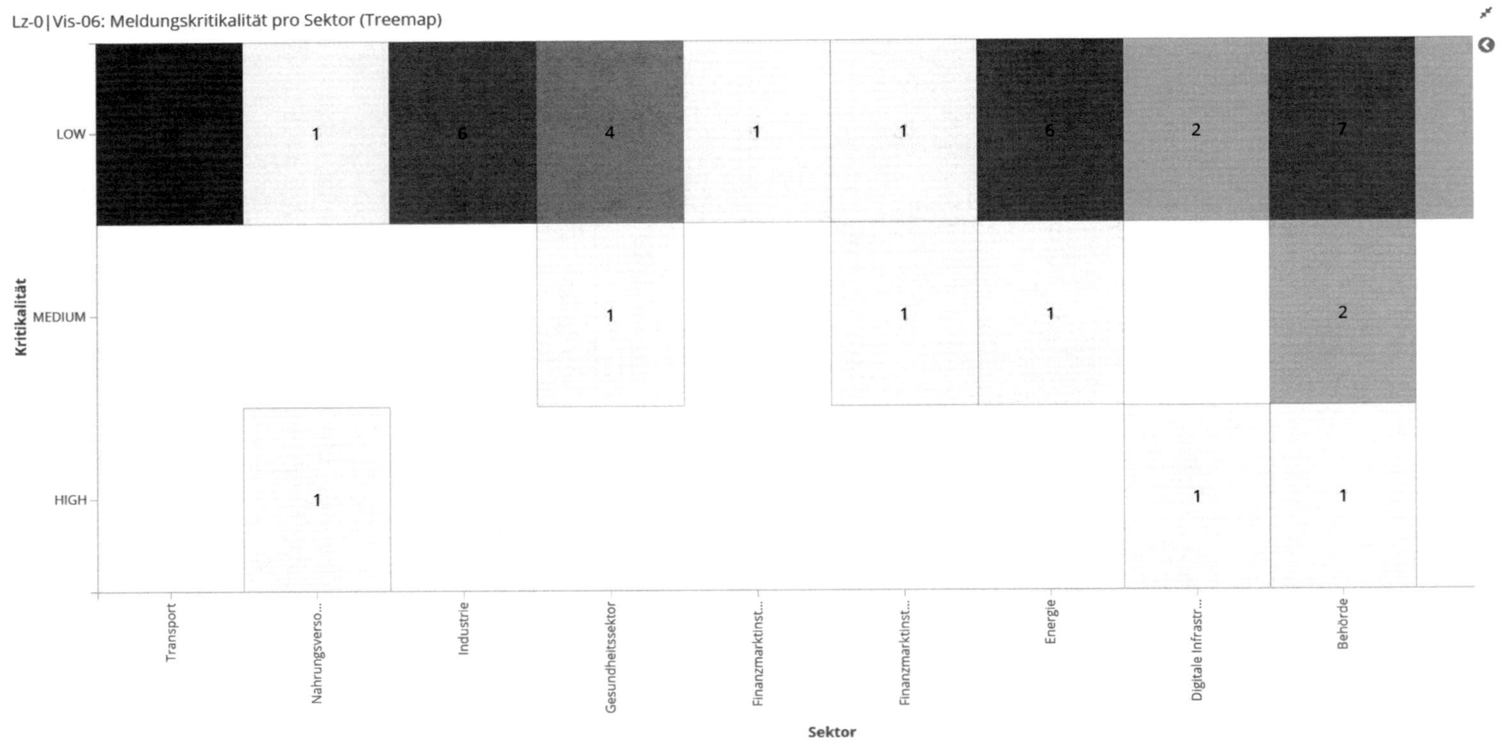

Abb. 8.20 Vis-06: Meldungskritikalität pro Sektor

Abb. 8.21 Vis-10: Word-Cloud (CVEs)

Folgende Anmerkungen zu den Visualisierungen lassen sich ableiten:

- Um (topografische) Karten sinnvoll gestalten zu können, sind zunächst umfassende Risiko- und Folgeanalysen nötig, sowie Anschluss an das Asset Management der entsprechenden Organisation. So ließen sich auch Kaskadeneffekte in kritischer Infrastruktur und daraus folgend Auswirkungsabschätzungen sinnvoll umsetzen.
- Die Vorliebe für „klassische" Darstellungsarten ist zum Teil wohl der Tatsache geschuldet, dass die Zeit um die Teilnehmenden in das Tool und die vorbereiteten Visualisierungen einzuführen, beschränkt war und nicht mit einem tatsächlichen Training für Operateure gleichgesetzt werden kann. Obwohl das Planspiel keinen stressbasierten Ansatz verfolgte, stellte das Setting (neues Tool, neue Rolle als Operateur im Lagezentrum, im Detail unbekanntes Szenario) eine gewisse Belastung dar, was dazu führen kann, dass Nutzung „altbekannter" Tabellen und Visualisierungen bevorzugt wird.
- Wenn die Visualisierungen des Planspiels in Zukunft adaptiert zum Einsatz kommen sollen, empfiehlt es sich, sie vorab unter größerem Druck (wie z. B. einer stressbasierten Übung) auf ihre Anwendbarkeit zu testen.

8.4.3 Ergebnisse Debriefing

Mit Teilnehmenden und Beobachtenden wurde jeweils ein Debriefing direkt im Anschluss an das Planspiel abgehalten mit dem Zweck, Rückmeldungen gesammelt abzufragen und Raum für Input zu schaffen, welcher durch die Fragebögen und Protokolle nicht abgedeckt worden war. Das Debriefing wurde anhand von zuvor verteilten Leitfragen strukturiert. Die Antworten bezüglich der unterstützenden sowie verunsichernden/ablenkenden Punkte des Demonstrators sind in Abb. 8.24 zusammengefasst. Da es sich hierbei um eine

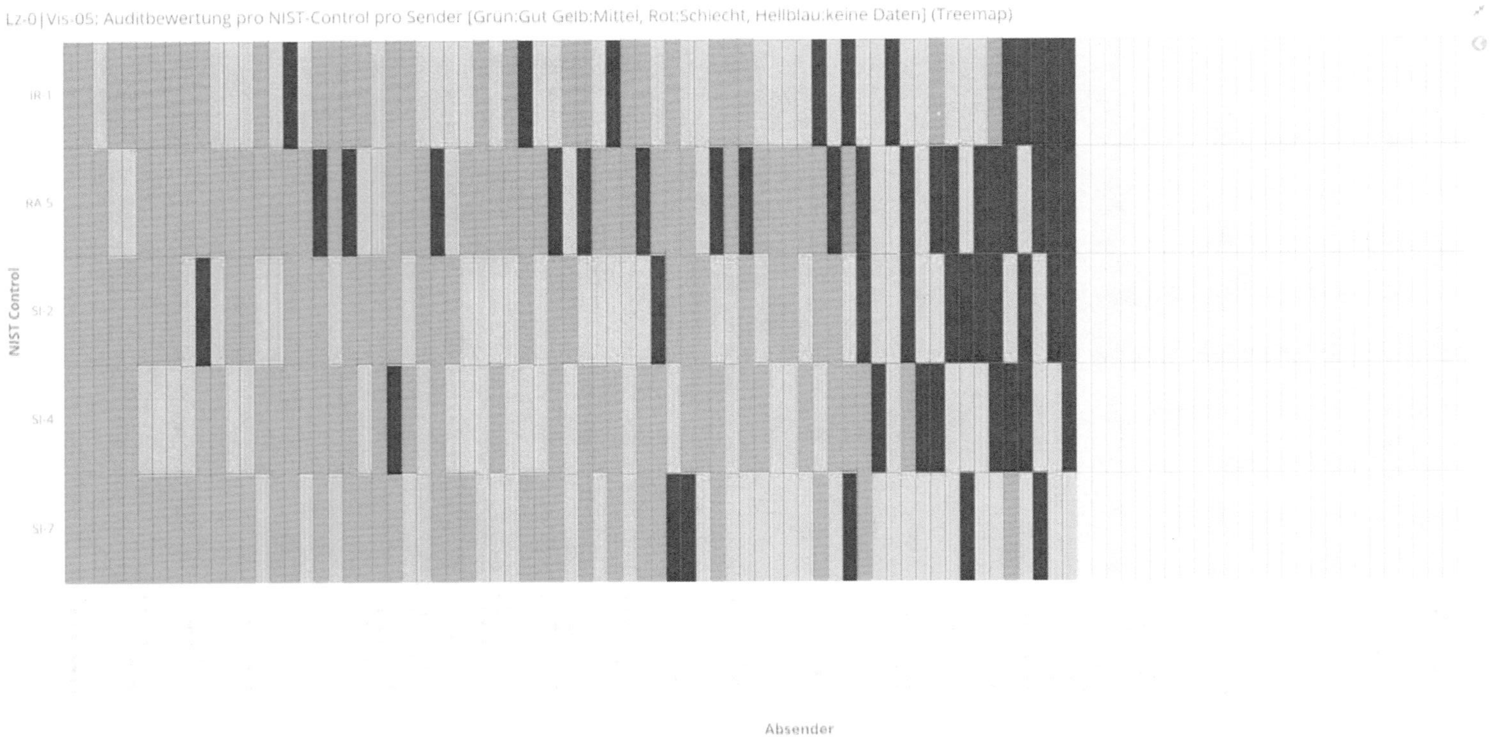

Abb. 8.22 Vis-05: Auditbewertung pro NIST-Control pro Sender

Lz-0 | Vis-21: Verteilung der von CVEs betroffenen/nicht betroffenen Unternehmen pro Sektor (PieChart)

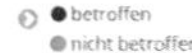

Abb. 8.23 Vis-21: Verteilung der von CVEs betroffenen/nicht betroffenen Unternehmen pro Sektor

rein quantitative Auswertung der Anzahl der Nennungen je Themenbereich handelt, muss das Resultat als grober Überschlag der Wichtigkeit, welche den einzelnen Punkten durch Teilnehmende und Beobachtende beigemessen wurde, betrachtet werden.

Die Visualisierungen und Datenverknüpfungen welche als besonders hilfreich genannt wurden, sind unter Punkt 8.4.2 beschrieben. Besonders hervorzuheben ist hierbei Vis-12, die in allen Lagezentren einen zentralen Platz einnahm. Auditdaten und Sensoren als fiktiv verfügbare Datentypen zur Lagebeurteilung wurden als eher verunsichernd eingestuft. Die Flexibilität des Tools (welche unter dem Punkt „Technik sonstiges" läuft) wird vornehmlich als nützlich bewertet. Diese Flexibilität wird in erster Linie durch das Setzen von Filtern erreicht, die in ihrer Komplexität wiederum als hinderlich erscheinen. Im Bereich „Kommunikation" wurden die fehlenden Meldewege von Teilnehmenden zum Teil als störend empfunden.

Die Kommunikationswege wurden hier von den Beobachtenden in keiner Weise – weder als Störfaktor, noch als Unterstützung – erfasst und sind deswegen in der Abbildung nicht dargestellt. Die Visualisierungen im Demonstrator wurden aus der beobachtenden Perspektive deutlich ablenkender bewertet als unterstützend.

Dies begründet sich zum Teil darin, dass manche Darstellungen nicht intuitiv von den Teilnehmenden erfasst werden konnten, da beispielsweise zu viel Information in eine Visualisierung verpackt oder durch die Farbgebung in manchen Visualisierungen bestimmte

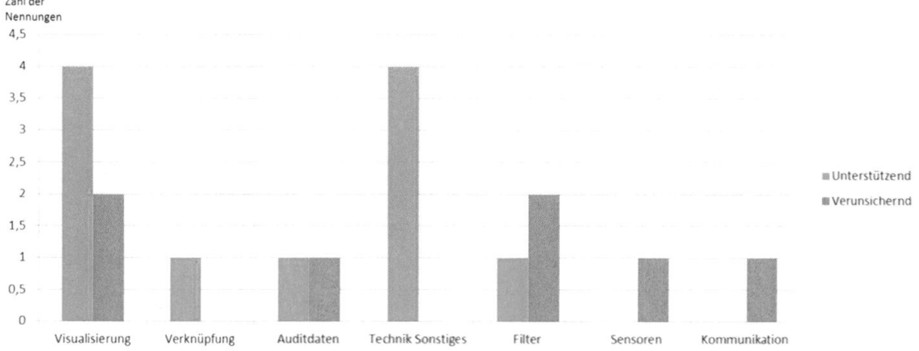

Abb. 8.24 Teilnehmenden-Feedback zu unterstützenden/verunsichernden Aspekten

Bedeutung der Daten wahrgenommen wurde. Hinsichtlich der vom Projektteam gewählten, vorbereiteten und schließlich von den Teilnehmenden genutzten Datenverknüpfungen war das Feedback der Beobachtenden vorsichtig positiv – es scheint hier als hätten die angedachten Zusammenstellungen einen sinnvollen Ansatz zur Lagebeurteilung dargestellt.

Hinsichtlich der verwendeten Datentypen beurteilen auch die Beobachtenden die Darstellung und Verwendung der Sensor- und Auditdaten als eher verunsichernd, obwohl die Nutzung der Auditdaten auch aus Sicht der Beobachtenden nützliche Aspekte aufwies. Der Punkt „Technik Sonstiges" deckt inhaltlich v. a. Eigenschaften des Demonstrators ab, die einerseits auf die Nutzung von Kibana zurückgehen und andererseits auf die Tatsache, dass es sich bei dem vorgestellten Tool um einen Prototyp handelt, dessen Handling unkomfortabel ist und beispielsweise einen hohen „Scroll-Aufwand" erfordert oder eine Developer-Sicht ermöglicht.

Bezüglich Wünschen zum Handling und den Funktionalitäten des Demonstrators, sowie den unterstützenden und den verunsichernden/ablenkenden Faktoren des Tools ergibt eine quantitative Zusammenfassung der 188 Rückmeldungen (siehe Abb 8.25 und 8.26) von Teilnehmenden und Beobachtenden. Ohne genau auf die exakte Anzahl der einzelnen Wortmeldungen einzugehen, ist ableitbar, dass in erster Linie die Bereiche „Daten" und „Technik" angemerkt wurden, was für die Zukunft eine Beschäftigung mit in erster Linie diesen beiden Aspekten einer Lagebild-Software vorschlägt vgl. hier die Rückmeldungskategorien in Tab. 8.8)

8.4.4 Ergebnisse Schulungsableitungen

Die Notwendigkeit umfangreicher Trainings für zukünftige Operateure tritt stark in den Vordergrund, besonders in Bezug auf ihren technischen Background, ihre Rolle im Lagezentrum und die Verwendung von Lagebeurteilungssoftware. Einige der verwendeten

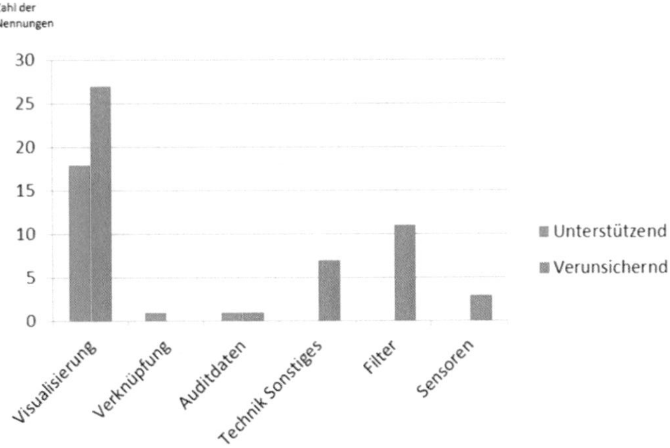

Abb. 8.25 Beobachtenden-Feedback zu unterstützenden/verunsichernden Aspekten

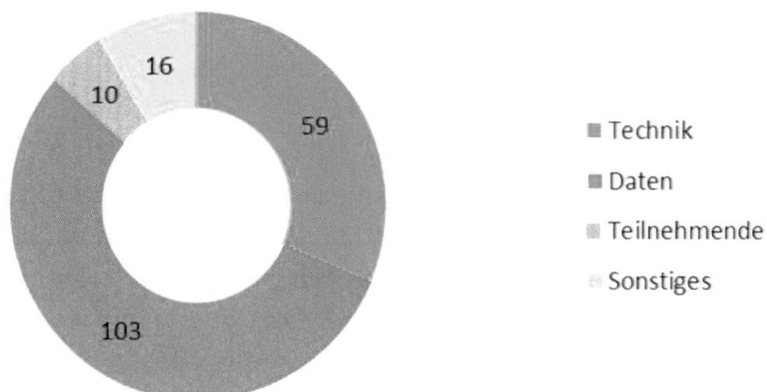

Abb. 8.26 Rückmeldungen

Visualisierungen waren nicht intuitiv erfassbar und konnten somit keine hilfreichen Informationen liefern. Dies ist weniger dem Tool als der geringen Einschulungsphase geschuldet und ließe sich durch entsprechende Trainings der Operateure ändern. Es ist unwahrscheinlich, dass Darstellungen von komplexen Datenverknüpfungen zur Lagebeurteilung ohne intensive Einschulung/Training nutzbar sind. Es wurde vom Tool erwartet, dass automatisch gezeigt werden sollte, welche Information qualifiziert oder für das laufende Szenario wichtig ist. Die Rolle eines Operateurs muss beinhalten, dies selbstständig zu erkennen, ebenso wie den Umgang mit unsicherer Information, wie z. B. die Trennung von szenariorelevanter Information zu „Hintergrundrauschen".

Der Schulungsbedarf erstreckt sich ebenso auf die frühzeitige Erkennung von Vorfällen und Umsetzung von Lessons Learned aus früheren Fällen und Schärfung, wie diese früheren Vorfälle sich im Lagebild abgezeichnet hätten/haben. Eine geringere Anzahl von im Lagezentrum eingehenden Meldungen bedeuten nicht zwangsweise, dass eine Lage weniger bedrohlich ist oder sich nicht entwickelt. Eine Sensibilisierung in Richtung Worst Case Prognose ist nötig; auch um vorzubeugen, dass eine möglicherweise „ruhige" Lagezentrum-interne Sicht automatisch nach Außen projiziert wird, anstelle der objektiven Analyse eingehender Daten und Worst Case Prognose des Szenarios.

Bei aller Digitalisierung und automatisierter Aufbereitung von Daten hat das Planspiel klar gezeigt, dass auch ein detailliertes Lagebild Rückfragen und Kommunikation (mit CERT, mit kritischer Infrastruktur u. a.) nicht ersetzen kann. Die strukturierte Nutzung eines entsprechenden (und ausfallsicheren) Kanals für Operateure ist zwingend nötig. Wird bei Unklarheiten kein Abgleich der eigenen Interpretation und Datenaufbereitung mit dem Sender durchgeführt, kann sich verstärktes confirmation bias (Auswahl von Informationen, die die eigenen Erwartungen/Annahmen bestätigen) bei den Operateuren im Lagezentrum entwickeln.

8.5 Zusammenfassung und Ausblick

Das Planspiel hat in erster Linie den Bedarf nach intensivem Training und klarer Rollendefinition einerseits für die Operateure eines Lagezentrumss, andererseits für das Lagezentrum selbst, aufgezeigt. Der Fokus der Findings des vorliegenden Berichtes liegt hier eindeutig auf den Ableitungen, welche für zukünftige Trainings getroffen werden können. Eine gewisse „Ziellosigkeit" der Teilnehmenden hinsichtlich der Lagebeurteilung und Verwendung des Demonstrators lässt sich mit beschränkter Einschulungsphase und umständlicher Handhabung des Demonstrator-Prototyps erklären. Dennoch ist eine der Kernbeobachtungen einerseits der Wunsch nach „mehr" Daten und mehr Information und andererseits der Wunsch nach aggregierterer Darstellung und ausgeprägterer Interpretation durch die Software. Der Bedarf nach mehr Sicherheit in der Lageeinschätzung kommt hier zum Vorschein. Dies äußert sich dadurch, dass mehr Input (mehr Daten) zur Beurteilung gewünscht ist. Interessanterweise führte jedoch im Planspiel das Vorhandensein von mehr Daten in den Iterationen eins und drei nicht zu einer signifikanten Zunahme der Beurteilungssicherheit, was den Schluss zulässt, das in erster Linie beim Training der Operateure des Lagezentrums anzusetzen ist: Diese müssen über klar definierte Kompetenzen verfügen, mit Informationsunsicherheit in der Lagebeurteilung umgehen können und benötigen, auch bei einer automatisierten Darstellung einer Situation, einen Kommunikationskanal und eine klare Kommunikationsstruktur zu CERTs und kritischer Infrastruktur.

Eine vollautomatisierte Darstellung eines Lagebildes, in welcher das Softwaretool selbst eine Beurteilung der Lage erstellt und ausgibt, konnte mit den vorliegenden Mitteln nicht erreicht werden. Die menschliche Interpretation war während des Planspiels zur Situationseinschätzung unabdingbar und konnte im Planspiel nicht vollständig durch automatisierte Prozesse ersetzt werden. Wenngleich ein erhöhter Grad an Automation unter Umständen mit anderen Softwarelösungen erreicht werden kann, stellt sich dennoch die Frage, ob eine vollständig automatisierte Lagebilddarstellung, bei der die Maschine als Ersatz für die Interpretation durch den Menschen dient, einerseits möglich und andererseits erstrebenswert ist.

Abkürzungsverzeichnis

CERT	Computer Emergency Response Team
CISA	Cyber Incident Situational Awareness
CVE	Common Vulnerability and Exposure
LZ	Lagezentrum
TOR	The Onion Router (Protokoll)

Literatur

Andrews, F. M. (1984) 'Construct Validity and Error Components of Survey Measures: A Structural Modeling Approach', *Public Opinion Quarterly*, 48 (2): 409–42.

Anonymous (2017a) 'Cyber-attack was about data and not money, say experts', *BBC*, 29.06. Online @: http://www.bbc.com/news/technology-40442578 (Letzter Zugriff: 21.05.2017)

Anonymous (2017b) Virus ist gefährlicher als Wanna Cry', *Tagesanzeiger*, 28.06. Online @: https://www.tagesanzeiger.ch/ausland/europa/hacker-greifen-firmen-in-ganz-europa-an/story/16538414 (Letzter Zugriff: 21.05.2017)

Anonymous (2017c) 'Cyber-Attacke Petya war kein Erpressungstrojaner - sondern Schlimmeres', die Presse, 26.06. Online @: https://diepresse.com/home/techscience/internet/5243277/CyberAttacke-Petya-war-kein-Erpressungstrojaner-sondern-Schlimmeres (Letzter Zugriff: 21.05.2017)

Anonymous (2017d) ‚Cyberattacke: Österreichische Unternehmen betroffen', *Kurier*, 28.06. Online @: https://kurier.at/politik/ausland/cyberattacke-oesterreichische-unternehmen-betroffen/272.263.310 (Letzter Zugriff: 21.05.2017)

Anonymous (2017e) ‚Petya verursacht Millionenschaden in Österreich', futurezone, 29.06. Online @: https://futurezone.at/digital-life/petya-verursacht-millionenschaden-in-oesterreich/272.456.403 (Letzter Zugriff: 21.05.2017)

Bagozzi, R. P. (1980), *Causal Models in Marketing*, New York: Wiley

Boin, A., Kofman-Bos, C. und Overdijk, W. (2004) 'Crisis Simulations: Exploring Tomorrow's Vulnerabilities and Threats', *Simulation and Gaming*, 35 (3): 378-393.

Bundesamt für die Sicherheit in der Informationstechnik (BSI) (2008): *BSI-Standard 100-4 – Notfallmanagement.* Bonn, Online @ https://www.bsi.bund.de/SharedDocs/Downloads/DE/BSI/Publikationen/ITGrundschutzstandards/BSI-Standard_1004.pdf?__blob=publicationFile&v=1 (Letzter Zugriff: 21.05.2017)

Bundesamt für die Sicherheit in der Informationstechnik (BSI) (2014): *IT-Notfall- und Krisenübungen in Kritischen Infrastrukturen.* Bonn: Geschäftsstelle der UP KRITIS, Online @ https://www.kritis.bund.de/SharedDocs/Downloads/Kritis/DE/Notfall_Krisen%C3%BCbung.pdf?__blob=publicationFile (Letzter Zugriff: 21.05.2017)

Bundesamt für Sicherheit in der Informationstechnik (BMI) (2017), Schutz Kritischer Infrastrukturen. Online @:https://www.bsi.bund.de/SharedDocs/Downloads/DE/BSI/Publikationen/Broschueren/Schutz-Kritischer-Infrastrukturen-ITSig-u-UP-KRITIS.pdf?__blob=publicationFile&v=7 (Letzter Zugriff: 02.08.2018)

Bundesministerium des Innern (BMI) (2008): *Anlagen zum Konzept für Notfall und- Krisenübungen in Kritischen Infrastrukturen.* Umsetzungsplan Kritis, Berlin, 12/2008; Online @: http://docplayer.org/10002239-Anlagen-zum-konzept-fuer-notfall-und-krisenuebungen-in-kritischen-infrastrukturen.html (Letzter Zugriff: 21.05.2018)

Campbell, D. T. und Fiske, D. W. (1959) 'Convergent and discriminant validation by the multitrait-multimethod matrix', *Psychological Dashin*, 56 (2): 81–105.

Clarke, K. (1999), Getting Started with GIS, 2nd ed., Prentice Hall Series in Geographic Information Science, ed. Kieth Clarke. Upper Saddle River, NJ: Prentice Hall, 1999, 2–3

della Porta, D. und Keating, M. (2008) *Approaches and Methodologies in the Social Sciences: A Pluralist Perspective*, Cambridge: Cambridge University Press

Dunbar, C., Rodriguez, D., und Parker, L. (2001) ‚Race, Subjectivity and the Interview Process' in J. F. Gubrium und J. A. Holstein (Hg.) *Handbook of Interview Research: Context and Method*, Thousand Oaks/London/New Delhi: Sage Publications:279-298

Frenkel, S, Scott M. und Mozur, P. (2017) 'Mystery of Motive for a Ransomware Attack: Money, Mayhem or a Message', *The New York Times*, 28.06. Online @: https://www.nytimes.

com/2017/06/28/business/ramsonware-hackers-cybersecurity-petya-impact.html (Letzter Zugriff: 21.05.2018)

Hay Newman, L. (2017) ‚Latest Ransomware Hackers Didn't Make WannaCry's Mistakes', *Wired*, 27.06. Online @ https://www.wired.com/story/petya-ransomware-wannacry-mistakes/(Letzter Zugriff: 21.05.2018)

Hofinger, G., Heimann, R., und Kranaster, M. (2016) ‚Ausbildung und Training von Stäben', in G. Hofinger und R. Heimann (Hg.) *Handbuch Stabsarbeit: Führungs- und Krisenstäbe in Einsatzorganisationen*, Berlin, Heidelberg: Springer: 235-241

Iaorissi, G. (2006) *The Power of Survey Design*, Washington: The World Bank

Krosnick, J. A. und Fabrigar, L. R. (1997) ‚Designing Rating Scales for Effective Measurement in Surveys', in L. Lyberg, P. Biemer, M. Collins, E. de Leeuw, C Dippo, N. Schwarz und D. Trewin (Hg.) Survey Measurement and Process Quality, New York: John Wiley: 141-164

Krosnick, J. A., Narayan, S., und Smith, W. R. (1996) ‚Satisficing in surveys: Initial evidence', in M. T. Braverman und J. K. Slater (Hg.), *Advances in survey research*, San Francisco: Sage: 29-44

Likert, R. (1932) *A Technique for the Measurement of Attitudes*, New York: Columbia University Press

Madden, T. M., und Klopfer. F. J. (1978) ‚The "cannot decide" option in Thurstone-typic attitude scales', *Educational and Psychological Measurement*, 38: 259-264.

Mayring, P. (2000) ‚Qualitative Content Analysis', *Forum: Qualitative Social Research*, 1 (2): Art. 20. Online @: http://nbnresolving.de/urn:nbn:de:0114-fqs0002204, letzter Zugriff am 08.02.2018

Murdoch, B. B. (1962) 'The serial position effect of free recall', *Journal of Experimental Psychology*, 64 (5): 482-488. Online @: https://pdfs.semanticscholar.org/f518/20619ca42c5799f3c5acc 3855671b905419c.pdf (Letzter Zugriff: 21.05.2018)

North Atlantic Treaty Organisation (NATO) (2013) *75-3 Collective Training and Exercise* Directive. 10/2013; Online @: http://www.act.nato.int/images/stories/structure/jft/bi-sc-75-3_final.pdf (Letzter Zugriff: 21.05.2018)

National Institute of Standards and Technology (2013) 'Security and Privacy Controls for Federal Information Systems and Organizations', *NIST Special Publication 800-53, Revision 4*. Online @: http://dx.doi.org/10.6028/NIST.SP.800-53r4 (Letzter Zugriff: 21.05.2018)

Peter, J. P. (1981) ‚Construct Validity: A Review of Basic Issues and Marketing Practices', *Journal of Marketing Research*, 28: 133-145.

Thurstone, L. L., und Chave, E. J. (1929) *The Measurement of Attitudes*, Chicago: University of Chicago Press

Stichwortverzeichnis

F. Skopik et al. (Hrsg.), *Cyber Situational Awareness in Public-Private-Partnerships*,
https://doi.org/10.1007/978-3-662-56084-6

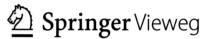

Printed in the United States
By Bookmasters